한 국 분 단 보 고 서 (3)

U.S. Reports on the Separation of Korean Peninsula

한국 분단 보고서 (3)

초판 1쇄 발행   2023년 6월 25일

소 장	미국연방문서보관소
역 주	신복룡
발행인	윤관백
발행처	선인
등 록	제5-77호(1998.11.4)
주 소	서울시 양천구 남부순환로 48길 1(신월동 163-1) 1층
전 화	02) 718-6252 / 6257
팩 스	02) 718-6253
E-mail	sunin72@chol.com

정가   41,000원
ISBN   979-11-6068-826-9   94910
          979-11-6068-823-8 (세트)

한국 분단 보고서 (3)

U.S. Reports on the Separation of Korean Peninsula

미국연방문서보관소 소장

신복룡 역주

1. 1차 사료를 나중에 찾아보는 역사학

사막에 모래 늪이 있다. 아무런 특이 모습도 없는데 사람이든 동물이든 일단 빠지면 헤어나올 수가 없다. 버둥대면 더 빨리 가라앉는다. 한국사의 공부는, 특히 현대사의 공부는 마치 그 모래 늪과 같다. 그저 휑하니 둘러보고 "부결" 판정받지 않을 정도로 대충 써 내려가는 "의무방어전" 용의 보고서가 아닌 한, 역사학은 사람을 몹시 지치게 한다. 헤이스(Carlton J. H. Hayes)의 말을 빌리면, "어느 한 학자가 평생에 걸쳐 민족주의를 연구하고 나면 일가를 이룰 수 있을지는 몰라도, 그의 노년은 몹시 지쳐 있을 것이다." 라고 그의 책 서문에서 말했지만(*Nationalism : A Religion,* 1960, p. v) 그것이 어디 역사가만의 일이겠는가?

한국 현대사를 공부한 지도 어언 50년이 지났다. 그러나 아직 잘 모르겠다. 매릴랜드주의 수틀랜드(Suitland, Md.)에서 만난 방선주(方善柱) 박사가 "이곳에서 7년을 복사했는데도, 왜 한국전쟁이 일어났는지 모르겠어요?"라던 말씀이 그때는 무슨 뜻인지 몰랐으나 이제 어렴풋이 알 것 같다. 왜 한국이 분단되었을까? 그것은 누구의 책임일까? 한국전쟁은 왜 일어났을까? 그것은 또 누구의 책임일까? 내 나름의 대답이 준비되지 않은 것이 아니라, 자신이 없다.

나는 한국의 현대사를 읽고 쓰면서 하나의 양보하지 않는 명제가 있었다. 그것은 "일차 사료를 보지 않고서는 사실 설명을 하지 않는다."는 점이었다. 반론이나 이론(異論)을 얘기할 때야 어쩔 수 없이 남의 글을 인용했지만, 나는 사실 설명에서 재인용을 하지 않으려고 많이 노력했다. 나는 왜 그렇게 일차 사료에 집착했는가? 젊었을 적에 읽은 스트래치(Lytton Strachy)의 『빅토리아 시대의 명사들』(*The Eminent Victorians*, 1918, p. vii)을 읽은 충격이 너무 큰 탓이었다. 그는 서문에서 이렇게 말했다.

"역사가의 첫 번째 미덕은 무지(無知)이다."

그는 왜 이런 말을 했을까? 나는 가슴이 먹먹했다. 세월이 흐르면서, 그가 하고자 한 본뜻인즉, 남이 써놓은 글을 읽고 이미 고정 관념에 사로잡힌 상태에서 글을 쓰지 말고, 아무것도 모르는 백지 상태에서 일차 사료를 읽고 당신의 생각을 쓰라는 뜻으로 나는 이해했다. 나는 이 가르침에 충실하려고 노력했지만 내가 얼마나 그 뜻을 살렸는지는 알 수 없다.

내가 이런 연구 자세를 되돌아보는 것은 나 자신을 필두로 하여, 우리의 역사학은 개설서를 먼저 읽고, 그림의 얼개를 그린 다음 거기에 담긴 주석과 참고 문헌에 따라 1차 사료의 수집에 나섰던 것이 아닌가 하는 자괴감 때문이다.

그러다 보니 개설서를 읽었을 무렵이면 이미 결론이 머릿속에 굳은 상태에서 그 결론을 뒷받침하는 데 필요한 일차 사료를 찾아 나섰던 것이 아닌가, 하는 후회를 많이 한다. 특히 젊었을 때의 글을 되돌아볼 때 그런 생각이 들며 부끄러움을 느낀다.

2. 남의 이야기도 들어보자

어렸을 때 우리의 역사 공부는 "태·정·태·세·문·단·세"에서부터 시작했다. 우리의 역사학은 『삼국사기』·『삼국유사』·『고려사』·『조선왕조실록』만 읽으면 공부가 끝나는 줄로 알았다. 나는 운이 좋아 박사 과정에 재학하며 국회도서관에서 아르바이트를 한 적이 있는데, 이때가 나에게는 개안(開眼)의 시대였다.

아무도 읽은 적이 없는 서양인의 『한국사』가 그리 흥미로울 수가 없었다. 그래서 박사학위 논문을 쓸 때 서양 자료를 많이 인용하였더니, 심사위원인 한 영남 유생 학자가 "이런 걸 자료라고 인용했느냐?"고 일갈하면서 논문을 거의 집어 던지다시피 했을 때 나도 놀랐고 다른 심사위원들도 많이 놀랐다.

그때 버클리대학에서 공부하신 한기식(韓己植, 나중에 韓昇助로 개명함) 교수가 나서서 겨우 수습되었다. 나는 그때 한국 보수 사학계의 대롱 시각[管見]과 외눈박이(monocular)에 대해서 많이 생각했다. 내가 그 뒤에 한말 외국인 기록 23권을 번역 출판했을 때 훼예포폄(毀譽褒貶)이 많았다고 들었다. 나는 그들의 논지에 일일이 대응할 뜻은 없지만, 단 한 가지만 물어보자. 그렇다면 국사학계에서 그 작업을 하지 왜 분류사학도인 내가 번역할 때까지 방치했는가?

국사학계가 분류사를 우습게 보는 것도 낯설다. 국사학계는 정치사학계를 우습게 아는 경향이 있다. "글 읽은 사람은 서로를 우습게 안다."(崔滋 : 詞人相輕)지만, "공부도 하지 않는 정치학 교수"라는 말은 이원순(李元淳) 교수가 위원장으로 있던 어느 해에 국사편찬위원회에서 개최된 학술회의에서 S교수가 나에게 한 말이다. 그때 나는 한 번 논박할까 생각했는데 사회를 맡은 이기동(李

基東) 교수가 간곡히 말려 참았던 적이 있다. 내가 공부 안 한 교수라는 말은 맞지만, 그 자리에서 그런 말을 하는 것은 도리가 아니다.

2013년 12월 23일에 대한민국역사박물관 개관 1주년 국제회의가 열렸는데 과분하게도 내가 기조 강연을 청탁받았다. 정말로 열심히 준비했다. 그런데 그 학술 논문이 단행본으로 출판되었는데 명색이 기조 강연인 나의 글이 빠져 있었다.

너무 어이가 없어 주최 측에 연유를 물었더니 그 명문 대학 사학과와 역사교육과 교수들이 "이 중요한 논문집에 어떻게 건국대학교 정치학 교수의 글을 머릿글로 실릴 수 있는가?"고 너무도 완강하게 반대하여 뺄 수밖에 없었다고 대답했다. 이것은 내가 대학 파벌(nepotism)로 겪은 가장 가슴 아픈 사연 가운데 하나였다. 내가 그들에게 진실로 들려주고 싶은 말은 이렇다.

"정치학을 모르는 역사학은 열매가 없고,
역사학을 모르는 정치학은 뿌리가 없다."
- 실리(J. R. Seeley, *Introduction to Political Science,* 1896, p. 4.)

대체로 인물의 대칭이나 이념의 갈등을 다루면서, 나는 늘 "양쪽 이야기를 모두 들어 보자."는 것이 기본 자세였다. 전쟁사는 더욱 그렇다. 해방정국과 같이 이념이 난무하고 주장이 엇갈릴 때는 양쪽 이야기를 모두 들어보아야 한다. 박헌영(朴憲永)이 할 말이 있으면 김창룡(金昌龍)도 할 말이 있었을 것이다. 역사가는 자료를 "편식"해서는 안 된다. 결론을 먼저 정해놓고, 처음부터 어느 한 쪽을 죽이기로 결심하고 쓴 글은 온당하지 않다. 그들에게는 스트래치의 경귀(驚句)가 더욱 절실하다.

3. 역사학자(歷史學者)와 역사업자(歷史業者)

　역사학도도 생활인이니 생계를 생각하지 않을 수 없지만, 역사
학자가 생계형 지식인일 수는 없다. 한국현대사의 연구 풍토를 보
면, 한국의 역사학자는 너무 드러나게 권력지향적이었고, 그것을
노리는 권력자에게 놀아났다. 왜 그리 학예직 기관장 자리를 기웃거
리는가?

　누구인가는 맡아야 할 자리이니 그런 일을 그리 탓하지 말아야
한다고 하자. 그러나 정권이 바뀌면 박물관이나 기념관의 전시물
에서부터 지향하는 바가 왜 그리 모두 바뀌어야 하는가?

　이는 역사학이나 역사학자가 이미 권력의 시녀로 등급 하향이
되었기 때문이다. 진실로 능력을 갖추어 발탁된 분도 있고, 그런
분은 이 글을 읽지 않았으면 좋겠지만, 그렇다고 해서 역사학자들
이 권력에 들어가 대접을 받는 것 같지도 않다. 역사가는 시대를
초월하는 오연(傲然)함이 있어야 한다. 역사학자(歷史學者)가 역
사업자(歷史業者)일 수는 없지 않은가?

　우리는 모든 역사가가 황현(黃炫)처럼 살기를 기대하는 것이 아
니다. 먼저 이런 말을 하는 나 자신도 정말로 청송백죽(靑松白竹)
처럼 살았느냐고 묻는다면 터무니도 없는 말이지만, 그렇게 살려
고 노력했어야 한다고 나는 생각한다. 해마다 연구비를 독식하듯
하는 사람의 연구 실적은 정말로 공의로운 평가를 받은 것인가?
그만큼 역사학에 기여했는가?

　역사학이 병드는 것은 다른 어느 학문의 질병보다 국가와 민족
의 앞날에 암운을 던진다. 지금처럼 정치권이 진영의 논리에 빠져
진실과 허위를 호도할 때, 역사가가 그의 등불이 되기는커녕 그
와 함께 줄을 서는 것을 보면 조국의 앞날이 걱정스럽다. 남들이

그러더라도 역사학자는 그러지 말았어야 한다,

4. 한국 현대사의 미제(未濟)들

내 나이 이제 망구(望九)이다. 어쩌면 이것이 나의 현대사 저술의 마지막 작품이 될는지도 모르겠다. 미국연방문서보관소(NARA)의 자료 1만5천 쪽을 가져와서 모두 학계에 나누어 주었지만, 그 가운데 몇 종은 내가 번역하여 좀더 널리 보급해야 한다는 의무감이 늘 가슴 한편에 눌려 있었는데, 이 책으로써 그 빚을 조금은 갚은 것 같아 위로가 된다.

그러나 젊어서도 총명하지 못했던 사람이 이 나이에 돋보기도 모자라 확대경까지 이용하면서 번역한 내용에 오역이 있을까 두렵다. 80년 전의 산성 갱지에 타자기로 찍은 문서는 안보이거나 판독이 어려운 부분이 있고, 마모되고, 오타가 있고, 편철이 뒤엉긴 것도 있어 번역에 어려움이 있었다. 그 어려움을 극복하고자 많이 노력했으나 그럼에도 만약 오역이 있다면 그것은 전적으로 나의 책임인바, 동학(同學)들의 양해를 빈다.

끝으로 출판계의 불황기에 나의 책을 거절하지 않고 세상에 내준 선인출판사의 윤관백(尹寬伯) 사장님과 이경남(李慶南) 편집장님, 박애리(朴愛悧) 실장님 그리고 실무를 맡아 고생하신 임현지(林賢芝) 선생님께 깊은 감사를 드린다.

2023년 한국전쟁 기념일에
신 복 룡 씀

 남들은 한국의 분단이나 한국전쟁의 원인이나 책임에 대하여 쉽게 말하더만, 나는 그렇지 못했다. 가장 중요한 이유야 내 공부가 부족한 탓이지만, 나는 의심이 많고, 내 동료들이 나를 표현하는 것처럼, 좀 "삐딱이" 기질이 있기 때문인지도 모른다.

 그래서 나는 한국현대사 연구자들로부터 십자포화를 맞았다. 나를 우파로 보는 학자(沈之淵)들이 있는가 하면, 좌파(金容浩)라는 평가도 들었다. 나는 이에 대하여 아무런 발뺌이나 변명도 하지 않았다. 나는 그들의 사람 보는 눈을 존경하기 때문이다.

 나 스스로 보기에 나는 다소 좌향한 듯하지만, 진보주의자들은 그러한 나를 면박하며 나를 우파로 분류했다. 내 가족사로 보면 나는 분명히 중도 좌파가 맞지만, 내가 미국 연방 문서 보관소 출신이라는 점에서 우파로 분류하는 데에는 그럴 만한 이유가 있으리라고 생각한다.

 이 글이 한국현대사의 좌우 스펙트럼을 살펴보려는 것은 아니지만, 전통적으로 보면 진보(좌파)와 보수(우파)의 구분은 자유(성장)와 평등(분배)의 어느 편에 중요도를 두느냐에 따라 분류하는 것이 통례로 되어 있다. 만약 한 가지를 더 물어야 한다면, 귀하는 인권(좌파)과 재산권(우파) 가운데 어느 것이 더 소중하냐고 물어볼 수 있고, 민중(좌파)과 엘리트(우파) 가운데 어느 것이 더 소중하냐고 물어볼 수도 있다. 그런데 우리의 좌우파 분류는 그 점에서 그리 선명하지 않다.

1. 제1장 「하지(General Hodge) 장군의 이력」(nd)
- 《부록》: 「24군단 약사(略史)」

그런데 한국현대사에서는 위와 같은 질문이 무의미하며, 참으로 어이없는 스펙트럼이 있다. 그것은 다름이 아니라 "귀하는 미국을 적국으로 생각하는가? 아니면 동맹으로 생각하는가?" 하는 질문이다. 이 질문은 학술적이지도 않으며, 세계 어느 나라에서도 이런 식으로 질문하지 않는다.

그렇다고 해서 미국을 적국으로 여기는 사람들이 정말로 미국을 적성으로 보느냐 하면 그런 것도 아니다. 그들은 진영의 논리에 따라 반미의 줄에 서 있지만, 그들의 여권에는 언제든지 미국으로 들어갈 수 있도록 비자가 열려 있고 처자식들도 미국으로 이미 가 있다.

반미주의자들은 미국에 대한 인식에 그치지 않고, "맥아더(Douglas MacArthur)는 분단과 한국전쟁의 책임자인가, 아니면 은인인가?"라고 물으며, 그 연장에서 하지 장군까지 끼워 넣어 평가하고 있다. 이 책에서 「하지의 생애」를 써넣은 것은 그에 대한 평가에 좀 더 자세한 자료를 제공하고자 함이다. 이 글이 미24군단 장병들의 이해를 돕고자 작성된 것이기 때문에 그를 험구하지는 않았지만,

그에 대한 밀착 관찰기임에는 틀림없다.

우리가 하지를 평가하면서 전제해야 할 점은 그가 "투박한 무골"이지 신생 국가의 건설에 적임인 세련된 정치인은 아니라는 점이다. 그럼에도 불구하고 하지는 한국을 사랑했다고 나는 믿으며, 그가 약소국의 점령사령관으로서 횡포를 부렸다고는 생각하지 않는다.

하지는 식민지 한국에 대한 깊은 애정을 가지고 있었고, 뭔가 자신이 한국을 도울 수 있는 일이 없을까를 진심으로 고민한 사람이었다. 다만 그가 군인이다 보니 거칠게 보인 측면이 있었을 뿐이다. 고아원에서 자랄 때 오죽했으면 보모가 그의 중간 이름을 "갈대"(Reed)라고 지어주었을까?

하지는 워싱턴을 꾸준히 설득하면서 미국 국무부의 한국 문제에 관심을 끌어내어 한국에 대한 경제 지원을 약속받았다. 특히 그는 미국 경제협조처의 한국 단장으로서 한국에 대한 미국의 경제 지원과 경제 부흥을 위해 일정한 성과를 거두기도 했다.

그러나 그의 활동은 철군과 한국전쟁의 발발로 사실상 종결되었고 한국의 경제 부흥에 대한 그의 구상은 1950년대 후반까지 연기되었다. 그의 사례는 식민지에서 해방과 대한민국 건국에 이르는 시기에 미국과 한국의 만남의 인적 측면을 보여 준다는 점에서 큰 의미가 있다.

그러면 왜 한국의 좌파는 하지를 저주하는가? 그것은 좌파들이 한국사, 또는 한미관계사를 읽으면서 미국과 미국인이 다르다는 점을 인식하지 못했기 때문이다. 이는 1882년에 한미수교가 이뤄진 이래 일관된 나의 문제 의식이었다. 국가를 대표하는 미국의 정치인들은 을사조약(乙巳條約)을 축하하고 합방을 방관했지만, 의사나 선교사나 또는 제복을 벗은 미국인 관리들 가운데에는 한국의 은인들이 많았다.

그 점을 간과하면 적과 동지의 구분에 혼란이 일어난다. 하지가 한국을 떠나면서 남긴 말, 곧 "내가 국록을 먹는 군인이 아니었더라면 나는 연봉 100만 달러를 준다 해도 점령사령관을 맡지 않았을 것"이라는 말에서 우리는 그의 고뇌를 좀더 음미해 보아야 할 것이다.

2. 제2장 「한국은 자유 국가가 될 수 있을까?」(nd)
– 번스(Arthur C. Bunce) 작성

세상을 살다 보면, 나쁜 사람도 많지만, 가끔 "착한 사마리아인"도 있다. 여기에 소개하는 번스(Arthur C. Bunce)는 군정청 고문이었지만 캐나다 선교부 소속의 후진국 농업경제학자였다. 그는 이미 1928년에 캐나다 연합 선교부 소속 농업 간사로 방한하여 캐나다의 선교 지역이었던 함흥 일대에서 농촌 활동을 하면서 그 지역의 지형에 맞는 농법을 개발하고 협동조합 운동을 성공적으로 이끈 경험이 있는 인물이었다.

번스는 1934년 일제의 선교사 탄압으로 강제 출국된 뒤 미국 위스콘신대학에서 농업경제학 전공으로 석·박사 학위를 취득하였고, 이 무렵에 미국으로 귀화하여 미연방 준비제도 국제부에서 동아시아 전문가로 활동하였다. 그 무렵에 그는 『경제적 민족주의와 농민』(*Economic Nationalism and the Farmer,* Ames : Collegiate, 1938)을 출판하여 후진국 농업경제학에 일가를 이루고 있던 인물이었다.

번스는 그 뒤에 태평양문제연구소(The Institute of Pacific Relations)에서 활동하면서 이 연구소의 학회지에 해방 뒤 한국이 직면하게 될 복잡한 정치·경제적 상황을 예견하고, 이를 해결하고자 여러 가지 방안을 제시하였는데, 특히 한국의 농지 개혁과 공업에 관심을 기울였다.

그러던 터에 번스는 1945년 이후 미군정의 정치·경제 고문 그리고 이승만(李承晩) 정권 시절에 경제협조처(ECA : Economic Cooperation Administration) 주한사절단장으로서 대한 원조 계획을 진행하는 역할을 맡고자 방한했다.

군정청 경제 고문으로 임명된 그는 하지의 미군정과 미국 국무부를 매개하는 매우 중요한 역할을 담당했다. 그는 미소공동위원회의 미국 측 자문 위원으로서 활동하면서 중간파 육성, 미국의 원조, 그리고 산업 개발에 착수할 것 등을 미국 국무부에 강력히 주문했다. 그는 그것이 공산주의를 억제하는 효율적인 정책이라고 굳게 믿었다. 그러나 그는 하지와 이승만의 견제를 받으면서 자신의 구상을 충분히 실행할 수 없었다.

먼저 번스는 한국 문제의 처리는 관련 강대국들의 국제적 협력을 통해서 해결되어야 한다고 강조하였다. 그리고 종전 직후 총독부는 중국·소련·미국·영국의 국제위원회로 대체하고 이에 의한 한국대표국민회의(Representative National Korean Council)를 구성하고, 여기에 총독 대신 대통령을 선출하고 국회를 구성하도록 해야 한다는 일련의 프로그램을 제시하였다.

특히 번스가 주목한 것은 한국의 농지 개혁 문제였다. 번스는 하지의 경제 고문으로서 미군정의 토지 개혁 정책의 하나였던 "귀속농지 매각안" 곧 "번스 안"(Bunce's Proposal)을 제시하였다. 번스 안의 주요 내용은 이렇다.

(1) 농지를 소유하지 않은 소규모 자작농을 대상으로 농지를 매각하며,
(2) 15년간 연간 소득의 3분의 1의 현물로 분할 상환하는 것을 원칙으로 하며 토지소유권과 함께 매매권을 부여한다.

(4) 토지를 보존·의무화하여 토양 보존을 통한 지속적인 생산을 보장하고,

(5) 귀속농지매각안을 시행하고자 각 도·시·읍 단위로 농지위원회 설치한다.

이러한 내용은 미군정의 농지개혁안의 기본적인 토대를 마련하였다는 데 의의가 있으며, 이것은 북한의 무상몰수나 조속한 토지 개혁에 대응하는 자구책으로 전체 인구의 70% 이상을 차지하는 농민층을 체제 안으로 끌어들이려는 방편이기도 하였다. 이러한 토지 문제에 대한 번스의 구상은 미군정과 과도입법의원의 농지 개혁안이 절충되어 체감 매상과 유상분배를 주요 골자로 하는 농지개혁법안에 담겨 있었다.

그러나 군정으로서는 독립 정부가 수립된 뒤에 농지 개혁을 실시하기 바라는 농민들의 여망을 거스르며 농지 개혁을 강행할 수는 없었으므로 농지 개혁은 자연스럽게 정부 수립 이후로 미뤄졌다. 이로써 미국의 기자 게인(Mark Gayn, *Japan Diary,* 1946)으로부터 "번스의 우극(愚劇)"(Bunce's Folly)이라는 조롱을 겪었지만, 그 뒤에 이어진 한국의 농지 개혁이 결국에는 번스의 생각 안에서 이루어졌다는 점에서 그의 꿈은 우극이 아니었다.

3. 제3/4장 「한국의 경제 상황(Ⅰ~Ⅱ) : 1947」
– 미국 국무성 경제사절단 작성

아마도 트루먼(HST)은 미국 역사상 가장 고독한 대통령이었을 것이다. 당초에 루즈벨트(FDR)가 러닝 메이트로 트루먼을 지명한 것은 그의 탁월한 능력을 인정해서가 아니었다. 그는 다소 진보적

이었던 왈라스(Henry Wallace) 부통령의 도전을 견제하고자 우익적 분위기를 풍기는 트루먼을 선택했다. 본디 심한 근시에다가 가난으로 말미암아 대학을 마치지 못한 트루먼은 1945년 1월에 부통령에 취임했으나 대통령으로부터 철저하게 백안시당했다.

부통령에 취임한 지 3개월(85일)밖에 지나지 않은 그해 4월 12일에 루즈벨트가 죽고 당일에 대통령에 취임한 트루먼은 미시시피강 서부 출신으로서는 최초의 대통령이었으며, 링컨(A. Lincoln) 대통령 이후 두 번째 고졸 출신 대통령이었다.

철저한 개인외교주의자였던 루즈벨트가 죽기 직전까지의 재임 3개월 동안에 트루먼을 만난 것은 단 2회뿐이었으며, 그에게 아무런 정보도 주지 않은 채 갑작스럽게 죽었기 때문에 트루먼은 국정을 파악하고 있지 못한 상태였다. 이러한 상태에서 한국에 관한 정보가 얼마나 빈약했으리라는 것은 쉽게 짐작할 수 있다.

정무 파악이 안 된 상태에서 트루먼은 중국과 한국에서의 정황이 궁금했다. 그래서 트루먼은 제2차 세계 대전 당시 중국 전구 사령관이었던 웨드마이어 중장(Albert C. Wedemeyer)을 중국과 한국에 파견하여 극동의 상황을 알아본 다음 보고하라는 훈령을 내렸다.

그러한 임무를 띠고 웨드마이어가 한국에 온 것은 1947년 8월 26일로서, 이승만(李承晩)은 물론 당시 지도자들인 김구(金九)·김성수(金性洙)·한경직(韓景職) 등을 만나고 돌아가 귀국보고서를 트루먼에게 제출했는데, 그 전문은 이 전집의 제2권에 실려 있다.

그의 다급한 임무에 비추어 웨드마이어라고 해서 특별히 한국에 관하여 아는 바가 없었다. 따라서 국무성에서 한국에 파견되어 있던 경제사절단이 24군단 정보참모부(G-2)의 도움을 받아 웨드마이어에게 보고하고자 서둘러 작성된 것이 바로 이 문서이다. 이 문서는 분량이 많아 2부로 구성되어 있는데, 제1부에서는 웨드마이어가 한국에 대하여 개관할 수 있도록 국토·국민·농업·광업·산업·유통의 문제를 다루고, 제2부에서는 주로 농지 개혁과 귀속 재산(敵産) 그리고 인력 문제를 다루었다.

이 보고서의 핵심은, 일본 기술자들이 모두 귀국한 뒤의 산업 시설에서 인력 부족으로 말미암은 어려움과 기술자의 파견 및 북한으로부터의 단전(斷電)과 비료 금수(禁輸)에 따른 폐농의 어려움을 호소하며 미국의 도움을 요청하는 내용을 담고 있다.

그러면서 이 글의 행간에 담겨 있는 탄식은, 북한과는 달리 적개심과 일본의 적산을 차지하겠다는 희망 때문에 일본인 기술자를 모두 퇴거시킨 한국인의 심정을 이해하지 못하는 바는 아니지만, 그것이 과연 미래를 위해 현명한 방법이었는지를 한국인에게 묻고 있다. 아마도 여기에 포함된 통계나 당시 경제계 인사들의 푸념은 일제 시대의 한국경제사를 복원하는 데 도움이 되리라는 기대 속에 여기에 옮기게 되었다.

4. 제5장 「좌익 정당 실태 보고서」(nd)
- 24군단 G-2 역사실 작성

해방정국사를 읽는 핵심어 가운데 하나는 갈등(conflict)이나 대결(struggle)이라고 보는 데에는 학자들 사이에 큰 차이가 없을 것이다. 그런데 꼭 같은 갈등이나 대결이라 하더라도 나는 이 문제에 관하여 좀 다른 견해를 가지고 있다. 곧, 우리는 해방정국에서의 갈등을 논의할 때 당연히 좌우익의 갈등 또는 진보와 보수의 대결로 이해하려는 경향이 있는데, 이종(異種) 사이의 적대 관계에서의 갈등보다 동종(同種) 사이의 갈등이 역사에 더 큰 부작용을 낳았다고 나는 생각하기 때문이다.

코저(Louis A. Coser, *The Function of Social Conflict*, 1956)의 말처럼, 역사에 갈등은 늘 있었고 때로는 그것이 역사에 순기능을 할 경우도 있었다. 그러기에 맹자(孟子)도 말씀하시기를, 나라는 적국으로 말미암아 멸망하는 것이 아니라 "적국이 없어 멸망한다"(無敵國外患者必亡)라고 개탄했다.

문제는 동종 사이의 싸움이다. 형제의 난이 남남 사이의 싸움보다 더 치열하고 잔인하여 대물림을 할 정도로 길게 간다. 왜 해방정국에서의 암살은 적의 손에 죽지 않고 동지의 손에 죽은 사람들이 더 많을까?

달리 말하면, 해방정국에서 벌어진 암살의 속내를 들여다보면 우익은 우익의 손에 죽고 좌익은 좌익의 손에 죽은 경우가 더 많다. 나는 해방정국의 갈등을 공부하면서 이 점을 늘 주목했다. 왜 그랬을까? 인간의 삶에서 배신감은 적개심보다 강렬하기 때문일 것이라고 나는 생각한다.

이 보고서는 24군단 정보참모부의 역사실(G-2, Historical Section)에서 작성한 좌익 동태 보고서이다. 내용의 촛점은 왜 박헌영(朴憲永)과 여운형(呂運亨)이 그토록 전갈처럼 싸워야 했는가에 맞춰져 있다. 사실 역사의 현장에서 벌어지는 이념의 갈등은 바깥사람들이 보는 것처럼 그리 치열하지 않았다. 이념의 다툼은 목숨을 걸고 싸울 일이 아니었다.

문제는 사소하게 벌어진 애증과 이해(利害)의 다툼이었다. 정치인의 경우에는 이념의 대립이 아니라 권력 쟁취를 위한 다툼이었지 그이상의 어떤 고결한 이념으로 도색할 일이 아니었다. 이 보고서의 필자가 어떤 의도로 썼든, 이 글의 행간에 깔린 박헌영과 여운형의 싸움의 본질은 평양을 향한 구애(求愛) 이상의 깊은 뜻이 없었다.

내가 해방정국의 좌파를 공부하면서 주목했던 사실은, 왜 그 시대의 좌익 지도자들은 모두 처자식을 북한으로 보냈을까, 하는 의문이었다. 여운형이든, 박헌영이든, 홍명희(洪命熹)든, 허헌(許憲)이든 모두 그랬다.

나는 어차피 죽을지도 모르니 너희들만이라도 살라는 뜻이었을까, 나도 곧 뒤따라갈 터이니 너희 먼저 가 있으라는 뜻이었을까, 아니면 인질이었을까? 그 어느 쪽이든 해방 정국에서의 이념은 혈육을 뛰어넘지 못했다. 그리고 더 비극적인 것은 혈육이 돈을 뛰어넘지 못했다는 사실이다.

5. 제6장 「여운형(呂運亨) 암살 보고서」(1947)
- 24군단 G-2 역사실 작성

이 장(章)을 읽는 독자들은 문득, "그렇다면 여운형 암살의 최종 지시자는 누구란 말인가?"라는 의문을 품고 읽기 시작할 것이다. 그러나 역사적으로 보면, 암살자의 최종 지시자는 영원히 미궁에 빠진다. 댈러스에서 백주에 죽은 케네디(J. F. Kennedy)나 만인이 지켜보는 가운데 마닐라 공항에서 죽은 필리핀 아퀴노(Benigno Aquino) 상원 의원의 죽음도 끝내 그 배후를 밝히지 못했는데, 하물며 그 난마와 같은 해방정국에서 동지의 숫자만큼이나 정적이 많은 풍운아의 죽음을 어찌 밝힐 수 있겠는가?

시카고학파의 정치행태론 이후 정치학이 엄숙주의(rigorism)에서 벗어나 "암살"을 정치학의 주제로 취급하기 시작했지만, "왜 죽이는가?"를 물었지 "누가 죽였는가?"를 묻지 않았다.(H. Lasswell & A. Kaplan, *Power and Society*, 1950) 암살은 명시적 지시로 이뤄질 만큼 그렇게 어리석지 않다.

암살은 은유(隱喩), 몸짓(gesture), 표정, 암시, 농담이나 실언을 가장한 암묵적 지시, 간접 전달 등 증거가 입증되지 않는 방법으로 이뤄지기 때문에, 암살의 배후를 캔다고 치매 걸린 노인을 몽둥이로 때려죽이는 것은 테러 그 자체보다 더 어리석은 짓이다. 그들은 그것이 민족 정기라고 말했지만, 민족 정기라는 말은 그럴 때 쓰는 용례가 아니다.

암살의 배후가 누구인지 말하지 않을 바에야 미군정 정보참모부(G-2)는 왜 이 글을 썼다는 말인가? 이 글을 읽고 누가 최종 지시자인가의 문제를 알아보는 것이 바로 독자의 예지(叡智)라고 이 글은 결론을 내리고 있다. 곧 이 글의 퍼즐에는 누가 암살자인가에 대한 책임을 모면하면서 그를 지칭하고 있다. 그를 알아보는 것은 독자의 몫이다.

부록에 실린 두 편의 편지 곧, 여운형이 김일성과 김두봉에게 보내 두 편의 편지는 매우 깊은 의미를 담고 있다. 그 미묘한 시기에 그는 왜 "이런" 내용의 편지를 보냈을까? 편지의 내용은 "상의"가 아니라 거의 "보고"에 가깝다. 이를 독파하는 것은 여운형의 생각과 처신을 읽는 데 큰 도움이 될 것이다.

6. 제7장 「한국노동운동사」(1948)

- 24군단 G-2 역사실 작성

이미 지금으로부터 100여 년 전, 아직 자본주의가 만개하지도 않았고, 그 실험이 끝나지도 않았던 1920~1921년에 막스 베버(Max Weber)는 『기독교의 윤리와 자본주의 정신』(*The Protestant Ethics and the Spirit of Capitalism,* Ch. 2, § 2)에서 자본주의의 미래를 걱정하면서 지적하기를, 자본주의는 세 가지의 장벽에 부딪힐 터인데,

> 첫째는 양심을 잃은 노동자의 요구이며,
> 둘째는 훈련되지 않은 자유 의지의 질주이며,
> 셋째는 염치를 모르는 자본가들이 곧 그들이다.

막스 베버는 그 명제만으로도 사회과학의 아버지라는 칭송을 듣기에 충분하며, 나는 막스 베버를 너무 늦게 읽었다고 후회한 적이 있다.

이 보고서는 1948년에 미군정사령부 정보참모실에서 본국에 보고하고자 작성한 한국의 노동실태보고서이다. 그 시대야 어차피 격동기였으니까 어지럽다고 예측할 수 있지만, 신생국의 정치는 헨더슨(G. Henderson)의 말처럼 소용돌이치듯(vortex) 어지러울 수밖에 없었을 것이다. 분노에 찬 목소리, 망국에 대한 책임 추궁, 복수심, 이성의 상실, 해방감과 익명성에서 오는 범죄의 유혹, 죄의식을 느끼지 않는 무질서, 군핍 – 나는 이것을 자코방 심리(Jacobin mentality)라고 부른다.

이 모든 것들이 혼합되었을 때 사회가 어차피 어지러운데 노동계인들 오죽했을까? 군정청이 가장 고민한 것은 논리가 없는 파업, 적산에 대한 이권 다툼, 아동 노동, 노동 규제의 확립 등이었다. 그러나 1940년대의 미국에서 경험한 노동 쟁의와 해법을 한국의 상황에 적용하는 데에는 어려움이 많았다. 노동 운동은 어차피 좌익에서 불길이 솟기 마련인데, 미국으로서는 조선노동조합전국평의회(全評)을 다룰 지략이 없었다. 그때 이미 전평은 북한 또는 남로당(南勞黨)의 지시를 받고 있었기 때문이었다.

전평은 조선공산당의 외곽 단체로서 단순한 노동 단체가 아닌 사회주의적 압력 단체였다. 해방 이전 일제 시대에 활약한 노동조합 운동의 지하 조직은 출판노조·금융노조·금속노조·항만노조·화학노조·부두노조·운수노조 등을 들 수 있다. 해방 이후에 노동조합 운동은 이 지하 조직과 해방 직후에 출옥한 직업적 노동운동가들이 기본 부대가 되어 공장·기업체·광산·사업장으로 진출하였다.

　이들은 1945년 11월 5~6일 서울에서 50만 명의 조합원을 거느린 노동조합을 대표한 대의원 615명이 모여 민주주의적 방법으로 조선노동조합전국평회의를 조직했다. 1946년 2월 15일 현재 각 산별 조합의 조직 구성원을 보면, 235개 지부와 1,676개 분회에 57만 4,475명의 회원을 거느리고 있었으며, 상임위원장 허성택(許成澤)이 이를 이끌었다.

　예나 이제나, 동서를 가리지 않고, 역사상 노조가 기본적으로 노동 복지 때문에 파업을 시작한 전례가 드물다. 미군정의 어려움이 바로 거기에 있었다. 그들은 금과옥조(金科玉條)처럼 노동권의 보장을 주창했지만, 본질은 그 뒤에 숨은 정치 집단의 이해관계였다. 따라서 그 시대 전평의 요구 사항은 80년 가까이 지난 지금의 노동조합의 요구 사항과 기이하리만큼 똑같다. 역사가 바뀌는 데는 80년이 그리 긴 세월이 아니다.

8. 제8장 「안보 각서 68호(NSC 68) 및 부속 문서」(1950)
－ 미국 안전보장회의(NSC) 작성

　내가 수집한 한국현대사를 학계에 알리면서, 그 역할을 다하지 못했다고 가장 아쉬워한 부분이 「안보 각서 68호」(NSC 68)였다. 1950년 4월 14일에 작성되어 극비 문서로 존재하다가 1977년에 이르러 비밀 해제가 되자 미국의 지성 촘스키(Noam Chomsky)는 이를 가리켜, "미국의 현대사에서 가장 치명적인 문서(most crucial documents, *On Power and Ideology*, 1987, p. 15.) 가운데 하나"라고 탄식했다.

이 문서를 개디스(John L. Gaddis)가 그의 저서(*Strategies of Containment*, 1982)의 한 장(章)으로 다루면서 널리 세상에 알렸지만, 내가 1986년에 한국에서 그 전문을 공개했을 때 학계는 그리 크게 주목하지 않았다. 아마도 이 글이 그 엄혹하던 우익의 시대에 반미 사조를 유발할지도 모른다는 우려 때문이 아니었던가 여겨진다. 하기야 미국도 꺼리던 문서를 한국에서 읽어야 할 이유가 그리 다급하지 않았다.

이 문서를 내가 처음 읽었을 때 가슴이 답답하고 머리가 혼란스러웠다. 그 행간에 담긴 은유(隱喩)를 정확히 이해하기 어려웠기 때문이다. 이 글이 본디 트루먼에게 올린 정책 보고서인데, 막상 이 보고서를 읽은 트루먼은, "좀더 명료하고 이해하기 쉽게 다시 검토해보라"고 지시한 부전지(附箋紙)의 의미가 크다. 그가 보기에도 이 내용이 혼란스러웠다. 아마 그가 전략 개념이 부족해서 그런 것은 아니었을 것이다.

형식적으로는 미국 안전보장회의(NSC : National Security Council)의 사무국장인 레이(James S. Lay, Jr)가 이 문서를 작성한 것으로 되어 있다. (NSC의 의장은 대통령의 당연직이었다.) 레이는 1911년에 워싱턴에서 태어난 전기공학도로, 1933년 버지니아군사연구소를 2등으로 졸업하고 1935년 하버드 대학원에서 석사 학위를 받은 수재였다. 제2차 세계 대전까지 레이는 한 전기회사의 평범한 직원이었다.

1941년에 레이는 현역으로 소집되어 포병으로 복무하다가 전쟁성 군사정보국 영국 지부에 배치되었다. 이때 능력을 인정받은 그는 곧 합참(JCS) 합동정보위원회(JIS)의 비서로 발탁되었다. 제2차 대전이 끝나자 레이는 정보 요원으로 국무성에 합류했는데, 이때 덜레스(J. F. Dulles)의 신임을 받았다. 그는 1947년에 NSC가 설립되었을 때 합류했으며, 1950년에 사무국장으로 임명되었다.

이 글은 단적으로 제2차 세계 대전이 끝나고, 국민의 사기도 다소 느슨해지고 "심심했으며," 군수 산업도 다소 활기를 잃던 때에 소련마저 원폭에 성공하자 미국의 매파들이 작성한 전쟁 준비 보고서였다. 단적으로 말해서 「안보 각서 68호」는 미국의 재무장이 필요하다고 역설하는 매파들의 의견서였다.

종전이 되자 1948년의 미국의 전투 병력은 50만 명으로 감축되었고 1945년 당시 GNP의 38.5%였던 군사비는 4.5%로 삭감되었다. 대체로 미국 군대의 숫자에는 상한선(ceiling)이 없지만 제2차 세계 대전의 절정기에 미군의 총수는 대략 1,310만 명 정도였다. 그러나 1950년 초가 되면 미국의 군대는 사실상 해산된 것이나 다름없었다. 따라서 미국의 매파로서는 국면의 전환을 위해 긴장이 필요했다.

「안전 보장을 위한 미국의 목적과 계획에 관하여 안전보장회의 사무국장이 회의에 제출하는 비망록」이라는 공식 명칭으로 1950년 4월 14일자로 작성된 이 문서는 사무국장 레이가 제출자로 되어 있지만, 그 실제 작성자는 당시 합동기획참모국(PPS : Policy Planning Staff)의 국장이었던 닛츠(Paul Nitze)로 알려져 있다.

닛츠는 미국 현대사에서 가장 신비에 싸인 인물이었다. 한국전쟁이 발발했을 때 닛츠는 이를 놀라움으로 받아들이지 않은 유일한 고위정책결정자였다. 그는 소련의 교사를 받은 한 위성 국가북한가 "1950년 어느 여름날에 야음을 타고 침략한다"는 정보를 가지고 있었다.

개디스의 주장에 따르면, 「안보 각서 68호」는 케난(George Kennan)에서 닛츠로 이어지는 합동기획참모국의 선임·후임 국장이 자리를 이어가며 꾸민 일이다.(Gaddis, p. 90) 2004년에 97세로 세상을 떠날 때까지 그는 전략핵무기제한협상(SALT)의 실무 및 막후의 결정자였다. 그가 살아 있을 적에 그의 전기가 출판되었는데 그 제목이 『위험한 능력』(David Callahan, *Dangerous Capabilities,* 1980)이었다.

이러한 계제에 한국전쟁이 일어났다. 「안보 각서 68호」와 관련하여 시몬즈(Robert R. Simmons)는 "요컨대 한국전쟁은 워싱턴이 이미 마련해놓은 모형[NSC 68]에 매우 부합되었다."고 말한다. 곧 한국전쟁은 135억 달러에서 500억 달러로 증가하는 방위비를 통과시키는 데 필요한 냉전 위기에 부합됨을 의미한다.

그렇다고 해서 한국전쟁이 미국에 의해 도발되었다는 논리를 여기에서 펴려는 것은 아니지만, 미국은 이미 정해진 계획을 수행하는 기회로 한국전쟁을 포착했다는 것만은 주목해야 한다.(Robert R. Simmons, *Without Parallel,* 1974, p. 157.)

「NSC 68호」의 핵심어를 요약하면, "한곳에서 밀리면 모든 곳에서 밀린다. 소련은 적성 국가이다. 1954년에 소련의 침략 가능성이 높다. 그러나 예산을 위해 국회와 국민을 설득할 방법이 마땅치 않다." 그렇다고 하더라도, "미국의 경제와 서민 생활은 전쟁기에 호황이었다."는 대목을 읽을 때면, 등이 서늘하다. "남의 불행이 나의 행복"일 경우는 역사에 흔히 있다고는 하지만. …

한국전쟁이 좌파 이론가들의 말처럼, 「안보 각서 68호」의 각본에 따라서 도발되었는지의 여부를 단언한다는 것은 매우 어려운 일이지만 한국전쟁이 이 각서에 제시된 예산 논쟁을 좌우하는 데 필요한 충격을 줌으로써 방위비의 문제를 매파들에게 유리하도록 상황을 전면적으로 뒤바꿔 놓았다는 사실을 부인할 수는 없는데, 바로이 점이 한국전쟁의 음모 이론에 이론적 근거를 제시하고 있다.

부록으로 실린 「안보 각서 68호」의 부속 문서들은 그 뒤 이 문서가 어떻게 미국 정책에 투영되었는가를 보여주는 중요 문서이기도 하지만, 미국의 정책 결정이 얼마나 촘촘히 그리고 전문적으로 검토되는가를 잘 보여주고 있다.

특히 「안보 각서 73호」는 「안보 각서 68호」를 온갖 전문가들이검토한 뒤에 얻은 결론을 정리한 것이므로 「안보 각서 68호」를 이해하는 데 매우 중요한 결론을 제공하고 있다. 미국은 그리 허술한 나라가 아니다.

차례

제1장 하지 장군의 이력   45
　　　ー 미 24군단 G-2 작성

제2장 한국은 자유 국가가 될 수 있을까?(nd)   57
　　　ー 번스(Arthur C. Bunce) 작성

약어 및 암호표

A

AA : Anti-Aircraft

AAA : Anti-Aircraft Armament

AAAA : Army Anti-Aircraft Armament

AAF : Army Air Forces

ABC File : American-British Conversation File, NA

A/C/A : Assistant Chief of Army

ACG : Air Control Group(항공통제단)

AEC : Atomic Energy Commission

AF : Allied Forces

AF : Admiral of the Fleet

AFL : Asian Federation of Labor(아시아노동연맹)

AFPAC : Allied Forces, Pacific Area Command

AFPAC : Air Forces, Pacific

AG File : Adjutant General's File

AGWD = TAG

ARGONAUT : Yalta Conference

ASCOM : Army Service Command

B

BGS MS : Brig. Gen. Svensson's Unpublished Manuscript

BLACKLIST : 일본 점령 계획

C

CAC : Coast Artillery Corps

CAD : Civil Affairs Division, DW

CAF : Clerical, Administrative and Fiscal Services(행정/예산담당관)

CAMPUS : 일본 점령 계획

CASA : Civil Affairs Staging Area(민정 요원 보충대)

CBI : China-Burma-India Theater

CCRRI : Central Council for the Rapid Realization of Independence
(獨促中央會)

CCS : Combined Chiefs of Staff, UN

CEA : Council of Economic Advisers

C(omm) G : Commanding General

CG : Coast Guard

Chief of S&P : Chief of Strategy and Planners

CIC : Counter Intelligence Corps

CIC : Combined Intelligence Committee

C-in-C : Commander in Chief

CINCAFPAC : Commander in Chief, Army [Air] Forces, Pacific

CINCPAC : Commander in Chief, Pacific

CINCSWPA : Commander in Chief, Southwest Pacific Area

CM : Cable Message

Col : Colonel

[Conf] : Confidential

CORONET : 일본 도쿄 평야 침공 계획

CP : Command(ing) Post

CPKI : Committee for Preparation of Korean Independence(建準)

C/S : Civil Service

CsofS : Chiefs of Staff

CSP : Civil Supply Plan

CSS : Civil Service of Supply

CTO : Corps Tactical Operation

D

DA : Department of Army

DAC : Department of the Army Civilian(국방성 군민국)

DAFR : *Documents on American Foreign Relations*

Doc : Document

DS : Department of State

DSM : Distinguished Service Medal

DSB : Department of State *Bulletin*

DSM : Department of State Meeting

DSM : Distinguished Service Medal

dtd : dated

DW : Department of War

E

ECA : Economic Coordination Administration

ECAFE : Economic Commission for Asia and the Far East(아시아/극
동경제위원회)

ERP : European Recovery Program(유럽 부흥 계획)

EUREKA : Teheran Conference

F

FLC : Foreign Liquidation Commission(해외청산위원회)

FMACC : Foreign Military Assistance Coordinating Committee

FO : Field Order

FR(US) : *Foreign Relations(of the United States)*

G

GARIOA : Government and Relief in Occupied Areas(점령지역 행정/
구호계획)

GHQ : General Headquarter

GI : Government Issue

GO(#1) : General Order(No. 1)

GPO : Government Printing Office

H

H(ist.) USAFIK : History of U.S. Armed Forces in Korea

HR : House of Representative

HRM : Senate Hearings on the Relief of MacArthur

I

ICIS : Interdepartmental Committee on Internal Security

I&H JI : *Information and Historical Journal*

I&I : Intelligence and Information

IMF : International Monetary Fund

Inf Div[Regt] : Infantry Division[Regiment]

ITUC : International Trade Union Confederation(국제노동조합총연맹)

J

JANIS : Joint Army-Navy Intelligence Service

JCAC : Joint Civil Affairs Committee

JCS : Joint Chiefs of Staff

jg : Junior Grade

JIS : Joint Intelligence Staff[Service]

JLC : Joint Logistics Committee

JODK : 경성방송국 호출 부호

JPS : Joint Planners Staff

JSC : Joint Staff Committee, DW

JSP : Joint Staff Planners

JWPC : Joint War Plans Committee

K

KAA : (?)

KAMG = USAMGIK

KIG : Korean Interim Government(남조선 과도 정부)

KMG : USAMGIK

KPG : Korean Provisional Government(중경 임시 정부)

KRAI : Korean Relations and Information Section

L

LST : Landing Ship for Tanks

LT : long ton = 영국의 ton(1,016.1kg)

Lt : Lieutenant

Ltr : Letter

M

MDAP : Mutual Defense Assistance Program

MG = USAMGIK

MILEPOST : Reserve Stocks Operation in Siberia

Min : Minutes(회의록)

MR : MacArthur Report

MS : Manuscript(미간행 정책 보고서)

Ms(g) : Message

MVD : 소련 내무성

N

NA : National Archives, Washington, D.C.

NAT(O) : North Atlantic Treaty (Organization)

NEB : National Economic Board(중앙경제위원회)

NIS : National Intelligence Survey

NKC : New Korean Company(新韓公社)

NLMB : National Labor Mediation Board(중앙노동중재위원회)

NSC : National Security Council

NSRB : National Security Resources Board(국가안보자원국)

NSRRIK : National Society for the Rapid Realization of Independence
in Korea(獨促)

O

OAS : Occupied Areas Section, Department of Navy

OCMH : Office of the Chief of Military History, Dept. of Defense

OCTAGON : Quebec Conference(1944)

OLYMPIC : 일본 규슈(九州) 침공 계획

OMG : Order of Military Government

OO : Operation Order

OPD : Operation Division, DW

OPO : Office of Public Opinion

OSS : Office of Strategic Service

P

PCAU : Philippine Civil Administration Unit

POLAD : Political Adviser

POW : Prisoner of War

Q

QUADRAN : Quebec Conference(1942)

R

[R] : Reference(참고 부속 문서)

ret : retired

RG : Record Group, NA & WNRC

Rpt : Representative

S

[S] : Secret

SANACC : State-Army-Navy-Air Force Coordinating Committee

S&P : Strategy and Policy Group

SCAP : Supreme Commander, Allied Powers

SEA : Southeast Asia

Sec : Secretary

SEXTAN : Cairo Conference

SFE : Section of Far East, DS

SFE : Subcommittee on the Far East, DS

SKIG : South Korea Interim Government(남조선 과도 정부)

ST : short ton = 미국의 ton(907kg)

SWNCC : State-War-Navy Coordinating Committee

SWPA : Southwest Pacific Area

T

T/A : Territorial Army

TAG : The Adjutant General(국방성 군무국장)

TERMINAL : Potsdam Conference

T/O&E : Table of Organization and Equipment

[TS] : Top Secret

U

UNO : United Nations Organization

UNRRA : United Nations Relief and Rehabilitation Administration

UNTCOK : United Nations Temporary Commission on Korea

USAFIK : United States Armed Forces in Korea

USAMGIK : United States Army Military Government in Korea

USAMGOK : U.S. Army Military Government of Korea

USNR : United States Naval Reserve

V

V-J Day : Victory over Japan Day

VLR Attack : Very Long Range Attack

VOCG : Verbal Order, Commanding General

W

WARCOS : Department of War, Chief of Staff

WD = DW

WDGS : War Department, General Staff

WDSCA : 전쟁성 민사처(Department of War : Section of Civil Affairs)

WFTU : World Federation of Trade Union(세계노동조합총연맹)

WNRC : Washington National Record Center, Suitland, Md.

WPD : War Plan Division

제1장
하지 장군의 이력
- 미 24군단 G-2 작성

Biography of General Hodge(1947)

하지 장군의 이력

　장군이든 이등병을 가릴 것 없이, 전선에서 미국 제24군단 사령
관 하지 소장(Major General Hodge)은 부하들에게 특이한 인물이었
다. 사단장 시절, 그는 냉철한 판단과 늘 전투의 현장에서 모습을
보여 2개 사단장을 거치면서 그의 사병들과 참모들에게서 찬양을
받았다. 지금(1947) 51세인 일리노이 출신의 하지 장군은 "군인 중
의 군인"(Soldier's soldier)으로서 어느 전투에서나 잘 알려진 직업
군인이다.

　세계 제1차 대전에서는 센트 미힐(St. Mihiel)과 뮤스-알곤(Meuse
-Argonne)에서 보병 대위로 독일군과 싸웠으며, 이번 [제2차 세계] 대
전의 전투에서는 과달카날(Guadalcanal)과 뉴 조지아(New Georgia)와
부겐빌(Bougainville)에서 사단장으로 참전했다.

　하지 장군은 일본군과의 주목할 만한 첫 전투를 경험했으며, 이
때 정글전의 용사로 인정받았다. 이번의 전쟁에서 그는 1942년 12
월에 남태평양의 전투를 시작하였는데, 이 무렵 그는 보병 제25사단
을 이끌고 과달카날에 도착했다. 과달카날 전투에 보병 제25사단이
참전하는 동안 내내 그는 사단 참모(Assistant Division Commander)로

활약했으며, 그의 탁월한 전공으로 무공훈장(Legion of Merit)을 받았다.

1942년 5월에 하지 장군은 휘지(Fiji Is.)에서 훈련하고 있는 아메리컬 사단(Americal Division)*의 사단장으로 부임하고자 솔로몬군도(Solomon Is.)를 떠났다. 이 사단은 과달카날에서 혁혁한 무공을 세움으로써 해병대로서뿐만 아니라 미국 지상군으로서 일본과의 전투에 명성을 얻었다.

1943년 7월에 하지 장군은 뉴 조지아에 있는 보병을 지원하고자 임시 사단장으로 파견되었다. 당시 뉴 조지아에 주둔한 보병 사단은 전략적으로 매우 중요한 문다비행장(Munda Airport)을 장악하고 그 섬에 주둔한 일본 최강의 수비대를 격파하는 전투로 몹시 지쳐 있었다. 하지 장군은 그 임무를 수행하면서 보여준 탁월한 영도력으로 특수무공훈장(Distinguished Service Medal, DSM)을 받았는데, 그의 공적서 일부를 인용하면 다음과 같다.

> 귀관의 공격적인 지휘를 받아 사단은 새로운 용기를 얻어 신참 부대의 용맹으로 공격함으로써 짧은 시간 안에 공격 목표를 함락하였다. 귀관은 늘 사병들과 격전지에 함께 함으로써 병사들을 고무하였고, 사단의 진격에 앞장섬으로써 모든 작전을 성공적으로 종료하였다.

문다 작전을 마친 뒤 하지 장군은 휘지의 본부로 돌아와 야전을 지휘하고자 아메리컬 사단을 정비하는 작업을 계속했다. 1943년 12월에 아메리컬 사단은 거칠고 훈련되고 용맹한 부대가 되어 부겐빌에서 일본군을 만나 해병 사단을 구출하고 토로키나 곶(Torokina

---

* 아메리컬 사단(Americal Division)은 과달카날(Guadalcanal)에서 창설된 미국 보병 사단이었기 때문에 이런 명칭을 얻었으나 정확히는 미 제43보병사단을 지칭한다.

Point)의 비행장을 보호하고자 전선을 구축했다.

1944년 3월에 하지 장군이 지휘하는 아메리컬 사단은 부겐빌수비대의 일부가 되어 저 악명 높은 일본군 6사단의 공격을 받았는데, 이 일본군은 17군(17th Army)의 지원을 받아 강화된 사단으로, "남경(南京) 대학살"에 참여했던 바로 그 부대였다. 이 작전에서 하지 장군은 자주 최전방에 나아가 사병들을 독려하고 직접 전투를 지휘했는데, 작전에서 일본군 몇천 명을 사살함으로써 부겐빌에서의 적극적인 작전이 종료되었다.

부겐빌 작전을 수행하던 어느 날 500파운드짜리 폭탄 두 개가 떨어져 사령부를 폭파하고 많은 사병이 부상하고 한 명이 전사했다. 그 시간에 숙소에 있던 하지 장군은 가까스로 죽음을 모면했다. 또 언제인가는 전선을 시찰하다가 부상하여 상이기장(傷痍記章, Purple Heart)을 받았다.

하지 장군은 그 생애의 대부분을 군대에서 보냈다. 그는 1917년에 소위로 임관한 뒤로 여러 단위 부대에서 지휘관과 참모로 활약했으며, 4년 동안 전쟁성 일반 참모로 근무했다. 하지 장군은 육군대학(Army War College)과 지휘일반참모학교(Command and General Staff School)와 보병학교(Infantry School)와 화학전학교(Chemical Warfare School)를 졸업했으며, 지상군으로서는 드물게 공군전략학교(Air Force Tactical School)를 졸업하고 대공(對空) 관측사로 승진했다.

하지 장군은 직접 문제에 접근하여 간결하고 솔직하게 부대를 지휘하며 직접 그것을 글로 남겨 기억하는 것으로 유명했다. 그는 머리가 긴 사병들을 몹시 싫어했으며 그의 철갈색 머리를 늘 짧게 깎았다. 그의 명령 가운데 다음과 같은 기록이 있다.

사병들은 일본군과 싸우면서 자기의 머리카락이 눈썹까지 내려와 그것
을 쓸어올리느라고 제3의 손으로 치켜올리는 일이 있어서는 안 되며, 그러
노라고 시간을 써서도 안 된다. 내가 허락하는바, 머리카락은 아무리 길어
도 2인치(5.8cm)를 넘어서는 안 된다.

　아메리컬 사단의 집중 훈련이나 전투에서 하지 장군이 가장 경
계한 것은 유언비어(流言蜚語)의 위험성이었다. 장교든 사병이든
유언비어를 퍼트리면 정글의 특별한 지역에 들어가 세탁을 하고,
정원의 작은 구덩이에 나무를 심거나, 한 주일 동안 집단으로 몸
을 씻어야 하는 처벌을 받았다. 그렇게 되자 그 사단에서는 유언
비어가 더 이상 퍼지지 않은 것은 더 말할 나위도 없다.
　하지 장군은 모든 군인의 복지에 지극히 관심이 많아, 아메리컬
사단의 모든 장교는 부임하는 즉시 휘하 부대 사병의 이름을 모두
외우라고 요구했다. 그는 미국의 군인이라면 지휘 교육을 통하여
그가 가진 최고의 정보나 지식을 극대화해야 한다고 굳게 믿었다.
이를테면 지휘관이 말하면 사병들은 저 아래 졸병까지 숫자를 기
억해야 한다.
　그의 말에 따르면, 미국의 군인은 세계 최강의 군대이며, 만약
군인이 자신에게 부과된 임무가 무엇인지를 가르쳐 주고 잘 훈련
한다면 자기에게 부과된 업무를 잘 수행할 수 있다고 한다. 더 나
아가서 현재의 미군은 개척 시대를 연 선조들의 충실한 후손으로
서, 남들로부터 동정이나 도움을 받아서는 안 된다고 그는 믿었다.
　오늘날 하지 장군의 전선은 과거 어느 때보다도 넓다. 그러나
하지 장군은 어떤 어려운 일이 닥치면 아직도 이 "노병"이 가장 먼
저 눈에 띌 것이라고 기대해도 좋다.

24군단 약사(略史)

Brief History of the XXIV Corps(1948)
USAFIK, XXIV Corps G-2, Historical Section,
Record Group 332, Box 45, WNRC, Suitland.

　미국 육군 24군단은 1944년 4월에 하지 소장(John R. Hodge : 1893~ 1963)을 사령관으로 하여 하와이(T.H.) 오하우섬(Ohhau)의 쇼필드 병영 (Schofield Barracks)에서 창설되었다. 하지 장군은 1917년에 입대하여 세계 제1차 대전에는 보병 장교로 참전했다. 과달카날(Guadalganal) 전투에서는 25사단 사단 참모(Assistant Division Commander)로 참전했고, 뉴 조지아(New Georgia) 전투와 부겐빌(Bougainville)의 밀림 전투에서 뒷날 아메리컬 사단(Americal Division)으로 불린 43사단 사단장으로 참전하여 일본군을 격파하여 큰 명성을 얻었다.

　하지 장군이 군단 사령관에 오른 뒤 첫 임무는 제3해병상륙사단을 이끌고 팔라우 섬(Palau Is.)을 공략하는 것이었지만, 1944년 중엽에 태평양 전투에서 몇 번의 과격한 변전을 겪으면서 7월 초에 임무는 북태평양의 해구(海溝, Yap)를 점령하는 것으로 변경되었다. 1944년 9월 15일에 두 번째로 업무가 변경되어 필리핀의 레이테(Leyte)로 이동했다.

　하와이를 떠난 24군단은 애드미랄티군도(Admiralties)에 도착했는데, 이 무렵 24군단은 7사단과 9사단을 거느리고 크뤼거 장군(Walter Krueger)이 지휘하는 6군(Sixth Army)에 배치되었다. 이 두 사단은 10월 20일에 둘락 (Dulag) 근처의 레이테 연안에 나란히 상륙했다. 10월 말까지 일본군이 섬 둘레 10마일에 이르는 곳에 깊이 참호를 파고 있었다.

　24군단의 임무는 남부 레이테섬의 일본군을 섬멸하는 것이었다. 9사단은 서부를 공격하고 7사단은 남해안을 공격하여 해안을 따라 아비욕

(Abyog)에 이른 다음 서쪽으로 돌아 산을 넘어 베이베이(Baybay)를 공격하는 것이었다. 11월 5일에 베이베이에 도착한 24군단은 다시 해안을 따라 진격하였다. 일본군의 저항을 완전히 무찔렀지만, 병력을 정비한 적군은 다시 서부 레이테에 모여들기 시작하자 6군단은 북쪽으로 올라가다가 새로운 위험에 직면했다.

제11공군사단은 이 무렵에 이 무렵에 214군단 쪽으로 항진하다가 11월 하순에 77사단을 만나 괌(Guam)에서 전투를 치렀다. 96사단의 일부는 주로(Juro)를 향하여 올라갔으며, 그러는 동안에 7사단은 계속하여 데포지토(Deposito) 방향으로 진격하다가 강력한 저항에 마주쳤다. 여기에서 하지 장군은 세 길로 포위 작전을 전개했다.

곧 7사단은 남쪽으로부터 공격하고, 11항공사단은 동쪽에서 산을 넘어 공격하고, 77사단은 바닷길로 동쪽 해안을 따라 12월 7일에 데포지토에 상륙했다. 적군은 삼면의 공격을 받아 12월 10일에 77사단에 의해 오르목(Ormoc)이 함락되었다.

12월 초에 미군은 해안선의 뒤로 돌아 매우 심각한 반격을 전개하였는데, 이때 제11항공사단의 지원을 조금 받았다. 그렇다고 해서 전투가 최후의 일격을 날린 것은 아니었다. 77사단은 북진을 계속하여 18일에 발렌시아(Valencia)를 점령했다. 그들은 서쪽으로 돌아 팔롬폰(Palompon)을 공격했다.

이때 1~2개 대대는 상륙용 주정을 타고 같은 시각에 해안선을 따라 40마일을 진격하여 일본군의 배후를 공격했는데, 이로써 6군의 임무는 끝났다. 소탕 작전은 계속되어 이 마지막 전투에서 1만4천 명의 일본군이 전사하고, 레이테-사마르-쿠모투스(Leyte-Samar-Cumotus) 작전이 24군단의 업무로 넘어갔다. 2월 초가 되자 다음 업무를 준비하고자 10군단의 요원들이 감축되었다.

제10군에게 오키나와(沖繩, Okinawa) 점령의 명령이 떨어지자, 하지의 24군단과 제3수륙양용군단도 여기에 가담했다. 상륙전의 개시 일자는 4월 1일이었다. 24군단은 레이테의 모든 병력을 모아 신상을 파악하고 장비를 배급한 다음 장도에 올랐다. 3월 27일에 24군단의 호송부대가 레이

테에서 출항했다. 77사단은 군단과 함께 3월 25일 오키나와 서남쪽 해상에 있는 케라마군도(Kerama Group, 慶良間諸島)의 여러 섬을 함락했다. 이렇게 하여 상륙하는 주력 부대의 침공을 준비했다.

4월 1일 아침, 24군단 제7사단관 96사단이 오키나와의 서해안을 따라 하구시해안(Hagushi Beach, 渡具知海岸) 상륙했다. 7사단은 정오가 되기에 앞서 카데나비행장(Kadena Airport, 嘉手納飛行場)을 장악하고, 이튿날 오후에 2개 사단이 섬을 빠져나왔다. 두 사단은 남쪽으로 향하여 일본군 전초 기지를 공격했는데, 그때까지 증가하는 저항을 받으며 강고한 참호에 이르렀다. 그러는 동안에 제3수륙양용군단은 북쪽으로 진격하여 산발적인 저항만을 받았다.

96사단은 일본군의 본부를 유린했다. 4월 9일에 그들은 5일 동안 치열한 백병전을 전개했다. 96사단은 심각한 타격을 입고 카카쯔 고지(Kakazu Ridge, 嘉數高地) 탈환에 실패했다. 이 사단은 오키나와 서쪽에서 일본 7사단의 격렬한 저항을 받아 수리(Shuri, 首里) 일대의 일본군 포진이 너무나 강력한 것을 알고 포병의 지원이 필요함을 알았다. 따라서 다시 공격을 준비하는 데 시간이 필요했다. 27사단이 서부 해안을 따라 진격하고, 37개 포병 대대가 4.5마일에 걸쳐 집중되었다. 4월 19일에 전면적인 공격이 시작되었다.

전투는 치열하게 계속되었다. 4월 말일 무렵이 되자 77사단은 96사단과 교체하고자 전선에 투입되었다. 해병 제1사단이 24군단에 전입되어 27사단과 교체했다. 5월 첫 주의 주말에 제3수륙양용군단이 북쪽에서 내려와 24군단 측면에서 제1해병사단을 지원했다.

수리의 방어전은 5월 말까지 무너지지 않다가 오키나와에서의 일본군은 급격히 약화하였다. 패잔병들은 남쪽으로 퇴각하여 6월 중순 무렵에 마지막으로 서서 죽음을 맞이했다. 22일에 일본군 사령관이 할복 자살(harakiri, 腹切り)하자 전투도 끝났다. 이날로 오키나와는 평정되었다고 미군은 발표했다.

24군단은 오키나와에 주둔했던 일본군 10만 명 가운데 7만 명이 전사했다고 계산했다. 미군도 전사·전상이 심각하여, 태평양 전투에서 가장 힘들고, 가장 끔찍하고, 가장 집중한 전쟁이었다는 평가를 받았다. 일본의 항복 소식이 들리자 24군단은 오키나와에서 휴식을 취하면서 부대를 다시 정비했다.

8월 11일이 되자 24군단은 한국을 정복할 제10군을 조직하라는 명령을 받았다. 4일이 지나자 6월 6일자로 중장에 오른 하지 장군에게 그 업무가 하달되었다. 9월 11일까지 한국에 도착하여 점령하라니, 시간이 촉박했다. 24군단에 배속되어 한국에 가야 할 사단은, 7사단, 40사단, 96사단, 그리고 거대한 군정 부대와 전문가들이었다.

중요한 정치적·경제적 중심지와 통신 시설을 장악하려면 24군단은 (1) 서울 지역 (2) 부산 지역 (3) 군산 – 전주 지역의 순서로 점령하라는 태평양사령부(CINCAFPAC)의 지시가 내려왔다. 당초에 하지 장군은 40사단을 파나이(Panay)에서 오키나와로 이동시키고, 7사단이 제2순위인 서울 점령을 지원하도록 하려 했었다. 그러나 수송의 어려움으로 말미암아 7사단이 먼저 한국에 상륙한 다음, 15~30일에 걸쳐 96사단이 상륙하도록 시기를 늦출 필요가 있었다.

제2단계로 40사단은 한국으로 직행하여 부산 지역을 점령하고, 96사단은 루존도(Luzon Is.)를 출항하여 군산 – 전주 지역을 점령하도록 했다. 2주 안에 7사단이 먼저 인천에 상륙하자 북부 지역은 24군단의 점령에 들어갔다. 아직 단위 사단을 구성하지 못한 40사단은 9월 13일에 파나이를 출항하였는데 그 첫 업무는 22일까지 인천(仁川)을 점령하고, 그곳에서부터 철도로 목표 지점에 도착하는 것이었는데 이 임무는 10월 10일에 완수되었다.

9월 3일에 태평양군(AFPAC : Allied Forces, Pacific Area Command)은 6사단으로 대체되었으며, 그다음에 루존도에서 96사단의 임무를 맡았다. 6사단의 첫 임무는 10월 10일에 루존도를 출항하여 16일에 인천에 상륙하는 것이었다. 이 사단은 10월 22일에 한국의 남서부 지역을 점령하는 것이었는데, 이 지역은 그리 중요한 곳은 아니었다.

미국의 본토 수비대인 40사단은 곧 미국으로 귀항하게 되어 있었다. 많은 인력이 점차로 원대 복귀하고 각 단위 부대가 7사단과 6사단에서 수비 업무를 인계하자 40사단은 1946년 2월 20일에 점령 마치고 3월 15일에 미국으로 돌아갔다. 그 뒤로 6사단과 7사단이 1946년 1월에 정식으로 출범한 주한미군정(USAMGIK)과 뒤에 사령부가 된 24기지창(ASCOM 24)과 함께 점령 정책을 시행했다.

제2장

한국은 자유 국가가 될 수 있을까?(nd)

– 번스(Arthur C. Bunce) 작성

Can Korea Be Free?

by Arthur C. Bunce

XXIV Corps, Outgoing Message,
Records of U.S. Theater of War
nd

Record Group 332, Box 29
NARA, Suitland

한국은 자유 국가가 될 수 있을까?(nd)

1. 역사적 배경

1) 서론

자유는 국가뿐만 아니라 그 국민에게도 관계된 문제이다. 한국에서 자유의 문제는 멀리 삼국시대에까지 거슬러 올라가 1천 년에 걸친 광범한 문제이다. 풍신수길(豐臣秀吉)이 물러간 1598년 이후 200년 동안 한국은 그들의 "아버지의 나라"이거나 아니면 "형님의 나라"였던 중국에 조공을 바치고, 한국 황제의 "상국"(上國)인 중국에게 사신을 보내는 일 말고는 은둔(隱遁)의 왕국이었다. 1876년에 일본과 수호조약을 체결하고서야 한국은 고립에서 벗어났다. 그 뒤로 지금까지 한국은 정치적 축구공이었다.

[갑신정변(甲申政變)이 일어난 이듬해인] 1885년에 일본과 중국은 조약을 맺어, 장차 필요한 경우가 아니면 한국에 군대를 파견하기에 앞서 서로 알리기로 하고 병력을 철수했다. 1894년에 동학란이 일어나자 한국의 황제가 중국에게 그 진압을 부탁했는데, 이

를 기화로 일본도 한국에 파병하게 되자 청일전쟁(淸日戰爭)이 일어났다. 1895년, 패전한 중국은 한국에 대한 모든 요구를 포기했다.

이로써 한국을 둘러싼 청국과 일본 사이의 적대 행위는 끝났지만, 이 무렵에 러시아는 만주에서 이권을 확대하면서 한국에 대한 영향력을 더욱 확장하고 있었다. 이러한 팽창이 일본의 열망과 충돌하여 1904년에 러일전쟁(露日戰爭)이 일어났다.

일본이 승전하자, 1905년에 러시아는 한국에 대한 일본의 우월적 이해 관계를 인정함으로써 한국은 일본의 "보호국"이 되었다. 이로써 한국의 독립은 끝나고 1910년에 일본에 병합되었다. 이러한 상황은 1945년에 일본이 항복할 때까지 바뀌지 않았다.

1904년까지 한국은 오랫동안 독립을 누렸지만, 백성들은 정치적 · 경제적 의미로서의 자유를 누려본 적이 없다. 일본에게 합병되기 이전의 기간에 한국은 중화제국과 마찬가지로 절대왕정의 지배를 받았다. 이 나라는 500년을 주기로 하여 강력한 가부장적 왕조의 지배를 받으면서, 방종과 타락의 생활을 하다가 새로운 왕조에게 전복되었다.

새 왕조는 늘 많은 백성의 삶을 개선해 주겠다고 약속함으로써 백성들로부터 많은 지지를 받았다. 일본에 합병되기 앞서의 왕조는 1392년에 시작되었는데 더 할 수 없는 부패와 타락이 19세기까지 지속했다.

착취와 억압을 받은 백성들의 삶은 일제 치하에서도 계속하여, 언론 · 집회 · 출판의 자유라는 것은 그들에게 알려지지도 않았으며, 시민의 자유나 권리나 의무를 경험한 적이 없었다. 한국의 정치와 경제 문제를 분석해 보면, 이런 사실을 잊을 수 없다. 인구는 2,700만 명인데, 그 가운데 70%는 소작농이거나 어부이다.

국민은 국가나 국제적인 경제에 관해서는 아는 바가 없으며, 매우 적은 숫자만이 투표권을 행사한 경험이 있다. 그들은 여러 정당에 관해 아는 바가 없으며, 감언이설에 쉽게 넘어간다. 그들은 권력과 재력을 가진 사람들을 두려워하며 믿지 않는다. 그들은 민주적 방법으로 백성을 다스리는 지식이나 경험이 없다.

2) 일제 시대의 경제 발전

일본 통치의 시기에는 시대 구분이 필요한데, 1기는 합병으로부터 1936년까지이고, 2기는 1936년부터 1945년까지이다.

제1기는 전형적인 식민지 억압의 시대였다. 한국은 천연자원과 양곡의 수탈지로 개발되었으며, 그 댓가로 공산품과 구매품만 받았다. 이 기간에 소유와 통치 구조가 정착되었는데, 모든 협동의 90%가 일본의 이익을 위한 것이었으며, 정부의 고위직은 일본인의 차지였다.

지속적으로 수입이 수출을 초과했으며, 일본인의 수지(收支)는 농지를 포함하여 한국인이 소유하고 있는 자원을 초과했다. 철도와 항구와 도로와 공장이 개발되었으며, 자본과 소유는 일본인의 손과 조합에 넘어갔으며, 어쩔 수 없이 일본인에게 굽신거린 몇몇 한국인만이 정복자에게 협조하여 기생(寄生)했다.

일본은 쌀 생산을 위해 특별한 노력을 기울였는데, 1910년부터 1935년까지 인구는 60%가 증가한 데 견주어 쌀은 20% 증산했다. 쌀 수출을 독려하고자 밀과 가격이 낮은 곡물과 콩이 흘러들어와 높은 지대(地代)로 수탈한 쌀을 부분적으로 대체했다. 표면적으로 보면 한국은 더 풍요로워졌다.

도시가 성장하고 선적과 철도 수송이 늘어났으며, 상인들의 삶이 좋아졌고, 소상공인과 일본의 재벌(財閥, ざいばつ)에 밀착한

사람들이 부자가 되었으며, 정부로부터 직접적인 지원을 받은 독점 기업들이 자리를 잡았다. 정부가 철도와 담배와 인삼과 아편과 소금, 그리고 전보와 전화를 독점하거나 통제했다.

일제 통치의 제2기는 초기의 제국주의 형태와는 다른 모습을 보여 주고 있다. 전력, 화학공업, 철강업, 광업, 각종 공산품 등이 급속히 개발되었다. 이는 일본이 전시 물자를 확대한 결과였다. 이제 한국은 더 이상 원료공급지가 아니었으며, 풍부한 노동력과 원자재는 전쟁 무기에 필요한 군수 물자의 생산지였다.

기계 수입이 증가하고, 화공품의 수출이 급증했다. 이 기간에 한반도는 더욱 경제적으로 종속되었다. 전력, 석탄, 철강, 화공 산업은 주로 북한에서 생산되고, 남한에서는 섬유, 신발, 전구(電球), 등과 같은 소비재가 생산되었다. 이런 식의 발전이 아니었더라면 1945년 연합국에 의한 38°선의 분할이 그렇게 치명적이지는 않았을 것이다.

전쟁이 치열해지자 일본은 한국의 자원과 자원을 더욱 무겁게 착취했다. 군대와 해외 노무를 위해 인력을 차출했다. 자본은 축적되지 않고, 더욱 약화하였다. 철강이 부족하여지자 철제 송수관을 캐내고 그 대신에 시멘트를 대용했으며, 전시 물자가 부족하지 온갖 금속을 얻고자 가정의 식기들도 수거하여 부족한 배급을 채웠으며, 물가는 상승했다.

이 시기에 모든 생산은 중앙의 통제를 받다.* 정부는 공용으로만 전기를 공급했으며, 모든 물품의 수요를 전쟁에 맞춰 "합리화하고," 전국적으로 배급과 가격 통제를 시행했다.

---

* 이 부분은 편철(編綴)이 뒤엉켜 의미가 잘 통하지 않는다. 몇 가지의 타자본이 있는데, 여기에서는 Record Group 332, Box 29의 대본에 따랐다.(옮긴이 주)

3) 점령의 결정

1943년 12월 카이로회담에서 루즈벨트(FDR)와 처칠(W. Churchill)과 장개석(蔣介石)은 "적절한 절차를 밟아"(in due course) 한국을 독립시키기로 약속했다. 1945년 2월 얄타회담에서 스탈린(J. Stalin)은 루즈벨트가 제시한 신탁통치안에 동의했으며, 7월에 열린 포츠담회의에서 스탈린과 트루먼(H. S. Truman)은 이를 확인했다.

그러나 조금 늦게 군사적 편의를 위해 남북 분단이 결정된 것으로 보이는데, 점령의 분계선이 무역 장벽이 된다면 이로 말미암아 정치적·경제적 어려움이 발생하리라는 점에 대해서는 생각이 모자랐던 것으로 보인다.

미국인들이 생각하기에, 신탁통치와 점령을 위한 분단은, 국내 무역을 해결하는 정도로 쉽게 여겨, 신탁통치안에서 구체적으로 보장된 바에 따라 곧 통일이 되리라고 여겼다.

2. 1945년 가을의 상황

1) 한국인의 태도

8월 14일, 일본이 항복했다는 방송과 함께 한국에 있는 일본인과 적극적으로 친일 행위를 한 소수의 무리에게 테러가 자행되리라는 소식이 퍼졌다. 그러나 격렬한 반일 한국인들도 행동을 자제하며 폭력을 행사하지 않고 있다. 조선 총독은 미군 사령관에게 조속히 한국을 점령하여 한국인들의 폭동이나 폭력을 막아달라고 호소했다. 조선 총독이 두 명의 보수 지도자인 김성수(金性洙)와 송진우(宋鎭禹)에게, 권력을 인수하여 질서를 지키고 기본적인 업무를 맡아달라고 부탁했으나 거절당했다.

조선 총독은 마지막으로 여운형(呂運亨)[1]에게 접근하자, 여운형은 몇 가지 조건을 내세우며 동의했다. 아울러 일본 당국자는 그에게 엄청난 금품을 제공하면서 일본의 이익을 보호하고 한국인들의 반일 행동을 막아달라고 부탁했다.

공장 노동자들은 1년 치 봉급을 상여금으로 받았으며, 모든 공장은 작업을 중단하고, 각 기관은 기금으로 쓰도록 많은 금액을 받았으며, 일본의 민간인들은 요령껏 한국인들의 손에서 벗어났다. 친일 재벌들은 인민위원회에 선물을 보내고, 친일파로 응징되는 일을 피하고자 이들 집단과 협력을 제안했다.

2) 인민공화국

일본으로부터 권력을 인수하여 한국 정부를 조직하기로 수락한 여운형은 몇 가지 기본적인 문제를 기했는데,

(1) 정치범을 석방한다.
(2) 시민의 자유를 보장한다.
(3) 정당과 집회에 대한 모든 제약을 제거함으로써 결사의 자유를 허락한다.
(4) 등록된 단체는 합법적인 것으로 인정한다.
(5) 내가 지방과 전국의 집단을 조직하여 과도 정부로서의 질서와 활동을 장악한다.

---

1) 여운형은 주로 청년들을 포섭한 지하 운동 단체의 지도자였다. 이 사건의 초기 진행 과정에 대한 자세한 논의는 George M. McCune, *Far Eastern Survey*, Vol. XV No. 3, Feb. 13, 1946 참조.

여운형의 기준에 따라서 정치범이 석방되고, 지하 청년 단체의 지도자인 여운형이 오랫동안 청년들에게 영향을 끼쳤으며, 이를 지원 세력으로 삼아 그는 지방 인민위원회를 조직했다. 인민위원회는 급진주의자들과 때로는 공산주의자들의 지배를 받았다. 왜냐하면 지하 운동의 지도자들은 주로 청년 노동지도자들이나 지식인과 타협하고 있었고, 그들은 대체로 친일파 재벌이나 일본인에 저항하고 있었기 때문이다.

대략 150개 정도의 지방인민위원회가 조직되고, 별다른 반대 없이 권력을 장악했으며, 일본인들로부터 지방 행정권을 인수하기 시작했다. 9월 6일에 서울에서 회의가 열렸는데, 지방 대표를 포함하여 600명의 대표가 참석하여 중앙인민위원회와 임시 인민공화국의 수립을 선포했다.

공산주의자들이 과연 어느 정도로 인민공화국을 지배했는가에 대해서는 논란의 여지가 있다. 그들이 살아남아야 했던 억압 구조에서, 우리가 예상했던 바와 같이 전체적인 권력은 분명히 급진파들이 장악했다. 아마도 북한이 남한보다 더 급진적이었겠지만, 지하 공산주의 세력이 더 강고했던 서북지방의 산업지대에서는 예외였을 것이다.

북한에 견주어 남한에 소작농이 더 많았고, 일본인 지주가 많았으며, 재산의 불평등도 심했다. 부자들은 서울에 몰려 있었으며, 빈부의 격차가 더욱 뚜렷했다. 북한의 주민들이 남한의 주민보다 더 독립적이고 당당했을 것으로 보인다. 잘사는 사람들은 일본에 협조한 무리였다는 사실로 말미암아 부자들은 친일파라는 공격을 받았다.

인민공화국을 이끈 무리는 소작 제도에 반감을 품은 급진파의 열성 청년들로서 민중의 호응을 받는 노동계 지도자들이었다. 인민공화국에는 작지만 잘 훈련된 공산주의 집단들이 많았는데, 이들은 북한에 견주어 남한에서 더 강력했다.

공산주의자들은 주도권을 잡고자 내부에서 비상한 전략을 지루하게 이끌었다. 공산주의자들이 초기에서부터 권력을 잡았는지 의심스럽지만, 그들의 조직이 미군정으로부터 거부당하고, 이승만(李承晩)과 김구가 등장하면서부터 급격하게 세력을 확장했다.[2]

3) 경제 상황

일본의 항복이 발표되자 일본인들은 한국의 지폐를 쏟아내 통화량이 지난주보다 두 배나 늘었다. 아울러 일본인에 대한 한국인의 반감으로 배급 제도와 물가 통제가 무너졌다. 사업체가 매각되자 많은 일본인 경영자들이 사업장을 떠났다.

공산품의 생산이 중단되고, 국경일이 늘어나고 씀씀이가 헤퍼졌다. 물가가 급등하고 상인들은 공장을 사서 값을 올려 팔았다. 생산의 중단과 더불어 통화 팽창이 일어나고 지폐 발행고가 증가했다.

일본이 항복한 날로부터 미군이 점령하기까지, 일본인들의 수탈과 배급으로 쌀의 재고가 줄어들고 막걸리와 엿의 생산이 급증했으며, 국민은 몇십일 안에 처음으로 그들이 그토록 바라던 쌀을 모두 먹어 치웠다. 물가가 가파르게 오르고 미군이 상륙하기에 앞서 통화 팽창은 치솟았다. 남북한에서 1인당 쌀 공급량은 거의 같

---

2) 내가 이 보고서를 쓰면서 몇몇 인사들을 면담하자 24군단 정보국(G-2)에서는 나의 노력과 분석을 달갑게 여기지 않았다. G-2의 주장에 따르면, 공산주의자들은 초기에 정당을 구성한 유일한 정치 집단이며, 인민공화국은 공산주의의 구조와 이념을 갖추었다는 것이다. 그들은 공산주의자들이 지난 9개월 동안에 그 세력을 넓히기보다는 기울고 있다는 점도 지적했다. 나는 아직도 주장하건대, 이 문제는 논쟁의 여지가 많으며, 공산주의자의 정의를 어떻게 내리느냐에 달려 있다.

았다는 점에서 남북한의 경제 상황은 본질적으로 같았다.

3. 남한에서의 정책

1) 초기의 발전

남한은 이제 세 가지 기본 가운데 하나를 선택할 수밖에 없었다.

> (1) 일본의 지배 아래 질서를 유지하고 일본인의 귀환을 위해 점령군 사령관의 지휘를 받아 일본인의 지배를 지속한다.
> (2) 미군 사령관이 인민공화국을 지원하여 과도 임시 정부를 수립한다.
> (3) 미군 사령관이 과도 정부를 기반으로 하여 한국인들이 좀더 적절한 정당 제도를 발전시킬 수 있도록 허락한다.

점령 초기에 일본에서 적용했던 바와 같은 제도가 한국에 적용되었다. 미국은 일본의 제도를 대신할 계획이 설 때까지 조선 총독이 점령사령관의 지휘를 받아 행정권을 행사한다고 발표했다. 이는 태풍 같은 저항을 받아 이 정책은 즉시 철회되었다.

두 번째 선택을 고려하는 과정에서 몇 가지 문제점에 직면했다. 우선 중국에 망명했던 임시 정부가 있었지만, 미국은 이들을 정부로 승인한 적이 없었다. 여운형의 인민공화국이 새로 출현했지만, 점령사령관의 정치 고문들은 정부가 소수의 공산당원에게 휘둘리는 것이 두려웠고, 그들이 사실상 국민을 대표하는 것도 아니었다.

그리하여 군정을 구성하고 통치 기구로서의 인민공화국을 해체하여 하나의 순수한 정당으로 만든다는 결정에 이르렀다. 아울러 몇십 년 동안 망명 생활을 하던 애국자들의 귀국도 허락했다. 이러한 결정은 인민공화국과 미군 당국 사이에 적대감을 일으키는 원인이 되었다.

그러는 과정에서 여운형이 "인민공화국"에서 "국"을 빼고 "인민당"으로 개명하는 것을 거부하자 문제가 더 심각해졌다. 여운형으로서는 조직의 이름에 "국" 자를 넣었을 때 더 정부로서의 품격을 즐길 수 있었기 때문이었다. 여기에 공식적으로 아무런 조직도 아닌 임시 정부의 환국 세력이 스스로를 "임시 정부"라는 명칭을 계속 사용함으로써 문제가 더욱 어려워졌다.

그러다가 이승만 박사[3]가 귀국하면서, 미군이 당의 지도자들을 고문으로 청빙하겠다고 발표하자, 각 정당은 급속하게 증가한 상태에서, 그가 갈등에 빠진 정당을 끌어모으리라고 희망했다.

여운형 씨는 이승만 박사를 인민당의 당수로 모시겠다고 제안했으나 퉁명스럽게 거절당했다. 이승만 박사는 자신의 당을 독자적으로 만들고 싶던 터라 인민위원회를 공격했다. 이것이 좌익과 우익의 협조를 더욱 어렵게 만들었다.

미군사령관은 우익을 지지하여 그를 집권 세력으로 만들려는 한편 좌익을 억압하자 더욱 서로 감정이 나빠졌다. 실제로 미군사령부의 정책은 모든 단체에게 집회·언론·출판의 자유를 허락하면서 미군의 보안을 이제까지처럼 지속적으로 유지하는 것이었다. 강제를 이용하는 집단이나 폭력을 선동하는 글들은 탄압을 받았는데, 거기에는 좌익과 우익 단체 모두가 연루되어 있었다.

---

3) 이승만 박사는 1919년 3·1운동이 일어나자 상해(上海)에서 설립된 임시 정부의 초대 대통령이 되었다. 그는 54년 동안 망명 생활을 했다. 그는 이 시간을 대부분 워싱턴에서 보냈으며, 제2차 세계 대전 동안에 중경(重慶)에 있는 한국 임시 정부 미주위원회 의장이었다.

군정의 정책은 상당히 진보적이었다. 공산주의자들도 자유롭게 정당을 조직하고 신문을 발행할 자유를 누렸고, 외국의 특파원들도 남한에서 자유롭게 여행했다. 진정한 비판은 사실에 근거해야 하기 때문에 군정은 영어를 구사할 줄 아는 사람들에게 의지했는데, 그들은 외국어를 배울 기회가 없었던 민중보다 훨씬 더 광범하게 보수적이었다. 이 문제에 관해서는 뒤에서 좀더 충분히 논의할 것이다.

2) 대표민주의원

1946년 2월에 모든 정당을 하나로 묶어 연맹 의회로 만들려던 헛된 노력이 시작되었다. 각 정당에는 3석이 배정되었고, 나머지 의석은 사회 단체에 배정되었다. 공산당은 합류를 거부하였지만, 여운형은 대표민주의원이 서울 중앙청 제1회의실에서 열리는 그날에 가서야 그 자리를 잠정적으로 수락하고 합류할 준비를 했다.

여운형은 끝내 그 의석을 거부했는데, 뒷날 밝혀진 바에 따르면, 다른 의석들이 군소 정당에까지 배정된 데다가 가입한 사회 단체도 두 우익 정당의 동의를 받아 채워졌기 때문이었다. 민주의원은 정서적으로 완전히 보수주의적이었다. 이를테면 노동조합이나 농민회는 가입하지 않았는데, 우익적인 여성 단체와 종교 단체가 가입했다.

이에 더 나아가서 어느 보수적 정객이 라디오에 출연하여, 여운형 씨가 우익 인사를 찾아와 의원에 넣어달라고 부탁했다고 발언했다. 누구도 민주의원이 정당이나 국민 정서를 온당하게 대표한다는 데 이의를 달지 않았다. 인민당마저 없었다면 민주의원 전체는 우익들만의 대표하는 모임이었을 것이다.

대표민주의원에 반대하여 공산주의자들과 인민당은 인민 전선을 형성하여 전국적으로 좌익사상을 주입하였다. 대표민주의원은 점령사령관과 군정의 자문 기관으로 구성되었지만, 대표성이 없었기 때문에 국민이 만족하는 기관이 되지 못했다.

아울러 인민당은 날이 갈수록 공산당과 동질화되자 인민전선에서는 공산당이 목소리를 주도했다. 이와 같이 미군 사령관이 인정하는 우익적 연맹 의회를 만들려고 시도한 결과 오히려 두 집단 사이에 적대감이 사라지기는커녕 더 첨예하게 되었다.

3) 정강들

좌익 정당과 우익 정당의 사이에 존재한 갈등의 가장 큰 원인은 개인적인 적대감과 불신이었지 결코 정강의 차이 때문이 아니었다. 그들의 정강에는 분명히 차이점이 있었다. 모든 정당은 한결같이 시민의 자유, 광산·삼림·철도·전기·중공업의 국유화, 노동 입법, 사회 보장, 보통 교육, 지주제의 폐지와 농지를 소작농에게 돌려 주라고 요구했다.

이승만이 발표한 27개 조의 정강은 남북한에서 인민위원회가 초기에 주장했던 정강과 여러 가지 점에서 닮았다. 두 진영의 갈등은 본질적으로 상대편의 주장을 믿지 않으려는 권력 암투를 벌이고 있는 것이었다. 좌익은 우익이 새로운 지배 계급을 형성하고자 재벌들을 보호하며 이용했다고 비난했으며, 우익은 좌익이 모스코바의 받고 있으며, 국민의 진정한 자유에 대한 신념도 없이 무산자 독재만 믿고 있다고 비난했다.

중도파라고 하는 또 다른 집단이 있었는데, 그들은 지금까지 "병든 저 두 집"을 향하여 반대의 목소리를 외치며, 친일파나 민족반역자라는 비난을 모면하고자 뒤로 물러서 있다. 민중들은 표방한 정강들과 마찬가지로 민족주의적이며, 급진적인 개혁을 요구하고 있다.

그럼에도 불구하고 그들은 국내 생활의 경험이 부족하여, 민중의 인정을 받아 권력을 장악하는 정파가 나타나기를 기다리고 있는 것 같다. 만약 갈등과 탄압의 정도가 높아지면, 좌우합작이나 아니면 강력한 중도 세력이 필연적으로 나타날 것이다. 아마도 이들은 다소는 좌파적이지만 민족주의 정부를 바라는 여론에 마주칠지도 모른다.

4. 북한에서의 소련 정책

북한의 소련 사령부는 남한의 정책과 정반대로 가는 정책을 추구하고 있다. 그들은 인민위원회를 접수하여 사회주의 이념을 지지하도록 녹였으며, 공산주의 정책에 호의적이지 않은 요인들을 제거했다. 남한처럼 권력 투쟁이 밖으로 노출되지도 않았다. 지방인민위원회는 도(道) 인민위원회에 종속했으며, 도 인민위원회는 김일성(金日成)[4]이 지휘하는 전국인민위원회에 종속되었다.

그러므로 러시아인들은 별도의 군정을 수립하지 않았지만, 특정한 집단을 고무하여 사실상 북한의 임시 정부를 구성했다. 본디소련군은 북한 인민들로부터 열렬한 지지를 받았다. 그러나 대량의 북한 주민이 남쪽으로 내려오고 있다는 보고서나 그 밖의 자료

---

4) 지금의 김일성은 1930년대에 만주에서 항일 지하 운동을 전개하다가 피살된 유명한 옛 김일성과 연결된 것 같지는 않아 보인다.

에 따르면, 소련군과 지방의 공산주의자들은 한국의 풍습이나 시민적 자유로부터 주민을 강제로 분리하고 있음이 나타나고 있다.

소련 사령부는 외국의 기자나 연구자들의 입국을 허락하지 않기 때문에 그들의 경제적·정치적 문제에 관해서는 자료를 얻어볼 수가 없다. 그러나 중앙인민위원회는 완전히 소련의 지배를 받고 있고, 재판이나 경제 제도 등을 포함하여 통치 구조를 소비에트화하는 작업을 채택하고 있다. 직접 북한 주민을 만나보지 못한 상황에서 이런 일들이 주민의 동의를 받고 그들이 바라는 바인지를 판단하기는 어렵다.

5. 남한에서의 미군정

미군정은 매우 혼란스러운 상황을 맞이하고 있는데, 이런 문제는 본질적으로 개선되기보다는 더욱 나빠지고 있다. 가장 시급한 문제는 일본인들을 귀국시키는 일이었다. 이는 일본인의 무장 해제와 많은 민간인의 귀환 문제를 포함하고 있다. 6월까지 대략 50만 명이 넘는 거의 모든 민간인과 대략 18만 명이 되는 일본군이 귀환했다.

그와 동시에 해외 한국인 100만 명 이상이 일본에서 귀국했고, 38°선 이북에서 65만 명이 월남했다. 1946년 1월 초가 되면 일차로 거의 모든 일본인이 귀국했다. 이 일본인들의 귀국으로 정부 조직과 경찰과 산업 경영이 완전히 무너졌다. 왜냐하면 이들의 요직은 모두 일본인들이 차지하고 있었고, 한국인들은 이를 책임질 만한 준비가 되어 있지 않았기 때문이다.

더 나아가서 모든 생산 시설이 가동을 중단했고, 물가 통제와 배급 제도가 무너졌다. 경찰이나 가격 통제나 배급 제도를 시행할 공무원이 없었기 때문에, 이런 강제가 없어지고 자유 시장이 완전히 개방되었다. 첫 번째로 맡아야 할 직업은 미국과 한국의 관리를 돕는 일이었다.

대부분의 군정 관리들은 한국어를 몰랐기 때문에 영어를 아는 한국인들이 요직에 들어갔다. 이 시기를 "통역 정부"의 1기라고 말하는 경우도 있다. 일본의 제도를 기본으로 썼으며, 미군이 국(局)이나 부(部)의 기관장이 되었으며, 한국인들은 한국어만으로도 감당할 수 있는 직책에 임명되었다. 사실상 직무를 맡은 군정 간부들이 업무를 처리했다.

군정 초기에는 많은 약점이 드러났지만, 그것은 쉽게 고쳐지지 않았다. 이를테면,

> (1) 문제의 대부분은 본질적으로 경제적인 것이었다. 경제 전문가들은 자리를 비는 일이 자주 눈에 띄었다.
> (2) 대부분의 고위 관리들은 행정가라기보다는 본직이 군인이었으며, 군대라는 계급 사회가 본질적으로 경직된 곳이기 때문에 하급 장교들의 의견이 상부의 결정에 영향을 미치지 않았다.
> (3) 산업이나 발명품 또는 훈련된 기술자를 만난다는 것이 쉽지 않았다.

이와 같은 행정상의 어려움에 직면한 군정은 한국에 있는 일본인의 재산을 매각하고, 가격 통제를 다시 시작하였으며, 도시에 배급할 곡물을 수집하고, 생산과 교통 수단을 다시 시작했다. 불가피하게도 많은 실수가 일어났다.

현재로서 미군 병력은 1945년 8월에 견주어 상당수가 귀국하고 불필요한 병력은 다만 25%만이 남아 있다. 이러한 상황에서 더 많은 행정권과 책임을 한국인에게 주고자 훈련 계획을 확대함으로

써 더 많은 자격자를 양성할 수밖에 없었다.

지금 필수 물자와 수리 부품의 수입은 잘 진행되고 있고, 중앙 경제원(National Economic Board)이 구성되어 본질적인 지원만 이루어진다면 통합된 경제 정책을 시행할 수 있다. 수요를 맞추기에는 부족하지만, 열차도 정기적으로 운행되고 있으며, 농지 분배 계획도 개발하고 있다.

노동기본법을 준비하고 있고, 일본인으로부터 인수한 공산품과 물자도 잘 시작하고 있다. 지금으로서 가장 시급하게 필요한 것은 초기에 허둥대며 만들었던 여러 개인 기관과 부처를 통합하여 전체적인 경제 계획을 수립하는 것이라는 점에는 의심할 나위가 없다.

6. 미국과 소련 사이의 한국

한국을 둘러싸고 미국과 소련이 의견의 일치를 보지 못하고 있는 것이 세 가지인데 바로 (1) 신탁통치 문제, (2) 민주주의에 대한 견해 차이, (3) 안보 문제이다.

1) 신탁통치의 문제

앞서 지적한 바와 같이, 미국은 한국의 독립을 보장하는 방법으로 먼저 신탁통치를 제안했고 소련도 이에 동의했다. 1945년 12월에 모스코바에서 열린 영국·미국·소련의 세 외상 회의에서 4개 조항을 합의했는데, 그 (3)항에서 다음과 같이 결정했다.

(3) 한국 민주주의 임시 정부 및 한국의 민주주의 단체들의 참여하에 한국민의 정치적·경제적·사회적 진보와 민주주의적 자치 정부의 발전 및 한국에 독립 국가의 수립을 원조·지원할 방책(신탁통치)을 작성하는 것이 곧 공동위원회의 임무가 될 것이다. 공동위원회가 작성한 제안은 한국 임시 정부와의 협의를 거친 후에, 미국·영국·중국·소련 정부에 제출하여 공동으로 심의하게 함으로써 최장 5년 기한의 4대국 신탁통치에 관한 협약을 작성케 한다.

남한의 한국인들은 "신탁통치"라는 용어에 폭력적으로 저항했는데, 그 이유는,

(1) 이는 즉각적인 독립을 바라던 한국인의 염원에 배치되며,
(2) 부분적으로, 일본의 "보호 정치"의 역사에 대한 반감이 작용했으며
(3) 신탁통치란 제1차 세계 대전 당시의 "위임 통치"와 같은 것이기 때문이었다.

남한에서 폭력 행위는 거의 없었지만, 시위와 파업이 전국적으로 퍼져나갔다. 모스코바 3상회의에서 돌아온 미국 국무장관 번즈(James F. Byrnes) 씨는 말하기를, "미소공동위원회는 한국의 민주적 임시 정부와 협의하여 신탁통치를 실시하지 않을 수도 있는 길을 찾을 것 같다."고 했다. 이 말이 보도되자마자 한국의 우익들은 위대한 승리를 거둔 것처럼 보였는데, 이는 반탁 시위를 하던 지도자들이 거의 우익의 편이었기 때문이었다.

그러자 소련은 한국에서 정확히 신탁통치를 실시한다고 모스코바 3상회의는 분명히 결정했다고 발표했다. 번즈 장관의 발표가 나오고, 소련은 그의 발언이 자기들이 이해한 것과 다른 방향을 흘러가자 이는 미국이 한국인들에게 반소감정을 조장하려는 것이

며, 남한에서 우익을 강화하려 함이라고 믿었다.

그러자 북한에서는 신탁통치를 강력하게 지지하면서 이에 반대하는 무리를 지도부에서 배제했다. 이를테면 남한에서 가장 추앙받는 민족지도자로서 당시 북한 임시인민위원회 의장이었던 조만식(曺晚植)은 신탁통치의 의미가 분명히 무엇인지를 알 수 있을 때까지는 신탁통치를 거부한다는 견해를 발표했다는 이유로 그 자리에서 제거되고 가택 연금을 겪었다.

미소공동위원회가 열리자 소련 대표는 신탁통치에 반대하는 정당 사회단체와의 협의를 거부했다. 이와 같은 조치는 북한에서 강력한 지지를 받았고, 남한 대부분의 정당을 반탁 집단이라는 이유로 배제되었다.

몇 주의 논쟁이 지난 뒤에 타협안으로 "공동성명 5호"에 합의했다. 이 성명은 남한의 정당들이 미소공위에 대하여 상당한 정도의 협조를 요구했지만 언론의 자유 조항을 삭제하지는 않았다. 며칠이 지나자 협의 과정에서 소련 대표가 다시 문제를 제기했지만, 그 제제는 정당보다는 개인에게 적용되었다.

소련은 그 무렵 남한의 대표민주의원에 참여한 모든 정당인을 제외하는 길을 선택했다. 그러자 미국은 이 문제가 해결될 때까지 회의의 연기를 요구했다. 미국의 입장은 1946년 5월 8일자 언론 보도에 자세히 언급되어 있다.

소련의 입장은 『이스베스차』(Isvestiya)에 자세히 보도되면서 지지를 받았다. 그러나 언론의 자유라는 주제의 배후에는 한국에 관한 모스코바 협정에 담긴 신탁통치 조항이 선택 사항(optional)이냐 아니냐의 문제가 깔려 있었다.

2) 민주주의에 대한 견해 차이

미소공위에 참여한 미국과 소련의 대표들은 "민주주의"라는 용어를 자기들 식대로 해석하고 있었다. 그러나 같은 단어를 두고 두 나라 대표의 해석이 전혀 다르다는 사실이 드러났다. 곧 협상의 대상이 누구이며, 어떤 제도를 민주주의라 하는 점에서부터 의견이 달랐다.

미국이 생각하는 민주주의란 언론·집회·출판의 자유가 주종을 이루고 있었다. 미국은 군정에 대한 비판이 보도되는 것을 허락하고, 신탁통치에 반대하는 시위를 허락하며, 앞으로 임시 정부의 변화를 어렵게 만드는 조항이 없도록 하고자 장기적인 정책 결정을 회피했다.

미국 대표단은 될 수 있으면, 한국인이 자신의 운명을 결정해야 한다는 입장을 고수했다. 이를테면 일본인이 소유하던 농지를 매도하고자 하는 진보적 계획을 수립했지만, 대부분의 국민은 임시 정부가 수립될 때까지 이를 유보하고자 한다는 것이 분명해졌다.

그와 마찬가지로 미군사령부는 친일파를 비난하는 국민의 행동에 어떤 조치를 하지 않았다. 군정은 일본인 기업을 임대 형태로 경영함으로써 어떤 것을 국유화할 것인지, 아니면 어떤 것을 민영화할 것인지를 한국인 스스로 결정하도록 했다.

"민주주의"에 대한 소련의 해석은 농민과 노동 대중의 복지를 어떻게 이해하는가의 용어에 잘 나타났다. 그들의 복지를 이룩하려면 "모든 비민주적·반동적 요소"는 권력으로부터 배제되어야 하며, 사회 복지의 증진을 위한 계획에 반대의 목소리를 내거나 공격해서는 안 된다는 것이 소련의 입장이었다. 우리가 이해하고 있는 언론·집회의 자유는 그들에게는 자유라기보다는 금지 사항인 것처럼 보였다.

이러한 해석에 따라서 소련군 사령부는 인민위원회를 권력의 중심에 두었으며, 이 인민위원회가 광범한 토지 개혁을 추진하여 토지를 국민에게 분배하되, 토지의 권리마저 농민이나 노동자에게 주는 것은 아니었다. 12에이커*가 넘는 한국 지주들의 농지와 이른바 친일파의 재산은 모두 몰수되었다. 이와 같은 계획에 반대하는 인민은 "반동이거나 비민주적" 인물로 낙인찍혔다.

북한에서는 언론을 통제했으며, 남한의 신문은 38°선 이북에서 배포되지 않았고, 외신 기자는 북한에 들어갈 수 없었으며, 국경을 자유롭게 왕래할 수도 없었다. 평양에 머무는 미군사령부 대표와 소련군 사령부 대표는 엄격한 감시를 받았으며, 자유롭게 왕래할 수도 없었고, 공개적으로 북한 주민과 접촉할 수도 없었다.

한쪽에서는 자유를 강조하고, 다른 한쪽에서는 민중을 위한 사회적 개혁을 강조하는 이와 같은 개념의 차이는 임시 정부를 위한 개혁을 번역하는 데 쉽게 합의를 이루지 못했다. 만약 한국인이 그들의 통치 형태와 사회와 경제를 자유롭게 선택하려면 그들에게 언론·이동·조직·비판의 자유를 허락해야 한다.

한국 국민의 대부분이 급진적 사회 개혁을 바라고 있고, 자유(liberty and freedom)를 누리고 싶어 하며, 어느 다른 국가나 또는 좌익이든 우익이든, 어느 소수 집단의 지배를 받고 싶어 하지 않는다는 것은 의심할 나위도 없다. 미소공위에서 미국의 대표단은 남한에서 소수를 이루고 있는 소수의 고집스러운 공산당의 지배를 받는 좌익이 아니라면, 좌파와도 연합 정부를 기꺼이 구성할 뜻을 가지고 있다.

---

* 1에이커(acre)=1226.3평. 12에이커는 대략 1만5천 평을 기준으로 함.(옮긴이 주)

3) 안보 문제

　신탁통치나 민주주의의 문제에서 더 나아가 안보라는 지배적인 개념이 있다. 소련대표단은 슈티코프 장군(Terrentii F Shytikov)을 통하여 말하기를, 한국에 "친소정권"이 수립되기를 바란다고 했는데, 그 이유인즉, 한반도에 반소정권이 들어서면 한반도가 소련에 대한 공격 기지로 이용되기 때문이라는 것이었다.

　그런가 하면, 미국의 입장인즉, 소련에 우호적인 정권이 한국에 들어선다 함은 반드시 공산 정권이 들어서서 국가로서의 활동의 자유를 잃고 끝내 소련의 전면적인 지배를 받을 위험성이 있음을 뜻하는 것이었다.

　군사적 입장에서 보면 한국은 과거나 이제나 취약 국가여서 러시아에 위협이 될 수 없다. 그러므로 한국이 UN 기구에 가입하여 그 헌장을 준수하면 러시아의 안보가 위협받을 수가 없다. 강대국들이 UN 기구의 활동을 지원할 의지가 없다면 세계 평화나 안전의 유지는 희망이 없다. 만약 그렇지 않다면 소련이 지속적이고 일관되게 38°선의 개방을 거부할 이유가 없다.

　38°선은 한국 경제를 남북으로 갈라놓아 남한은 석탄·철광·화학·목재와 같은 원자재를 보급받을 길이 막혔다. 또한 북한으로서는 신발·섬유·담배 등 주로 남한에서 생산되는 소비재를 얻을 수가 없었다. 이 분단선은 경제 기능을 완전히 마비시킴으로써 한국인 모두에게 막대한 피해를 주었다. 미국과 소련 사령부의 이질적인 행동은 서로를 낯설게 만들었으며, 상대편을 더욱 어렵게 만들었다.

　이를테면, 화폐가 서로 달랐으며, 서로 다른 이념이 주입되었고, 일본인의 재산과 이른바 친일파를 다루는 방법도 달랐으며 지방과 중앙 정부의 체제도 달랐다. 경제적 손실이나 균열의 문제를 모두 제쳐두고서라도, 사회적·행정적 문제가 복잡하게 얽히자 분단이 이뤄진 이래 달이 갈수록 문제가 어려워졌다.

미군사령부는 모스크바협정 제4조와 경제적·행정적 차원에서 부여된 권한에 따라서 1946년 1월의 회의에서 두 쪽으로 갈라진 이 나라를 통일하고자 할 수 있는 모든 일을 했다. 미국의 입장은 분계선이 군사적 편의를 위한 것 이상의 의미가 없다는 입장에 전혀 변화가 없었다.

소득도 거의 없이 분계선은 무역의 자유나 주민의 이주를 막을 뿐만 아니라 다만 두 나라를 본질적으로 강고하게 갈라놓고 있다. 미소공위의 휴회 기간에도 같은 노력을 기울였지만, 아무런 소득이 없었다. 소련은 임시 정부가 수립되면 분단은 자동적으로 해소될 것이니, 그때까지는 장벽을 허물어야 할 이유가 없다는 주장을 굽히지 않았다.

소련의 그와 같은 태도로 비춰볼 때, 소련은 북한을 점령한 뒤 그들이 필요로 하던 안보를 확립했으며, 한국 전체에 친소정권이 확실히 수립될 때까지 분단선을 철폐하지 않을 것 같다.

7. 한국의 미래

미소공동위원회가 조속히 다시 열리고 그에 따라 한국 임시 정부가 수립되지 않는 한, 미국은 남한만에서라도 과도 정부를 수립하는 것이 필요할지 모른다. 미군정은 부족한 요원으로서 더 이상 효과적으로 기능을 계속할 수 없다. 경제 정책은 지속될 수 있지만, 그것도 미국의 요원들이 할 수 있는 일이지 한국인들이 할 수 있는 일이 아니다.

아울러 이와 같은 조치는 필연적으로 남북 분단의 모습을 보여 주게 될 것이고, 그나마 국가 전반에 걸쳐 바람직한 방향으로 이뤄지는 것이 아니라, 생산과 무역의 측면에서만 경제를 지휘하게 될 것이다. 이러한 현상은 남북이 통일되어야 바뀔 것이다.

미국은 한국에 민주적이고도 독립된 국민 정부가 되는 것을 보도록 해 주어야 할 의무가 있다. 모스코바 협정에 명시된 한국 관계 조항에 찬성하지 않는 사람은 모두 협상에서 배제되어야 한다는 소련의 주장을 후퇴시킨다면 미국의 그러한 의무는 달성될 수 있을 것이다. 이런 일이 이루어지지 않는다면 한국 문제의 선택 사항은 외상 회의를 다시 한번 더 하거나 UN 기구로 이양하는 것밖에 없다.

지금 미국은 이승만과 김구만이 자기의 의사를 표현할 수 있고 그들의 정당을 조직할 수 있다고 소련이 미국을 불신한다는 데에 그 어려움의 줄기가 있다. 그와는 달리 소련은 주민의 자유 왕래와 무역을 할 수 있도록 38°선의 개방을 완강하게 거부하려는 것이 그들의 정책이라고 미국은 불신하고 있다.

만약 소련이 미국은 어떤 특정 인문의 조직을 지지할 의사가 없다는 것을 믿고, 소련이 38°선을 개방하여 북한의 상황이 어느 정도인지를 보여 준다면 해결책은 간단해 보인다. 그러나 한국의 안보는 UN 기구에 달려 있으며, 공산주의와 사회주의와 자본주의가 무력이나 경제력을 동원하여 세상을 바꾸려고 시도하지 않으면서도 공존할 수 있다는 사실을 인정할 때 38°선을 개방하리라는 희망이 이뤄질 수 있다.

한국처럼 작은 나라는 미국과 소련의 양쪽으로부터 전폭적인 지지를 받는 세계 기구가 그들의 국가적 자유와 국민적 자유를 누릴 수 있을 때만이 진정으로 자유로울 수 있다. 자유 한국의 문제를 해결할 수 있는 유일한 길은 전 세계가 납득할 수 있는 해결책으로서의 안보와 협력이 이뤄질 때만이 그 길을 찾을 수 있다.

강대국가들이 서로를 믿지 못하고, 두려워하고 오해하는 한 한국이나 전 세계의 약소국가들이 진정한 자유를 누릴 수 있는 희망은 없다.

제3장
한국의 경제 상황(Ⅰ) : (1947)

– 미국 국무성 경제사절단 작성

The Economic Situation of South Korea(I)
Prepared for Lieut. Gen. A. C. Wedemeyer

by
The Korea Economic Mission
Seoul, Korea,
September 1947,

Record Group 332, Box 62,
NARA, Suitland

한국의 경제 상황(I) : (1947)

1. 국토

한국은 만주와 소련 극동의 해안에 국경이 닿아 있는 산악 지방의 반도 국가이다. 한국의 서쪽은 황해를 두고 중국과 마주하고 있고, 동쪽으로는 대마도해협(對馬島海峽)을 사이에 두고 일본과 마주 보고 있다. 지도를 겹쳐놓고 동일한 위도를 살펴보면 한국은 뉴햄프셔주의 포츠머스(Portsmouth)에서 찰스턴(Charleston)을 거쳐 사우드-캐롤라이나에 걸치는데, 서울은 리치먼드(Richmond)쯤에 겹친다.

면적은 8만5천 평방 마일을 조금 넘어 영국과 비슷하다. 반도는 3천여 개의 섬으로 둘러싸여 있지만, 대부분은 이용할 면적이 못되며, 해안선은 5,400마일쯤 된다. 동해안에는 좋은 항구가 거의 없으며, 그나마 대부분이 38°선 이북에 있다. 남해안과 서해안에는 항구가 많지만, 황해의 파도가 높아 효용도가 낮다.

한국의 산은 높지 않아 만주와 국경이 닿아 있는 백두산이 9천 피트 이상이지만 반도 전체에 걸쳐 있는데,(sic) 동쪽으로는 가파르고 서쪽으로는 완만하며 남쪽으로는 우아하다. 남쪽 평지는 농사짓기에 알맞아 농촌 주민은 남쪽에 집중되어 있다. 북부 지방의 가파른 산과 빠른 물살은 수력발전소의 건설에 알맞아 일제 말기에 이 일대에 매우 주목할 만한 공장들이 섰다.

한국의 경제는 일차적으로 농업이다. 몬순형의 기온은 쌀농사에 좋아, 쌀이 국내 경제와 해외 무역을 지탱하고 있다. 강우량의 80~90%가 4월부터 10월까지 내리는데, 그 절반 이상은 이른바 7~8월의 "장마철"에 쏟아진다.

장마철에 쏟아지는 집중 호우는 일반적으로 농사에 유익하지만, 단 며칠 또는 단 몇 시간 안에 쏟아지기 때문에 논이 유실되고 도로와 다리와 주택이 무너진다. 산은 민둥산이어서 기공(氣孔)이 많아 장마철의 홍수에는 물을 저장하지 못하고 범람한다.

기후는 같은 위도의 미국보다 춥고 기간이 길고 메마르며, 북부 내륙 지방의 겨울의 추위는 5개월 동안 서리를 내리며, 골짜기의 비탈에서 보잘것없는 곡류를 재배하는데 그 기간도 짧다. 남부 지방의 온화한 날씨는 이모작이 가능하고, 목화 농사가 많으며, 대나무 숲이 울창하다.

2. 국민

1) 인구

1944년에 실시한 마지막 인구 조사에 따르면, 남북한의 인구는 2,600만 명이었는데, 그 가운데 2,500만 명이 한국인이고, 70만 명이 일본인이며, 외국인이 7만1천 명인데 대부분이 중국인이었다.

그 뒤 제2차 세계 대전이 끝나자 한국에서는 급격한 인구 이동이 발생하여 남한에서 일본으로 귀국한 일본인과 일본과 그 밖의 태평양 지역에서 한국으로 귀국한 한국인이 160만 명 정도였으며, 북한에서 남쪽으로 내려온 인구가 거의 100만 명이었는데, 최근에는 소련이 국경을 봉쇄하고 있음에도 불구하고 매달 거의 6만 명 정도가 월남하고 있다.

대부분의 한국인 귀환자들은 미군 점령지인 남한에 살기를 선택했기 때문에 1944년의 남한의 인구가 한국 전체 인구의 64%였던 데 견주어 지금 남한의 인구는 한국 전체 인구의 70%가량 된다. 1947년 현재 남한의 인구는 2천만 명에서 조금 빠지며, 북한의 인구는 900만에서 조금 빠진다.

그러므로 인구 밀도는 1평방 마일에 329명으로 미국의 8배이며, 일본의 3분의 2이다. 만약 인구의 자연증가율이 연간 1.7%에 변함이 없다면, 1960년의 남북한의 총인구는 거의 3,500만 명이 되어 제2차 세계 대전 이전의 폴란드와 같게 된다.

2) 노동력

전쟁 이전까지 정부 요원과 이 나라 농업 경제의 거의 모든 요소는 인구의 3%에 지나지 않는 일본인 70만 명이 차지하고 있었다. 한반도의 산업 시설과 광산 그리고 공공 시설을 운영하는 전문 기술자들은 거의 모두가 일본인이었으며, 정부는 중요한 자리의 부서장을 영원히 일본인에게 맡기고 정치와 경제의 거의 모든 영역에서 한국인에게 기회의 평등을 허락하지 않았다.

그런 자리에 한국인이 뽑힐 기회는 거의 없었지만 농업 종사는 그대로 두어 3분의 2가 농업에 종사했다. 그 나머지 3분의 1은 수

공업, 소매상, 소수의 전문직에 종사했고, 비숙련공이나 반숙련공의 대부분은 산업노동자들이었다.

1932년부터 1945년까지 한국의 부분적인 산업화가 이뤄졌지만, 한국인들이 기술을 익힐 기회가 없었다. 과학과 경영에 필요한 요원들을 일본인으로 충당하면서도, 한국인들은 육체 노동이나 하급 기술을 필요로 하는 자리만 맡았다. 1944년에 16~60세의 일본인 남자들이 18만8천 명이었는데, 그 가운데 5만2천 명이 관리인이거나 전문 기술자로서 정부와 경제를 장악하고 있었다.

규모로 볼 때 한국의 노동력은 많아 미래의 경제에 필요한 정도는 되지만, 남한에서 일본의 전문 기술자들이 귀국했기 때문에 전문 인력은 심각하게 부족하며, 그 가운데 몇백 명은 북한에 남아 있다. 1946년 8월에 작성한 군정청의 보고서에 따르면, 15~59세의 한국인 남녀 현직 노동자는 1,067만9천 명이며, 1950년이 되면 1,119만2천 명이 될 것으로 추산했다.

현재 한국의 노동 인구는 전적으로 농업의 인구를 충당하기에는 적절하지만, 기업체의 효과적인 운영에 필요한 고등 인력은 위험할 정도로 부족하며, 많은 광산과 공공시설은 물론 운송과 통신 시설은 아직도 거의 모두가 일본인들이 건설하고 운용한다.

1943년에 한국의 노동자와 기술자에 관한 조선총독부의 인구 조사 보고서는 이 나라의 산업과 광산을 운영할 수 있는 인력에 관하여 매우 중요한 지표를 보여 주고 있다. 1943년에 산업체 노동자의 총인구 가운데 한국인이 51만3천 명, 일본인이 2만7천 명, 그 밖의 국민이 1만 명이었지만 한국인 전문 기술자는 1,800명이었다.

사실상 한국인 가운데에는 전문 인력만이 산업체에 취업할 수 있었다. 한국 광산노동자 18만3천 명 가운데 한국인은 17만9천 명이고, 3,400명의 전문 기술자 가운데 1,300명이 한국인이었다.

믿을 만한 정보에 따르면, 한국인 광산기술자 가운데 대부분은 금관과 탄광에 종사한 것으로 보인다. 결과적으로 식품업·목재업·섬유업·요업(窯業)을 제외한다면, 한국은 다른 어느 기업보다도 금광과 탄광의 건설과 관련하여 다른 어느 직종보다 숙련된 인력을 가지고 있었다. 이 한국인 기술자들의 대부분은 대부분의 광산이 자리 잡고 있는 38°선 이북의 북한에서 일하고 있었다.

일본인들은 감독관이나 매장의 감독 또는 교관처럼 숙련공을 포함하여 철도국에 소속된 5만1천 명 가운데 3분의 1이 일본인이었다. 한국인들이 정부 기관이나 산업체의 고위직에서 배제되어 있는 한, 한국인을 법조계나 의약계에 넉넉히 고용해도 위협이 되리라고 일본인들이 생각하지 않았기 때문에, 위와 같은 전문직에 진출한 한국인들은 오히려 많은 편이었다.

일제 시대에 한국인의 노동조합 운동은 매우 짧으면서도 폭력적이었다. 1925~1930년 사이에 노동 조직이 어느 정도 허용되고, 부두노동자와 선원들의 노동 운동이 과격했다. 1931년 이후에는 만주 침략의 시기였기 때문에 노동자를 선동하는 행위에 대한 정부의 탄압이 격심해지자 조직적인 노동 운동이 지하로 숨어들었다.

일본이 항복하자 여러 공장의 노동자들은 그들이 항복한 업주로부터 물려받은 공장을 보호하고 관리하고자 위원회를 구성했다. 1945년 11월에 서울에서 전평(全評 : 조선노동조합전국평의회)이 구성되더니 남한 전역의 공장에 노동조합을 세우고자 조직원을 파견했다. 좌익의 정치인들이 이를 구성했는데, 그들의 목적은 사회 운동이나 노동 운동을 전개하려는 것이 아니라 정치 투쟁을 하려는 것으로 보였다.

전평에 대한 대항 세력으로 극우파에서 대한노총(大韓勞總 : 대한노동조합총연맹)을 창설했다. 이 두 단체는 사실상 노동조합의 외곽 단체였는데, 그 규모로 볼 때 서양에서 알려진 그런 노동조합과는 거리가 멀다. 활동은 대체로 정치 문제였고, 불행하게도 양쪽 모두에서 테러는 중요한 무기 가운데 하나였다. 그러다 보니 경찰은 합법적인 노동 운동의 발전에까지 간섭하게 되었다.

일제 시대에는 노동 분규가 경찰의 특수부에서 처리했는데, 이 전통을 지우기가 그리 쉽지 않았다. 경찰은 대체로 우익 노조에 호의적이었다. 좌익인 전평의 입장에서 볼 때 이와 같은 현상은 경찰에 대한 감정을 크게 상하게 하는 일이었으므로 이때로부터 노동조합의 합법적인 행동까지도 어렵게 만드는 현상이 나타났다.

노동에 관한 입법은 당초에는 군정 법령으로 제정되다가 그다음에는 남조선과도정부에서는 법으로 제정했다. 1945년 10월 30일에 군정장관은 "군정 법령 19호"를 발표하여 노동의 보호를 위해 비상사태를 선언하더니 더 나아가 기간 산업에서 노동 쟁의가 발생하면 중앙노동중재위원회(NLMB : National Labor Mediation Board)가 개입하는데, 여기에서 내린 결정은 최종적인 것이며, 대한노총과 전평에 모두 구속력을 갖는 것이었다.

노동중재위원회는 1945년 12월 8일자 "군정 법령 34호"로 설치되었지만, 이제까지 이 법령의 효과는 거의 무시되었다. 그러다가 1946년 7월 23일자 "군정 법령 97호"로 군정청에 노동부를 설치하여 공식적으로 노동조합과 단체 협약을 승인했다.

1946년 11월 7일자 "군정 법령 121호"는 최대 노동 시간을 규정했는데, 주당 기본 최대 시간은 48시간이며, 48시간의 초과 시간마다 50%를 가산하고, 최대 주당 60시간이 넘을 때는 불법으로 규정했다.

아동 노동은 처음부터 군정 법령으로 제정되었다가 1947년 5월 16일자로 수정하여 입법했다. 아동노동법은 14세 이하의 아동이 산업체나 영업점에서 일하는 것을 불법으로 규정했고, 18세 이하의 아동이 건강을 해칠 위험이 있다고 판정되는 기업체에서 노동하는 것을 규제했다. 아동노동법은 노동조사국의 설립을 규정하였지만, 이 조항은 실현되지 않았다.

한국 공장에서의 안전과 건강 조건에 관한 제도는 매우 부족하다. 기계 점검은 완전하지 못하며, 안전 시설도 미흡하다. 직장 의무실은 인원이 매우 빈약하며 기숙사는 한심스러울 정도이다. 남한에는 사회 보장 제도나 노동자 보상 제도는 없다. 경제와 정치가 불안하다 보니 장기적인 개혁을 할 수 없어 결과적으로는 실적을 올려 신인도를 높이는 문제와 깊이 연관되어 있다.

3) 교육 수준

한국의 교육 수준은 앞에서 논의한 사실들로부터 추론해야 한다. 1944년에 일본은 한국 인구의 3%만 차지하고 있었지만, 대학 졸업자의 숫자는 50%였고, 전문학교와 사범학교와 기술학교 졸업자의 숫자는 47%였고, 중등학교 졸업자의 숫자는 44%였고, 중학교 2년을 이수한 사람의 74%가 일본인이었다. 1944년 현재 대략 한국인의 90%가 정규 교육을 전혀 받지 못했다.

아울러 1944년의 인구 조사에 따르면, 일본인 70만 명 가운데 73%가 초등학교를 이수했고, 30%가 중학교를 이수했고, 5%가 고등교육을 받았다. 미국이 점령하고 있는 동안에 한국의 부족한 교육 실태를 손질하면서도, 훈련 제도를 크게 확충하여 비록 숫적으로는 적었지만, 일본인 고등 인력이 귀국함으로써 남겨진 격차를 점진적으로 채우는 방안이 지금 절실하다.

현재의 교육 제도는 앞으로 다가올 몇 년 동안에 감당하게 될 특별하고도 긴박한 수요를 감당하기에는 매우 부족하다. 전쟁이 끝난 뒤 남북한에서 교육의 규모와 숫자가 팽창하였지만, 초등교육과 문맹자 교육만 성장했을 뿐, 교육의 내용에서는 진전이 없었다.

일본이 패망하기에 앞서 기술 교육과 직업 교육이 미미하게나마 진전했지만, 전쟁이 끝난 뒤 남한에서는 심각하게 퇴보했다. 교재와 자격 있는 교사의 부족은 육체노동자를 희생하면서까지 유교 교육을 추앙하던 전통 교육과 맞물려 일본인의 철수로 말미암은 자리를 메꿀 수 있는 인력 개발을 가로막았다.

이 점에서는 북한이 미군정 치하의 남한보다 더 우월했던 것으로 보인다. 북한에서의 교육은 대체로 공산주의의 선전에 몰두하는 교육과정으로 피해를 보았지만, 기술 교육은 지난날보다 많이 발전했다.

평양에 있는 김일성대학은 기술 교육을 강조하며, 졸업한 뒤에는 11년 동안 봉직하게 되어 있는 학교들로 말미암아 큰 공장과 광산업이 발달한 것으로 알려졌다. 더욱이 북한에서는 몇백 명의 일본인 기술자들을 추방하지 않고 그 직장에 남아 한국인들을 훈련했다.

남한의 교육은 모든 학년에서 교사(敎師), 교재, 교사(校舍), 교구(敎具), 그리고 적절한 감독의 부족으로 심각한 장애를 겪었다. 남한에서 교육의 첫 번째 과제는 엄청난 숫자의 문맹을 줄이는 것이었다.

이와 관련하여 몇 가지 주목할 만한 진전이 이미 진행되었다. 이 문제는 빨리 쓰고 읽기 쉬운 한글로 큰 효과를 보고 있다. 그러나 불행하게도 미국인들의 직장에서 가장 긴요한 소통 수단이자, 그들이 제일 먼저 읽고 싶어 하는 새로운 문자로서의 영어를 주로 쓴 책자를 가지고 새롭게 문자 교육을 한다는 것은 불가능했다.

그러한 장애가 있음에도 불구하고 초등교육에는 주목할 만한 진보를 이루어 지금 남한에서는 일제 시대보다 더 많은 학생이 초등학교에 다니고 있다. 이제 와서 새삼 새 교사를 지을 형편이 아니기 때문에 이미 있던 건물을 증축하여 교사로 쓰며, 한 반에 65~75명이 복작거리고 있다.

남한의 3,314개 학교에 한 학교마다 평균 650명이 배정되었고, 교사의 숫자는 3만 명이 조금 넘는다. 초등학교 학생의 대략 70%가 신입생이다. 아직 취학하지 못한 100만 명의 학생을 위해 1,500개의 학교와 1만4천 명의 교사가 더 필요하다.

중등교육 분야에서는 더욱 지지부진했다. 남한에서 중등학교의 취학 연령에 해당하는 청소년이 200만 명이던 그 시절에 학교는 385개였고, 재학생 숫자는 16만 명이었다. 수준 높은 직업 학교나 기술 교육을 하려 했지만, 시설의 부족이 병목 현상을 일으켰다. 중등학교 적령 청소년의 절반만 입학시키려 해도 1,600개의 학교와 2만5천~3만 명의 교사가 필요할 것이다.

고등교육도 마찬가지여서 학교 숫자도 적고 시설도 없었다. 교사와 전문 인력과 기술자와 과학 교사를 모으려면 지금의 고등교육의 능력을 뛰어넘었다. 여러 해 동안 한국의 젊은이들을 해외 연수를 보내어 현대 과학 기술을 배우고 귀국하여 자기 조국을 위해 학생을 가르치는 산업 역군이 되어야 한다.

가능하다면, 남한에서라도 수입 물자와 장비와 고문들을 해외에서 들여와 지방에 있는 산업 시설을 개선하고 모스코바 3상회의에서 결정한 대로, 경제적으로 독립된 민주주의를 위한 본질적인 기초를 마련할 수 있을 것이다.

한국의 인력 자원은 효율적인 민주주의를 지속하기에 충분한 숫자와 잠재 능력을 갖추고 있다. 그러나 한국은 기술 분야에서 훈련을 받고 지도자를 키울 수 있는 기회가 두 세대 동안 차단되었기 때문에 그들의 공장과 광산과 시설과 운송과 통신 시설을 운영하고 작동할 수 있는 기술이 부족하다. 가능한 기술 교육을 위한 모든 시설을 개발하고 유능한 감독과 교사를 외국에서 영입하지 않고서는 그러한 부족 현상을 개선할 수 없다.

4) 공공 보건과 복지

한국에는 자격 있는 의료인과 병원 시설과 백신과 온갖 약품이 모두 부족하기 때문에, 남한에서의 공중 보건의 유지는 미군 군의(軍醫)에 크게 의존할 수밖에 없다. 그러나 그러한 어쩔 수 없는 장애에도 불구하고, 현재의 대응 방법으로 사망률을 크게 떨어트리고 있다.

1943년 3월부터 1944년 3월까지의 동안에 월(月) 사망률은 1.4~2.7%를 오고 갔는데, 미군이 점령한 뒤로는 1.2~2%를 오르내리고 있다. 1946년 4월부터 1947년 3월까지의 회계 연도별로 보면 사망 순위는 (1) 폐렴 (2) 홍역 (3) 독감 (4) 뇌막염 (5) 결핵이다.

미군 점령 기간에 심각한 인구 이동은 몇 가지 심각한 전염병을 유행하게 했다. 1945년부터 1946년 사이에 거의 2만 명의 천연두 환자가 발생한 것으로 보고되었으나, 1947년에는 전국적인 백신 계획을 시행하여 그해의 천연두가 99% 감소하였다.

1946년 전반기에 5,860명의 티푸스 환자가 보고되었으나, 예방 접종과 광범한 DDT의 사용으로 1947년 전반기에는 1,183명으로 감소했다. 1946년 5월부터 12월까지 남한에서 1만5,748명의 호열자가 발생하여 1만191명이 사망했다. 예방 접종과 항만 검역으로 남한에서는 1947년까지 호열자가 계속 감소했다.

그 밖의 질병으로서 전국민에게 전염되어 사회경제적으로 심각한 문제를 일으킨 것은 결핵으로서, 전 국민의 12~14%가 감염되었다. 성병에 감염된 적이 있는 사람이 전 인구의 70%였으며, 사실상 모든 국민이 말라리아를 앓았다.

남한에만 2만5천~3만 명의 나병 환자가 있는데 현재 그 가운데 단 8천 명만이 격리되어 있다. 또 하나 논의해야 할 것은 거의 30%에 이르는 유아사망률이다. 통계로 보면 유아 50%가 5세 이전에 죽는다.

남한의 병원 시설과 조건은 매우 열악하다. 전쟁 말기에 남한에는 46개의 지방 병원이 있었는데, 병상은 4,128개였다. 전쟁 이전에는 일본인만이 간호사가 될 수 있었기 때문에 지금은 간호사를 찾기 어렵다.

지금 남한에는 728명의 전문학교 졸업 간호사, 624명의 수습간호사, 110명의 보건소 간호사, 그리고 414명의 간호조무사가 있는데, 모두 합쳐 1,044명이다. 결과적으로 환자 대부분을 가족이 돌본다. 전체 인구당 자격증 간호사는 1 : 2만5,665명, 의사는 1 : 8,359명, 치과의사는 1 : 3만 명이다.

1945년 8월 현재 남한에는 일본인 치과의사가 314명, 한국인 치과의사가 259명이다. 일본인 치과의사들은 모두 귀국하고, 일본에 있던 한국인 치과의사들이 귀국하여 현재 남한에는 모두 501명의 치과의사가 있다.

그들 501명 가운데 112명의 수습 치과의사들은 5년 동안 정규의사 밑에서 보조를 한 뒤에야 자격을 딸 수 있다. 현재 서울에 있는 치과대학에는 시설과 장비가 부족하여 242명이 입학 원서를 냈는데 80명만 합격했다.

남한의 수의사는 대략 700명 정도이다. 그들의 대부분은 전쟁

이전에 한국에 있던 400명의 수의사 밑에서 조수로 일했던 사람들인데, 불행하게도 지난 9년 동안 75%가 증가한 가축들은 사람보다 더 좋은 치료를 받을 기회가 있다. 북한에서 넘어오는 온갖 가축병을 방제하는 작업은 성공적이다.

종류도 많고 매우 치명적인 우역(牛疫)은 백신과 38°선 이남 15마일 지점에서 검역함으로써 효과적으로 방제하고 있다. 동양 사회에는 수족구병(手足口病)과 전염성이 높은 흉막(胸膜) 결핵 그리고 그 밖의 악성 전염병이 만연하고 있다.

남한에는 수련을 거친 검역인이 없어 육류 검역은 거의 없다. 우유 검사도 부실하며 남한에 살균 우유 시설은 지방의 한 곳에만 있다. 지금과 같은 축산업계의 비위생적인 제도를 고치려면 필요한 전문가를 외국에서 영입하여 길게 보고 처리해야 한다.

그러나 수의사가 되려면 12학년의 수업을 마친 뒤에 다시 대학에 들어가 4년에 걸친 전문 수련을 거쳐야 한다. 1947년 가을 학기에 국립 서울대학교 수의과대학이 문을 열 것이다. 한국의 농업은 이 대학에서 수련한 졸업생들로부터 많은 도움을 받게 될 것이다. 왜냐하면 한국에서의 축산업을 다시 일으키려면 전통적인 농축 방법을 진보시켜야 하기 때문이다.

3. 농업과 식량

1) 농산품

지금의 현실을 보듯이, 한국은 전 역사를 통하여 농업 국가였다. 심지어 일제 치하에서 생산성이 가장 높았을 때도 인구의 3분의

2가 농업으로 생계를 이었다. 국토에서 총 경지 면적이 5,060만 에이커*인데 그 가운데 21%만이 경지이기 때문에 소농이 많으며, 300만 명의 농민들은 평균 3에이커 남짓한 농지를 가지고 있다. 경지 면적의 3분의 1은 38° 도선 이남에 있다.

남한에서는 여름과 가을에 벼농사를 짓는데 이모작이 가능하며, 겨울과 봄에는 보리·밀·호밀 농사를 짓는다. 경지 면적의 3분의 2에는 각종 곡물을 심는데 이들이 국민 영양의 80%를 차지한다.

콩과, 특히 대두가 밭농사의 14%를 차지하며, 채소가 6%를 차지하고, 식용이 아닌 것으로는 주로 섬유(목화)와 담배가 5% 정도이다. 과수는 경지 면적의 1%이다. 한국의 농산물의 90%는 곡물이며, 5~6%가 축산이며, 양잠은 1%가 넘지 않는다.

농산물로는 쌀이 주곡이며, 늘 농가 수입 총액의 절반을 넘는다. 1930년대 쌀의 연평균 소출은 1억 부셸(bushel)**이었는데 그 가운데 40%는 일본으로 수출했으며, 이는 수출 총액의 3분의 1이었다. 한국인의 입장에서는 자발적으로 특별히 개발할 의지가 없다. 되도록 많은 쌀을 생산해야 한다는 일본의 유일한 목적이 한국의 벼농사 재배를 발전시켰다.

일본의 정책에 따라 1910년에는 40%가 채 못되던 소작농이 1945년에는 75%로 늘었다. 이러한 소작 제도가 곡물 수매를 독려했다. 왜냐하면 지주는 소작료를 쌀로 받았는데, 대체로 소출의 60% 정도였다. 결과적으로 한국인들은 다른 작물에 견주어 벼농사를 더 선호했지만, 1915~1919년도의 1인당 쌀 소비량은 3.62부셸이던 것이 1936~1945년도에는 2.02부셸로 줄었는데, 이는 대략 20년 동안

---

* 1에이커(acre) = 4,047제곱미터 = 1,227평임.(옮긴이 주)
** 1부셸(bushel) = 36리터임.(옮긴이 주)

에 44%가 감소한 것이다.

한국의 인구가 급속도로 증가하고 있다는 점에서 볼 때 일본에 그토록 많은 쌀을 수출하는 것은 한국인의 영양 상태를 희생하는 것에 지나지 않았음이 분명하다. 만주의 밀과 대두를 수입함으로써 양곡 부족 상태가 부분적으로는 좋아졌다 하지만, 한국인의 영양 부족은 만성적인 것이 되었다. 그러나 전시에는 상업용 비료의 생산이 줄어들자 쌀 수출도 민감하게 깎였다. 더욱이 만주의 식료품 수입을 점점 더 늘릴 필요가 있었다.

2) 남한에서의 농업 생산의 장애 요인

전쟁이 끝나자 주로 생산량의 민감한 감소와 인구의 급속한 증가가 복합적으로 작용하여 남한에서 식량 감소를 초래했다. 최근 남한에서는 곡류와 대두의 생산이 심각하게 감소했는데, 그 이유는 경지 면적과 함께 단위 면적당 생산량이 감소했기 때문이었다.

그와 같은 추세를 보여 주고자 아래의 도표를 보면, 1935~1939년의 수치를 기본으로 하여 견주어 1940~1944, 1945, 그리고 1946년의 경지 면적과 소출을 보면 다음과 같다.

1935~1939년 대비 변화(%)

품목	1935~1939	1940~1944	1945	1946
경지 면적	100	97	86	79
쌀과 콩류	100	94	74	71

농업생산량이 이토록 감소한 것은 일본이 전쟁 기간에 대부분의 화학 공장을 전시 물자의 생산 공장으로 바꿈으로써 화학 비료

의 생산이 부족한 데다가 그나마 1945년 9월에 38°선에서 갑작스럽게 국토를 분단했기 때문이었다.

한국에서 생산하는 상업용 비료 공장이 거의 모두 소련 점령 지역에 있는 데다가 미군이 남한을 점령한 첫해부터 북한의 비료가 남한으로 공급되지 않아 이듬해의 농사를 지을 수 없었다.

농지가 줄어든 것은 주로 이모작이 불가능했기 때문이었다. 여름과 가을에 벼농사를 짓느라고 토지의 생산력이 떨어졌기 때문에 농부들은 겨울철에 밀과 보리의 농사를 짓고 싶어 하지 않았다. 때아닌 강추위로 말미암아 기후마저 나빠지고 1946년의 장마로 상처를 입은 것이 1945~1946년도 여름의 흉작을 불러온 결정적인 원인이었다.

한국은 세계에서 자연출산증가율이 가장 높은 나라 가운데 하나여서 지난 1910~1940년 사이에 인구가 두 배로 늘었다. 더욱이 전쟁이 끝나자 일본, 만주를 포함한 중국, 태평양 지역에서 200만 명의 한국인이 귀국했다. 이들 가운데 거의 대부분은 남한을 조국으로 선택했다.

그와 아울러 북한 주민 100만 명이 북한의 고향 집을 떠나 38°선을 넘어 미군의 점령 지역으로 들어왔다. 이러한 인구 이동으로 말미암아 일제 치하에서 마지막으로 실시된 인구 조사에서 남한의 인구가 1,594만4천 명이던 것이 현재 거의 2천만 명에 이르고 있다.

전쟁이 끝나기 이전까지만 해도 인구의 64%가 38°선 이남에 살았지만, 지금의 통계를 보면 70%가 반도의 남쪽에 살고 있다. 그러므로 지금 한국의 총인구 가운데 30%가 38°선 이북에 살고 있지만 대략 36~38%의 식량이 북한에서 살고 있다.

그러나 북한에서 식량이 해외로 수출되고 정부에 우호적인 인물들에게 배급이 더 유리하게 실시되기 때문에 식량 문제는 남한보다 북한이 더 민감하다.

3) 농업 위기에 대한 정부의 대책

남한에서의 이와 같은 식량 사정을 해결하고자 군정에서는 다음과 같은 두 가지 방안을 수립했다.

> (1) 기아를 모면할 수 있도록 식량을 수입하고, 도시 주민에게는 최소한의 토산 식품 필요량을 늘려 최소한의 영양을 섭취할 수 있도록 한다.
> (2) 비료를 수입하여 농지의 생산력을 증진하고 최소한 과거의 수준에 이를 수 있도록 농산물을 증산한다.

(1) 곡물 수매와 수입

1945년 9월에 미군이 한국에 들어왔을 때 그들은 매우 제한된 숫자의 인력으로 엄청난 행정 업무를 감당해야 했다. 전쟁이 끝난 뒤 3개월이 지난 11월 중순까지도 점령은 완료되지 않았다. 그러는 동안에 일본의 곡물 통제 제도는 무너지고 쌀의 자유 판매가 선포되었다.

기아를 모면하려면 곡물에 한해서 통제를 다시 시행하지 않을 수 없다는 점이 밝혀지자, 쌀을 스스로 생산하지 않는 주민에게 1945년의 쌀 배급제를 위한 수곡 매입이라는 뒤늦은 방침을 1946년 4월부터 6월까지 실시하지 않을 수 없게 되었다.

이와 같은 강제 수매는 크게 성공하지 못하여 7만5천 톤(m/t)의 쌀 수매에 그쳤다. 이와 같은 군정청의 실패로 말미암아 1946년 봄과 여름에는 쌀을 생산하지 않는 주민에게 [하루에] 쌀 1홉(150그람에 525칼로리)만을 배급하게 되자 전국적으로 굶주림이 퍼져 식량 폭동은 예삿일이 되었다.

1946년 6월에 훌륭하게 마련된 하곡 수매 계획을 세웠지만, 그해의 큰 장마로 20%만 추수하여 8만7,428톤을 수매했는데 이는 전체 생산량의 6분의 1 정도였다. 남한에서는 식량을 생산하지 않는 주민들에게 최소한의 양곡을 공급하고자 토산 농산물을 장려하였지만, 1946년 5월부터 12월까지 18만848톤의 밀과 옥수수와 밀가루를 수입했다.

군정청은 식량 사정을 완화하고 경제를 안정시키며 통화 팽창의 주기를 검토하는 문제를 검토하고자 1946년의 곡물 수매 계획을 최우선 순위의 정책으로 삼았다. 이를 위해 정부의 모든 기관이 전폭적으로 지원하여 이 계획은 도정미 54만8천 톤을 수매하는 데 성공했는데, 이는 1946년 총생산고의 약 30%였다.

1947년 전반 7개월 동안 정부의 적절한 기금으로 27만5,962톤의 곡물을 수입한 데 힘입어 곡물 수급 계획이 성공적으로 이뤄지자 정부는 남한에서 식량 사정을 안정시킴으로써 쌀을 스스로 생산하지 못하는 주민에게 평균 하루에 한 사람에게 300그램(1,050칼로리)이 겨우 넘는 쌀을 배급함으로써 최소한의 기본 식품을 제공했다.

(2) 농업 복구

남한에서 농업생산성을 전쟁 이전의 수준으로 올려 기초 생활을 높이고, 나중에는 수출을 할 수 있도록 하는 데 가장 크고도 중대한 문제는 비료이다. 남한의 비료 문제를 일본의 사례에 비추어 역사적으로 최대 사용량은 얼마이며 그 기준은 무엇인가를 남한의 비료에 견주어 소상하게 연구한 것이 있다.

이 연구 결과로 나온 것이 1947~1951 회계 연도에 맞추어 비료 수급 5개년 계획을 수립했다. 연합군사령부(SCAP)가 이 요구를 승인하자 전쟁성 민정국(CAD : Civil Affairs Division)으로 넘어가 최종적으로 구매를 승인했다.

이와 같이 승인을 받은 비료 구매 계획에 기초하여 농무성에서 1947 곡물 연도(Crop Year 1947)를 위해 곡물 생산 목표를 설정하는 작업을 시작했다. 이와 같은 목표가 설정되자 군정청 중앙 부처와 지방의 관리들은 한국 경제에 가장 긴요한 농산물의 1947년도 생산과 추수를 증대시키고자 실질적인 행동 계획을 수립하고 집행할 수 있도록 본질적이고도 협조적인 기반을 마련했어야 한다.

그 기본적인 목적은 가용 토지와 생산 자원의 효율을 최대한 높이는 것이었다. 설정된 기초는 1936~1945년의 기간을 포함하였다. 관개 시설과 비료 수급과 그 밖의 장애 요인들을 고려함으로써 현재의 실정에 맞게 위의 10년 동안에 이룰 수 있는 생산 면적과 추정치를 조정했다.

한국의 1947 회계 연도를 위해 승인된 비료 수급을 지원하는 문제를 분석한 최근의 보고서를 보면, 실제로 질소 비료의 36%, 과인산염 20%, 가성칼리의 52%가 입고되었다. 그러나 다른 품목들, 이를테면 시멘트, 관개와 간척 시설, 종자, 살충제, 살균제에 견주어 보면, 비료의 수입량은 높은 편이었다.

1947 회계 연도의 실질적인 비료 수급에 기초하여 보면, 1947년도 농산물 추수 목표를 실현한다는 것은 분명히 불가능하다. 이와 같은 초창기에 정확한 추정이 불가능하지만, 금년 가을의 벼농사는 지난해에 견주어 15%가 상승한 거의 140만 석에 이를 것으로 예상된다.

남한에서 이처럼 농산물 생산의 목표치가 이루어지지 않는다고 해서 그것이 대체로 비료 지원의 부족이나 일반 농산물의 공급 계획 때문에 나타난 것이므로 1948~1949 회계 연도에 대량 식량 수입의 필요성이 연장되고 있다고 지나치게 강조할 필요는 없다.

이와 같은 현상은 남한의 경제 부흥을 위해 긴급하게 필요한 또 다른 물품들을 구매할 수 있도록 증액된 1948~1949 회계 연도 기금의 총액 가운데 상당 부분을 식량 구매와 수송에 소비하지 않을 수 없다는 점을 의미하고 있다.

4) 남한의 식량 사정의 현재와 미래 : 요약

한국에서 쌀 거래의 회계 연도는 12월 1일에 시작하여 이듬해 11월 30일에 종료된다. 아래의 표는 1947년 쌀 거래 회계 연도에 인구의 개별적 분포를 보여 주고 있다.

쌀 소비 인구 분포(1947 회계 연도)

인구 분류	인구수(%)
쌀의 자급이 가능한 인구	12,100,000(60.1)
쌀의 자급이 불가능한 인구	8,028,705(39.9)
인구 총계	20,128,705(100)

남한에서 1947년 쌀 거래 회계 연도에 배급을 위해 필요한 최소한도의 필요량을 산출하면 도정미 106만8,471톤(m/t)이 필요한데 그 내용은 다음과 같다.

1947 회계 연도에 필요한 도정미의 수량(m/t)

분류	수량(%)
1946년도 쌀 수매	547,766(51.3)
1947년도 하곡 수매 예정치	75,000(7.0)
총 수입(1946년 12~1947년 7월)	275,962(25.8)
곡물 수입 예상치(1947년 8월~11월)	169,743(15.9)
총계	1,068,471(100)

1947년 12월 1일부터 시작되는 쌀 거래 회계 연도에 남한의 인구는 2,060만9,442명으로 추산되는데, 이들의 분포는 다음과 같다.

남한의 쌀 소비 인구비(1947년 12월 1일)

인구 분류	인구(%)
쌀의 자급이 가능한 인구	12,354,635(59.0)
쌀의 자급이 불가능한 인구	8,254,607(40.0)
인구 총계	20,609,442(100)

쌀을 자급하지 못하는 주민에게 주는 곡물 배급량은 2.5홉(375 그램 / 약 1,312칼로리)이며, 중노동자에게는 이에 더하여 2홉(300 그람 / 1,050칼로리)을 준다. 이럴 경우에 도정미 114만 톤과 여기에 더하여 1947년 12월 1일부터 1948년 11월 30일까지의 쌀 거래 회계 연도에 추가 배급을 줄 것이다.

1947년도 벼 수확은 전망이 밝다. 이해 가을의 벼 수확은 1,400만 섬(石)이 될 것이며, 도정미로 치면 210만 톤이 살짝 넘을 것이다. 지금 예상하기로는, 전체 수확량의 약 31%인 65만 톤을 수매하여 쌀을 생산하지 않는 사람들에게 공급될 것이다. 1948년 여름에는 13만 톤의 도정미를 수확할 것으로 예상된다.

이와 같이 하면 본토 생산량이 78만 톤에 수입 곡물이 36만 톤, 합계 114만 톤이 공급될 것이다. 수송과 찧는 과정에서 10%의 손실이 생긴다고 하더라도 1948년 곡물 회계 연도의 수입 물량은 39만6천 톤이 될 것으로 예상된다.

남한은 곡물뿐만 아니라 소금과 설탕도 부족하다. 연간 남한에서 30만 톤의 소금이 필요한데 그 가운데 절반은 자체 생산하더라도 해마다 15만 톤을 수입해야 한다. 한국에서는 설탕이 생산되지 않는다. 1940~1944년 동안 남한에서의 연간 설탕 소모는 5만4천 톤이었다.

5) 삼림

한국의 농업은 삼림 문제와 결정적으로 연관되어 있다. 삼림이라고 말할 수 있는 면적 가운데 3분의 2는 숲이 빈약하거나 사실상 민둥산이다. 한일합방 이후 20년 동안 일본인들이 진보적인 녹화 사업을 진행했지만, 만주 침략 이후 전쟁 물자로 굵은 목재가 필요하게 되자 1944년까지 일본인들은 적정 벌목 수량의 130%를 베어 썼다.

미국인들은 한국에 들어오자 삼림이 황폐하고 그나마 급속도로 악화하고 있음을 알았다. 땅이 패이고 헐벗은 언덕의 모습은 삼림국 통계에서도 잘 나타나고 있는데, 1933년 이래 일본인들은 목재가 될 만큼 크지도 않았는데 베어 갔다. 38°선에서 남북이 분할되자 나무와 연료 사정이 더욱 민감해져, 목재와 화목은 3분의 2가 넘게 북한에서 넘어왔다.

남한의 인구가 증가하자 화목, 목재, 철로 침목, 전신주 그리고 그 밖의 용도로 삼림의 남벌이 불가피하게 지속되었다. 1946년 말의 삼림국 추산에 따르면, 1947년에만 최소한 1억5,300만 입방 피트의 목재를 베어야 한다. 더 나아가서 같은 기간에 1억1,300만 입방 피트의 목재가 성장하리라고 추산되는데, 그렇게 되면 4천만 입방 피트의 목재를 자라기도 전에 베어내야 한다는 것을 뜻한다.

또한 연료와 비료가 부족하기 때문에 산 바닥에서 낙엽을 긁어모아 도시에서는 땔감으로 쓰고 농촌에서는 퇴비로 쓰는 것이 일상화되어 있다. 그와 같은 삼림의 남벌과 오용은 자원을 급속도로 고갈시켰을 뿐만 아니라 홍수를 유발하고, 홍수는 다시 농경지를 망쳐놓았다. 국토는 3천만 명을 먹여 살리기에는 너무 좁아 농지의 감소가 심각한 결과를 초래하지 않을 수 없다.

빗물이 급속도로 언덕에서 흘러내리기 때문에 어쩔 수 없이 나타나는 현상인데도 별로 주목하지 않는 것이 수리 조절 시설, 둑, 댐, 수로를 만드는 일인데, 여기에는 적지 않은 돈이 들어간다. 결과적으로 새롭고 더 크고 더 많은 비용이 드는 시설이 필요하지만, 이러한 시설들은 점토를 이겨 축조했기 때문에 효용도가 많이 떨어진다.

그와 마찬가지로 농지의 소출을 증대하려면 관개 시설을 늘려야 하는데 이들도 시멘트가 아닌 점토로 축조되었기 때문에 효용도가 떨어진다. (관개 시설을 하면 그 이전보다 소출이 통상 두 배로 늘어난다.) 이러한 요인들이 국가 경제를 더욱 소진하고 있다.

목재의 남벌을 막는 데는 세 가지 방법이 있다.

첫째로, 북한의 삼림 자원에 접근하는 것이다.
둘째로, 석탄 연료의 생산과 수송과 이용을 늘리는 것이다. 1946년에 삼림국이 발표한 자료에 따르면, 한국의 난방에 필요한 연료 가운데 5분의 4가 나무이다.

셋째로, 한국이 스스로 난방 연료 자원을 개발할 수 있을 때까지 필요한 목재를 미국이나 그 밖의 나라에서 수입한다. 미국인들은 자기들의 식품을 모두 미국에서 가져오지만, 목재와 연료는 그렇게 공급할 수가 없다.

주민들이 화목을 채취할 수 없도록 가혹하게 단속하는 것이 곧 경제 성장의 장애를 감소시킬 수 있지만, 그러자니 상처와 비통함과 강고한 저항을 초래하리라고 우리는 믿고 있다. 군정에서는 이를 해결하고자 야심에 찬 계획을 수립하고 있지만, 한국인들이 땔감 문제를 근본적으로 해결하려면 많은 시간이 걸릴 것이다. 그러는 동안에 한국 토양의 황폐화에 따른 침식을 조절하는 문제는 남벌로 말미암아 견딜 수 없을 만큼 어려워지고 있다.

6) 어업

한반도 연안에는 어족이 풍부하여 어업이 상당히 발달하여 제2차 세계 대전이 시작될 무렵에 한국의 어획량은 세계 6위였다. 50만 명이 어업에 종사했으며, 어획량은 연간 200만 톤이었다. 그러나 1939년까지 한국 동해안의 훈련 지역에서 잡은 어류의 절반은 정어리였다.

지금에 와서 지난날 같은 어업 재개를 저해하는 요소는 어선과 발동기가 부족한 데다가 어장이 38°선 이북에 있다는 사실이다. 1946년 남한의 어획량은 30만 톤에 미치지 못했다. 어업이 부흥하려면 어선, 발동 장치, 통조림 제조 기술, 한천(寒天) 양식, 어분(魚粉), 어유(魚油), 냉동 기계를 수선하거나 교체해야 한다.

어업의 복구를 위한 공급 요건은 워싱턴에 발송한 민간 보급 계획(CSP) 포함되어 있으며, 여러 가지 요구 사항을 연합군사령부에 제출했다. 미래의 목표는 지금 1인당 평균 32파운드의 생선 소비를 전쟁 이전의 수준인 47파운드로 끌어올리고, 생선을 수출하는 것이다. 그러나 이러한 계획에 따라 지금 실제로 공급받을 수 있는 혜택은 무시해도 좋을 정도이다.

4. 광물 자원

1) 개관

한국의 광물 자원은 엄청나게 다양하여 전시의 일본은 그 개발을 사활이 달린 일로 중요하게 여겼다. 대개의 경우 광산 운영은 경제 제약을 초과하고 있었기 때문에 정부의 대량 지원 때문에 가능했다. 중요도가 낮은 대부분의 광물은 평화 시에 흑자를 보지 못했으나, 전쟁이 일어나자 그런 광물도 국가적으로 필요한 품목이 되었다.

한국의 광물생산고는 1933년에 1,200만 달러이던 것이 완만히 상승하여 1941년에는 9,500만 달러였다가 1947년에는 4,300만 달러로 내려갔다. 이와 같은 한국의 광산 채굴량의 상승은 진주만을 폭격하던 해(1941)에 이르기까지 8년 동안에 700%가 상승하더니 1944년에 정점에 이르렀다. 한국의 광물 매장량의 풍부함과 다양함은 불행하게도 광물의 품질과 일치하지 않는다.

2) 철광과 강철

한국의 동북쪽에 있는 무산(茂山)의 철광산은 아마도 극동에서 매장량이 가장 많을 것이다. 그 매장량은 12억 톤으로서 35%의 자철광을 함유하고 있다. 무산과 다른 곳의 채굴량은 1934~1936년 사이에 55만 톤이던 것이 1944년에 정점에 이르러 330만 톤을 채굴했다.

전쟁 기간에 개발되거나 확장된 채굴 시설은 선철(銑鐵)이 대략 85만~90만 톤의 채광이 가능하고 철광석이 35만~40만 통의 채광이 가능하다. 그러나 제철소는 만주와 일본으로부터 역청탄(瀝靑炭)을 대량 수입해야 가동할 수 있다.

3) 비철금속

한국은 오랫동안 극동에서 누가 더 많은 금을 매장하고 있느냐를 놓고 필리핀과 다투었다. 해외 무역이 필요했던 일본은 당시의 금 시세로서는 수지를 감당할 수 없을 만큼의 막대한 자금을 투자하여 금의 채굴을 독려했다. 그 무렵 한국에는 한국인 출신의 금 채광기술자가 비교적 많았기 때문에 다른 나라에서 겪는 것처럼 금광 인력 부족 현상은 그리 중요하지 않았다.

금 채광은 1940년에 정점에 이르렀지만, 채굴량이 그리 많았던 것 같지는 않다. 그러나 쌀로써 해외의 원자재를 사드리기에는 벅찼던 한국으로서는 수출 품목으로서의 금의 가치는 여전히 중요했다. 남북한 사이에 금은 잘 교역되고 있다.

한국에서의 구리의 채광은 대체로 금 채광의 보조물이었다. 금 10그람의 값이 구리 1톤과 같은 상황에서 구리를 채굴하다가 금이 발견되는 횡재가 적지 않게 일어났다. 대체로 구리의 함량은 떨어져 평균 1.5% 정도였다.

구리 채광은 1940년의 1만3천 톤이 정점이었는데 거의 북한에서 채광되었다. 1946년에 미군 점령 지역에서 총 2천 톤의 구리가 채굴되었는데, 당시 전기 공사를 위해 필요한 순수 구리가 6천 톤이었던 데 견주면 턱없이 부족했다.

납은 1944년에 2만1천 톤이었지만 전국적인 수요에 늘 미치지 못했다. 전쟁이 끝나자 의심할 나위도 없이 지방에서 납의 수요가 떨어지자 얼마간의 납을 수출할 수 있었다. 그와는 달리 아연의 채굴은 납보다 훨씬 높아 대부분이 일본으로 수출되었다. 한국의 제련소 용량은 연간 3만6천 톤인데 대략 설비 용량의 절반가량이다. 3~4년 안에 좋은 조건으로 양질의 아연이 일본으로 수출될 수도 있다.

한국의 텅스텐은 일본의 전시 물자로 너무 중요한 품목이어서 1934~1944년 사이에 채광량에 22배로 늘었는데 그 정점이었던 1944년의 채굴량은 8,402톤이었다. 함량 60%(WO₃)의 텅스텐 400톤이 1946년에 남한에서 채굴되었다. 최근에도 채굴량이 꾸준히 늘고 있어 수출 요구가 들어오자 군정청은 텅스텐의 증산을 위해 힘을 쏟고 있다.

전쟁하는 동안에 한국은 세계에서 가장 중요한 흑연 생산 국가로 떠올라 1944년에 10만3천 톤을 채광했다. 그러나 불행하게도 한국의 흑연은 품질이 낮아 1944년의 생산량 가운데 7만5천 톤은 가루이고, 2만8천 톤이 결정체였다. 1944년 수준으로 흑연을 증산하는 데 기술적인 어려움은 없지만, 부피가 크고 단가가 비교적 낮아 원거리 시장에 수출할 경우에는 이익을 내기 어렵다.

4) 석탄

한국의 국토 전역은 특히 남한은 석탄 매장량과 인연이 몹시 없다. 역청탄이 있는지는 알려지지 않았으며, 무연탄과 갈탄은 광맥이 빈약하여 품질 나쁜 무연탄과 흑연 가루 사이이다. 분석에 따르면, 고체형 탄소물은 60~80%이며, 휘발성이 3~5%이며, 재가 10~25%이다.

대부분의 한국산 무연탄은 가소성(可塑性)이 낮아 부서지기 쉽다. 휘발성이 낮고 결과적으로 연소성이 낮기 때문에 한국산 무연탄의 절반은 10%의 흑연과 2%의 연소제를 넣어 연탄으로 만들 필요가 있다.

남한에 알려진 35개소 정도의 역청탄광과 무연탄광은 다소 광범하게 채굴되고 있다. 노두(露頭)가 작은 이 탄광들은 지방 광산업자들이 집중적으로 개발하여 전국에 배송하고 있다. 남한의 석탄광과 역천탄광 여섯 개 가운데 가장 큰 곳은 동해안의 삼척(三陟)인데 7마일에 걸쳐 채굴하고 있다.

이 지역의 채광량은 전국의 50%를 차지하며 가장 근대적인 하역 시설을 갖추고 있다. 이 지역은 표준 궤도의 열차를 운행하는데 선적 시설을 갖추고 동해안(Sea of Japan)의 묵호(墨湖)가 종점이다. 남한의 이 지역과 그 밖의 지방의 저탄량은 대략 6천만 톤가량이다.

남한의 무연탄 생산은 매달 늘고 있는데, 1947년 7월 현재의 채굴량은 1946년 7월에 견주어 50%가 증가했다. 그러나 이렇게 증가했다 해도 전체 채굴량은 한 달에 4만 톤을 넘지 못한다. 더욱이 현재의 하역 능력은 무연탄의 경우 최대 한계가 한 달에 8만5천 톤 정도이다.

광물의 운송량도 철도 운행과 해상 운행의 발달로 달마다 늘어나고 있다. 1947년 7월의 물동량은 1946년 7월에 견주어 세 배가 늘어났으며, 채광량도 40% 이상 증가했다. 현재와 같은 추세로 물동량이 늘어난다면 수송량이 부족하다고 생각한 일본인들의 적하량도 6~8개월 안에 뒤바뀔 것이다.

무연탄의 생산과 관계없이 한국이 철도와 많은 산업 시설을 가동하려면 앞으로도 계속하여 역청탄의 수요를 수입에 의존하게 될 것이다. 현재 한국의 역청탄 수입은 모두 일본산인데, 전반 7개월 동안에 매달 평균 5만1,428톤을 수입했다.

지난날에는 일본산보다 조금 낮은 가격으로 만주에서 수입했다. 남한은 역청탄이 필요함에도 생산을 못 하고 있어 그리 품질이 좋지 않은 북한산을 요구할 수밖에 없다. 전쟁하는 동안 연평균 300만 톤의 역청탄을 사용했고, 550만 톤의 무연탄을 사용했다.

남북 분단으로 말미암은 피해를 정확한 숫자로 보여 줄 수는 없지만, 석탄을 대량으로 사용하는 중공업의 대부분이 남한의 소비재 산업은 비교적 석탄을 적게 사용하고 있다. 그러나 남한의 철도 산업이 성장하자 총소비량이 대략 25%였던 것이 이제는 40%로 올랐다.

현재 남한의 철도는 수입 탄과 지방산을 포함하여 석탄 총수요의 거의 50%를 소모하고 있다. 이 사용량 가운데 90%는 화물용이고, 10%는 승객용으로 쓴다. 석탄 총사용량의 15%는 군용이고, 나머지 35는 남한에서 산업용과 일반 배급용으로 쓴다.

남한에서는 역청탄을 수입하지 않으면 철도, 코크스, 가스 공장, 제련소의 가동을 계속할 수 없다. 어쩌다가 사용하는 석탄은 지방에서 나오는 무연탄에 의존하고 있다. 현재 생산되고 있는 석탄은 소비가 너무 낮아 일본인들이 세운 저탄 시설은 6개월 이내에 사라질 것이다.

현재 지방에서 가동하고 있는 수준으로 공장을 유지하려면 적어도 40%를 증산해야 할 것이다. 그러려면 현재의 광산을 복구하여 하적 장비를 보강하고, 더 많은 광맥을 찾고, 경험이 많은 미국의 광산기술자를 영입하여 필요한 수준만큼 한국인들의 기술을 향상하지 않는 한 목표를 이룰 수 없을 것이다.

5. 산업

1) 한국의 산업 개발

일본은 한국을 합방한 지 첫 20년 동안 일차적으로 천연자원과 쌀의 공급지로 한국을 개발했다. 그러다가 1931년부터 한국은 일본의 아시아 진출을 위한 교두보가 되었으며, 일본의 경제 정책은 중요도가 높아지는 산업 생산지로 전환하도록 방향을 바꾸었다.

1939년이 되면 한국의 제조업은 국민총생산고의 37.48%가 되었으며, 농업생산고는 45.8%에 이르렀다. 1939년도에 7천 개의 아주 작은 공장이 설립되어 18만3천 명을 고용하였으며, 생산품은 주로 화학제품, 섬유, 가공 식품 등이었다.

면직업(綿織業)은 수공업, 그 가운데에서도 특히 가공 식품과 섬유 산업에서 들어오는 엔화(円貨) 가치의 4분의 1을 차지했다. 중요 산업 중심지는 근처에 수력발전소와 매장량이 많은 광산이 있는 북한에 자리 잡고 있었으며, 대규모의 공장은 함경남도 함흥(咸興)에 자리를 잡고 있었다. 이곳은 일본제국에서 가장 큰 황산암모늄 공장이 있어 연간 45만 톤을 생산했다.

한국에서 중요한 공산품 가운데 하나는 정어리기름인데 1940년에 14만6천 톤을 생산했는데, 그 가운데 9만 톤은 고체 기름이었다. 시멘트는 연간 평균 150만 톤이다.

섬유 산업은 화학 공업 및 가공 식품과 함께 한국에서 가장 중요한 품목으로 친다. 한반도에 있는 노동자의 22.5%는 공장 노동자이며, 전체 임금은 14.0%이다.

제분 공장은 주로 남한의 서울·인천·광주(光州)에 주로 몰려있다. 그러나 그 중요도에도 불구하고 한국의 섬유 산업은 목화와 양털의 부족으로 말미암아 농촌 수요의 절반에도 못 미치고 있다.

남한에 적은 숫자의 중공업 공장이 있지만 소비재이다. 북한에 견주어 중요도가 떨어지기는 하지만 주로 남한에 몰려 있는 이들은 국내 소비재로서 품목도 다양하고 수량도 넉넉한데, 이를테면 전구, 고무신, 밧줄, 옹기, 성냥, 목가구, 코르크, 벽돌, 유리 제품, 인쇄물 등이 있다. 그러나 다 합쳐도 국민생산고의 4분의 1에 지나지 않는 이 제품들의 공장은 38°선 이남에 있다.

지금 한국의 산업은 불안하다. 남북한 모두에 전문 인력이 부족하다. 비록 500명의 일본인 기술자들이 북한에 남아 있다고는 하지만, 러시안인이 원자재와 기계와 전기 설비를 가져갔다. 다소 불완전한 정보에 따르면, 북한의 발전 설비는 전쟁과 러시아의 점령으로 상당한 피해를 보았으며, 전시 산업 시설은 크게 손상을 입었고, 그 나머지 산업들은 비교적 큰 영향을 받지 않았다고 한다.

설령 한반도의 통일이 일찍 이뤄진다 해도, 한국 산업의 장래는 밝지 않다. 훈련 계획과 외국 원조가 순조롭게 진행된다고 하더라도, 통일된 뒤 5~10년이 지나야 한국의 산업은 1934~1938년의 수준을 회복할 것이다. 한 세대에 걸쳐서 모든 한국인에게 기술을 가르쳐 산업 사회의 기반을 닦고 그들이 최고 경영직과 기술직을 맡을 수 있게 되려면 외국인 기술자의 도움을 받지 않을 수 없다.

더욱이 일본인들이 세운 산업 시설은 이미 대부분 사라졌다. 전쟁 탓이었든, 평화가 와서 마구잡이로 처리한 탓이었든, 헐고 무시하느라고 이러한 시설의 잠재력이 눈에 보이도록 감소했다. 한국의 자본재의 상당 부분이 전시 물품의 조달이나 일본의 국내 산업을 돕는 쪽으로 바뀌어 이제는 평화 시의 상품으로 바꾸기가 쉽지 않을 것이다.

1940~1944년 사이에 한국에 존재했던 산업 시설 가운데 3분의 1은 궁극적인 용도를 상실했다고 평가절하를 한다 해도 그것은 지나치게 비관적이지 않다. 통일이 이뤄진 뒤 몇 년 동안, 국내 경제를 안정시킬 수 있을 만큼 단순 소비재의 수량을 늘리고 농민들이 곡물을 방출하여 일반 국민이 먹고 수출을 할 수 있는 유인(誘因)을 마련할 수 있다면 이 나라에게 큰 행운이 될 수 있을 것이다.

다행히도 그러한 제품을 생산하는 일은 전문가가 필요 없이도 가능할 것이다. 그러나 기본적인 통신 시설이나 철도를 유지하는 것은 훨씬 더 복잡한 산업상의 문제를 포함하고 있다.

이 분야에서 화학 비료의 생산은 한국의 부흥에 결정적인 역할을 할 것이며, 외국의 군사 원조는 몇 년 동안 더 계속될 것이다. 남한에 사는 한국인들은 어떤 조건으로도 일본이 다시 상륙하는 데 반대하는 목소리를 내면서 일본의 전문 기술자들이 대량으로 쉽게 접근하는 길을 차단했다.

이와 같은 정치적 · 심리적 장벽은 언제인가 무너질 것이고, 엄격한 통제를 받으며 어떤 일본인들이 입국을 허락받을 것이다. 그렇지 않으면 북한에 있는 대형 공장들이 재가동하지 않는 한, 더 비싼 외국인 기술자의 관리를 받는 절차가 필요하게 될 것이다.

한국 기업의 부흥을 막는 또 다른 요인은 대외 무역의 기회를 줄임으로써 공산품과 원자재의 부족을 유발할 것이다. 그러나 한국 산업을 멀리 보면, 눈앞에서 벌어지고 있는 현실처럼 그렇게 기약 없는 일은 아닐 것이다. 역청탄이 부족하기는 하지만 한국에는 화력을 대신할 수 있는 수력이 풍부하다. 한국에는 광물 자원이 풍부하여 언제인가 시간이 되면 일제 시대보다 더 훌륭하게 개발될 날이 올 것이다.

노동력은 무한하여 어떤 실제적인 목적으로도 쓸 수 있어, 길게 보면 적절한 훈련과 동기를 부여하면 일본에 뒤떨어질 이유가 없다. 그와는 달리 한국은 언제라도 빨리 가동하여 효과적인 제품을 만들 수 있는 시설을 갖추고 있다고 자만하면 그것은 큰 실수가 될 것이다. 현실은 그렇지 않아 저토록 훌륭한 일본의 튼튼한 공장들이, 그것은 섬나라에나 필요한 잔재밖에 되지 않는다는 식으로 무너져 내리고 있다.

가내 공업은 이 어려운 시기에 너무도 값진 가교 역할을 하고 있다. 그 나라의 물산과 단순한 도구로 수공업자들은 계속하여 섬유와 어떤 화공품을 만들고 평소와 같은 수량의 식료품을 만들어 내고 있다. 이러한 공산품이 대형 기업의 붕괴에서 오는 손실을 대체하고 있으며, 이것이 앞으로도 계속하여 한국 경제의 큰 자산이 될 것이다.

2) 남한 산업의 현황

러시아와는 달리 남한에 진주한 미국의 점령군은 일본의 산업 기술자들을 귀국시켰지만, 원자재로 쓸 수 있는 원자재의 재고를 가져가지는 않았다. 1946년 11월에 5,200개의 공장에 12만2천 명이 여전히 근무하고 있었다.

장비는 대체로 몹시 낡아 수리하거나 교체할 필요가 있었다. 이 기계의 대부분은 일본 제품이었는데 교체할 부품을 얻기 어려웠다. 미국인 감독과 기술자들은 부족하고 경험 있는 한국인 기술자들은 귀국한 일본 기술자를 대신할 수 없었다.

분단 상황이 지속되자 이도 또한 많은 원자재를 구입할 수 없게 만들어 제품 생산이 심각한 제약을 받았다. 전반적인 경제 상황도 생산성을 떨어트렸고, 통화 팽창의 조짐이 나타나 생산 공장으로부터 많은 물자를 걷우 어들이자 투기 목적으로 이들을 이용했다.

완제품은 사재기의 대상이 되자 이로 말미암아 심각한 품귀 현상으로 나타났다. 이런 현상이 일어나자 생산 공장의 전반적인 가동률은 아마도 생산력의 20%를 넘지 못했을 것이다.

우리가 뽑아본 개별 품목의 상황은 다음과 같다.

(1) 요업(窯業)과 시멘트

다행히도 요업은 기본적으로 국내의 원자재를 쓰며 용제(溶劑)와 색상을 위해서만 특별히 소량의 화학품을 수입하여 쓴다. 자재가 얼고 연료와 경험 있는 감독의 부족이 생산의 장애를 일으킨다. 흙 채취가 어려운 겨울철에는 끊어지지만, 지금 500개의 공장이 가동하고 있다.

옹기 산업은 대체로 토기를 굽는 수공업으로 이뤄지며 전기 애자(礙子)로 말미암은 어려움도 적다. 각종 유리 기업은 수공업으로 이뤄져 제품이 조악하지만, 전구와 병, 그리고 그 밖의 용기로 지방에서 조금씩 소비하고 있다. 창문에 쓰는 평판 유리도 수공업으로 생산된다.

각종 내화성 제품과 벽돌은 물론 도가니도 생산하는데 품질이 좋다. 남한의 삼척에 단 하나뿐인 시멘트 공장은 작년에 수리할 부품이 없어 작년에 가동을 멈췄다가 1947년 8월 1일에 다시 열었는데, 매월 5천 톤 정도를 생산할 것으로 기대하고 있다.

이 정도의 수준으로 생산을 지속하려면 매달 150톤의 석고와 1천 톤의 역청탄이 필요할 것이다. 북한에는 세 개의 큰 시멘트 공장이 있는데 평화 시에 역청탄을 제대로 공급하면 한국 전역에서 필요한 시멘트를 공급할 수 있다.

(2) 식품 제조

남한의 식품 제조업과 음료 업체는 인구의 크기에 견주어 너무 빈약하다. 비율로 보면 40%도 안 되는 공장이 가동되고 있다. 보관실이 없어 문을 닫았고, 다른 공장들도 원자료가 없어 문을 닫았다. 대략 200개의 회사에서 평균 10여 명을 고용하여 미군정의 감독을 받으며, 간장, 된장, 탄산수, 밀가루, 쌀, 엿, 국수, 얼음, 비스킷, 빵과 과자를 생산한다. 설탕과 염화수소와 기름이 부족하여 생산이 제한을 받고 있다.

(3) 중공업과 경공업

남한의 공구 상회는 전시의 25%가량이 가동되고 있다. 메리야스 공장은 1,250개소 정도이며 적게는 10명에서 많게는 1,100명의 종업원이 군정청 상무부의 감독 아래 운용되고 있다. 한국에는 압연기가 없으며, 중공업은 주물, 철공소, 조립에 한정하여 가동하고 있다. 공구 제작은 지극히 제한적이며, 기술과 공정의 감독이 없다. 정밀 제품은 제작과 유지의 시설 때문에 사실상 작업이 불가능하다.

가벼운 쇠붙이로 만들 수 있는 농기구, 냄비, 구이판, 철물 등을 만드는 경공업은 매우 유리한 위치에 있다. 철사로 못을 만드는 한 공장은 남한이 이 품목을 자급자족할 수 있을 정도로 만들고 있다. 현재 한국이 겪고 있는 공구의 부족은 일본에서 배상의 형태로 받은 장비로써 어느 정도는 수리할 수 있다.

기계 산업에서 현재의 허름한 운영 체제를 보완하려면 해마다 800톤의 가벼운 표준 금속, 200톤의 원자재 금속, 200톤의 철근, 1천 톤의 양철, 그리고 2만 톤의 역청탄의 수입이 필요하다.

(4) 제지(製紙) 공장

1946년 6월에 남한에는 14개의 제지 공장에서 매월 100만 파운드의 종이를 생산했다. 여기에서 나온 상품은 더 이상 요구할 수 없을 만큼 값이 싸다. 모든 공장의 장비는 비정상적으로 사용되어 지금은 펄프와 용지가 심각하게 부족하다. 펄프의 부족으로 호쿠산고우지주식회사(北山高知株式會社)는 가동을 중단했는데, 이곳은 한국의 수요에 60%를 책임지고 있던 곳이었다.

1947년 6월의 제조량은 70만 파운드로 내려갔다. 전쟁 이전에는 북한이 남한의 제지 공장에 필요한 모든 분량을 제공했다. 지금과 같은 상황에서는 남한에서 최소한의 제지를 위해 연간 1만 톤의 아황산염, 1,300톤의 가성소다, 1,300톤의 소다회가 필요하다.

(5) 화학

한국의 중요 화학 공장은 북한의 수력발전소 부근에 자리 잡고 있다. 그러나 남한에서는 많은 소규모의 화학 공장들이 다양한 제품을 생산하고 있다. 80개의 공장이 기름, 비누, 안료, 복합 페인트를 포함하여 유기화학 제품을 생산하고 있다.

남한의 8개 중요 화학 공장은 지금 그 가동에 극심한 제약을 받고 있으며, 비료나 산성 제품을 생산하지 않는다. 한 공장은 적은 수량의 카바이드를 생산하며, 다른 공장에서는 고무신과 작은 수량의 산업용 고무 제품을 생산하고 있다.

고무 원료와 잉크 원료인 카본 블랙, 그리고 화학가공 제품의 부족이 모든 공장의 가동을 제약하고 있다. 북한의 제품이 들어오지 않는 지금의 상황에서 남한의 화학 공장들은 연간 800톤의 탄산마그네슘, 800톤의 탄산칼슘, 300톤의 질산, 200톤의 허가된 기름, 600톤의 소다회, 400톤의 카본 블랙, 250톤의 유황산, 1천 톤의 탄닌추출액, 1,500톤의 고무 원료와 1천 톤의 피취(pitch : 원유·콜타르 따위를 증류시킨 뒤에 남는 검은 찌꺼기)의 수입이 필요하다.

(6) 섬유

한국의 섬유 산업은 만족스럽지 않지만, 미군의 점령 기간에 산업 복구 정책을 추진함으로써 주목할 만한 발전을 이루었다. 1947년 1월 1일 현재 무명실 20만7천 스핀들(spindle)*을 생산했는데, 현재는 25만3천 스핀들을 생산하고 있으며, 1948년 7월 1일까지는 31만 스핀들을 생산할 것으로 예상된다.

일본은 당시의 생산 능력보다 더 많은 생사(生絲)의 생산을 독려했는데, 이는 한국이 생사를 일본으로 수출하면 면직을 만든 다음 다시 한국에 역수출하고자 함이었다. 결과적으로 방적 능력은 생사 능력과는 달리 최소한의 수요를 감당하기에 적절하다. 전시에는 폭격을 피하고자 생사 기계를 일본에서 한국으로 옮겨왔던

---

* 스핀들(spindle) : 실의 길이를 재는 단위로서 1스핀들은 1,389미터이다.(옮긴이 주)

것이 전쟁이 끝나자 한국의 섬유 공업 복구에 도움이 되었다.

국가경제위원회(National Economic Board)의 보고서에 따르면, 1938~1946년의 기간에 미국이 1인당 60~80평방 야드의 직물이 필요한 데 견주어 한국인의 수요는 10평방 야드였다.

정부가 요구하는 2억 평방 야드의 면직을 짜려면 대략 7,017만 5,438파운드의 실이 필요한데, 2교대로 작업을 한다 해도 35만4,428 스핀들의 실이 들어간다. 그 정도의 수량이면 현재의 가동 능력으로 보아 5천만 파운드의 실을 짜서 1억4,300백만 평방 야드의 면직을 짤 수 있다.

금년에 생산하도록 배정된 5만 스핀들의 생사를 짜려면 1천만 파운드의 실이 필요하며, 이로써 2,800만 평방 야드의 천을 짤 수 있다. 그러므로 제사 공장을 전면 가동하여 최대한 생산한다 해도 2,900만 평방 야드의 천이 부족하다. 이와 같은 수요에 더하여 뜨개실과 어망과 재봉실을 만드는 데 1,008만 파운드의 실이 필요한데, 그렇게 되면 부족한 실의 총량은 3,008만 파운드가 된다.

불행하게도 목화 공급의 수량은 수요에 훨씬 못 미친다. 1947년도의 목화 적자 예산을 감안하면, 국내 생산과 한국산 텅스텐의 대상(代償) 무역품인 이집트의 목화 3천 베일(bale)*을 모두 합쳐도 3천만 파운드가 채 못 된다.

1948년도 예산에서 목화 대금 1,600만 파운드를 요구했지만, 아직 승인을 받지 못했다. 만약 그 예산이 마련된다면 아직도 총예산은 4,600만 파운드가 되어 부족한 수량은 3,650만 파운드가 될 것이다. 미군 점령 기간에는 다만 550만 파운드의 목화를 수입했다.

---

* 1베일(bale)은 500파운드임. 1파운드는 453.6그람.(옮긴이 주)

그밖에 생산되는 섬유는 목화만큼 중요하지는 않다. 품질이 낮은 잠사를 짜고 있는데, 그 가운데 8천 대의 동력 직기가 연간 8,600만 평방 야드를 직조할 수 있다. 만약 잠사업의 수준이 향상된다면 한국의 비단은 끝내 중요한 수출 품목이 될 것이다.

아울러 농촌이 요구한다면 잠사직기를 면방직기로 전환할 수도 있다. 남한에서는 잠사 폐기물과 함께 적은 수량의 삼베를 생산한다. 모직 기술은 거의 없으며, 원모(原毛)도 거의 없다. 남한에서는 아마포를 짤 수 있지만, 원료는 거의 모두 북한에서 내려온다.

남한의 섬유 산업은 도와줄 수 있는 한, 도와줄 가치가 있다. 남한의 경제가 안정되면 섬유 산업은 남한의 명줄이 될 것이다. 한국인은 대체로 섬유 산업을 효과적으로 운용하는 능력을 갖추고 있으며, 만약 적정량의 원조와 필요한 장비와 그 밖의 여건이 마련된다면, 한국은 언제인가 이 분야에서 자급자족할 수 있다.

한국의 잘 구성된 섬유 산업은 한국 경제의 앞날을 약속해 주고 있으며, 때가 오면, 일본이나 태평양 연안의 국가들이 한국인에게 심각한 반감을 갖지 않는 한, 이들에게 수출 품목으로 경쟁력을 갖게 될 것이다.

6. 유통 산업과 효용

1) 개관

일본은 한국을 대륙 진출의 교두보로 삼았을 뿐만 아니라, 원료 공급과 공장 진출이라는 특별한 목표를 가지고 있었기 때문에 한국의 유통 산업과 그 효용도가 개발되었다. 일반적으로 말해서, 이러한 효용도를 잘 복구하고 개발한다며, 앞으로 몇 년 안에 훨씬 더 한국의 수요를 창출할 것이다.

2) 철도

한국의 철도는 전국적으로 상찬할 만큼 잘 발달하여 있으나, 동해안의 강원도 지방은 그렇지 못하다. 철로는 4피트 8.5인치(1,422mm)의 표준궤로서 기관이 좋고, 우측통행을 하고 있는데, 침상은 시멘트의 함량이 높고 보호벽도 훌륭하여 그 부설의 우수함은 미국에서도 흔히 볼 수 없다.

간선철도는 복선이며, 동남쪽의 부산(釜山)에서 출발하여 한만 국경의 안동(安東)으로 이어지며, 지선(branch-line)은 간선 역인 대전(大田)에서 출발하여 이리(裡里)로 내려가다가 이곳에서 서쪽으로 군산(群山), 서남쪽으로 목포(木浦), 남쪽으로 여수(麗水)로 갈라져 내려간다.

여수선과 목포선은 남쪽으로 내려가다가 송정리(松汀里)에서 순천(順天)으로 내려간다. 일본은 부산에서 서울까지 군용 철도를 부설했는데, 이는 단선으로 간선을 따라 약간 동쪽으로 떨어져 달린다. 이들 노선이 철도망을 이루다가 어느 지점에서 각각 짧은 단선(feeder-line)으로 빠져나간다.

현재의 철도는 여러 해 동안 전쟁을 치르면서 자재의 부족으로 손실을 보았다. 철도의 노반은 잘 축조되어 있으며, 자갈도 훌륭하다. 남한은 목재가 부족하기 때문에 지금은 침목이 부족하다. 남한에만 대략 700만 개의 침목을 깔았는데, 방부제를 입히지 않아 7년마다 침목을 갈아주어야 하니까 매년 100만 개를 교체하는 셈이다. 방부제를 입힐 경우에는 자연목의 수명이 세 배로 늘어나기 때문에 이를 위한 노력이 필요하다.

철로, 침목, 이음새는 품질이 좋은 것으로 낡은 곳을 대체해야
한다. 보수하고 유지한다는 측면에서 보면 철도 차량의 상태는 매
우 열악하다. 3-8-0형의 기관차 101대를 차관 무역으로 수입했기
때문에 동력은 상당히 개선되었다. 비록 대부분은 수리해야 하지
만 온갖 형태의 화물차 9천 대 가운데 7천 대가 운행되고 있다.

그와 마찬가지로, 철로의 통신도 복구가 필요하다. 대부분의 배
선은 완전히 망가졌고, 한 해 가운데 어느 때, 이를테면 장마철이
나 혹한 때에는 운행에 심각한 장애가 따른다. 전신주와 전선과
단열 장치의 상당 부분을 합리적인 조건에 따라 바꾸어야 한다.
교환대와 중앙관제사무소를 합리적인 운용 체제로 바꾸는 데에는
엄청난 분량의 시설과 부품이 필요하다.

운행 기술, 특히 고도의 운행 기술이 부족하다. 1945년 9월부터
12월 사이에 일본인 철도 기술자 1만7,500명이 귀국했다. 이들은
철도의 행정과 기술을 모두 차지하고 있던 사람들이었다. 1945년
9월 현재 남한의 철도 인력이 모두 5만5천 명이었으니까, 어림잡
아도 3분의 1은 일본인이었던 셈이다.

남한에 있는 모든 기관차는 역청탄을 태우도록 설계되어 있다.
지난날에는 만주의 심양(瀋陽) 가까이에는 역청탄이 노천에 널려
있었다. 남한에는 역청탄이 없기 때문에 철도는 불확실하고도 간
헐적인 일본산에 의존할 수밖에 없다. 믿을 만한 석탄 원료를 확
보하는 것이 지금으로서 한국 철도가 당면한 중요한 과제이다.

3) 해운

유통업에 성공하려면 한국은 이웃 나라와 세계와 무역을 해야

하는데, 이는 대부분이 해운으로 이뤄질 것이다. 남한에는 251개의 항구가 있지만, 철도와 연결된 곳은 8곳이다. 한다. 묵호(墨湖)는 동해안에서 가장 중요한 항구로서 남한에서 가장 큰 석탄 광산인 삼척의 수출무역항이다. 그 부근에는 또한 시멘트와 카바이드와 비누공장이 있다.

남쪽에 있는 포항(浦港)은 한국에서 첫 번째 가는 어항이다. 부산(釜山)은 한국에서 가장 큰 항구이다. 부산은 어느 모로 보나 근대 시설을 갖춘 항구로서, 4개의 접안 시설이 있어 미국의 대형 수송선인 리버티선(Liberty Ship) 15척이 동시에 정박할 수 있다. 부산에는 철도용 지선과 넓은 철도 조차장(操車場)이 있다.

마산(馬山)은 부산에서 넘쳐나는 화물을 하역하며, 여수는 서쪽 멀리 떨어진 군항으로서 일본인들이 일차적으로 군대 이동과 한국으로 들고나는 물자의 수송을 늘리고자 축조한 항구이다. 이곳에는 전쟁하는 동안에 미군이 어뢰를 매설했기 때문에 지금은 닫혀 있다. 목포와 군산은 서해안에 있는 작은 항구이지만, 한국의 곡창 지대에 알맞은 위치에 자리 잡고 있다.

인천(仁川)은 서울 서쪽 25마일 지점에 있는데, 조수의 간만을 이용하여 대략 4천 톤의 배가 정박할 수 있다. 다른 큰 상선은 해류에 따라 정박하거나 작은 배로 하역해야 한다. 서해안은 조수의 간만의 차이가 크다는 특징 때문에 북쪽에 수심이 35피트 정도 되는 제물포(濟物浦)를 이용한다.

남한에는 수요를 감당할 만한 널찍한 항구 시설을 갖추고 있다고 믿어진다. 유지와 보수가 필요하지만 이미 그만한 시설을 갖추고 있다. 독립이 되면 한국은 그다지 크지 않은 상선이 필요할 것이다. 예상하건대, 미군정은 발틱 함정 8척과 상륙용주정(LST) 12척을 운영하고 있어, 이들이 상당한 물량의 연안 수송을 맡고 있고, 경험 있는 선원들을 모집하고 있는데, 이들이 점차로 큰일을 감당하게 될 것이다.

4) 도로 수송

남한의 도로 수송은 도로가 빈약하고 오래된 데다가 차량마저 오래되어 고통을 겪고 있다. 미군의 잉여 차량을 확보하고 해외청산위원회(Foreign Liquidation Committee)의 신용으로 얻은 부품으로 상황은 많이 좋아졌지만, 쓸 만한 차량은 아직 최소한의 수요에 훨씬 못 미치고 있다.

비록 철도 시설이 좋다지만 남한의 구석구석까지 들어갈 수는 없다. 따라서 기본적인 통신 수단과 이동 수단은 지속적으로 도로와 교량을 유지·보수하면서 낡은 동력선을 계속 가동해야 하는데, 그러려고 미국 교통 수다의 지원을 부분적으로 받아왔다.

5) 전력

1934년에 처음으로 전 국민의 전력량이 10억 kwh를 넘어 14억 4,405만5천 kwh, 최고 송출 30만9,604 kw를 기록했다. 그 뒤 지속적으로 성장하여 1945년에는 57억 kw, 최고 송출 124만 kw를 기록했다. 38°선 이북의 발전량은 어느 시기의 것도 알 수 없다. 남한의 경우에는 1945년 1월 이후의 것만 알 수 있는데, 높을 때는 1945년 1월의 8천만 kwh에서 낮을 때는 1945년 9월의 3,200만 kwh였다.

남한은 다가오는 겨울에 매달 20만 kw의 전기가 필요할 것으로 예상된다. 질병과 사회적인 불안을 막으려면 13만 kw가 필요할 것으로 예상된다. 만약 자료가 제때 공급되어 복구에 이용된다면 남한은 이번 겨울에 6만 kw 정도의 공급이 가능할 것이다. 북한에서 5만 kw가 더 온다 해도 질병과 생활 불안을 막기에는 부족할 것이다.

한국의 발전량은 38°선 북한에서 오는 수력 발전이다. 지금 남한은 겨울이면 전력의 75%를 북한에 의존하고 있으며, 여름이면 50~60%를 북한에 의존한다. 북한은 남한이 필요한 이상의 전력을 보내고자 한다고 큰소리치고 있지만, 추가 송전은 불가능해 보인다. 왜냐하면 현재의 변전 시설이 전력량을 감당할 수 없기 때문이다. 그러므로 변전기의 부족 현상을 감당하기 위해서라도 북한에 필요한 전력 장비를 보내는 것이 바람직하다.

지금 남한에는 일 년 내내 가동할 수 있는 하천수력발전소가 세 군데 있지만, 지금 상태로 보면 계속 가동할 수 없다. 남한에서는 영월(寧越)발전소가 가장 크다. 지금과 같은 위기에 영월발전소는 빨리 발전할 수 있으며, 자재가 허락하는 한, 수리와 정밀 검사를 받고자 지금은 멈춰 있다.

인접한 광산에서 석탄을 적하하여 겨울철에 필요한 적정량을 비축해 둠으로써 공장 가동 때 쓰게 되어 있다. 일본에서 자재 구매가 늦어져 복구가 지연되고 있지만 이와 같은 제약에도 불구하고 많은 진척을 이루었다. 남한은 1945년 이래 송출한 것보다 더 많은 양을 영월에서 받아 겨울을 보낼 것이다.

부산화력발전소도 1만2천 kw를 발전할 수 있지만, 석탄이 없어 지금은 가동을 멈추고 있다. 다만 응급할 때는 가동할 수 있지만, 그나마도 석탄을 비축해 두는 일이 긴요하다. 그럴 경우에 석탄이 없으면 1만2천 kw의 전력을 상실하게 될 것이다. 부산발전소에는 지속적인 가동에 필요한 석탄을 비축하기는커녕 저탄장에 실험용 석탄도 없으며 비상시에 쓸 석탄도 없다.

서울의 당인리(唐仁里)발전소는 발전하지 않을 때도 필요하면 언제나 가동할 수 있도록 적정량의 석탄을 비축한 상태로 대기하고 있다. 당인리발전소의 용량은 2만 kw인데 유지 보수를 위해 잠시 쉬지 않고서는 계속하여 발전할 수 없다.

그 밖의 발전소로는, 청평(淸平)발전소가 3만5천 kw, 운암(雲庵)발전소가 6천 kw, 섬진강(七寶)발전소가 1만2천 kw, 보성강(寶城江)발전소가 3천 kw를 발전하는데, 모두 수력 발전이며, 겨울이면 전력이 절반으로 줄거나 완전히 멈춘다. 현재 청평(淸平)발전소의 한 대는 유지와 보수를 하지 않아 멈춰 있다.

만약 남한의 모든 발전소에서 쉬지 않고 가동하라고 명령을 내린다면 지휘소는 짧은 시간 안에 전력을 발전할 수 없어 난처하게 될 것이다. 왜냐하면 유지가 안 되어 있고, 자재와 감독이 부족하여 발전하다가 대형 정전 사고가 일어나 책임자는 당황하게 될 것이다. 남한의 변전기와 배전 체계는 가동도 하지 않고 수리도 하지 않은 채 지금에 이르렀다.

운영 체제가 유연하지 않아 비상 사태 때는 업무 분장이 안 되며, 만약 전력배급제를 실시한다면, 우선순위에 따라 지금의 배선 제도를 다시 나눈다는 것이 불가능할 것이다. 지금의 배전 체계는 광역 체제이며, 그 지역 안의 개별 소비자에게 차등 배급을 할 수 없다. 복구와 수선에는 유연한 변전과 배전 시설과 경제적인 운용을 효율적으로 할 필요가 있으며, 체제를 유지하는 데 최소한의 지출이 필요하다.

만약 한국의 통일이 되어 발전과 변전 시설을 통합하게 된다면 산업이나 경제에 크게 이바지하여 위에서 말한 과업들이 이뤄질 것이다. 지금 한국의 전력은 주의를 기울이지 않아 붕괴 직전이다. 만약 지금 복구와 수정의 작업을 함께 하지 않는다면, 지금 남한의 병목 현상은 한국이 통일된 뒤에도 산업 경제의 장애가 될 것이다. 그와는 달리 한국이 하염없이 분열된 국가로 남는다면 많은 발전 능력은 남한의 용도가 될 확률이 높다.

위에서 제시된 통계를 보면, 겨울이면 절반의 전력을 필요로 하는 질병과 사회 불안이 지속되는 지금의 상황에서 남한의 발전소는 작동할 수가 없다. 만약 북한이 남한에 송전을 중지한다면 모든 산업 공장은 멈출 것이며, 군대와 비상시에 대비하여 필요한 전력도 마찬가지일 것이다.

6) 통신

한국의 통신 시설은 일본인이 사용하도록 마련된 것이며, 한국의 생활에는 아무런 상관이 없었다. 대체로 낡은 시설은 당장 다가올 미래에 필요한 것보다 더 광범하여 현재의 기술 진보로써는 한국인의 능력이 감당할 수 없을 것이다.

7. 무역

1) 역사

한국이 해외 무역을 하지 않고서는 한국 경제를 깊이 있게 다룰 수 없기 때문에 이 문제를 다루어야 한다. 1910~1945년 사이 한국의 대외 무역은 거의 전적으로 일본제국의 부속물이었다. 최근 2년을 제외하고서는 온 식민지 기간에 한국의 무역은 불균형의 대상이었다.

더욱이 1910~1915년 동안에 일본이 한국에 다량 투자를 한 것을 제외한다면, 일차적으로 일본 거류민과 한국 부자들의 소비를 위한 사치품들을 배제하고 교묘하게 경제 정책을 시행함으로써 무역 관계는 매우 불균형했다.

한국의 대외 무역은 1910년의 6천만 엔에서 1939년의 24억 엔으로 상승했으며, 이로써 한국은 동양의 무역권(貿易圈)에서 우위를 차지하여 무역을 통한 한국의 개인 소득(per capita foreign trade)은 일본인과 거의 같았다. 광물, 식품, 섬유(textile & fibre) 공산품 그리고 잡화(雜貨)들 가운데 식품 말고서는 모두가 순수 수입품이었다. 그러나 식품 수출도 섬유 수입을 상쇄할 정도로 많은 것은 아니었다.

1910년부터 1945년까지 한국의 주요 수출 품목은 쌀이었다. 1936년의 한국의 생산품으로 수출 수지를 맞춘 것은 쌀로서, 가격으로 63.9%였다. 비록 1939년에 광물이나 공산품에 비추어 쌀 수출이 감소했지만 그해에 수출 균형을 보인 55개 품목 가운데 쌀은 아직도 전 수출액의 3분의 1을 차지하고 있었다.

전쟁이 임박할 때까지 생선과 해산물의 수출액은 쌀 다음으로, 순수출 수지의 모든 품목 가운데 7.5%~9%를 넘지 않았다. 그 밖의 수출품으로서는 그리 중요한 것이 없다. 한국의 주요 수입 품목은 연료, 중공업, 기계, 자동차 부품, 섬유 및 특수 산품에 대한 해외 경제 상황에 의존하고 있다.

한국의 무역량은 천연자원의 수출과 일반 자재나 소비재의 수입을 다루는 한국 경제를 읽는 지표가 되지 않는다. 무역량이 큰 국가에서는 높은 생활 수준과 관련된 것들을 살펴보는 것이 합리적이다. 그러나 한국의 무역량은 일본과 비교하는 것이 옳다. 일본의 경우에는 국민 대다수가 누리고 있는 생활 수준이 지방마다 크게 차이가 난다.

수출품은 그들의 능력을 벗어나고 있으며, 중요 수입품은 다수의 한국인에게 돌아가는 것이 아니라 산업 진흥이나 확장을 위한 자재이거나 일본인과 소수의 한국의 부자들이 쓰는 사치품이었다.

1910년부터 1939년까지 한국의 누적 수입 수지는 거의 20억 엔에 이르렀다. 이 빚은 일본인이 한국에서 땅이나 고정 자산을 매입하는 데 갚았으며, 그들의 실질적인 재산 가치는 전쟁 말기에 한국에 있던 일본인 개인과 회사의 삶의 질과 크기로 평가되어야 한다.

2) 무역의 현실

이런 상황에서 한국에서의 무역이라는 용어의 일반적인 의미는 그저 실개천(trickle)과 같은 것에 지나지 않았다. 1945년 8월 15일부터 1947년 6월 30일까지 이 나라에 나가고 들어온 교역량은 대략 1억6,800만 달러 정도였다. 그러나 이 가운데 2,500만 달러만이 무역이라 할 수 있는데, 이 액수는 한국과 중국 대륙 사이에 사사로운 거래 액수였다.

그 나머지 1억4,300만 달러는 민간 보급 계획(CSP)의 지원금, 미국 전쟁성이 보내 준 지원금, 해외청산위원회(FLC : Foreign Liquidation Commission)의 기금, UN구호복구기금(UNRRA : United Nations Relief and Rehabilitation Administration) 3,500만 달러를 합친 것이다. 위의 수출액에는 정부가 소유한 잉여 광물과 해산물 거래액 500만 달러가 포함되어 있다.

남북한이 통일되지 않는 한, 남한의 무역 수지가 이루어지리라는 것은 분명히 불가능하지만, 미군정은 한국의 무역이 미국 자본에 대한 의존도를 감소하고 한국의 기업과 무역업자들에게 경험을 전수하여 좀더 좋은 시대가 올 수 있도록 하고자 최선을 다하고 있다.

한국에서 수출 신용도가 수입신용도만큼 균형을 잡지 못한다면, 한국의 수출은 민간공급계획(CSP)의 목록에 있는 정도의 물품을 사는 데 쓰이거나 미군정이 수입 자격을 주는 데 쓰일 것이다.

1947년 7월 15일에 미군정은 군정이 설정한 기준 안에서 한국에 수출입 거래를 하고 싶은 외국의 소수 무역업자에게 한국을 개방한다고 선언했다. 그러면서 홍콩 및 마카오와 무역을 개성하고, 결정적으로 필요한 물품은 한국의 여유물자와 교환 무역을 통해서 들여올 수 있었다. 이집트 정부와의 협상을 통하여 한국은 750톤의 농축 텅스텐과 이집트의 면화 3천 베일의 장섬유(long-staple)를 교환하기에 이르렀는데, 그 필요성은 오래 전부터 논의된 바 있었다.

불행하게도 한국의 큰 시장이 될 두 나라, 곧 중공과 일본이 현재로서는 한국의 개인에게 무역을 허락하지 않을 것 같다. 일본과의 모든 거래는 정부 차원으로만 제한되어 있고, 중공은 사실상 말도 되지 않는 조건을 제시했다. 이 두 나라와의 무역이 정상화되지 않으면, 한국은 상처를 입을 것이다.

북한에서 들어온 보도에 따르면, 소련 점령 지역으로 쌀이나 광물이나 공산품을 수출하는 수량은 수입량을 능가하고 있으며, 소련군은 자신들을 위한 물자를 수입하기 보다는 현지에서 보급하고 있다고 한다.

3) 무역의 발전 가능성

통일이 되지 않고, 광범한 복구가 이뤄지지 않는 한, 한국에서 순수하고도 규모가 큰 무역이 이뤄지리라고는 상상할 수 없지만, 속살과는 달리 1948년 초 이전에 통일이 달성되면, 1951년에는 현재의 물가 수준으로 총액 1억6천만 달러의 무역 수지가 가능할 수도 있다.

그러나 국가적인 수련과 절박한 무역 통제를 시행할 때 그런 수지가 달성될 것이다. 한국은 연료, 원자재, 기계, 자동차 부품, 그리고 긴급한 물자를 수입해야 하는데, 만약 한국이 지금처럼 반(半)근대 국가의 상태를 지속한다면 소모품 수입을 대상(代償)할 수출품이 그리 많지 않을 것이다.

한국이 독립하여 외국 무역을 계획하면서 가장 중요하게 고려해야 할 사항은 다음과 같은 것들이다.

(1) 한국은 일본이나 그 밖의 어떤 나라로부터 무역 수지를 통하여 끈질기게 비우호적인 경제적 위협받지 않아야 한다.

(2) 한국은 가능한 한, 조속히 우호적인 무역 수지를 창출해야 하며, 그것이 모두 불가능하다면 수입이나 수출의 어느 한쪽만이라도 균형을 이루어야 한다.

(3) 한국이 다변 무역에 참여할 수 있도록 고무하는 것이 바람직하다.

(4) 농민들이 자기 소출을 기꺼이 방출할 정도로 곡가가 상승하지 않는 한 쌀 수출이 예전처럼 호황을 누리지는 않을 것이기 때문이다. 그러려면 농민들에게 분배될 소비재가 넉넉하고, 지방에서 소출을 늘리든 아니면 수입을 하든 대체 곡물을 마련할 필요가 있다.

더 말할 나위도 없이, 지금 당장 한국 경제의 전망은 밝지 않다. 앞서 말한 것처럼 1951년의 무역 계획의 수준으로 이 나라를 끌어올리려면 주변 여건이 좋아야 하며, 수산업과 광산업에 집중적인 노력을 기울여야 하며, 정부와 국민의 훈련은 더 말할 나위도 없는데, 한국인들이 이를 받아들이지 않으려고 할 것이다.

그러나 1960년까지 한국은 유통 분야에서 숙련된 노동자의 거대한 집단을 갖추고, 섬유, 화학, 그리고 그 밖의 생활용품을 수출할 수 있을 정도의 공업을 이룩한 처지에 이를 것이다. 거대한 공장이 재개하게 되면 식품 선적이 줄게 되리라고 여겨지지만, 국가 전체로 볼 때 수출 경쟁력이 높아질 것이다.

지금의 세계 평화와 합리적인 번영을 고려한다면 1960년까지 1936년 수준의 총무역량을 이루리라는 것은 의심할 나위도 없다. 이는 일반 국민의 생활 수준을 실질적으로 높일 뿐만 아니라 국내 생산품의 실질적인 잉여 물품을 수출하게 될 것이다.

8. 경제 안정

중국의 내란 기간에 일본 정부가 한국에 실시한 쌀과 노동 통제는 사실상 제2차 세계 대전이 일어난 1941년 이후에도 여전히 효력을 지니고 있었다. 이러한 정책은 매우 성공적이어서 전쟁 기간에 정부로서는 엄청난 물자의 부족을 겪었음에도 불구하고 1937년부터 1945년까지 쌀과 임금은 거의 2배까지 성장했다.

1945년에 일본의 상황이 더욱 절망적으로 나빠지자 통제는 효과를 잃고 한국 상품의 상승 폭은 정부의 가격보다는 암시장의 손에 넘어갔다. 1945년 8월, 일본제국의 패망이 확실해지자 한반도는 엄청난 소용돌이에 빠졌다. 일본의 관리와 민간인들은 그들의 한국 점령이 이제 끝났다는 것을 알고 그들의 사업을 접으려 했다.

모든 관리는 퇴직금 전액을 받았으며, 일본 회사의 노동자들은 사장이나 감독으로부터 거대 사업체를 인수하거나 강제로 빼앗았다. 일본인 회사의 간부들은 고국으로 가져갈 욕심으로 모든 회삿돈을 나누어 가졌다. 개인들도 은행 잔고를 모두 인출하고 모든 재산을 작은 덩어리로 만들어 성공적으로 일본으로 밀반출하려고 온갖 노력을 기울였다.

조선은행도 이와 같은 엄청난 출금 사태를 맞이했다. 1945년 8월 초에 45억 엔이던 통화량은 9월 말이 되자 86억 엔으로 늘어났다. 물가는 20배로 뛰고 정부 통제 가격과 배급 제도도 무너졌다. 일반 물가 지수는 1937년 평균에 견주어 40~50배로 뛰었다.

1945년 9월에 미군이 진주하자 어느 정도 질서가 회복되고, 9월과 10월 사이에는 물가도 수그러졌는데, 이는 아마도 쌀농사가 풍작이리라는 전망 때문이었을 것이다. 지방에는 아직 군정이 자리잡지 못했기 때문에 일본의 경제 통제를 정교하게 답습하였고, 그 시기로서는 자유 시장을 허용하지 않을 수 없었다.

그러나 쌀농사는 어느 모로 보아도 미리 말한 것처럼 그렇게 풍작이 아님이 입증되었다. 더구나 일본인 경영자와 기술자가 떠난 뒤라 공산품의 생산은 거의 멈춘 상태였다. 북한에서 난민이 국경을 넘어오고 일본과 중국에 있던 한국의 교민들이 새롭게 해방된 조국을 찾아 귀국했다.

인구가 늘고, 공산품은 줄고, 재고가 마르고, 경제를 통제할 수 없게 되자 다시 물가가 폭등하지 않을 수 없었다. 1947년 봄을 제외하고서는 1945년 11월부터 물가가 사실상 계속하여 올랐다. 1945년 말이 되자 남한에서 군정이 원만하게 자리 잡자, 군정은 쌀의 공급과 가격을 엄중히 통제해야 한다고 생각했다.

비록 쌀 수매 계획이 마련되어 있었지만, 추수기가 이미 지나간 터라 정부로서는 최소한의 기본적인 배급을 허락하고자 쌀 공급을 적절히 통제하기에는 시간이 너무 늦었다. 그러므로 1946년의 봄과 겨울 동안 도시의 주민들은 그들의 거의 모든 양식을 자유 시장에서 사들였다. 1946년 7월까지 물가는 1937년에 견주어 200

배가 올랐으며, 일본 정부가 1945년 7월에 공시했던 물가에 견주어 100배가 올랐다.

1946년 여름이 되자 군정은 광범위한 물가 안정 대책을 발표했다. 1946년 5월에 미소공위가 휴회할 때까지만 해도 한국인들은 조국이 통일되리라고 생각했고, 그런 탓에 물가 안정 대책도 단기적인 것이었다. 대대적으로 변화된 정책을 추구하지 않자 곧 경제적으로 남북한이 통일되리라는 편견을 낳았다.

그러나 1946년 여름이 되도록 통일이 곧 이뤄질 것 같지 않아 보이지 않자 미군정은 남한의 경제 부흥을 위한 방안을 마련했다. 이 계획에는 민간 공급 계획에 따라 무역을 추진하고, 농산물과 공산품의 생산을 늘리고, 화폐 개혁을 단행하고, 쌀을 매입하여 배급하고, 그 밖의 기본적인 생활 용품을 통제하고, 해외 무역을 부활하고, 조세 제도를 수정하고, 정부를 재조직하는 문제가 포함되어 있었다.

지난해에는 이러한 목표들이 거의 실현되지 않았다. 가장 성공적인 사업이자 유일하게 잘 안정된 정책은 1946년도의 미곡 수매 계획이었다. 1947년도 연초부터 6월까지 쌀을 생산하지 않는 주민에게는 최소한 하루에 곡물 2.5홉(5/6 파운드)의 배급을 유지했다. 그 가운데 적어도 1홉은 쌀이었다.

이는 한국인의 식사에서 80%가 곡류였기 때문에, 생활비 가운데 가장 중요한 것은 합리적인 가격으로 곡물을 구입할 수 있어야 함을 의미하는 것이다. 여름철이면 텃밭에서 난 채소를 먹을 수 있기 때문에 양곡 배급은 2홉으로 줄었다. 지속적인 배급은 그해 가을 농사의 양곡 수매와 한국의 양식 부족을 메워주는 양곡 수입(輸入)에 달려 있다.

민간 공급 계획은 다소 실망스럽다. 제1 계획은 부분적으로 작동했지만 제2 계획은 기금이 부족하여 시행되지 못했다. 제3 계획은 1947년 1월 1일부터 6월 30일까지 시행되었는데, 부분적으로만 시행되었다. 1948 회계 연도를 위한 제4 계획은 마지막 보고서였는데 아직도 동경(東京)사령부에 놓여 있다.

실제로 최근에 이르기까지 배급된 물자는 주로 군정청이 쓰고 있는 차량과 배급된 물자이거나, 아니면 점령의 목적을 이루고자 억지로라도 헐값에 매각할 수밖에 없는 의료 부품이거나 식품들이다. 그 결과 민간 공급 계획은 경제가 예상했던 통화 부족을 겪지 않았다. 미군정이 지방 소비재의 생산을 위해 원료 물자와 소금이나 비료처럼 일반 배급의 중요 품목을 미리 확보하였기 때문에 이와 같은 긍정적인 효과를 가져왔다.

1947년 6월 30일이 되자 여러 가지 민간 공급 계획을 승인받은 미군정은 남한에게 대략 3억5천만 달러에 이르는 보급품과 장비와 유통 기구를 제공해야 한다고 상부에 요구했다. 7,200만 달러에 해당하는 물품은 일본이 제공하고, 2억7,500만 달러의 물품은 미국의 자원으로 보급하기로 했다. 쌀을 스스로 생산하지 못하는 주민에게 기본적인 봉사를 제공하고 최소한의 배급을 위해 필요한 주요 물품은 곡물, 화학 비료, 석탄, 섬유, 철로 그리고 자동차 부품이었다.

같은 날짜에 긴급하게 요구한 물품 총량은 요구한 액수의 40%를 조금 넘었다. 일본에서 선적한 액수는 2,150만 달러 규모로서 원칙적으로 역청탄을 공급했고, 기계와 그 밖의 부품 제공은 요구한 바에 견주어 빈약했다. 같은 기간에 제공된 생활품을 보면, 소금이 2만6,280톤, 화학 비료 11만2,537톤, 역청탄 103만 톤이었다. 미국에서 들여와 배급한 품목은 모두 1억2,050만 달러로서 그 가운데에는 해외청산위원회(FLC)가 보내 준 3,500만 달러가 포함되어 있다.

1947년 6월 30일까지 제공된 곡물은 40만2천 톤으로서 점령 기간에 남한에서 쌀을 생산하지 않는 주민 800만 명에게 매달 5파운드를 제공한 셈이다. 같은 기간에 배급한 그 밖의 소비재는 소금 2만6,380톤, 화학 비료 11만2,537톤, 역청탄 103만 톤이었다. 7월 한 달 동안 곡물과 비교의 배급량은 이 분야의 총량에 견주어 많이 상승했다.

농업은 한국 경제의 으뜸가는 요소이다. 토지는 이미 광범하게 경작되고 있으며, 급속히 성장하는 인구의 수용에 대비하여 농업 생산성을 높이는 문제는 비료 수입의 충족도에 달려 있다. 금년(1947)의 농업생산성은 1946년의 15%이지만, 농무성이 추산한 목표보다 10%가 부족한 것은 주로 연합군사령부와 전쟁성이 비료의 수입량을 승인하는 데 실패했기 때문이었다.

그와 마찬가지로 한국의 안정화 계획에 중요한 요소인 공산품도 예상했던 대로 증산에 실패했다. 섬유와 제지와 그 밖의 중요한 생활 용품도 1946년의 정점에 이르지 못했다. 북한으로부터 광물과 목재와 중기계가 보급되지 않자 남한의 산업은 전적으로 수입에 사활을 걸지 않을 수 없었다.

그러나 남한에서는 아직도 적은 분량의 광물이 있었는데, 그 가운데 텅스텐이 가장 많았고, 흑연과 금이 겨우 수출할 정도였고, 여기에 약간의 수산물과 인삼(人蔘)이 생산되었다. 그러나 이러한 상품마저도 수입해야 할 정도이다.

소금은 생선 저장에 필요했고, 기술자와 기계는 탄광을 계속 가동하는 데 필요했다. 남한의 공장들이 원료와 교체할 부품과 기술자를 공급받지 못한다면, 국내 소비나 수출을 위한 생산 공장이 되살아날 희망이 없다.

재정의 측면에서 본다면, 정부의 소비 결손을 억제해야 한다.

1945년 9월부터 1946년 7월까지 통화량은 다만 10억 원만 증가했다. 1946년의 하곡 수매와 미곡 수매로 통화량이 증가하기 시작했다.

곡물 수매에 따라 정부 점령 비용이 증가함으로써 정부 비용이 증가했는데, 이는 1946년부터 시작된 점령군의 주거 비용의 증가 때문이었다. 통화량은 1947년 말에 통화량은 183억 원까지 치솟다가 2월과 3월에 10억 원 넘게 감소했다. 지금은 다시 188억 원으로 증가했다.

미군정은 긴요한 곳에만 예산을 쓰려고 지속적으로 노력하고 있다. 전술 부대도 지방에서 최소한의 물품과 인력을 구매하고 있다. 1947년 1월 1일부터 1948년 3월 31일까지의 1948년 3월 31일까지의 회계 연도인 1947~1948년도에 각 부처에서 올라온 예산 총액 원안 450억 원[이었는데 176억8천만 원으로 삭감되었다.]*

경제에 매우 긴요한 것에만 예산을 제한하고, 정부 부처 사이에 발생하는 제 몫 챙기기를 금지하고자 중앙 정부에서 물품을 구매하고, 불필요한 부서와 중복되는 기능을 제거함으로써 국가 예산이 예상했던 대로 감소할 것으로 보인다.

미군의 군사점령비는 남조선과도정부의 예산에 포함되지 않았다. 현재로서, 한국의 군사점령비는 매월 4억 원이다. 이제까지의 군사점령비의 총액은 약 4억 원 정도이다. 국가 예산과 군사점령비에서 더 나아가서 공식적인 경비에는 미곡매수비, 귀속재산유지비, 민간 보급 계획이 포함되는데, 이들 가운데 어느 것도 남조선과도정부의 일반 예산에 포함되지 않는다.

---

* 내가 1986년, NARA에서 채록한 자료에는 [괄호] 안의 설명이 들어 있고, 국사편찬위원회 소장 자료에는 이 대목이 삭제되어 있다.(옮긴이 주) 신복룡(편), 『한국분단사 자료집』(서울 : 원주문화사, 1991), III-3, p. 131(1947년 8월 작성) ; pp. 429~459(1947년 9월 작성)(옮긴이 주)

현재 한국에 주둔한 미군주둔비의 총 손실액은 남조선과도정부를 위해서 쓰는 140억 원과 군사점령비 40억 원이다. 채권을 발행할 정부도 없기 때문에 이 경비는 어쩔 수 없이 중앙은행에서 빌려 쓰는데, 이것이 직접 통화 팽창으로 가는 길이다.

생필품 가격과 예산의 간격을 메우려고 군정은 정부가 쥐고 있는 자산, 곧 철도, 소금, 담배와 인삼의 전매를 포함한 관용 자산의 가격을 엄청나게 올렸다. 그 결과 공공 재산의 누수를 막았을 뿐만 아니라 전매청에서는 연간 40억 원의 수입을 올렸다.

특별한 목적을 위해 세율을 올리고, 작년(1946)부터 논의된 세제 개혁을 위해 미국 국세청(Bureau of Internal Revenue) 요원들이 한국의 관리와 작업을 하고 있다. 금년 회계 연도 안에 세제와 곡가 수매 제도가 전면적으로 수정될 것이다.

이런 조치의 결과로, 보수적으로 추정하더라도 이번 회계 연도에 국고 수입이 150억 원 정도 늘어날 것이며, 그렇게 되면 금년도 예산 적자는 20억 원 정도가 남을 것이고 점령비는 40~50억 원이 될 것이다.

우리가 전망하기로는, 예산은 1946년에 견주어 훨씬 호전될 것이다. 왜냐하면 군정 재산관리청(Property Custodian)은 도시의 귀속 재산 가옥과 지방의 자잘한 재산을 처리할 예정인데 그 싯가는 250억 원이 넘을 것이며, 민간 공급 계획에 따라 최근에 이제까지보다 더 많은 원자재와 소비재를 수입할 것이기 때문이다.

그러나 귀속 재산 처리로 말미암은 통화 수축 현상은 나타나지 않으리라는 사실에도 불구하고 재산관리청의 활동과 민간 보급 계획의 수익이 점령비 전액을 상쇄하기에 충분할 것이다. 왜냐하면 자산이 대지주나 투기자본가의 손에 넘어가지 않도록 재산 집중을 막고자 실시하는 사회 보장을 고려하다 보면 몇 가지 신용 확대를 위한 방안을 마련할 필요가 생기기 때문이다.

지금 소비재 물가는 1936년에 견주어 100~200배 또는 그 이상 상승했다. 그러나 정부가 대부분 소유하고 있거나 수입한 많은 원자재의 가격이나 임금은 1956년에 견주어 100배 수준으로 묶으려고 하는 것이 정부의 계획이다. 그러는 동안에 시간을 많이 낭비했다.

그러나 민간 공급 계획이 차질 없이 외국 물품을 수입하여 배급하고 추곡 수매 계획이 1946년보다 더 나빠지지 않고, 능력 있는 미국의 기술자로 빈자리를 채우고, 철저한 조세 개혁을 시행하고, 더군다나 책임 있는 한국의 관리들을 채용하여 경제 통제와 공공 비용 제도의 필요성을 인식하고 그러한 목적을 위한 노력을 계속한다면, 물가를 안정시키고 치솟는 통화 팽창을 지금이라도 막을 수 있다.

9. 결론

한국이 다음 달, 또는 다음 해(1948)에 가장 역점을 두고 발전시켜 나가야 할 요소는 경제 문제가 아니라 정치 문제이다. 한국에 대한 미국과 소련의 정책은, 그들이 협력하든, 서로 다른 길을 가든, 이 나라가 지닌 물리적 자원을 어느 정도까지 활용할 수 있는가를 결정하게 될 것이다.

만약 미소공위가 실패로 끝난다면, 미국은 어느 정도까지 남한의 경제 부흥을 책임질 것인가를 결정하는 문제에 정면으로 직면하게 될 것이다. 미국은 이제까지도 대한 활동에 많은 돈을 썼으며, 앞으로는 그보다 더 많은 돈이 들어갈 것이다.

이제까지 사용한 임시 방편의 수단은 한국 경제를 만족할 만한 수준에 이르도록 한국의 경제를 회복시켜주지 못했으며, 이 분단 국가에 철저한 효과를 가지는 절차를 적용하지 못했기 때문에, 미군정으로서는 산업 부흥과 인력 개발과 물자 수입을 기존의 한계를 넘어서서 더 과감하게 수행하는 길이 미군정에게 열려 있다.

만약 모스코바 3상회의의 결정을 이행하기가 어렵다고 판단될 경우에 미국에게는 두 가지의 선택이 있다.

첫째로, 한국을 포기하고 소련이 하고자 하는 대로 모든 것을 넘겨주는 것이고,

둘째로, 그게 아니라면 그와는 정반대로 자비로운 식민지주의를 이 땅에 무한대로 쏟아붓는 것이다.

우리로서는 위의 선택 사항 가운데 그 어느 것도 절대로 채택할 수가 없어 보인다. 왜냐하면 첫 번째대로 소련에게 한국을 넘겨주는 것은 정치적으로나 경제적 전략으로 볼 때 너무 치명적이어서 지혜로운 선택이 아니다.

그렇다고 하여 째로 한국을 이대로 껴안고 가는 것은 먼저 의회가 용납하지 않을 것이고, 정부로서는 내 나라도 아닌 곳에 너무 많은 돈을 써야 하기 때문이다. 가장 보편적으로 받아들일 만한 결정은 미국이 한국에 남아 있도록 조건을 조성하는 것이다.

이 글은 마법의 쪽지 맞추기 놀이를 하고 있는 것이 아니라, 그 조각판 안에 들어갈 요소가 무엇인가를 아직도 제안할 수 있는가 하는 문제이다. 그 요소란 농업을 재건하고, 가능성이 있는 산업을 선택하고, 산업체와 정부에 전문 인력을 과감하게 투입하는 것이다. 미국은 이렇게 함으로써만이 지혜롭게 남한을 위해 자금을

투자할 수 있다.

그렇게 하는 것이 궁극적으로는 그들이 비교적 안정된 사회를 구축하여 극동에서 이념의 침략을 막는 보루로 우뚝 서는 모습을 보면서 그 반대 급부로 만족감을 느낄 수 있을 것이다. 한국을 구원하려고 돈만 퍼붓는 것은 길게 볼 때 우리의 기본적인 목표를 달성해 줄 수 없으며, 언제인가 때가 오면 미국은 많은 돈을 투자하여 그곳에 자신만의 발판을 마련하도록 반드시 도움을 받아야 하게 될 것이다.

돈만으로는 그 지역에 영원한 변화를 일으킬 수 없으며, 아무리 돈을 써도 몇 년 안에 한국을 자립 국가로 만들 수 없다. 그러나 만약 미국이 한국에 해마다 1~2억 달러를 기꺼이 투자할 뿐만 아니라, 미국이 받아들일 수 있는 조건으로 남한의 인력 훈련을 기꺼이 맡아 점차로 그들의 나라를 경영할 수 있도록 해 줄 수만 있다면, 그들이 통일을 이룰 수 있을 때까지 꾸준히 발전하여, 균형 잡힌 국가를 수립할 수도 있을 것이다.

그러나 그러기는 매우 어렵다. 미국은 자기의 영향권 안에 들어온 그 나라를 미국 정부의 정의와 목표에 따르도록 끈질기게 설득해야 하고, 한국인들이 장차 북한의 세뇌에 저항할 명분과 희망을 가져야 하기 때문이다. 그렇지 않으면 한국에서의 미국의 위치는 급속도로 몰락(untenable)할 것이다.

제4장
한국의 경제 상황(Ⅱ) : (1947)
- 미국 국무성 경제사절단 작성

The Economic Situation of South Korea(II)
Prepared for Lieut. Gen. A. C. Wedemeyer

by
The Korea Economic Mission
Seoul, Korea,
September 1947,

Record Group 332, Box 62,
NARA, Suitland

제4장

한국의 경제 상황(II) : (1947)

1. 농지 개혁

한국에서의 농지 소작료는 1910년의 약 40%에서 1945년에 거의 75%로 뛰었으니까 35년 동안에 2배로 뛴 셈이다. 1943년의 농가 호수는 304만6,001호였는데 그들이 전 국토의 농지 1/2과, 거의 1/3에 해당하는 요지를 소작했으며, 자작농은 1/6이었다.

소작료는 현물로 받았는데 일괄적으로 높아 평균하여 전체 수확의 약 60%였다. 지주에게는 쌀농사가 가장 수익이 높았고, 대부분의 논은 남부 지방에 있었기 때문에 소작료는 한반도에서 그 지방이 가장 성행했다.

미군이 한국에 진주한 지 얼마 지나지 않아, 군정청은 소작료를 수확의 최대 1/3로 제한하는 법령을 발표했다. 이 법령은 사실상 농민의 수입을 두 배로 올려 주었다. 왜냐하면 이를 계기로 부재(不在) 지주의 소작료를 물지 않아도 되었기 때문이다. 이로써 전 국민의 절반에 해당하는 사람들의 생활이 향상되었다.

1946년 2월이 되자 군정청은 국무성 경제사절단(Economic Mission)

과 협력하여 일본인이 소유했던 농지의 매각을 구상했다. 이 계획은 일본인이 소유했던 농지로 대략 논 50만 에이커와 밭 15만 에이커를 매각하는 것이었는데, 그 첫 단계로 한국인 부재 지주의 땅도 매각하는 방안을 포함하고 있었다.

이 계획이 국민의 광범한 지지를 받기는 했지만 1946년에 그 실행이 연기되었다. 왜냐하면 군정이 여론 조사를 했더니 농지 개혁은 임시 정부가 수립된 뒤에 하는 것을 국민이 선호했기 때문이었다.

1946년 3월에 미소공위를 열기로 일정이 잡히자 국민은 1946년 안에 한국인 정부가 수립되기를 바랐다. 당시의 구상에 따르면 소작농은 15년에 걸쳐 현물로 갚는 것으로 되어 있었다. 소작농의 지급액은 연간 소출의 30%로 하며, 2모작을 할 경우에는 주곡에만 상환금을 먹이는데, 이 수치는 그 뒤에 연간 25%로 내렸다.

1946년 12월에 남조선과도입법의원이 구성되자 입법위원회에서 농지 개혁 문제가 활발하게 전개되고 몇 가지 초안을 마련했지만, 전반적으로 다른 입법에 견주어 먼저 처리되지는 않았다. 1947년 9월 2일에 농지 개혁 문제를 논의하면서, 입법의원은 한국인 지주들의 농지를 분배하기에 앞서 귀속 재산 농지를 처리하기로 찬성 52표, 반대 2표, 기권 6표로 가결했다.

공산주의자들이 지배하던 민주주의인민전선 말고는 대부분의 정치 단체가 보편적으로 동의한 농지 개혁안은 다음과 같다.

(1) 농지를 농지가 전혀 없거나 부분 소작을 하는 농민에게 매각하되 그 농부에게 사적 소유권을 인정한다.

(2) 구매자는 현물로 상환하며, 상환액은 소출의 25%를 넘지 못하고, 기간은 12~15년으로 한다.

(3) 농지를 분배받은 농민은 12~15년에 걸쳐 그해 소출에서 지가를 상환한다.

(4) 농지를 상환하는 동안 농민은 농지를 매각하거나 근저당을 설정할 수 없다. 그러나 토지를 분배받은 농민은 계약에 따라 해마다 농지의 6%를 확보하며, 농민과 그 상속인은 부당한 어려움을 겪지 않으면서 자기의 땅을 지킬 수 있다.

(5) 부재 지주를 없애며, 분배받을 수 있는 농지의 상한선은 5정보(12.25 에이커, 1만5천 평)이다.

여기에서 더 나아가 일부 단체는 종합토지세(combination land-tax)의 개혁을 주장했는데, 그 내용은 다음과 같다.

(1) 모든 농사에 소출의 5%를 징세하며 여기에 새로운 토지형질변경세, 가옥세, 지방세를 가산한다. 곧 :

(가) 현재 농지를 소유하고 있는 농민은 소출의 5%를 무상으로 정부에 지불하며, 배급 기관을 통하여 판매한 수입은 정부의 조세 예산으로 들어간다.

(나) 농지 개혁법에 따라 농지를 구입한 농민은 25% 가운데 5%를 정부에 세금으로 납부한다. 귀속 재산을 매입한 농민의 경우에는 배상금이 정산될 때까지 20%를 동결 계좌에 납부해야 하며, 정산 이후에는 정부의 예산으로 본다.

(2) 그와 같은 5%의 소득세는 적어도 75만 석에 이르러야 하며, 현재의 쌀 판매 가격으로는 18억 원에 이를 것이다. 이 액수는 지금 농민들로부터 거두어들이는 세금을 초과한다.

소련이 점령하고 있는 북한에는 1946년 3월에 토지 개혁을 실시했다.* 이 조치에 따라 북한의 모든 지주의 땅과 귀속 재산이 42만

---

* 본문에는 남북한 모두 land-reform으로 되어 있으나, 정확히 학술적으로 말하면 북한은 토지 개혁(land-reform)이고 남한은 농지 개혁(farm-land reform)이다. 이 의미의 차이는 작지 않다.(옮긴이 주)

9천 명에게 "무상 몰수, 무상 분배"되었는데, 그 가운데 22만9천 명은 소작인이었고, 9,500명은 농업노동자였다. 그들의 토지 개혁법의 조문에 따르면, "토지 문서"를 농민에게 나누어 준다고 되어 있지만, 토지의 개념이 어디까지인지가 분명하지 않고, 농지의 소유권은 인민위원회에 있으며, 농민은 경작권을 가짐과 동시에 농지세를 납부하도록 되어 있다.

1946년의 법에 따르면, 농민은 총수확고의 25%를 현물로 바쳐야 한다. 그러나 믿을 만한 여러 보고에 따르면, 소출의 25%가 훨씬 넘는 여러 차례 세금으로 납부했음을 보여 주고 있다.

1947년의 농지세를 보면, 논은 소출의 27%, 밭은 23%, 그리고 산간 지역의 척박한 땅은 10%의 농지세를 지불했다. 이러한 세율은 최근에 농지를 "받은" 사람이나 자경(自耕) 농민 모두에게 같이 적용되었다.

2. 귀속 재산 처리

1) 임무

1945년 12월 6일자 "군정 법령 33호"에 따라서 전쟁 노획 물자로 분류된 것 말고는 남한의 모든 일본인 재산에 미군정청의 소유로 귀속되었다. 그러므로 군정청 재산관리청은 다음과 같은 임무를 맡았다.

(1) 귀속 재산을 찾아내어 소유와 관리를 맡아 기록을 유지·관리한다.

(2) 귀속 재산의 가치가 손실·감소하지 않도록 관리·운용하며, 그렇게 함으로써 한국의 경제에 기여한다.

(3) 고위층(군정장관)의 지시에 따라 재산을 처리한다.

2) 운용의 범위

재산관리청은 남한의 주요 자산을 책임진다. 귀속 재산에는 도시거주자 대략 10만1천 명 분, 소기업 경영주 1만 명, 1945년 현재 장부 가격 100만 엔이나 65만 에이커의 농지를 가진 2천 명의 기업가가 포함되었다.

3) 조직

재산관리청은 서울에 본부를 두며 8개 지방청과 42개 지청, 133개 군의 지소를 둔다. 현재의 구성원은 73명인데, 그 가운데 관리, 군인, 민간인이 포함되어 있고, 1,740명의 한국인을 고용하고 있다.

4) 운용

(1) 위치와 등록 재산

귀속 재산이 정부의 통제를 받았지만, 아직도 은닉재산이 많다는 것이 분명했다. 그러므로 모든 물량의 광범한 보고서를 작성하고자 현지 조사가 지금 진행되고 있다. 이 조사에 한국인 350명을 고용했으며, 이 목표를 달성하려면 교육을 받은 관리 약 1천 명을 더 충원해야 한다. 이 조사는 1948년 6월 30일에 끝날 것이다.

(2) 재산의 관리

　(가) 주거용 재산은 관리청이 임대한다.
　(나) 남조선과도정부(SKIG)의 부서장·국장·과장이 이 공장들을 관리하며 고문관의 도움을 받는다. 재산관리청이 이 공장들의 회계 감사를 하며, 금융기관에서 무보증 대출을 하지 않으면 관리청이 그 재정을 책임진다.
　(다) 농지는 재산관리청의 대리인으로 신한공사(新韓公社, New Korean Company)가 맡는다. (자세한 것은 2장을 참고할 것)
　(라) 산지(山地)는 재산관리청의 대리인으로 과도 정부 농무부 삼림국이 관리한다.
　(마) 지금까지는 한국에서 법인을 조직하여 과도 정부에 귀속한 주식의 대부분을 관리했는데 이는 일본의 법인이 하던 방식 그대로였다. 재산 처분은 한국 법인의 승인을 거쳐 적법하게 선임된 임원회가 이를 경영했다. 이와 같은 조치는 건전한 한국 경제를 재건하는 긴 발걸음이 될 것이다.

(3) 재산의 처분

　재산관리청은 부패하기 쉬운 재산, 도시의 주택, 소기업 소유지, 그리고 농지를 처분할 권리를 가지고 있었다. 여기에서 부패하기 쉬운 재산이라 함은 성격이나 조건으로 보아 운반이나 나누어 주거나 저장할 수 없는 동산을 의미하는 것으로서, 이들은 대량으로 팔아도 문제가 없었다.
　최근에 이르러 재산관리청은 도시의 주택이나 작은 기업체의 소유를 매각·처분하는 문제와 관련된 지시를 내리는 일에 종사하고 있다. 이 계획에 따라 10만1천 채의 도시 주택 가운데 군용이나 관청으로 쓸 건물을 빼고 난 80%와 1만 건의 소규모 기업체의 재산을 처분했다.
　귀속 재산 관리를 위한 계획에 따르면, 재산관리청과 연계하여 귀속재산관리 한미연합고문단(Joint Korean-American Advisory Board on Vested Property Custody)이 그 처분 작업을 하도록 각 도에 설치된 한국인 고문단은 귀속 재산 구매자의 선정과 그 재산 평가의 자문에 참여한다.

도시 주택의 매각에 관한 지침을 보면, 한 가정이 한 주택만 구입할 수 있으며, 이미 집을 소유한 가정은 구매할 수 없으며, 현재 합법적으로 살고 있는 사람에게 우선권이 있다. 판매는 현금으로 하되 당시 시세에서 가장 높은 값을 부른 사람에게 낙찰되나. 다만 현재 합법적으로 살고 있는 거주자와 매매자 사이에 협상을 통하여 매매할 경우에는 예외로 한다.

거래액은 미래의 정부를 위해 신탁한다. 군정이 최종적으로 매매를 결정하도록 계약을 맺었지만, 뒷날 한국의 임시 정부가 이를 최종적으로 확인한다. 소기업 재산의 처분 조항도 비슷한데, 소기업에게 가능한 한 넓게 가능성을 열어두지만, 지금 효과적으로 그 기업을 운영하고 있는 사람에게 우선권을 준다.

사업의 성격은 중요한데 미국인이든 한국인이든, 자격 있는 기술자가 부족할 때는 매각 시기를 늦추되 적어도 2년 안에 완료하도록 기대한다. 이 매각 계획이 늦어지는 또 다른 요인은 한국의 극소수 사람들이 이를 반대하고 있기 때문인데, 그들의 주장에 따르면, 이 판매 대금이 한국인에게 돌아오지 않고 일본인에게 배상금으로 쓰이는 것이 걱정스럽다고 한다.

3. 행정과 인력

공산품을 만들고, 기계를 돌리고, 기술학교와 전문학교에서 사람을 뽑고, 재정을 운영하는 데 필요한 회계 감사를 뽑으면서 가장 큰 어려움은 군정이 그런 활동에 적합한 인물을 찾아낼 능력이 없다는 점이다. 이러한 문제점은 다음과 같은 환경에서 비롯되고 있다.

미국이 남한에 진주할 때 약 70만 명의 일본인과 17만 명의 일본군이 한국에 있었다. 이들은 점령 첫달(9월)에 이미 일본으로 돌아갔는데, 1944년에 한국에 머물던 16~60세 사이의 일본인 남자 18만 8천 명 가운데 5만2천 명은 경영자거나 전문가이거나 기술자로서 정부와 경제 분야에서 지도력을 발휘하고 있던 인물들이었다.

한국에서 일하던 경영자와 산업기술자의 약 80%와 광산기술자 가운데 65%는 일본인이었다. 이 분야의 한국인들은 별로 중요하지 않은 공장이나 광산에서 일하고 있었다. 기술학교와 전문학교의 교사들은 일률적으로 일본인들이었다. 농업 분야의 전문직도 마찬가지였다.

일본인들이 귀국한 뒤에 남한에는 당장 눈앞에 있는 공장을 돌릴 경영자나 과학 지식이 없음을 알았다. 지난 2년 동안 미군정이 해야 할 중요 과제는 경제 분야에서 발생하고 있는 이와 같은 틈새를 메울 한국인을 훈련하는 일이었다.

1) 기술 교육

남한에서의 기술 교육은 혼돈 상태였다. 한국의 모든 요직을 차지하고 있던 일본 기술자들이 일본으로 돌아감(exodus)으로써 경제 운영에 심각한 장애가 수없이 일어났다. 이 주제를 명확히 드러내고자 두 가지 차원, 곧 공식적이거나 장기 연수이거나 또는 실무이거나 단기 연수로 나누어 볼 필요가 있다.

일제시대에는 공식적인 기술 교육 기관이 좁은 직업 수준으로 조직되어 있었다. 이 직업 훈련 기관에서는 거의 모든 시간을 기술 실무로 보냈으며, 인문 교육과 같은 것은 거의 없었다. 그런 탓으로, 물리학이나 생물학을 거의 배제한 채 오로지 인문학만을 강조하는 전문학교나 대학이나 고등보통학교에 견주어 기술학교를 다소 낮게 보았다.

현재의 교육 개편안에 따르면, 정규 고등보통학교는 궁극적으로 공동체의 필요에 걸맞게 한국인의 생활 수준의 인성 교육에 모든 목표를 두고 있다. 이런 식의 계발은 아직 이론의 단계에 머물고 있으며, 이를 완성하려면 많은 세월이 필요할 것이다.

임학교·농업학교·기술학교는 경제가 요구하는 기술자를 양성하기에는 그 준비가 너무 빈약하다. 교사, 행정 요원, 주요 기재, 장비, 그리고 자료의 부족은 모두 장래의 전망을 어둡게 하고 있다. 이 분야에서 미국의 기술자가 부족하기 때문에 기술 교육의 재건이나 발전이 막히고 있다.

현재 남한에서 운영되고 있는 기술 교육 기관과 고등보통학교 학생, 그리고 전문학교의 통계는 다음과 같다.

중학교 졸업생 현황

종류	명수(%)	1947년 6월	1946년 10월
농업	64(88.9)	12,294(87.7)	1,105(87.6)
어업	2(2.8)	148(1.1)	23(1.8)
공업	6(8.3)	1,407(10.2)	133(10.5)
합계	72(100)	13,859(100)	1,261(100)

고등보통학교 졸업생 현황

종류	명수(%)	1947년 6월	1946년 10월
농업	53(69.7)	23,475(58.9)	없음
어업	4(5.3)	1,390(3.5)	없음
공업	19(25)	15,004(37.6)	없음
합계	76(100)	39,869(100)	없음

전문대학 졸업생 현황

종류	명수(%)	1947년 6월	1946년 10월
농업	3(50)	464(32.5)	58(36.3)
어업	1(16.7)	214(15.0)	없음(0)
공업	2(33.3)	751(52.6)	102(63.8)
합계	6(100)	1,429(100)	160(100)

현재의 공식적인 기술 훈련과 한국 경제에 필요한 기술학교의
불안으로 말미암아 미군정은 감독의 훈련과 공장·기계·농업 책
임자의 교육을 고무하고자 기금을 마련하여 기술훈련국(Board of
Technological Training)을 설립했다. 이 부처가 설립되어 1천 명의
수련생을 포함한 9종의 기술 교육을 시행하고 있는데, 이들은 지
금 각기 기술 분야에서 훈련을 받고 있다.

여기에서 더 나아가 45종의 계획을 심의하고 있는데, 앞으로 4
개월 안에 착수할 것이다. 이 교육에는 3천 명의 교육생이 추가될
것이다. 지금 진행되고 있는 단기 과정은 농산품에 관한 것이다.
현재 계획하고 있는 45개 방안의 대부분은 기계, 화학, 광산, 통신
및 공공 사업의 분야에서 일할 감독을 교육하는 것이다.

남한에서 진행되고 있는 정규 기술 교육 시설은 한국 경제를 위
한 최소한의 수요도 감당하기에 부적절하다. 이는 능력 있는 교사

와 기계 시설과 관련된 것이 사실이다. 이러한 어려움을 해결하려고 다음과 같은 방안을 고려하고 있다.

(1) 일본에 살고 있는 유능한 한국인 가운데 물리학과 생물학을 가르칠 수 있거나 산업 활동을 경영할 수 있는 교사들을 불러들인다. 그러나 일본에는 그런 한국인 교포가 많지 않기 때문에 그런 방안이 성공적이라 하더라도 부분적인 해결책이 될 것이다.

(2) 여러 가지 기술 분야에 한국인을 장기 또는 단기 과정으로 파견하는 것이다. 만약 그런 방안이 연합군사령부(SCAP)의 감독을 받으면서 진행될 수만 있다면, 한국인들도 그런 방안을 받아들일 것으로 보인다.

(3) 기술학교나 전문학교에서 가르칠 수 있거나 또는 공장, 광산, 농업 시험장에서 현장 실습을 하도록 일본인 교사를 데려온다. 이러한 방안은 문제를 해결하는 데 가장 효과적이겠지만 한국인들이 선호하지 않을 것이다.

(4) 생산 관리의 수준에서 효과적으로 관리할 수 있는 미국인 기술자를 충분히 데려온다. 만약 이 방안이 훌륭한 복구 계획으로 뒷받침을 받는다면 생산성을 높이는 데 매우 효과적이겠지만, 공장을 관리할 수 있는 한국인으로 교육을 받은 숫자를 채울 수는 없을 것이다.

(5) 기술학교와 전문학교에서 가르칠 수 있는 미국인 기술 교사를 데려온다. 그럴 경우에 중요한 도구인 언어의 장벽 때문에 취약할 것으로 보인다.

(6) 한국인이 정규 교육을 받을 수 있도록 미국이나 하와이로 유학을 보낸다. 이 방안이 효과를 보려면 돈이 많이 들고 시간이 오래 걸릴 뿐만 아니라 미국에서 몇 년 동안 공부한 유학생이 귀국하여 지난번의 직장으로 돌아오기를 기쁘게 여기지 않으리라는 바람직하지 않은 결과를 초래할 수도 있다. 그러나 이 방안은 유능한 대학졸업자들이 한국에서 교수가 되는 준비 기간을 마련해 줄 것이다.

위에서 제시된 몇 가지 방안들은 남한의 주요 문제들을 해결하면서 개별적으로 또는 융합하여 고려해 보아야 할 문제들이다.

2) 전문 기술자

미국의 군정을 지속적으로 좌절하게 만드는 가장 중요한 원인 가운데 하나는 경제 문제를 효과적으로 통제할 수 있는 기능을 가진 미국인 기술자가 부족하다는 점이다. 이 문제는 지난날에도 그렇지만 지금도 여전히 문제가 되고 있는데, 성공적인 행정을 위해 기술 지식이 불가결한 공장, 광산, 설비, 그리고 곡물 수집의 영역에서 더욱 그렇다. 회계사의 부족도 너무 심각하여 군정의 회계 활동을 효과적으로 관리할 수 없다.

지금의 상황을 도표로 표시하면 아래의 도표와 같다.

개발 계획에 적정한 자금을 효과적으로 쓸 수만 있다면 적어도 1천 명의 기술자가 필요하다. 만약 그 정도의 기술자를 확보할 수 있거나, 아니면 현재 필요한 302곳의 공장에만 국한하더라도, 다음과 같은 장애 요인을 제거할 필요가 있다.

기술 교육을 받은 총 직원의 수(1942년 9월 15일 기준)

직업별 현황	교육받음(%)	교육받지 못함(%)	합계
통계학자	8(3.5)	14(0.3)	22(4.2)
금융업자	17(7.9)	5(1.7)	22(4.2)
토목 기사	9(4.0)	7(2.3)	16(3.0)
기술자 (산업 · 섬유 · 전기 · 화학)	26(11.5)	104(34.4)	130(26.6)
세무사	1(0.4)	3(1.0)	4(0.8)
회계사 및 감사관	12(5.3)	80(26.0)	92(17.4)
사회복지사	19(8.4)	6(2.0)	25(4.7)
교육자	21(9.3)	12(4.0)	33(6.2)

직업별 현황	교육받음(%)	교육받지 못함(%)	합계
광산기술자	4(1.9)	5(1.7)	9(1.7)
간호사	5(2.2)	2(0.7)	7(1.3)
화학자	2(0.9)	1(0.3)	3(0.6)
변호사	20(8.8)	8(2.6)	28(5.3)
건설가	2(0.9)	3(1.0)	5(0.9)
농업 기술자	24(10.6)	11(3.6)	35(6.6)
치과 의사	1(0.4)	0(0.0)	1(0.2)
의사	4(1.8)	0(0.0)	4(0.8)
수의사	2(0.9)	0(0.0)	2(0.4)
세관 전문가	1(0.4)	10(3.3)	11(2.1)
경찰 감독관 및 기술자	22(9.7)	5(1.7)	27(5.1)
경제학자	7(0.3)	4(1.3)	11(2.1)
통신 기술자	4(1.8)	5(1.7)	9(1.7)
보험 전문직	1(0.4)	6(2.0)	7(1.3)
감사관	4(1.8)	4(1.3)	8(1.5)
군수 기술자	2(0.9)	1(0.3)	3(0.6)
생화학자	1(0.4)	2(0.7)	3(0.6)
예산 전문직	8(3.5)	4(1.3)	12(2.7)
합계	227(100)	302(100)	529(100)

(1) 남성 인력을 고용하면서 겪는 가장 큰 어려움은 한국에 주택이 부족하다는 예민한 문제이다. 지금과 같은 한국의 법령 아래에서 행정/예산담당관(CAF : Clerical, Administrative and Fiscal Services)-12 이상만 요직에 갈 수 있는 상황에서 CAF-12 이하의 미혼 남성은 직장을 가질 수 없다. 지금과 같은 상황에서는 직능이나 직급에 관계 없이 한국에 들어온 지 1년 안에 집을 장만한다는 것은 합리적 사고로써는 불가능하다.

(2) 우리가 믿기로, 국가의 차원에서 취업이 늦어지는 것은 모든 취업이 워싱턴의 전쟁성으로부터 허가를 받아야 한다는 극동군사령부(FEC)의 요구 조건 때문이다. 이런 식의 과도한 요구 조건에 대하여 워싱턴에 수없이 여러 번 문의했지만, 그러한 요구 조건이 극동군사령부에 허락되지 않았다는 것을 알았다.

(3) 해외 근무자에게는 25%의 차등을 두고 있음에도 불구하고 한국에서는 국가 차원에서 고용된 사람에 대한 차등과 임금 체계가 적절하다고 믿을 수가 없다. 취업 조건을 지키려면 지금 얻을 수 있는 직업의 상하에 따라 금전적인 유인(誘因)을 제공할 필요가 있다. 특히, 한국에서는 생활 조건의 나쁘다는 평판을 이유로 P-7, P-8, CAF-14, CAF-15 그리고 낮은 직급에 차등을 두고 있는 것은 사실이다.

(4) 정신적으로나 육체적으로 건강한 사람을 뽑으려면 작전 지구에 포함되지 않은 지역(Zone of the Interior)에서는 좀더 훌륭한 검증 절차가 필요하다. 알코올 중독자, 동성연애자, 성도착증 환자, 경계선인격장애자와 같이 기질이나 정서적으로 불안한 사람들이 너무 많이 채용된다. 이와 같은 비정상적인 인물들은 자산이라기보다는 짐이 된다. 따라서 정보국(G-2)이 채용에 앞서 이 임무를 완수해야 한다. 좀더 철저한 정신 분석을 거쳐야 한다.

(5) 채용되는 사람에게는 철저한 수련 과정이 필요하며, 사령부는 그에 대한 정보를 오직 채용에만 이용해야 한다. 한국에서 채용된 사람에 관하여 잘못된 정보가 수많은 신상 문제를 일으키고 있다. 그뿐만 아니라 한국에서의 직장과 생활 조건에 관한 잘못된 정보로 말미암아 한국에서 직장을 가질 수 있는 인물이나 오고 싶어 하는 인물이 취업 제안에 등을 돌리고 있다. 본국으로 돌아가는 많은 미국 시민이 군대와 동등한 대우를 받지 못했다고 불평하는 이유가 부분적으로는 잘못된 정보 탓이다.

3) 한국화

한국의 군정 통치는 처음부터 지금에 이르기까지 거의 불가능한 과업을 성취하려는 어려움에 너무 많이 그리고 자주 둘러싸여 있었다. 애당초에서부터 모든 일본인을 본국으로 귀환시키는 문제는 전적으로 정치적 차원에서 처리함으로써, 정부와 사업체의 요직에 있는 인물 그리고 정부의 기능과 산업체 가동에 과학적 지시를 내리던 몇천 명의 기술자들을 붙잡아 두었어야 했다.

각급 학교와 전문학교의 교수와 교사, 농업시험장의 과학자들, 관리인, 공장과 광산과 시설의 기술자와 고임금 감독, 정부 요직에 있던 정부 관료들이 귀국한 일본인들에 섞여 돌아갔고, 끝으로 농업 경영을 마지막으로 지시하던 농업행정관(군인)과 기술자와 경찰이 곡물 수매와 배급기술자들을 발길로 멀리 걷어찼다.

이렇게 하여 공석이 된 자리를 채우려고 한국인을 채용하고 선발했으며, 점령의 목적에 필요하다고 여겨지는 기능인을 선발함으로써 "한국화"(Koreanization)가 시작되었다. 이러한 필요로 모든 작업에 경험도 없는 한국인들이 뽑혀 작업을 수행하라는 요구에 따라 배치되었다.

다만 몇몇 미국인만이 그 대부분은 행정에 경험도 없는 사람들이었지만 한국인을 교육하는 상대역으로 요직에 배치되었다. 미국에서는 전후에 동원 해제가 있어 미국 군인들의 신속한 전직이 이뤄져 정부의 어려움에 큰 도움이 되었다. 1946년 중엽까지 정부 기관에 계속 일하는 것이 보장되고 기술 지침이 마련되면 상당수의 미국인이 취업에 응모해야겠다는 모습이 분명해졌다.

합당한 기능을 갖춘 미국인들이 행정 기능을 유지하는 데에는 충원에 어려움이 많았다. 1946년 가을이 되자 정부 기능 가운데 지휘권이 한국인에게로 넘어가고 미국인들은 고문의 자리로 물러났다. 한국인에게 행정 책임이 쏟아지자 그들은 그들의 업무를 처리하고 지휘하는 것을 더 신속하게 배운다는 느낌을 받았다.

한국화 정책을 지원하면서 과도 정부의 한국인 부서장들은 미국인 고문관의 동의를 받지 않고서도 그들의 참모를 임명하는 권한을 갖게 되었다. 한국인 부서장과 그 부하들의 지위를 더욱 강화하고 그들을 좀더 독립된 분위기에서 충분히 일할 수 있도록 해

주려고 미국인 고문들은 물리적으로도 숙소를 옮겼는데, 이 작업은 금년(1947) 3월에서야 가능했다.

광범한 대중 선전을 통하여 이와 같은 변화를 목격한 한국인들은 대거 이에 환영의 뜻을 보냈고, 특히 미국의 처사에 열정을 보이지 않던 우익과 극우 보수파들이 따뜻이 환영했다. 이러한 변화를 본 한국인들은 아마도 귀속 재산의 경영과 감독이 공평하게 자기들의 손으로 넘어오리라고 생각하게 했다.

그러나 일이 그렇게만 되어가지 않았다. 1945년 10월 1일자로 발표된 "군정 포고령 8호"에 따라서 귀속 재산의 관리와 지침이 미국인에게 확실히 넘어간 것은 사실이었지만, 그러한 관리와 지침을 이행할 미국의 인력이 마련되지 않았다.

포고령 8호가 발표되자 귀속 재산의 한국인 감독과 경영자들의 반응은 싸늘했다. 그들은 일본인으로부터 임차를 받은 동안 그 기업체에 대한 재산권을 이미 확보해 두었고, 그 권리를 보호할 수 있는 조직을 구성해 놓았기 때문이었다. 그들은 한국인에게 더 많은 권한을 주고 싶어 했던 유력 인사들의 든든한 지지를 받고 있었다.

그러한 정서의 발로로 이뤄진 것이 "귀속 재산에 관한 포고령 9호"(1945년 10월 5일)였는데, 여기에는 중요 문제에 관해서는 한국인의 책임이 미국 고문의 의견에 따르게 되어 있었기 때문이다. 재산관리국은 모든 공장과 광산의 책임을 정부의 해당 기관장에게 주게 되어 있었는데, 그렇게 되면 해당 기관장이 한국의 주요 산업 생산품의 관리권을 갖게 된다고 생각하면 그 내막을 쉽게 이해할 수 있을 것이다.

민간 공급 계획(CSP)에 따라 남한에 들어온 원자재는 해당 부처를 통하여 불하한 공장으로 인계되었다. 한국인이거나 미국인인 회계감사원은 인원으로 볼 때 이러한 원자재의 용도를 재정적으로 적절히 처리할 수 없었다. 불하받은 공장이나 광산의 경영과 관리는 군정장관과 재산관리국장의 지시를 받아 중요한 문제점에 대한 미국 고문의 동의를 거쳐 한국인이 책임을 졌다.

한국의 미래에 대한 전망이 어둡고 경제는 오히려 질병이나 사회적 불안을 제거할 수 없다고 판단이 서자 위와 같이 당초의 정책을 극적으로 수정하기에 이르렀다. 이러한 변화는 아마도 미소공위가 그 협상에 성공하고 임시 정부가 수립되어 한국인들이 앞으로 이러한 과업을 수행할 능력을 갖추기에 앞서 책임을 몰아준다는 이론에 기초하여 성안된 제도였을 것이다.

최근의 사태는 한국의 미래에 대한 전망을 상당히 바꾸어 놓았다. 통일된 임시 정부의 모습은 보이지 않는다. 당초에 남한을 어느 정도 수준까지 복구하려면 1년에 1억3,700만 달러를 몇 년 동안 미국 국민이 부담해야 하는데, 그 누적 액수는 당초의 중요 복구 계획보다 훨씬 더 많다. 그렇게 되면 미국은 앞으로 5년 동안 한국이 자립하여 그 부족분을 감당할 수 있도록 만들어야 한다.

만약 복구 계획이 수립된다면, 현재의 한국화 정책을 다소 수정할 필요가 있을 수 있다. 만약 미국이 남한 경제의 복구를 위해 책임을 지고자 한다면, 미국은 남한의 경제에 대한 감독과 통제를 유지함으로써 그러한 목적으로 배정된 자금이 미국 납세자들의 부담을 최소화하도록 보장해야 한다.

한국 경제의 부흥을 위한 어떤 계획도 미국이 한국을 점령하고 있는 동안 공장과 시설의 효용을 효과적으로 높인다는 사실에 기초해야 하는데, 이에 관한 사항은 "군정 법령 33호"인 "조선 내 일본인 재산권 취득에 관한 건"(1945년 12월 6일)에 담겨 있다.

우리가 경험한 바에 따르면, 가까운 시일 안에 복구가 이뤄지지 않는다면, 이러한 시설들은 한국 경제 안에서 흐지부지 녹아 없어질 것이다. 따라서 그러한 목적을 위해서는 다음과 같은 두 가지를 수행해야 한다.

(1) 적합한 미국 기술자를 도입해야 한다.
(2) 그러한 기술자들이 한국의 경제적 자원을 효과적으로 활용하는 데 필요한 지식과 주도권을 행사할 수 있도록 행정 절차를 개발해야 한다.

이런 일을 하려면 군정이 복구하려고 선택한 공장이나 광산에 한 명의 생산 기술자와 두 명의 군인을 선발하여 지원할 필요가 있다. 이러자면 200명이 안 되는 기술자와 400명이 안 되는 군인을 필요로 할 것이다.

여기에는 또한 200명 정도의 회계 감사 전문가를 선발하여 효과적인 회계 감독을 해야 하는데, 각 공장이나 광산에 한 명을 배정한다 해도 모두 200명 정도 될 것이다. 적정한 비용을 효과적이고도 경제적인 용도로 쓰자면 그 비용은 아마도 한 해에 400만 달러 이상이 들지는 않을 것이다.

전반적으로 민간 행정을 위해 입법부를 제외한 모든 행정 단위에서 미국인을 투입하여 업무를 강화해야 한다.

제5장

좌익 정당 실태 보고서

- 미 24군단 G-2 역사실 작성

Activities of Left-wing Korean Political Parties

Commanding General, XXIV Corps, APO 235
Attention : G-2 Section
(nd)

좌익 정당 실태 보고서

1. 첫해

1) 공산주의 운동

한국의 좌익운동사는 공산주의자들의 탄생에서부터 시작되었다. 한국에서의 초기 공산주의 운동에 관하여 얻어볼 수 있는 자료는 이리저리 섞여 있고 어지러워 언급할 것이 못 된다. 한국 공산주의 운동은 중앙시베리아 남쪽 바이칼호 부근에 있는 이르쿠츠크(Irkutsk)에 살던 한인촌에서부터 시작되었음이 분명하다. 이곳에서 1920년 초에 한국 공산주의자들이 모임을 가졌다.

한국에서 시베리아로 따라온 사람들이 많았다는 구실로 이르쿠츠크 집단의 지도부는 공산당을 창당한다는 구실로 제3 인터내셔널(The Third International)에게 4만 엔을 도와달라고 눈짓을 보낸 다음 그 돈을 받자 그 사취한 돈을 즐겨 쓰고자 상해(上海)로 달아났다. 그곳에서 그들은 김철수(金綴洙), 조봉암(曺奉岩), 주종건(朱鍾建), 김민우(金民友, 高景欽)와 합류했다.[1]

그러는 동안에 한국에서는 사이토 마코토(齋藤實)의 비교적 진보적 통치 아래 이른바 노동조합(Laborer's Association)이 결성되었다. 사실상 구성원들은 노동 계급에서 모여들었다기보다는 서울에서 공산주의에 경도된 무리였다. 회원은 300명이 넘지 않았다. 그때가 1920년 1월이었다.

1920년 11월이 되자 공산주의 교의에 고무된 사람들이 전국조선청년동맹(All Korean Young Men's Union)을 조직했는데, 주로 이영(李榮)과 정백(鄭伯)이 정강을 마련했다. 이 조직은 회원이 3만 명이라고 호언했는데, 거기에는 한때 운명적으로 조선공산당 대표였던 박헌영(朴憲永)이 들어 있었다. 전국 규모의 이 조직의 핵심 세력은 서울청년회(Seoul Young Men's Association)였는데, 이들은 경찰의 압제로부터 살아남아 이 모임을 조직했다.[2]

그러는 동안에 코민테른으로부터 유일하게 공식적으로 지원을 받던 상해파 공산주의자들이 민중의 지지 기반을 다지고자 본국으로 잠입했다. 이들은 코민테른으로부터 이미 그 존재를 인정받은 집단이었다.

그와 때를 같이 하여 이르쿠츠크의 이우레(Iureh ?)에 있던 공산주의자들도 코민테른의 눈 밖에 나 있던 터라 상해파 공산주의자들이 코민테른의 자금을 유용(流用)한 것을 눈치채고 한국으로 스며들기 시작했다.

이렇게 되자 국내 공산주의자들은 곧 두 적대 세력으로 분열되었는데, 하나는 상해파를 지지했고, 다른 하나는 이르쿠츠크파를 지지했다. 이것이 초기 한국에서의 공산당이 분열한 기원이었다.[3]

---

1) 설국환(薛國煥)과의 인터뷰(1947. 1. 27.) 그는 태평양통신사(*Korean Pacific Press*)의 수석 리포터이며, 한국의 정치 문제에 해박한 연구자로서 그의 말은 믿을 만하다.
2) *Ibid.*

그 뒤로 이르쿠츠크파는 지도자들 사이에 서로 옥신각신하는 모습을 보였다.

1924년까지 일본 통치가 새롭게 억압으로 흐르자 박헌영과 홍증식(洪增植)은 신사상연구회를 조직했다. 이때가 되자 노동조합과 서울청년회는 일본 헌병대의 탄압을 받아 깨끗하게 해체되었다. 이제 공산당 계열에는 두 개의 중요한 적대 세력에 나타났다. 하나는 박헌영의 신사상연구회이며 다른 하나는 서울청년회였다.

이들 가운데 서울청년회만이 다소 본래의 모습을 유지했다. 그러나 이들도 이영과 정백의 지도를 받으면서 죽은 바나 다름없이 연명했다. 그 뒤의 상황을 보면 박헌영의 신사상연구회는 화요회(火曜會)로 이름을 바꾸었지만, 여전히 박헌영의 지휘를 받았다.[4] 상해파 공산당은 코민테른의 자금을 유용한 오명으로 말미암아 끝내 공식 무대에서 불명예스럽게 사라졌다.

1924년이 되자 김철수, 김치정(金致廷 ?), 김민우 등 주요 지도자의 대부분은 박헌영의 화요회에 투신했다. 한국의 민중들이 박헌영의 영도를 따르자 박헌영은 그 지도급 무리를 제압했다. 그와 거의 같은 시기인 1924년 11월에 일본에서 김약수(金若水)와 마명(馬鳴)이 북풍회(北風會)라는 이름으로 이끌던 한국인 공산주의자들이 한국으로 들어왔다. 그들도 또한 박헌영과 합류했다.[5]

1945년 4월 17일에 공식적으로 조선공산당이 처음 창당되었다. 권한은 둘로 나누어 김재봉(金在鳳)이 조직의 주요 부서를 맡고 박헌영이 당의 주요 조직을 맡았다. 더 나아가서, 김재봉은 공산

---

3) *Ibid.*
4) *Ibid.*
5) *Ibid.*

청년회를 지도하고 박헌영은 소비에트 콤소몰(Soviet Komsomol : The Communist Union of Youth)을 지휘했다. 이런 일이 벌어지기에 앞서 박헌영은 코민테른 극동국장 보이틴스키(Grigori N. Voitinsky)를 통하여 모스코바로부터 공식 권력자로 승인을 받았음이 틀림없다.[6]

정체가 명확하지 않은 김단야(金丹冶)는 조선공산당을 대표하여 코민테른에 파견된 행세를 했으며, 1947년 1월 현재 그곳에 머물면서 조선공산당의 막후 실력자로 활동하고 있는 것으로 추측된다.[7] 그런 일이 있은 바로 뒤에 조선공산당의 또 다른 분파가 자기들에게 주도권을 줄 것을 보이틴스키에게 요청하는 청원서를 보냈으나 받아들여지지 않았다.

반드시 그렇다고 말할 수는 없지만, 미소공동위원회의 미국측 정치 고문인 프로스토프(Eugine V. Prostov)의 보고에 따르면, 아마도 그들의 의사와는 달리, 1920년대 초에 레닌(V. Lenin)은 조선공산당을 지원하기보다는 한국의 민족주의자들을 지원하기로 결심한 것으로 보인다.

같은 소식통에 따르면, 스탈린(J. Stalin) 집권 초기에 러시아는 일본과 비밀 조약을 체결하고 조선공산당의 지원을 자제했다고 한다.[8] 그렇게 하는 것이 그 뒤에 전개된 코민테른의 정책에 부합했다. 이를테면, 코민테른의 정강을 보면 그러한 원칙이 잘 드러나고 있다.

그러한 [중세 봉건제도에 살고 있으면서 아시아적 생산 양식에 머물고 있는] 국가들은 한편으로는 봉건제도와 친자본주의적 수탈 경제와 싸워야

---

6) 조선공산당에 관한 비망록, CIC File No. 4-44, 10 August 1946, G-2 File, CG-5, C.
7) 설국환과의 대담.
8) The Communist Party of South Korea, its Organization and Activities, 1 October 1946, HQS USAFIK, G-2, S, p. 1.

하고, 더 나아가서는 농업 혁명을 체계적으로 수행하면서, 다른 한편으로는 외세 제국주의와 싸우면서 민족의 독립을 추구해야 한다.[9]

이러한 운동의 전개되는 1925년의 과정에서는 어떠한 경우라도 일본은 표면으로 드러내지 않으면서 공산주의 지도자를 체포하고 조직을 분쇄하여 그들의 활동을 질식시키는 것이었다. 그런 정책을 시행하자 공산당을 인정하는 정책도 같은 운명을 맞이했다. 박헌영은 잠시 투옥되었다가 드디어 자유를 얻자 소련으로 도피했다.

박헌영은 1927년부터 1930년까지 소련에 머문 것이 확실하며, 그 끝 무렵에 상해로 돌아왔으나 공산주의 활동을 한 죄목으로 결국 투옥되었다. 그는 끝내 감시를 받으며 한국으로 호송되어 와서야 석방되었다. 이 무렵 그는 정당에서의 적극적인 활동을 멈추고 1945년까지 일반 노동자로 행세하면서 자신의 신분을 숨기고 가명으로 살아가면서 공산주의 지하 활동을 계속했다.[10]

한국에서 공산주의가 창당되었다가 사산(死産)된 1925년부터 해방되던 해인 1945년까지의 20년 동안에 한국의 정치 무대에서 겨우 기어다니 듯이 명맥을 유지한 집단은 ML당(Marx-Lenin Party) 단 하나뿐이다. 최익한(崔益翰)과 김준연(金俊淵)이 창당한 이 당은 단명했다. 지도자들이 일본 경찰에 체포되고 조직은 와해하였다.[11]

해방되던 1945년 8월 15일 밤에 두 개의 정치 집단이 서울에서 모였다. 하나는 여운형(呂運亨)의 건국준비위원회(建準) 창립을

---

9) *The Programme of the International,* adopted by the Sixth World Congress on 1 September 1928 in Moscow. Reprinted in Blueprint for World Conquest(Washington & Chicago, 1946), pp. 210~211.
10) 설국환과의 대담
11) *Ibid.*

돕는 모임이었고, 다른 하나는 조선공산당의 재건을 논의하는 모임이었다. 건준 그룹에는 여운형, 정백, 홍남표(洪南杓), 안기성(安基成), 홍증식, 홍덕유(洪悳裕) 등이었고, 재건파 모임은 앞서 말한 화요회 출신의 공산주의자들로서, 최익한, 하필원(河弼源), 김철수의 동생인 김광수(金光洙), 이영 등으로서 모두가 서울청년회의 회원이었다.

서로의 정체가 드러나자 신속하게 이합집산이 이뤄졌다. 이들이 지난 8월 17일에 여운형과 홍덕유가 장안파 공산당을 창당하고자 만났다.[12] 이 무렵, 초기의 장안파는 한국의 독립을 촉진하고자 우익과 타협할 의지가 있는 민족주의자의 모임이라고 군정은 판단했다.[13]

그러자 같은 8월 17일에 전라남도 광주(光州)에서 최근까지 벽돌공으로 일하던 박헌영이 서울에 나타났다. 이때 그는 1925년의 공산주의자와 지하조직원의 명단을 가지고 왔는데, 무엇보다도 중요한 것은, 그가 모스코바의 최근 지령을 가지고 왔다는 점이었다.

짧은 시간에 자신 있게 말하건대, 정확히 8월 28일까지 한국의 공산주의자들은 그의 지도를 받으며 재건파(再建派)를 조직했다. 이들은 그 무렵 그들의 경쟁자였던 장안파보다 훨씬 더 과격하고 친(親)소비에트적인 조직이었다.[14]

1945년 11월이 되자 경쟁 집단에서 마지막까지 불만에 차 있던 무리가 어쩔 수 없이 박헌영에게 합류했다. 그러나 장차 당이 갈라질 요인은 남아 있었는데, 김철수가 당 대표가 되자 그것이 더욱 분명해졌다.[15]

---

12) *Ibid.*
13) Report "The Communist Party of South Korea, Its Organization and Activities," p. 1, October 1946, G-2, 8.
14) 설국환과의 대담.

더욱이 지난날 상해파의 지도자였던 조봉암이 박헌영의 당권에 도전했다.[16] 한때 박헌영의 당권이 너무 심각하게 흔들리자 그는 어쩔 수 없이 지령을 수정해 달라고 평양에 요구할 수밖에 없었다.[17]

2) 조선인민공화국

제2차 세계 대전이 종결되자 조선총독부는 법과 질서를 유지하고 그들의 신변과 재산을 보호하고자 더욱 한국인을 압박했다. 더욱이 일본인들은 장차 소련이 한국을 점령하리라 믿고 한국에 친러시아 정권이 수립되기를 바랐다.[18]

신속히 한국의 독립 정부가 수립되기를 바라는 마음에서 일본인들은 한국 지도자들의 도움을 계산했다. 종전과 함께 적대 행위가 멈추기 직전에 조선 총독 아베 노부유키(阿部信行)는 뒷날 극우 정당인 한민당(韓民黨)의 지도자가 된 송진우(宋鎭禹)에게 친소 정당을 조직하도록 부탁했으나 송진우는 이를 거절했다.

아베 총독은 다시 지난날의 ML당 당수였던 김준연에게 같은 부탁을 했다. 김준연은 해방 후에 모국어 일간지인 『동아일보』의 사장인 송진우와 손을 잡고 있었다.

그러나 1945년 8월에 국민대표자회의 준비위원회(Preparatory

15) Letter, "Dissension in Communist Party," 224, CIC Detachment, 20 December 1946, G-2 File 7.

16) HQS, USAMGIK, Department of Public Information, *Political Trends* #42, 29 December 1946, DPI, HQS, USAMGIK, G, Relative to the "Inchon Letter" Challenging Park's Leadership, Released to the Public on 7 May.

17) *Political Trends* #40, 20 August 1946, Department of Public Information, HQS, USAMGIK, G.

18) *G-2 Weekly Summary* #2, 25 September 1945, p. 3.

Committee for the National Congress)를 구성하는 과정에서 좌익과 우익의 연대를 이루는 문제로 그들의 노력은 불운하게 무산되었다. 이런 일로 말미암아 아베 총독이 김준연에게 부탁한 일도 이루어지지 않았다. 마지막으로 아베 총독은 8월 14일 밤에 아베 총독은 여운형을 만나고자 했다.

여운형은 비록 분명히 좌익 인사였지만, 점령 첫해부터 그의 정치적 입장은 다소 모호했다. 그는 1921~1922년에 김규식(金奎植)과 함께 소련을 방문한 것으로 알려져 있고,[19] 또한 한때는 상해에서 중국공산당 당원증을 가지고 있었던 것으로 알려져 있다. 그 뒤로 그는 남한에서 극좌파 인물들과 밀접한 대화를 유지했으며, 북한과도 매우 우호적 인물(*persona grata*)이어서 미군 점령 첫해에 여러 차례 평양을 방문한 것으로 알려져 있다.

어떤 기회에 아베가 그에게 말하기를, 일본은 다음날 항복할 것이니 한국의 법과 질서를 유지할 수 있는 기구를 조직할 수 있느냐고 제안했다. 이때 아베는 여운형에게 막대한 돈을 내놓은 것으로 보인다. 여운형은 아베 총독의 제안을 수락하면서 다음과 같이 제안했다.

(1) 앞으로 한국인이 3개월을 지탱할 수 있는 양곡을 제공할 것
(2) 정치범을 석방할 것
(3) 언론/출판의 자유를 허락할 것
(4) 평화를 유지하고자 학생을 동원하지 말 것
(5) 향후의 정치 문제에 일본이 간섭하지 말 것

정보 참모(G-2)의 보고에 따르면, 이때 여운형은 "그러한 조건을

---

19) *G-2 Weekly Summary* #56, 2 October 1946, Incl, 2, "Revised Who's Who in Korea.

수락한다면 일본을 도울 뜻이 분명히 있었다."고 한다. 그러한 상황에서 일본은 여운형의 조건을 수락하는 것 말고는 달리 선택의 여지가 없었다.[20]

같은 날 8월 14일에, 여운형과 일제 시대에 싱거재봉기회사(Singer Sewing Machine Co.)의 사장으로 여운형의 동생인 여운홍(呂運弘)이 임시 기구를 조직했는데, 거기에는 극좌파와는 거리가 먼 송진우도 들어 있었다.

그다음 날인 8월 15일에 조선총독부 정무총감인 엔도 류사쿠(遠藤柳作)는 여운형을 불러 미국은 다만 부산(釜山)과 목포(木浦)만을 점령할 것이라고 말했다. 그렇게 되자 여운형은 조직표를 수정하여 러시아에 우호적인 공산주의자와 용공주의자만으로 조직을 구성하도록 당초의 구상을 수정했다.[21] 그러나 정치적 성향으로 보아 온건 우파에 소속한 안재홍(安在鴻)도 조직의 지도부에 초청되었다.

당초에 건국준비위원회(建準)라고 불렸던 이 조직은 일본의 요청과는 달리 재빨리 정부의 기능을 수행했다. 8월 중순이 되자 건국준비위원회는 다음과 같이 대단한 정책을 당의 목표로 채택했다.

(1) 정치적·경제적으로 자율적이고 독립된 국가를 수립한다.
(2) 한국에서 제국주의와 봉건적 잔재를 청산하고, 국가에 기본적인 정치적·경제적·사회적으로 필요한 민주주의의 원칙과 이념을 신뢰한다.
(3) 노동자와 농민과 대중의 생활 수준을 급속히 향상한다.
(4) 세계 민주주의 국가들의 한 구성원으로서 그들과 협력하여 세계 평화를 이룩한다.[22]

---

20) *G-2 Weekly Summary* #2, 25 September 1945, S. p. 3.
21) Interview with 2nd Lt. L. M. Bertsch, Political Adviser to the American Delegation, Joint Soviet-American Commission, 16 August 1946, *I&H Journal*. 버취의 증언은 여운형에게서 들은 것인데, 정확하다고 여겨진다.

이러는 과정에 일본은 소련이 한국을 점령하는 것이 아니라 미국이 점령한다는 사실을 알았다. 미군이 상륙하지 않고 시간이 흐르자, 조선총독부의 고위층은 일본이 무조건 항복한다는 소식을 듣자 충격을 진정한 다음, 여운형이 그들과의 약속을 지킬 의사가 없다는 것을 알았다. 그들은 또한 여운형의 건국준비위원회와 의절하라는 군부의 압력을 받았다.

그렇게 되자 총독부는 건국준비위원회의 잔여 권력을 쇠퇴시키고자 아주 일본식의 방법으로 건국준비위원회의 이름을 치안대(治安隊, Public Safety Committee)라고 바꾸었다. 그러면서 일본의 군부는 여운형의 건국준비위원회가 경찰권을 행사하지 못하도록 하려고 애를 썼다.

더 나아가서 일본인들은 3천 명의 군대를 정규 경찰로 보직 변동을 하고 경찰 병력을 시민야경단으로 이동시킴으로써, 결과적으로 치안대를 무력화하려고 시도했다.[23]

그러나 여운형은 일본의 그와 같은 압력에 굴복하지 않았다. 일본은 스스로 제어하지도 못하는 후랑켄슈타인(Frankenstein)*과 같은 괴물을 만들었다. 미군의 점령 사실이 알려지자 여운형은 미국이 정치적 자유를 허락한다는 사실을 간파했다.

---

22) HQS USAMGIK, Department Public Information, Political Party Files.
23) *G-2 Weekly Summary* #2, 25 September 1945, S. p. 3.
* 프랑켄슈타인(Frankenstein) : 영국의 작가 셸리(Mary Wollstonecraft Shelley)의 괴기 소설.(1818) 무생물에 생명을 불어넣는 방법을 알아낸 제네바의 물리학자 프랑켄슈타인은 죽은 사람의 뼈로 신장 8피트(244cm)의 인형을 만든다. 이 괴물은 인간 이상의 힘을 발휘하고, 추악한 자신을 만든 창조주에 대한 증오심에서 프랑켄슈타인의 동생을 죽인다. 괴물은 프랑켄슈타인에게 자신과 함께 살 여자를 만들어 달라고 요구하고, 이 약속이 지켜지지 않자 프랑켄슈타인의 신부까지 죽인다. 증오와 복수심만 남은 프랑켄슈타인은 괴물을 쫓아 북극까지 가서 프랑켄슈타인의 죽음을 확인한 뒤에 스스로 몸을 불태우겠다는 말을 남기고 사라진다.(옮긴이 주)

그리하여 여운형은 미군이 인천에 상륙하기 이틀 앞선 9월 6일에 자기의 추종자들로 정당일 뿐 아니라 사실상 정부라 할 수 있는 인민공화국(人民共和國)을 수립했다. 여운형은 이승만(李承晩)에게 대통령을, 김구(金九)에게 부통령*을 각각 제시했으나 그 두 사람은 그 제안을 수락하지 않았다.

그렇게 되자 1946년 1월 10일에 이승만과 김구 두 사람은 받아들인 적도 없는 직책에서 "쫓겨났다."(expell) 여운형은 비록 1945년 11월에 인민당(人民黨)을 창당하면서 인민공화국에 적극적으로 활동하지는 않았지만, 이강국(李康國)과 더불어 여전히 전국적으로 저명 인사였다. 인민공화국에 관하여 정치 고문 버취(L. Bertsch)는 다음과 같이 논평했다.

> 저급 차원의 조직이었던 인민공화국을 키운 것은 자생적으로 큰 면이 있기는 하지만, 부분적으로는 일본의 지시와 노골적인 공산주의의 통제와 보수주의자들의 호의로 성장한 집단이었다. 여러 가지 점에서 볼 때 신생 단체는 사실상 정치적 진공 상태에 휩쓸려 들어간 것이라는 점을 잊어서는 안 된다. 지난날에 이미 존재했던 사회 단체나 혁명 집단 또는 농민 조직이 모두 한국의 정치 조직이 휩쓸려 들어가 인민공화국의 단위 조직을 이루었다.[24]

버취는 다음과 같이 말을 이었다.

> 이는 모두 공산주의의 작동 원리인 "전달 축"(transmission bolt)의 이론

---

* 이 기록은 사실과 다르다. 부통령은 허헌(許憲)이었고, 김구는 내무부장이었다. 이로 말미암은 명색이 임정 국가 원수였던 김구가 받은 마음의 상처는 해방정국의 비극의 한 요인이 되었다.(옮긴이 주)

[24] *G-2 Weekly Summary* #2, 25 September 1945, S. p. 3.

에 따라 이뤄진 것이다. 이 원칙에 따르면, 고도로 훈련을 받은 공산주의 요원이 거대 집단에 침투한다. 이 거대 집단의 구성원들은 당의 원칙에 동의하지 않지만 낮은 차원의 목적에 쉽게 빠져들어 가능한 한 깊숙이 확산한다.[25]

인민공화국은 이론적으로 보면 초당적 집단이었지만 사실상의 정부 행세를 했다. 이러한 사실로 말미암아 인민공화국은 곧 미군정과 날카롭게 갈등을 일으켰다. 이와 같이 시대가 낳은 정부인 인민공화국과 미군정이 접촉하면서 벌어진 첫 사건의 내막은 이렇다.

1945년 9월에 스스로 임시한국위원회(Provisional Korean Commission, 1945)라고 부르던 인민위원회 대표들이 바다에 떠 있는 항공통제단 카톡틴호(ACG Catoctin)에 머물고 있던 24군단 사령부를 찾아갔다. 미국인들에게 알려진 바에 따르면, 인민공화국은 전국에 있는 135개의 서로 다른 정당 사회 단체로 구성되어 있는데, 그 목적은 한국 민중을 위한 민주적 정부 형태를 구성하는 것이라고 한다. 대표는 박상규(Park Sang Kyu), 조희영(趙僖英) 그리고 여운형이었다. 그러나 대표단이 함상에 오를 때 여운형은 동생 여운홍으로 교체되었다.

하지 장군은 이 대표들을 만나지 말아야 한다고 스스로 다짐했다. 왜냐하면 두 가지 이유 때문이었는데, 첫째로 그들이 일본인의 지원을 받고 있으리라고 추정되기 때문이었고, 둘째로, 점령 사령관이 어느 특정 정치 집단에게 호의를 보이는 듯한 모습을 조금이라도 보이는 것은 지혜롭지 않다고 여겼기 때문이다.[26]

---

25) Interview with Lt. General John R. Hodge, CG. USAMGIK, 17 April 1946.
26) *G-2 Periodical Report* #1, 9 September 1945.

그러나 대표단은 군단 참모들과 이야기를 나눴는데, 그들은 기억을 더듬어 믿을 만한 한국인의 명단과 협조할 만하다고 여겨지는 인물의 명단을 건네 주었다.

대표단들은 여러 망명 정부에 대하여 어떤 생각을 하고 있는가를 묻고, 자기들은 미군정의 참모들을 전적으로 인정하고 있음을 확신시키는 한편, 자기들이 정부와 국민 사이의 가교 역할을 하겠노라는 의견을 제시했다. 그들은 38°선에서의 분단에 관하여 다소의 관심과 화폐, 물가 상승, 미군의 훈련 그리고 식량 사정에 관심을 보이면서, 무엇보다도 한국에서 일본인이 모두 철수해야 한다는 그들의 소신에 가장 관심을 토로했다.[27]

1945년 9월 중순까지 인민공화국은 전국에 많은 지부를 결성했다. 전형적으로 "학생치안대"라는 조직이 가장 과격했고, 폭력배와 범죄자들도 가능한 한 스스로 무장했다.[28] 좀더 한국인이 준수할 만한 법령을 제정하지 않는다면, 이 유사 정부의 치안 조직을 폐기하지 않는 한, 이 나라에 영원하고도 평화적인 안정은 불가능하리라고 미군정은 믿었다.[29]

9월 28일에 부산의 한 지방 조직이 해산하였을 때, 장총 257정과 권총 14정과 단총 3정이 발견되었을 때 그러한 두려움은 현실로 나타났다.[30] 권한도 없으면서 자칭 정부라고 나서는 사례가 나타나고, 그럴 때마다 인민공화국이 거론되었으며, 그에 관한 명백한 사례들이 지방에서 드러났다.[31]

---

27) *G-2 Periodical Report* #4, 14 September 1945.
28) *Ibid.*
29) *G-2 Periodical Report* #23, 3 October 1945.
30) *G-2 Periodical Report* #97, 95, 91, 89, 8~16 December 1945, Inclusive.
31) *G-2 Weekly Report* #7, 21~26 October 1945.

주한미군정사령관은 신문 매체를 통해서 인민공화국의 이러한 도전에 응수했다. 1945년 10월 10일에 아놀드(A. Arnold) 장군은 다음과 같은 성명을 발표했다.

《한국의 각 신문사에게》

모든 신문은 오늘 내가 말로 적어 보내는 이 글을 신문의 가장 좋은 지면에 게재하기를 바랍니다. 이것은 강제 명령입니다.

일본의 발아래 짓밟히던 한국이 해방된 것은 더 말할 나위도 없이 축하하고 행진하고 소리칠 만한 일입니다. 한국인들이 언론 출판의 자유를 맞아, 어리석고도 사려 깊지 않은 기사가 풋내기 편집자의 손으로 마구 쏟아져 나오는 것은 이미 예상되었던 일입니다.

오랫동안 평화와 질서가 위험에 빠지지 않고, 오랫동안 무질서가 조장되지 않고, 이 정부의 질서 있는 통치를 어지럽히는 시도가 나타나지 않아 심지어는 노인들까지도 그런 어린아이 같은 짓이 공중의 연기처럼 증발하게 될 것입니다.

북위 38°선 이남의 한국에는 오직 하나만의 정부가 있을 뿐입니다. 이 정부는 오로지 맥아더 장군(General MacArthur)의 포고령과 하지 장군(General Hodge)의 군정 명령과 [아놀드] 군정장관의 명령에 따라 정당하게 수립된 국가입니다. 이 정부는 군정장관과 그 막료들이 주의 깊게 선출한 관리들로 구성되었습니다.

이 정부는 또한 모든 통치 단계에서 배타적인 통제권과 권위를 가지고 있습니다. 스스로 임명한 "관리"와 "치안" 집단과 "모든 국민을 대표하는" 크고 작은 회의와 "자기 멋대로" 조직한 인민공화국 정부는 아무런 권한과 권력과 현실성을 갖추고 있지 않습니다.

대단히 높은 이름의 직책을 자칭하는 무리가 있다면, 그들은 꼭두각시의 무대에서 의심스러운 희극을 연출하는 것이니 즉시 그러한 꼭두각시놀이의 막을 내려야 합니다.

만약 치안대가 매우 진정에서 우러났지만 법을 어기지 않고서도 법과 질서를 지키고자 유치한 행위를 저질렀다면, 이제는 본연의 자리로 돌아가

다가오는 겨울에 대비하여 한국인의 식량과 피복과 주택 문제를 해결해야 할 것입니다. 그것은 그들이 필요한 임금을 받으며 정직하게 일할 수 있는 직장입니다.

한국은 이 겨울에 국민에게 필요한 기본적인 안정을 도모해야 합니다. 만약 이와 같은 꼭두각시놀음의 막 뒤에 연출의 줄을 당기고 놓은 사기꾼이 있다면 그들은 매우 어리석은 무리로서 자신들이 한국 정부에서 어떠한 합법적 기능도 수행할 수 없습니다. 이에 관해서는 우리가 더 말할 것이 없습니다.

최근의 한 허위 기사에 따르면, 한 자유 신문이 1946년 "3월 1일에 선거를 실시하는데," "민족반역자를 제외한 18세 이상의 모든 남녀가 투표할 수 있다."는 거짓 기사를 발표했습니다. 정부로서는 자유 시민에게 투표권을 주어 정부에 대의기관을 수립하는 것보다 더 중요한 일이 없습니다.

이 권리는 너무 신성하여 거짓된 희망으로 국민을 속이는 자칭 정치인들에게 맡길 수 없는 것입니다. 이 투표권은 정부가 제정한 방법과 시간에만 시행될 것입니다. 어떤 형태의 선거를 요구하는 개인이나 집단은 군정에 대한 심각한 간섭이며, 군정과 군정의 지배를 받는 한국 정부의 합법적 권위에 공개적으로 적대 행위를 하는 것입니다.

만약 한국 국민이 그동안 핍박받던 언론, 출판 및 제약이 최근에 이르러 자유롭게 된 의미를 깨닫는다면, 시민들이 그러한 어리석고 기만적인 무리의 남용되는 자유를 중지하고 반대할 자유를 누릴 수 있을 만큼 성숙하게 된 것입니다.

무고한 국민에게 국가의 평화와 질서를 위협하는 무리가 있다면 한국의 국민은 이를 중지시켜야 합니다. 국민이 그렇게 함으로써 그들은 군정이 그들의 권력과 권위를 가지고 간섭하고 애쓰는 일이 없도록 해야 합니다.

1945년 10월 10일

군정장관 A. B. 아놀드

이에 대한 답변으로 인민공화국은 1945년 10월 셋째 주에 《반역자와 애국자》라는 제목의 소책자를 서울에 배포했다. 그 소책자에서 인민공화국은 일제 치하에서 미국에 저항했거나 저항하지 않은 사람들의 글을 인용하면서, 군정청의 고문인 된 친미적 한국인과 친일파라고 여겨지는 인사들의 명단을 "드러냈다."(exposed)

1945년 10월 20일에 인민공화국은 다시 《미국 시민에게 보내는 메시지》를 발표하여 자신들처럼 한국에 남아 일제 치하에서 지하 운동을 전개하였고, 일본이 항복한 뒤에는 한국 국민의 의지를 진정으로 반영하고 있는 조직을 이해하여 달라고 애원했다. 그리고 만약 군정이 이와 같은 한국민의 의지를 반대한다면 "세기적인 비극"(tragedy of the century)이 될 것이라고 인민공화국의 대변인이 발표했다.[32]

인민공화국을 미온적으로 다루는 데 대하여 미국의 두 언론사가 기사를 발표하는 사건이 벌어졌다. 이 사건은 AP 통신사의 마이어스 씨(Robert H. Meyers)와 『크리스천 사이언스 모니터』(CSM)의 워커 씨(Gorden Walker)를 상대로 하여 인민공화국 사이에 벌어진 일이었다.

이 두 기자는 한민당이 아놀드 장군과 내통하고 있으며, "군정은 전 미국을 대표하는 정부가 아니다."라고 덧붙였다.[33] 이와 같은 보도는 의심할 나위도 없이 미국인 사이에 군정의 인식보다 더 인민공화국에 대한 동정을 불러일으켰고, 인민공화국의 저항을 고무했다.

당시의 인민공화국이 잠재력을 가진 세력이었다는 것은 의심할 나위도 없다. 군정청 고문이자 한국 거류민인 언더우드 박사(H. H. Underwood)는 광범위하게 지방 인사들을 만난 다음, "인민공화국은 남한 전역을 통하여 가장 강력하고 활동적인 조직"이라고 말했

---

32) *Political Trends* #6, 9 November 1945.
33) *Political Trends* #11, 8 December 1945.

다. 견주어 말하자면, 한민당은 "조직도 허술하고, 전국적인 기반도 없으며"(poorly organized or unorganized in most places), 농민에게 토지를 나눠주거나 노동자들에게 공장을 나눠줄 뜻이 없었다.[34]

1945년 12월에 지방을 돌아본 군정청의 한 조사원은 언더우드 박사의 견해를 지지했다. 그의 보고에 따르면, 인민공화국의 세력은 날로 강성해지고 있으며, 정부의 요소에 침투해 있어서 다른 정당이 공존할 여지가 없었다. 군정의 개입이 없으면, 어떤 다른 정당도 성장할 수가 없다.[35] 비록 여운형의 지도를 받던 인민공화국이 거의 폭동에 가깝듯이 질주했지만, 날이 갈수록 위험하고 사고를 쳤다.

그들은 1946년 3월 1일에 총선거를 치르고 다른 집단과 연대하기보다는 자기 목소리를 높이고, 1945년 11월 20~23일에 벌어진 회의에서 "국"이라는 글자를 빼지 않겠다고 선언함으로써 군정의 소망을 깨트렸다.[36] 이 마지막 글자 "국"은 곧 무시할 수 없는 저항을 일으켰다. 왜냐하면 그 이름 자체가 마치 군정이 공화국으로 바뀐 것으로 오해가 없도록 해달라고 군정청에서 충분히 설명했었기 때문이다.[37]

그러자 인민공화국의 지도부들은 조직의 이름을 바꾸겠다고 군정청에 확약했다. 아놀드 장군은 몸소 그 모임에 찾아가 짤막한 연설로, 다음 달의 결정적인 순간*에 협조와 질서가 필요하다고

---

34) *Political Trends* #15, 22 December 1945.
35) *Political Trends* #7, 14 November 1945.
36) *Ibid.*
37) *Political Trends* #9, 24 November, 1945. S. AG File.
* "다음 달의 결정적인 순간"이란 모스코바 3상회의를 의미하는 것으로 보인다.(옮긴이 주)

강조했다.

그리고 인민공화국이 어떻게 나오느냐에 따라서 연합군이 제공하는 물질적 지원이 결정될 것이라고 지적했다. 그리고 군정이 일시적으로 중간 작전을 수행하고 있다고 하지만, 군정은 미국이나 연합국의 정부가 아니라 한국 정부임을 강조했다.[38]

아놀드 장관의 연설에 인민공화국 인물들은 다 잘 받아드리는 듯했지만, 막상 그 뒤에 일어나 일들을 보면 대부분의 사람은 아놀드 장관의 말을 믿지 않았다. 각 가맹 단체에 보내는 공문을 작성하는 회의에서 통과된 감사장에도 인민공화"국"이라는 명칭을 사용하였다.

더 나아가, 폐막식 날에 젊은이들과 과격파들은 모임을 이끌고 밖으로 나가 이름 문제와 관련하여 군정과 타협하자는 의견을 제시했던 당원에게 고함을 쳤다.[39]

이렇게 인민공화국이 독자적인 태도를 보이고 있음에도 불구하고, 그 모임에서 군정이 민정으로 바뀔 때까지 인민공화국은 미군 사령부와 전적으로 협조하겠다고 공개리에 결의했다.[40] 그 당시의 상황을 좀더 설명하자면, 인민공화국의 그와 같은 반항적 모임이 있은 바로 뒤에 김구가 스스로 임시 정부라고 자처하는 몇 명의 요원과 함께 귀국했다.

이를 본 인민공화국은 이제 "주사위는 던져졌다."(Chips were down)고 생각했다. 이제 그들로서는 이 유사 정부를 압도하든가, 그들과

---

38) *Ibid.* See also TFGBI 44, CG USAFIK(for Langdon) to SCAP, 011435/I, 1 December 1945. S. AG File.

39) *G-2 Periodical Report* #75, 24 November 1945. See also TFGBI 159, CG USAFIK to SCAP, 241655/I, 24 November 1945. S. AG File.

40) "Statement from CG USAFIK," HQS USAFIK, 12 December 1945.

합세하든가, 아니면 역사의 미아로 사라지든가 하는 것 말고서는 달리 선택의 여지가 없었다.

이 복잡한 상황을 더욱 어렵게 만든 것은 인민공화국의 사실상 대표이자 3일 회의에 앞서 인민공화국의 이름을 고치라는 군정청의 요구를 중앙위원회에 보고했던 바로 그 여운형이 1945년 11월 12일에 갑자기 번개처럼 뭔가를 조직했다는 것이다.

그 내막을 알아보니 그가 좀더 다루기 쉬운 중도 노선의 정당으로 바꾸어 이름조차 조선인민당이라 불렀다는 것이다. 여운형은 그의 오랜 동지인 허헌(許憲)과 인민공화국과의 연결 고리 역할을 한 지도자로서 조선공산당 당수 박헌영을 남겨둔 채 많은 동지를 데리고 인민공화국을 떠난 것이다.

이 사건은 인민공화국이 역사의 미아가 됨을 알려주는 세 번째 타격이었다. 첫 번째 타격은 미군정이 인민공화국을 정부로 인정하지 않았을 때였고, 두 번째 타격은 아놀드 장관이 10월 10일에 인민공화국의 회의장을 쳐들어가(attack) 기자 회견을 한 사건이었다.

네 번째 타격은 하지 장군이 12월 12일에 여운형이 약속을 지키지 않은 사실을 조목조목 열거하면서 그를 파괴분자라고 힘주어 비난했을 때였다. 하지의 발언은 다음과 같다.

나는 깊이 생각하고 고민한 끝에 한국민들에게 이를 선언하는 바입니다. 이 성명은 안정과 진보로 가는 한국의 발전에 대한 오해를 막고 그 늦어지는 이유를 설명하고자 필요한 일입니다. 이 연설을 하면서 나는 한국인 각자와 모두에게 확언하건대, 나는 한국에서 태어난 사람에 못지않게 열성적으로 한국의 완전하고도 영원한 자유와 독립을 위해 일하고 있습니다.

우리는 모든 한국인의 전폭적인 이해를 받아야만 그러한 목표에 다다를 수 있습니다. 나는 한국에 도착했을 때 한국인들인 우리의 임무와 입장에 대하여 오해하고 있다는 사실을 발견했습니다. 이러한 사실은 우리가 예상하지 못한 몇 가지 어려움을 초래함으로써 한국을 위해 일하는 우리는 노력을 방해했습니다. 내가 한국에 관해서 아는 지식이나 역사와 민족의 문제는 전적으로 오해에서 오는 것이었습니다.

그러므로 나는 잘못된 일에 대하여 너그럽게 인내하며, 한국인들이 자유와 독립을 소망하는 표현을 보면서 한국인들을 진심으로 믿고 호의를 가지고 있었습니다. 그러나 이제 나의 인내심은 찢어졌습니다. 왜냐하면 내가 오해했다고 믿었던 것의 대부분은 오해가 아니라 사실이었고, 아직 그러한 오해는 깨끗이 풀리지 않았기 때문입니다.

내가 한국에 오기에 앞서 이미 이 나라에는 조선인민공화국이라는 조직이 있었습니다. 그의 이름으로 보나 활동을 볼 때 이 조직은 정당이라기보다는 정부의 형태였고, 그 지도자들은 그것이 새로운 정부라고 한국인들에게 말을 퍼트렸습니다.

이것이 한국인들 사이에 많은 오해를 불러일으켜 한국의 독립을 지원하려는 나의 노력을 가로막았습니다. 이 집단의 구성원 가운데에는 비난의 여지도 없이, 일제 시대에 여러 해 동안 끊임없이 독립 투쟁을 했던 애국자가 많았습니다.

그러나 인민공화국은 골격을 잡으면서 활동하는 과정에 한국인들이 그것을 한국의 정부라고 믿도록 국민을 오도했습니다. 그들이 연합국과 아무런 협의도 없이 정부의 행세를 한 것은 정당 지도자로서 실수를 저지른 것인데 이는 전적으로 그들이 현실을 파악하지 못한 탓이었음이 분명합니다.

그러나 명칭으로 말미암은 오해와 그 집단이 공화국의 깃발 아래 하는 행위가 주한미군정의 노력을 공개적으로나 지하에서 부정하게 되자 결과적으로 귀국의 경제 안정의 수립을 심각하게 지연시켰을 뿐만 아니라 우리가 그토록 열망하던 한국의 독립 과정을 지체시켰습니다. 이 모든 집단이 인민공화국의 진정한 구성원이었다고 믿기는 어렵습니다.

인민공화국 대표자들과의 대화에서 그들은 자기들의 현실 인식을 지적하면서 자기들의 실수를 인정하고, 만약 내가 11월 20일에 열리는 회의에 대표를 파견하도록 허락한다면, 자기들도 하나의 정당임을 국민에게 분명히 함으로써 그동안에 벌어진 오해를 풀고, 순수한 당원으로 행동함으로써 군정이 한국의 안정과 독립을 이룩하는 데 협조할 것이라고 약속했습니다.

그에 따라 나는 그들을 전적으로 신뢰하여 그들에게 경찰권을 주고, 그 지도자들은 자신의 약속을 충실히 이행하며, 그들의 모든 힘을 기울여 더 이상의 오해가 없도록 성실히 노력하며 한국의 훌륭한 미래를 위해 욕심 없이 일할 것을 당부했습니다. 아울러 전면적인 협조와 이해가 이뤄지도록 그들 모임의 개막식에 아놀드 장관이 참석하도록 했습니다.

그러나 회의가 끝날 무렵, 그들은 주한미군정에 협조하고 도와주리라고 동의했음에도 불구하고, 그 지도자들은 이번의 회의를 한국 정부로 확장하는 도구로 쓰려는 몇 가지 방법을 동원하고, 군정이 정부로서 그들이 활동을 시도하도록 돕고 교사하고 있다는 식으로 귀띔함으로써 전국 국민의 생각에 엄청난 혼란을 일으키고 있다는 사실을 알았을 때 나는 몹시 놀라고 실망했습니다. 달리 말하자면, 그들은 현재의 시국이 완전히 투명하게 되었다던 그들의 약속을 지키지 않은 것입니다.

나는 더 이상 참지 못하고, 인민공화국이 무슨 이름으로 부르든, 그들은 "정부"가 아니며 그러한 권력을 행사할 수 없다는 사실을 전국민에게 알려야 할 필요가 있음을 느꼈습니다. 남한에서 통치 행위를 할 수 있는 것은 오로지 연합군사령부의 명령으로 창설된 주한미군정이며 그들이 할 수 있는 일은, 패망한 일본을 대신하여 건전한 경제를 이룩하고, 그들이 국민에 의해 국민을 위한 주권적이고 통일된 정부를 수립할 수 있도록 돕고자 하는 것입니다.

미국인과 주한미군정은 한국의 정당을 돕는 문제와 정치적 신념을 둘러싸고 싸울 겨를이 없습니다. 우리는 정치적 신념의 자유를 분명히 믿으며, 어떤 정당의 합법적 정치 활동을 어떤 방법으로든 방해하거나 억압할 뜻도 없고, 그럴 목적도 없고, 그럴 욕심도 없습니다.

그러나 우리는 앞으로 국민을 오도할 수도 있는 오해를 없애고자 하는 뜻을 분명히 밝혀두지 않을 수 없습니다. 나는 한국의 통일과 미래에 대하여 깊은 관심을 가지고 있으며, 나와 나의 막료와 미국인은 한국을 재건하여 훌륭한 모습과 기틀을 갖추어 여러분에게 돌려드리고자 혼신의 노력을 하고 있습니다.

그러므로 나는, 더 이상의 오해나 잠재된 무질서가 없도록, 정부로서 해야 할 역할을 시도하는 어떤 형태의 정치 조직은 불법 단체로 취급될 것이며, 연합국사령부의 특별한 허가 없이 점령 지역 안에서 어떤 형태로든 정부로 자칭하는 일이 없도록 하라고 오늘 자로 나의 점령군과 군정에 지시했습니다.

이 지시는 어떤 형태로든, 정당으로 활동하는 합법적 행위에 간섭하지 않을 것이며, 이제까지 거짓된 정보로서 국민을 오도한 애국자들을 비난하지도 않을 것입니다.[41]

비록 인민공화국의 숙적인 한민당은 하지의 성명이 아주 강력했다고 여겼지만, 인민공화국의 반응은 즉각적이고도 치열했다. 한 미국의 정치평론가는 당시의 상황을 이렇게 기록했다.

인민공화국은 하룻밤과 반나절 동안 격렬하게 토론한 끝에 다음과 같은 격렬한 반박문을 발표했다.

(1) 이번에 벌어진 오해와 혼란은 친일반역자들의 모략으로 말미암은 것이다.

(2) 명칭을 바꾸는 문제는 국민회의에서 다룰 사안인데, 그 모임은 투표로써 명칭 변경을 부결했다.

(3) 그 모임이 있은 다음에, 허헌 대통령(sic)은 군정으로부터 편지를 받고,[42] "국"이라는 용어를 사용하지 말라는 제안 말고는 모든 조항에 동의했다.

(4) 이른바 "임시 정부"라는 것은 전략적으로 그렇게 쓰도록 허락한 것이지, 사실은 "내각 회의"라는 뜻이다.

---

41) *Political Trends* #52, 15 December, 1945. S. AG File.
42) *Political Trends* #17, 15 December, 1945. S. AG File, G.

(5) 군정의 그와 같은 태도는 주관적으로는 일관된 것이지만, 객관적으로는 대중을 혼란하게 만들고 있다.[43]

그러나, 인민공화국의 위신과 영향력은 이미 쇠퇴하고 있었다. 여운형이 몰락하자 중도 좌파들은 인민공화국이 더 이상 민중에게 호소력을 갖지 못하게 만들었다. 이제 좌익의 주도권은 일시적으로 여운형과 인민당과 잡동사니 같은 신(新)좌파들과 민주주의인민전선[sid*으로 나뉘어 돌아갔다.

3) 박헌영과 여운형의 갈등

1945년 11월 12일, 여운형은 "인민공화국" 시절에 지방 조직으로 활동했던 인민위원회 회원 대부분을 끌어안고자 하는 희망을 품고 좌파 인민당(人民黨)을 창당했다. 인민당은 인민공화국의 모든 기구를 장악할 수 있는 바퀴 축이라고 사람들은 생각했다. 왜냐하면 인민위원회의 대부분이 인민당에 가입할 것이고 최소한 친공산주의의 강령을 따르리라고 믿었기 때문이다.[44]

인민공화국과 인민당의 조직이 그처럼 의도적인 것이었는지에는 의문의 여지가 있다. 그러나 최근의 동향으로 볼 때, 공산주의자들이 자신들의 목적을 위해 조직을 변형한 것을 비난하기는 어려울 것이다.

---

43) 여기에서 말하는 편지라 함은 아마도 24군단 정보 참모였던 니스트(G. W. Nist)가 1945년 11월 28일에 하지 장관에게 보낸 것으로 보인다. 여기에는 인민공화국이 동의한 항목이 적혀 있었다.

 * 이 글에서 표기한 "민주주의인민전선"(Democratic People's Front)은 정확히 "민주주의민족전선"(Democratic National Front, 民戰)을 잘못 표기한 것이다.

44) Radio, TFGCG 245, CG USAFIK to SCAP, 2219302, 22 January 1946, S. AG Files.

1945년 11월에 하지 장군은 다음과 같은 정세 분석을 국무성에 타전했다.

　　인민공화국의 문제에 관하여 논의하자면, 국무성은 아직도 인민공화국이 필연적으로 공산주의적이라고는 볼 수 없고 진보적인 집단이라고 느끼고 있다. 그러나 그들은 내가 11월 24일자로 보낸 전문 TFGCG 159에서 기록한 것보다 훨씬 더 공산주의 요소가 강력하다. 여운형의 심복이 시인한 바에 따르면, 그와 여운형은 공산주의자들에게 당권을 빼앗긴 것 같다.

　　그럼에도 불구하고 그들은 아직도 명목상의 주도권을 잡고 있으며, 정계로부터 완전히 사라지리라는 두려움 때문에 공개적으로 인민당의 실질적인 조종자들과 갈라서지 못하고 있다. 지금 우리가 보기에 공산주의자들은 소련의 묵인 아래 대중적이고 겉으로 보기에는 "진보적인" 인민당을, 테러리즘을 무기로 하는 "전선"(前線)으로 이용하고 있다.

　　공산주의자들은 지금 여운형에게 한 몫을 나눠주는 것은 그들의 이해관계로 볼 때 적절한 것으로 여기지 않으며, 그런가 하면 여운형은 당 안의 세력 말고는 아무 배경이 없는 기회주의자로서 그의 주도권을 내놓고 싶지 않은 것이다.[45]

인민공화국이 정부인 것처럼 행세하는 데 대한 미국의 반대와 중도 좌파들의 점진적으로 무대에서 사라짐으로 말미암아 그들은 "민주주의인민전선"이라고 하는 전국적인 좌파 조직의 공간을 만들고 있다.

이 조직은 1946년 2월 15일에 공식적으로 출범했는데, 한국의 모든 좌익 집단, 이를테면, 노동조합, 농민 조직, 여성 및 청년회, 정당, 그리고 그 밖의 여러 좌익 집단을 한 울타리에 넣어 선전하려는 것이지만 인민공화국과 인민당이 주류를 이루고 있었다.

---

45) *Political Trends* #33, 14 May 1946. G.

그러나 두 집단 사이에 곧 주도권을 위한 전투가 벌어졌다. 한쪽은 친소련공산주의의 길을 가는 박헌영이 이끄는 무리였고, 다른 한쪽은 좀더 민족주의적인 여운형이 이끄는 무리였다. 적어도 일시적으로는 박헌영파가 승리했다.

예컨대 1946년 5월 9일이 되자 여운홍은 형 여운형을 버리고 나가면서, 공산주의자들이 인민당을 효과적으로 지배하고 있어서 더 이상의 개혁이 불가능하다고 선언했다.[46] 이제 여운형은 인민당의 명목상의 당수로 남아 있었지만, 얼마 동안 공산주의자들의 그물을 벗어날 수 없었다.

그러는 동안 극좌파의 상층부에서 오랜 상처가 도졌다. 1946년 7월 17일, 한 정치평론가의 보도에 따르면, 이성적으로 판단할 때, 조선공산당의 당권이 박헌영의 손을 떠난 것이 확실했다. 박헌영의 고압적이고 자의적인 지도력과 자기를 마치 당의 유일한 근원인 것처럼 여기는 관행과 전당대회의 소집을 거부하는 등의 처사에 적지 않은 당직자들이 분노를 터트렸다.

박헌영은 전당대회의 소집을 거부하면서, 아직 당원들의 훈련이 성숙하지 않았고, 당은 "민주적 중앙집권제"(democratic centralism)을 준수해야 한다고 말했다.

그 무렵 사람들은, 당권의 강제적 이동이 아직 크레믈린의 재가를 받지 못했다고 생각했다. 그럼에도 불구하고 집행부와 중앙위원회는 이강국(李康國), 홍남표, 이주하(李舟夏)의 삼두 체제로 이루어져 있으나 최고 권력자는 "이지적이며 신사인" 김철수였음을 보여주었다.[47]

---

46) Memo. "Communist Party," 2nd Lt. L. M. Bertsch to Major General Arnold, 17 July 1946, G, G-2 CP-2 Files.
47) Radio, TFGCG 451, CG USAFIK to SCAP, 040720/2, 9 August 1946, S. AG Files.

당의 파국은 심각하여 박헌영은 이 문제를 들고 북한을 찾아갔다. 거기로 가면 끝내 문제가 해결될 것이라고 그는 믿었기 때문이었다. 그가 서울로 돌아오자 하지 장군은 다음과 같이 보고했다.

한국의 정치 상황은 고무적이지 않다. 우리는 몇 가지 결론이 필요한 문제를 가지고 좌익과 우익이 화해하도록 여러 주에 걸쳐 노력을 기울였다. 박헌영은 38°선을 넘어 북한에서 돌아왔는데, 코민테른을 따르지 않는 무리에 대한 협박을 포함하여 소련으로부터 몇 가지 명백한 정보를 가져왔음이 분명하다.

한 믿을 만한 정보에 따르면, 소련은 평화적인 방법이든 아니면 다른 방법으로 머지않은 장래에 곧 남한을 정복하여 모든 반역자를 섬멸할 것이라고 한다. 어떻게 하든, 통일이라는 미끼를 물었다가 한때 지각 있는 말을 했던 친공산주의 들쥐들에게 더 쓴맛을 보여주고 있다.

오늘 아침, 내가 받은 믿을 만한 정보에 따르면, 공산주의자들과 그들의 지배를 받는 허수아비들은 남로당(南勞黨)을 강화하여 당의 이름에서 공산주의라는 이름을 빼고 사기극을 벌임으로써 러시아 공산주의의 통치를 지겨워하는 많은 좌익을 다룰 수도 있을 것이다.

이와 같은 작업은 공산당이라는 이름을 싫어하고 좌익들에게 출구를 마련해 주어 최근에 나타나고 있는 인민 전선의 연대보다 더 강력한 영향력을 갖가질 수도 있다. 북한에서는 이런 작업이 이미 진행되고 있다.[48]

더 나아가서 박헌영은 여운형에게 "미국 놀이를 하지 말라."(not to play the American game)고 주의하라고 경고하였으며, 미국이 중도 우파와 중도 좌파를 합작하여 대표민주회의를 대체하려고 하는 이른바 좌우합작(左右合作)을 시도하고 있으나 이것도 곧 실패로 돌아갈 것이며, 만약 남한의 좌익들이 북한의 동포들과 굳게

---

48) Radio, TFGCG 467, CG USAFIK to CINCAPAC, 090120/2, 9 August 1946, S, AG Files.

일어선다면 한국에 있는 모든 우파 반역자들은 곧 제거될 것이라고 예언했다.

박헌영은 평양을 다녀오기 이전까지만 해도 좌우합작에 대하여 도움을 약속하지는 않았지만 적대적이지도 않았다. 그러나 그가 평야에서 돌아온 뒤 그가 좌우합작에 대해 단호하고 적극적으로 반대한 것은 평양으로부터 지령을 받았기 때문이었다.

여운형이 하지 장군에게 말한 바에 따르면, 여운형은 김규식 박사와 너무도 깊이 언약한 바 있고, 남한의 정치 단체를 통일하는 데 대한 영향력을 완화하거나 중단하려는 합작 운동을 전개할 수 없으며, 어떤 결론에 이를 때까지 이 계획을 지속할 것이라 했다.

1946년 8월 9일, 무선 통신에서 하지 장군은 이런 말을 했다.

그 자리에서 여운형이 나에게 귀띔한 바를 들어보면 이번 만남에서 박헌영에게 어떤 깊은 두려움과 도덕적 적대감이 드러났으며, 미국의 계획을 성공하는 데 본질적으로 중요한 것은 지금 그를 거칠게 다루는 것인데(dealt with drastically), 이를테면, 이번 7월 29일로 예정된 [조선정판사] 위폐 사건 공판을 계기로 어떤 요술을 부려(by some juggling) 감옥에 집어넣는 것이다.

(…)

우리는 여운형에게, 왜 파업 단체에게 공산주의 사상을 폭로하지 않았는지 물었더니, 그가 대답하기를, 지금 한국의 거대한 노동자 농민 및 청년 단체가 서로 나뉘어 자기와 박헌영에게 충성을 보이고 있는 상태에서 자기와 박헌영이 공개적으로 갈라서는 것은 조직의 움직임을 해치는 것이기 때문이라고 했다.

여운형이 암시한 바에 따르면, 지금 박헌영이 대중의 인기를 잃으면 자기가 상당 부분의 영향을 흡수할 것이고 그렇게 되면 자기와 미국에 그만큼 유익하다는 것이었다. 우리가 보기에 여운형은 도덕적 용기가 부족하고, 공산주의자들과 너무 은밀히 연루되어 있어 박헌영과 대적할 수 없기에 미국이 박헌영을 거세해 주기를 바라고 있는 것처럼 보인다.

우리는 조선정판사(精版社) 위조지폐 사건을 이용하여 박헌영을 박해할 뜻이 없으며 여운형 자신이 박헌영과 투쟁해야 한다는 점을 여운형에게 분명히 전달했다. 그러나 우리는 앞으로도 합작 운동과 그 정신을 지원하겠노라고 말했다.[49]

박헌영은 이정윤(李廷允)과 입장이 모호한 김철수, 서중석(徐重錫), 강진(姜進), 김근(金斤)을 제명하고, "반동적 극우파에 협조했다"는 이유로 문갑송(文甲松)을 제명함으로써 신속하게 당권을 장악했다. 이들은 모두 중앙위원회 위원이었다.[50] 1945년 8월 5일에 박헌영을 비난하는 글이 한국어 신문에 발표되었다.

아마도 여운형은 인민당 안에서조차도 여러 정당 사이의 견해 차이가 심하여 양다리걸치기가 쉽지 않다고 깨달았기 때문에 8월 15일에 당수직을 사직하고 지방으로 내려갔다. 그의 이와 같은 처사는 큰 파문을 일으켜 북한에서 받은 좌익 정당 3원칙에 따라 합당하자는 공산당의 요청에 따르지 않을 수 없었다.

며칠이 지나 합당 문제가 찬성 45, 반대 31, 기권 53으로 가결되었다.[51] 뒷날 이와 같은 투표 결과는 합당에 찬성한 당원에게 뿌린 200만 엔 이상의 매수 자금에 적지 않게 영향을 받았음을 알게 되었다. 매수 자금은 공산당에서 흘러들어 왔음이 분명했다.[52] 그러나 1946년 9월 중순이 되자 여운형은 당수 사직을 철회하고 강경파 공산주의자들을 불러내어(exodus) 다시 당권을 장악했다.[53]

---

49) Memo, "Split in Communist Party," 9 August 1946, CIC to G-8, CP-3 Files, S.

50) *G-2 Weekly Summary* #40, 22 August 1946, S, p. 6.

51) Memo, "In Min Dang(People's Party), Dissension Within," CIC to G-2, 19 August 1946), Sources : 2nd Lt. L. M. Bertsch, G-2 File 2-A People's Party C.

52) *G-2 Weekly Summary* #55, 3 October 1946, S. p. 8.

9월 15일이 되자 여운형은 사실상 인민당 당수로 새로이 출발한 다고 선언하고 공산주의자들은 손을 떼라고 경고했다. 그는 또한 아직도 좌익 3당의 합당을 찬성하지만, 오직 인민당의 조건을 따라야 한다고 선언했다.[54]

그러는 동안에 1946년 9월 3일에 공산주의자들은 공산당과 인민 당의 공산주의자들과 신민당(新民黨)의 공산주의자들끼리 합당할 것을 고무했다. [신민당은 백남운(白南雲)이 중간에 뛰어든 좀 덜 중요한 좌익 정당이었다.]

그리하여 긴급히 남조선노동당(남로당)이 창당되더니 박헌영 일파의 공산당에게 주도권이 넘어갔다. 박헌영 일파는 이렇게 함 으로써 좌익 정당을 좀더 효과적으로 강화할 수 있다고 생각했음 이 분명하다.[55]

그러나 공산주의자들의 이와 같은 돌발 사태를 안 여운형은 저 들의 처사를 무력화하고 기선을 잡고자 신민당 당수 백남운과 박 헌영의 반대파인 강진과 함께 사회노동당(社會勞動黨)을 창당하 여 모든 좌익을 포괄하겠다고 발표했다.[56]

해방 정국의 첫해는 이와 같이 여운형과 박헌영 사이에 좌익을 둘러싼 투쟁으로 끝났다. 박헌영이 소련의 조종을 받는 북한으로 부터 어떤 지령을 받은 것이 분명하지만, 이상하게도 여운형은 소 련의 꼭두각시 정권인 북한으로부터 정중한 대접을 받았다. 이와

---

53) *G-2 Weekly Summary* #54 26 September 1946, S. p. 8.

54) *G-2 Weekly Summary* #63, 29 November 1946, S. G-2.

55) *Political Trends* #42, 29 October 1946, Department of Public Information, HQS USAMGIK, C.

56) *G-2 Weekly Summary* #12, 4 December 1945, S. p. 3. "Report on Relations Between the Korean Provisional and China," 18, January, 1946, HQS USAMGIK, Foreign Affairs Section.

같은 대조적인 대접은 여운형이 받고 있던 광범한 대중적 지지가 설명해 준다.

2. 둘째 해

점령 첫해는 박헌영 좌익의 주도권을 잡으려는 전방위 투쟁으로 끝났다. 우익에서는 이승만 박사가 주도권을 잡고 당의 기반을 공고히 하면서 세력을 장악하고 있는 동안 좌익은 공개적으로 갈라져 싸우고 있었다.

1946년 9월 3일에 남로당은 공산주의자들의 고무를 받는 조선공산당과 공산주의자들이 급수(給水)하고 있는 인민당과 신민당이 합당했다는 사실을 기억해야 한다. 같은 시기에 여운형은 공산주의자들의 천둥소리를 훔치고자 신속하게 사회노동당이라고 하는 조직을 세상에 던졌다.

1) 좌익의 체제

그러나 좌익과 우익은 각기 그 나름의 어려움을 안고 있었다. 좌익에서는 박헌영과 대부분의 당원 사이에 체제 논쟁이 있었다. 박헌영의 주도권에 대한 가장 큰 반대 세력을 이끌고 있는 인물은 부산의 공산주의자 윤일(尹一)이었다.

윤일은 1946년 여름에 재건파라는 이유로 박헌영에 의해 출당(黜黨)된 적이 있었지만, 공산당 안의 불만 세력의 대표자가 되어 서울에 나타났다. 그들은 9월 28일에 모였음이 분명하다.

윤일은 9월 30일에 군정청 CIC 정보원을 만나 말하기를, 지금 자기는 박헌영에 반대하는 공산당원의 전국 대회를 준비하고 있는데, 당 대표들이 전체 회의에 모이게 되면 그 위력이 위협적이리라고 느낀 박헌영파가 강력하게 반대하고 있다는 것이다.

반(反)박헌영파의 지도자들은 윤일, 정백(鄭伯) 그리고 이용이었다. 윤일은 이와 관련하여 사법적 대응도 준비하고 있다고 미국 정보원에게 말했다.[57] 그 사법 대응이 어떻게 마무리되었는지는 알려진 바가 없다.

예정되었던 가을 파업도 잠정적으로 모두 분쇄되었다. 반(反)박헌영파는 파업과 테러 세력과 손을 잡고 있음이 분명했다. 그러나 그들은 반 박헌영파에 대한 보복이 두려워 박헌영에 대한 위해를 포기했다. 미군정이 박헌영의 체포를 명령함으로 말미암아 지하에서 활동했지만, 어떠한 경우에도 그는 강력한 당권을 장악하고 있음이 분명했다.

그러는 동안에 여운형은 비교적 저항을 받지 않으면서 좌익을 장악했다. 강진과 그의 반 박헌영 지지자들, 백남운과 신민당, 그리고 여운형 자신이 이끌던 인민당, 여운형의 좌우 합작을 지지하던 무리, 극좌파들의 일사불란한 반대를 받은 과도 정부 입법의원들, 이번 과도 정부 입법의원 선거에서 당선된 보수주의적 지주들은 사회노동당의 출현을 불편하고 불만스럽게 여겼다. 이러한 불만의 증대는 남로당의 창당을 오랫동안 추진하던 박헌영파를 고무했다.[58]

지난날 인민공화국 시절에 함께 일했으며, 민주주의인민전선의 주도자였던 허헌의 지도로 11월 23~24일에 남로당이 공식적으로

---

57) (누락) 이럴 경우에는 그 정보원의 신원을 밝힐 수 없었기 때문이었을 것이다. 다음의 각주도 같음.

58) (누락)

창당되었다. 북조선노동당(北勞黨)의 상대역으로 등장한 남로당은 정치 무대에서 그 세력을 잃어가고 있었다. 왜냐하면 박헌영이 미군정의 체포를 비켜 가면서 9월 내내 지하에서 제대로 활동을 하지 못했기 때문이었다.[59]

남로당이 창당되기 직전에 여운형은 남로당과 사회노동당이 조건 없이 합당하자고 제안한 바 있었다. 그러나 이러한 제한은 거절되었음이 분명한데, 아마도 그 이유는 좌익들이 지난 시절에 여운형이 변절했던 사실로 말미암아 그를 더 이상 믿지 않았기 때문일 것이다.

12월 중순이 되자, 여운형의 사회노동당은 급속히 죽어가고 있었다. 대부분 당원은 남로당과 우익들의 방해로 말미암아 누구의 도움도 받지 못했다. 이제 다시 중도 좌파라고 여겨지던 무리조차도 우익과 극좌파로부터 십자포화를 받았다. 그 결과 그들은 심각한 쓰라림을 겪었다.[60]

12월 7일이 되자 사회노동당의 잔여 당원은 모두 31명이라고 보도되었다. 남은 사람들은 지난날의 인민당 당원이었다. 그들이 이토록 이탈한 것은 여운형이 당수로 복귀하는 데 대하여 옛 당원들이 반발했기 때문이었다.[61]

1946년 11월에 강순(姜舜)과 이지택(李智澤)이 이끄는 노동대중당(勞動大衆黨)이 다시 창당되었다. 이 무렵에 인민당과 조선공산당이 접촉하고 있다는 정보가 24군단 정보 참모(G-2)에게 접수되었다.[62] 12월에 이 신당은 여운형의 비밀 전위 조직으로 좌우합작

---

59) CIC Report, "Secret Communist Meeting" 30 September 1946, G-2 File, CP-5.

60) *G-2 Weekly Summary* #63, 29 November 1946, p. 60.

61) *G-2 Weekly Summary* #65, 12 December 1946, p. 8.

62) *G-2 Weekly Summary* #61, 14 November 1946, p. 7.

위원회 및 입법의원에 진출하려는 의도를 가지고 있다고 정보 당국은 판단했다. 방첩대(CIC)의 보고에 따르면 이 신당은 여운형의 지령을 따르고 있다고 한다.[63]

이 무렵인 12월 22일에, 또 다른 조직이 잉태되고 있었다. 이 조직의 이름은 인민동맹(People's Alliance)이었는데, 김규식 박사, 원세훈(元世勳), 이순택, 김약수(金若水), 그리고 정차일(Chung Cha Il)과 온건 중도 우파들이 여기에 뭉칠 수밖에 없었다. 이들은 지난 날 한민당원들보다는 좀더 중도적인 인물로서 그 가운데 훌륭한 인물들은 과도입법의원으로 진출했다.[64] 따라서 그해 연말까지 중도 우파와 좌익들은 새로운 정치적 이름으로 대표되었지만, 인민당이 재기할 수 있는 가능성을 열어 주었다.

1946년 12월 21일에 김규식 박사는, 남북한의 보통 선거를 거쳐 입법의원을 전국적인 의회로 확대하겠다고 언급했다. 김규식 박사의 구상이 성공한다면, 그것은 사실상 남한의 인민위원회 조직과 북한의 과도인민위원회를 해체하는 것이었다. 민주주의인민전선은 즉각 그를 비난했다.[65] 공식적인 기능을 가지고 있는 과도입법의원은 하지 사령관의 통일을 위한 노력을 반대하지 않았다. 과도입법의원은 남북한의 통일을 도와주려는 모든 노력에 동정적이었다.

김규식 박사의 통일 전략의 첫 단계는 남한의 좌우 합작 운동을 더 가속하는 것이었다. 좌우합작위원회의 선전부는 합작 7원칙을 남한 전역에 배포했다. 이 계획의 다른 작업은 북한의 김일성(金

63) *G-2 Weekly Summary* #66, 19 December 1946, p. 8.
64) *G-2 Weekly Summary* #67, 27 December 1946, p. 8.
65) *G-2 Weekly Summary* #68, 3 January 1947, p. 8.

日成)과 김두봉(金枓奉)에게 이러한 사실을 알리는 사절을 보내는 일이었다. 입법의원의 부의장 최동오(崔東旿)가 사절로 적절하다는 이야기가 거론되었다.

사절의 지위와 그에 대하여 호의적인 문제로 언쟁이 벌어지면 러시아는 이 문제를 가지고 협상하려 할 것이다. 그러나 이런 문제는 어떤 형태로든 잘 해결되리라고 김규식은 생각하는 것 같았다. 그 무렵 정보 참모는 그에 대하여 다음과 같이 논평했다.

> 김규식 박사의 계획을 이행하는 문제는 의심할 나위도 없이 정치권에서 커다란 관심을 불러일으킬 것이며, 극좌파와 극우파들에게서 나오는 파장은 새로운 문제를 야기할 것이다.[66]

1947년 1월이 되면 사회노동당의 지도부 대부분은 도태되었다. 이와 같은 지도부의 몰락, 빈곤한 재정, 그리고 좌우익으로 겪는 십자포화로 이제 역사의 유물이 되었다.[67] 12월 25일이 되자 사회노동당은 이제까지 지속된 남로당과 헤어지는 문제를 두고 갈라졌다. 20표의 다수는 남로당에 잔류하자고 주장했고, 16표의 소수는 남로당과 갈라서자고 주장했다.

두 집단을 이을 교량을 놓을 자신이 없던 여운형은 다시 시골로 잠적했다. 두 집단의 분열은 사회노동당이 모스코바 결정 기념일인 12월 29일의 모임에 참석하지 않는 것으로 나타났다. 불참의 논리는, 기념식의 거행이 시민들의 자발적 행사가 아니라 당권을 위한 허위 행동이라는 것이었다.[68]

---

66) *G-2 Weekly Summary* #69, 9 January 1946, p. 10.
67) HQS CIC Weekly Political New, 11 January 1947.
68) Radio ZCBJ41, CG USAFIK to SCAP, 1313230, 11 January 1947, AG Files.

1월 1946년 1월 31일의 인터뷰에서 [조선공산당의 창립 인물인] 최성환(崔星煥)이 사회노동당의 제2인자로 영입되자, 사회노동당은 이제 남로당과 함께 그 존재 근거를 잃어가고 있었다. 그의 계속되는 지적에 따르면, 마음 내키지 않는 공산주의자들의 이른바 "회의 꾼"(convention group)은 이제 북한의 예리한 압력을 받아 곁다리가 되었다는 것이다.

사실상 모든 좌익의 저명 인사들은 사회노동당에 들어가지 못하도록 심각한 신변의 위협까지 받고 있었다. 이러한 상황에서 좌익에서 꽤 저명한 김대희(Kim Dai Hi)와 반 박헌영계 공산주의자인 윤일과 김철수는 어찌 할 바를 결정하지 못하고 중립적인 입장에서 사태가 어찌 되어가는지를 지켜보고 있음이 분명했다.

당 조직의 초기 단계에서 협조적이었던 강진은 공산주의 계열로 되돌아갔다. 강진이 젊은 날의 대부분을 러시아 지역에서 보냈고, 아직도 그곳에 연고자들이 많다는 사실은 의미 있는 일이다. 그는 소련의 협박에 특히 심약했고, 중도 좌파의 고위층으로부터 이번 파동에 대하여 격렬한 비난을 견딜 수 없었다.

최성환이 보기에, 여운형과 장건상(張建相)과 김성숙(金成淑)과 이여성(李如成)과 지난날 인민당 계열의 당원들은 사회노동당원도 아니고 남로당 계열도 아니지만, 현재의 논쟁에서 사회노동당에 호의적인 것으로 보였다.[69]

이 기간에 허헌과 박헌영이 이끄는 극좌파의 처신은 가장 훌륭했다. 왜냐하면 그들은 우익이 군정의 권력을 잡으려고 너무 앞서 나가다가 그로 말미암아 결국 미국의 적의(敵意)를 불러일으키는

---

69) Memorandum to General Brown, "Socialist Labor Party, "3 February 1947, Signed First Lt. Leonardo M. Bertsch, Political Adviser to the American Delegation of the Joint Soviet-American Commission, G-2 File, 2-6.

모습을 똑똑히 목격했기 때문이었다.

그러나 그들은 박헌영의 체포 영장의 철회를 요구했는데, 기록을 바로 잡고자 정확히 말하자면, 이는 민중에게 정권을 넘기고, 과도입법의원과 합작위원회를 해체하려는 책동이었다.

좌익들은 또한 과도 정부 입법의회에서 반탁 투표를 가결한 것을 비난하고, 과도입법의의원이 이는 한국의 민중을 위한 일이었다고 발표한 것을 비판했다. 1946년 1월 25일이 되자 민주주의 인민전선은 만약 군정이 자기들의 요구를 수락한다면, 자신들도 군정과 협력할 준비가 되어 있다고 선언했다.

그러나 민전이 보여준 가장 매혹적인 처사는, 비록 7개 조의 조건을 제시하기는 했지만, 군정이 제정한 "군정 법령 126호"를 도/지방선거위원회가 공개적으로 받아들인 것이었다.

민전이 요구한 사항에는, 도·군·시·면·읍의 인민 위원을 선출하고, 아울러 하위 위원회는 상위 위원회의 뜻을 따라야 한다는 것이었다. 그들의 계획은 과도입법의원과 중앙이나 지방의 입법 조항을 폐지하며, 여성과 모든 정당이 참여하는 보통 선거를 요구했다. 더 나아가서 그들은 선거의 공정성을 보장하도록 지명직 보통선거위원회를 구성하자고 제의했다.[70]

1월 중순이 되자 신탁통치를 둘러싼 운동이 한국의 모든 신문과 지방 정치 단체의 우선적인 기삿거리가 되었다. 하지 장군의 1월 4일자 연설이 문제를 증폭시켰는데, 그는 이 연설에서 미소공동위원회의 재개를 위해 치스챠코프(T. Chistiakov)와 서신을 교환했다는 사실을 공표했다.

---

70) Radio ZPOL 107, CG USAFIK (for Langdon) to SCAP (Pass to State Department), 081710, 7 February 1947, AG Files.

그뿐만 아니라 미국 국무성 한국 담당관인 윌리엄스 씨(John Z. Williams)는 한국인 대다수가 신탁통치안에 찬성할 경우에 어떤 결과가 나타날 것인가를 언급했다. 극좌파들은 이와 같이 정세가 자기들에게 유리하게 돌아가는 것에 대하여 적어도 일시적이나마 큰 힘을 얻은 것으로 보인다.

민전의 깃발 아래 공산주의자들이 지배하고 있는 조직에서는 치스챠코프 장군의 편지에 격찬을 보내면서도, 하지 장군의 답변에 대해서는 마지못해 동의했다. 그러면서도 그들은 우익들의 처사를 가지고 하지에게 문제로 삼았다.

곧 우익들이 성명서를 낸 미소공위 공동성명 5호는 미소공위와 협의하는 것이 좋으며, 그런 다음에야 한국 정부의 구성에 참여하는 것을 동의하는 것이 좋다는 것이다. 좀 덜 과격한 인민당은 "모스코바 선언을 해석하면서 진지한 호의를 보인 데 대하여" 하지 장관을 칭송했다.[71]

이 무렵 2월 초순에 이르자 조선인민전선(Korean People's Front)를 조직하면서 중도 우파와 좌익들 사이에 새롭게 손을 잡는 일이 벌어졌다. 이 새로운 조직은 합작위원회와 "제3의 전선"(the Third Front)인 군소 중도 정당의 합심으로 이뤄졌다.

군소 정당에서의 중요 인물은 조봉암이었다. 그는 불만에 찬 인천 출신의 공산주의자로서 저 유명한 "인천 서한"(Inchon Letters)으로 공산당 안에서의 박헌영의 지도력을 비판한 조봉암이었다. 이 무렵에 김규식 박사는 새로운 정당의 출현을 인정하고 고무한 것으로 믿어진다.[72]

---

71) *G-2 Weekly Summary* #71, 23 January 1947, p. 10.
72) *G-2 Weekly Summary* #73, 9 February 1947, p. 10.

그 바로 다음인 1946년 2월 22일에 여운형이 위장 은퇴(quasi-retirement)에서 나타나 남한 전국을 순회하면서 인민당의 재건에 힘을 기울였다. 여운형의 말에 따르면, 인민당의 당원 거의 절반을 남로당에 잃었지만, 전 당원 가운데에서 다시 자기에게 돌아와 충성을 바치는 무리가 10만 명은 될 것이라는 소신을 폈다.

또 여운형의 말에 따르면 남로당이 여운형의 모임을 방해하라고 지방당에 지시하였다고 말하고 다닌다는 사실이 보도되었다. 더 나아가서 여운형은 지금 자기의 전국 순회가 정치적인 세력을 뭉치려는 것이 아니라 각자 책임 있는 개인들과 여러 가지 문제를 논의해보려는 것이라고 말했다.[73]

2) 84시간 파업

중도 우파와 중도 좌파가 힘을 키워가고 있었다. 군정으로부터 통치권을 빼앗으려던 계획은 소극(笑劇)이며 어리석은 판단임이 드러났다. 이승만 박사와 김구는 이야기를 하다가 그 줄거리를 잃었으며, 마찬가지로 그들의 조직도 잃었다. 이때가 좌익으로서는 정권을 잡기 위해 한 주먹을 날릴 기회였다.

3월 21일로 날짜가 결정되었다. 남한의 공장과 통신과 철도와 정부의 몇 곳과 해운 기관들은 그날 수행할 총파업의 수위를 놓고 의견이 갈라졌다.

전국노총총회(Council of All Korean Labors)가 이를 비밀리에 주도했다. 15시간 동안 파업의 진원지인 부산에서 시작하여 좌익의 본거지인 전라도의 6개 도시와 서울·대구·인천, 그리고 서남쪽

---

73) *G-2 Weekly Summary* #76, 27 January 1947, p. 10.

의 몇 개 소도시로 퍼져나갔다. 파업에 의견 충돌이 없었던 것은 아니지만, 전국적인 것은 아니었다. 7명이 죽고 알 수 없는 숫자가 다쳤다.

파업의 초기 단계가 지나갈 때까지 아마도 사전에 준비한 듯한 최후 통첩이 유보됨으로써 3월 22일에 이르러 하지 장군에게 도움을 주었다. 허헌과 이름이 비슷하여 혼동하기 쉬운 현훈(玄勳)이라고 하는 노동 운동의 조직책이며 선동가인 인물이 서명한 다음과 같은 최후 통첩이 배포되었다.

(1) 지난날 감원되었거나 해직된 모든 조합원을 지난날의 직장에 복직시킬 것.

(2) 치솟는 물가 상승에 상응하는 임금으로 인상할 것.

(3) 노동자와 사무직 노동자에게는 1일 4홉의 쌀을 배급하고, "일반 노동자"에게는 3홉의 쌀을 배급할 것.

(4) 우익의 노동 기구인 대한노동자총연맹, 대한청년국가건설대, 대한민주청년동맹, 독립촉성대한청년회를 해체하고 그 지도자를 처벌할 것. 이 모든 조직은 모두 우익으로서 좌익은 이들을 테러리즘으로 본다.

(5) 군정청 관리와 악질 경찰을 해임하고 처벌할 것.

(6) 파업, 시위, 전단지 부착, 집회 참석을 이유로 투옥된 사람들은 석방하여 옛 직장에 복귀시킴

(7) 좌익 노동연맹 회장 허성택(許成澤)과 부회장 박세영(朴世榮), 사무국장 이현보(Lee Hyun Bo)를 석방하고 박헌영에 대한 수배를 해제할 것.

(8) 노동조합의 완전한 자유를 즉시 보장할 것[74]

그들의 최후 통첩에 따르면, 남한의 노동자들은 이 문헌에 제시된 요구를 행동으로 관철하고자 24시간 파업에 들어갔다. 이 호소

---

74) *G-2 Weekly Summary* #80, 27 February 1947, p. 4.

문은 장기 파업이 가혹한 탄압을 받을 것이며, 파업을 전후하여 박해를 받으면 폭력을 행사할 것이라는 위협으로 끝을 맺었다.

이 글의 필자는 이번 사태의 책임이 하지 사령관에게 있으며 "(…) 우리는 이 각서를 읽으면서 다소의 분노나 한가한 생각으로 말을 되풀이 하지 말고, 지난날의 경우처럼 이러한 노력의 책임을 얼버무리지 않기를 바란다"고 끝은 맺었다.

이와 같은 모호한 표현은 아마도 지난 1946년 10월에 [대구에서 : 역주] 벌어진 소요에 대하여 하지 장군이 언론에 발표한 성명을 지적한 것으로 보인다. 하지 장군이 언론에 발표한 바에 따르면, 그 무렵에 많은 선량한 애국 시민이 악의적인 선동에 오도됨으로써, 건전한 생각으로 결론에 이르렀더라면 연루되지 않았을 사건에 가담하게 되었다는 것이다.

수도경찰청장 장택상(張澤相)은 김원봉(金元鳳)을 비롯하여 민전, 조선노동조합전국평의회(全評), 남로당, 조선민주청년동맹, 전국농민동맹평의회(全農)을 포함하여 좌익 세력의 고위 간부 전원을 체포하라고 지시했다.

투옥 중이거나 잠복하고 있던 좌익과 더불어 우익 청년들은 3월 23일에 좌익 본부를 쳐들어갔으며, 3월 25일에는 문서와 작고 쓸 만한 논문을 압수하고 경찰의 명령으로 사무실을 쑥밭으로 만들어놓고 떠났다고 한다.[75]

이날 2천 명의 좌익이 체포되었다고 한다. 좌익의 조직들은 군정과 경찰로 몰려가 "흉포하고 무법적이며. 비열하고도 악랄한 야만적 행위를 민중들에게 저질러 공포에 빠지게 하고 이 일을 저지

---

75) *G-2 Weekly Summary* #80, 27 February 1947, p. 9. 수도경찰청장 장택상의 지시와 서명이 달려 있음. 『현대일보』 1947년 3월 25일자.

른 비민주적 경찰들은 다른 무리와 함께 군정 기관 안으로 숨어들어 갔다"[76]고 비난했다.

그들 가운데 50세 된 한 노인[김원봉(金元鳳)]은 한국의 어린이에게까지도 잘 알려진 인물이었다. 그는 20대에 중국에서 의열단(義烈團) 4~5천 명의 부하를 거느렸는데, 정직하게 표현하자면 그 단체는 김구에 반대하는 노선을 걷고 있었다.

상해에서 첫 모임을 가진 이 조직은 남경(南京)을 거쳐 김구의 임시 정부가 그랬듯이 중경(重慶)으로 갔다. 김원봉은 김규식, 성주식(成周寔), 김상덕(金尙德), 김성숙(金成淑)과 마찬가지로, 1936~1937년 무렵이 되면 장개석(蔣介石)의 충고에 따라 임시 정부에 합류한다.

그 무렵에 김원봉은 중국에서 휘하에 대략 2천 명의 병력을 거느리고 있었다. 그의 병력은 김구와 협력하여 광복군(光復軍)을 창설했다. 김원봉 "장군"은 김구의 영도력에 굽히고 들어간 댓가로 군무부장이 되었다. 그 밖에 김구와 반대 노선에 썼던 4명도 임시 정부에 들어가 각료가 되었다.

1945년, 한국이 해방되자 김원봉의 부하들은 북한으로 들어가 김두봉(金枓奉)의 부하가 되었다. 김원봉과 위의 네 사람은 남한으로 들어와 1946년 2월에 비상국민회의가 조직될 때까지 임시 정부에서의 직함을 유지했다.

그 무렵이 되면 위의 다섯 사람은 김구의 권위에 도전하는 저항 세력에서 탈퇴했다. 김구의 반탁 운동은 이 무렵에 최고조에 이르렀으며, 이 늙은 혁명가는 옳고 그름을 따지지 않고 온갖 수단을 동원하여 완전한 권력을 잡으려고 시도하고 있었다.

---

76) *G-2 Weekly Summary* #81, 3 April, February 1947, p. 8.

위에서 말한 다섯 사람이 이끌던 중경 시절의 좀더 진보적인 인사들은 그것을 바라만 보고 있을 수 없었다. 곧 김원봉, 성주식, 김상식, 김상덕은 끝내 민주주의인민전선의 의장 직책을 수락했다.

김규식 박사는 정치 집단의 색깔을 분명히 하여, 처음에는 대표민주의원에 참여했다가 그다음에는 연맹위원회(Coalition Committee?)에 참여했다가 최근에는 과도정부입법의원 의장으로 활동하고 있다.

김원봉은 이념적으로 공산주의자였지만 조선노동당에 가입을 거부했다. 그럼에도 불구하고 그는 민주주의인민전선의 지위 때문에 공산당의 지시를 받았다. 그는 그러한 지시가 싫었지만, 전국적인 조직을 갖지 못했기 때문에 아무 일도 하지 못했다. 믿을 만한 소식통에 따르면, 그에게 가장 영향력을 끼치고 있는 그의 아내[朴次貞]는 공산주의자들이 그의 남편을 장악하고 있다는 사실로 말미암아 다소 혼란스러워하고 있다고 한다.

그 무렵에 김원봉은 대체로 과격한 문장은 빼버렸다고는 하지만, 공산주의자들이 넘겨준 연설문을 읽었다. 1947년 4월에 24시간 파업으로 말미암아 체포령이 내리자 그는 더욱 조선공산당을 떠날 수 없는 입장이 되었다.

번스(Arthur C. Bunce) 박사는 1947년 4월 24일자로 남한의 노동 상황에 관하여 다음과 같은 전신을 국무성에 타전했다.

> 좌우익의 분쟁에서 경찰은 우익의 대한노총(大韓勞總)이 무슨 짓을 하든 손을 뗌으로써 그들을 도와준 것과는 달리, 좌익의 전평에 대해서는 파업에 따른 전단 살포를 이유로 체포하거나 검속함으로써 엄중히 단속했다.[77]

극좌파와 극우파는 잠시도 신문에 오르내리지 않은 적이 없으며, 잘못된 행동으로 말미암아 지난 몇 달 동안 민중들로부터 크게 체면을 잃었다. 그렇게 되자 여운형이 다시 무대에 등장하여 정치적으로 각광을 받는 시기가 다시 돌아왔다. 1947년 5월 24일이 되자 여운형의 노력은 근로인민당(勤勞人民黨)의 공식적인 출범으로 나타났다.

지난날의 조선인민당과 사회노동당의 조직과 명칭을 떼어버림으로써 여운형은 조선공산당과 민주주의인민전선으로부터 인연을 끊을 수 있다고 느꼈음이 분명하다. 여운형은 중도 좌파의 영수가 되고 싶었다. 새로이 창당된 근로인민당은 당초부터 조선인민당과 사회노동당의 옛 추종자들로 구성되었다.

여운형의 항변에도 불구하고, 상당한 규모의 반 박헌영 집단을 포함한 사회노동당은 창당 며칠 뒤에 일련의 결정서를 작성하여, 민주주의인민전선은 물론 좌파 여성위원회와 청년위원회 및 농민연맹의 영입을 호소했다.

사회노동당에서 영입된 이 무리의 지도자는 지난날에 조선공산당의 반 박헌영파의 지도자인 이영이었는데, 그는 창당 며칠 만에 여운형으로부터 당권을 빼앗았다. 이제 다시 한국의 정가에서는 온건중도파가 살아남는다는 것이 불가능함으로 보여 주었다.[78]

5월의 군정청 부사령관과의 면담에서 여운형의 동생인 여운홍은 해방 이후 최근까지 여운형에 대하여 일곱 번째 암살 시도가 있었음을 지적했다. 그 결과 여운형은 다시 잠적했는데, 여운홍의 말에 따르면 마지막 암살 공격은 이승만이 개인적으로 지시한 것

---

77) Radio, ZPOL 555, CG USAFIK to State Department, 250704/2, 25 April 1947, AG Files.
78) *G-2 Weekly Summary* #89, 29 May, 1947, p. 13. 설국환과의 대담, *Korean Pacific Press* 특파원, 3, June 1947, *Historical Journal*.

임이 분명하다고 한다.

더 나가서 여운홍은 곧 이승만에 대한 투쟁을 선언하리라고 발표했다. 새로 창당한 근로인민당의 성격에 관해서 여운홍의 말을 들어보면, 그것이 반 박헌영 노선이지만 그 안에는 공산분자들이 많았다고 한다. 여운형이 느끼기에 박헌영 세력이 모두 떠나지 않고서는 자기 당에서 공산 세력을 제어할 수 없음이 분명했다.[79]

이런 계제에 뇌물 사건이 터졌는데, 이승만 문서에 따르면, 이 사건에는 김규식도 연루되었다고 한다.[80] 이로써 이승만과 김규식은 끝내 헤어졌다. 김규식 박사는 곧 정계에서 떠나고 싶다는 뜻을 밝혔다. 이 부분에 대하여 군단 정보 참모는 다음과 같이 논평하고 있다.

> 한국현대사에서 벌어진 뇌물 문제는 한국 문화의 한 성격을 잘 표현되어 있다. 이번 뇌물 사건의 주모자는 수도경찰청장 장택상이다. 보도에 따르면 장택상의 반대파였던 김규식 박사는 이를 수사해야 한다고 되풀이하여 주장했다고 한다. 김규식 박사를 제거하려고 일을 꾸민 사람도 장택상이었다고 보도되었다.[81]

5월 12일에 김규식 박사는 입법의원에 10일의 결근계를 제출했다. 21에 그가 출근하자 사임서가 입법의원에 제출되었다. 김규식 박사도 모르는 미국의 어떤 정치적 조작기술자의 도움을 받아 김규식 박사에 대한 신임 투표가 만장일치로 통과되었다.[82] 강제로

---

79) *G-2 Weekly Summary* #87, 15 May 1947, p. 12.

80) *G-2 Periodical Report*, 13 May 1947, p. 3.

81) *G-2 Periodical Report* 529, 13 May 1947, p. 3.

82) *G-2 Periodical Report* 536, 21 May 1947, p. 3 ; Interview with M. Bertsch.

연출된 이 결전에서의 노련한 조작(操作)으로 김규식 박사는 엄청난 명성과 세력을 얻었다. 그리고 그는 곧 사임서를 철회했다.

그러는 동안에 여운형은 민주주의인민전선과 공산주의자의 덫에 걸리게 되자 김규식 박사는 그의 상전이 될 뻔했던 여운형으로부터 완전히 탈출했다. 그는 이승만 박사와 김구 그리고 몇몇 우파 진영의 희생을 딛고 정치적 날개를 펴고 하늘을 날았다. 이승만도 주목할 만한 인물이지만, 김규식이야말로 참으로 주목할 만한 인물이다.83)

---

83) *G-2 Periodical Report* 548, 4 June 1947.

제6장

여운형(呂運亨) 암살 보고서(1947)

- 미 24군단 G-2 역사실 작성

Passing of Lyuh Woon Hyung

The USAFIK XXIV Corps,
Historical Section, 1947
Record Group 332, Box 22 & 29
NARA, Suitland

여운형(呂運亨) 암살 보고서(1947)

1947년 7월 19일 13 : 15에 여운형이 서울의 한 교차로에서 살해되었다. 한국의 독립을 위해 일생을 바친 한 저명 인사의 기구한 일생이 암살로써 끝났지만, 수수께끼로 가득 찬 인간 여운형의 생애는 모순으로 가득 차 있다. 좌익으로 기울었던 그는 자신을 맑스주의자라고 불렀지만, 그는 모스코바를 추종하는 공산주의자는 아니었다. 그는 실제로 상해에서 한국 공산주의 집단[고려공산당]의 임원이었던 적이 있었다.

여운형은 자주 일본인들에게 체포되어 투옥되어 그들과 가까운 관계를 유지했지만, 친일파로 비난을 받은 적은 없다. 그는 흔히 낙향하여 모습을 나타내지 않다가 다시 나타나 새로운 정치 단체의 모습을 보여 주었다. 그는 북한에도 낯선 사람이 아니었다.

여운형은 이른바 "철의 장막"에도 뚫고 들어가 소련 지도자들로부터 공개적인 찬사를 들었다. 그는 때때로 정치적 기회주의자라는 이름을 들었지만, 대중의 전폭적인 지지를 받았으며, 특히 남한의 지방과 젊은이들 사이에 명성이 높았다.

여운형은 암살 음모의 희생자처럼 보여 때로는 납치를 겪기도

하고 때로는 그의 집에 폭탄이 날아오기도 했지만, 그러한 공격의 주변에서는 늘 어떤 이상한 의혹이 감돌았다. 『이솝의 우화』에서 걸핏하면 "늑대가 나타났다, 늑대!"라고 너무 자주 거짓말을 하던 목동의 이야기처럼, 너무 자주 그가 죽었다는 소문이 퍼진 터라 막상 그가 죽었을 때 사람들은 믿지 않으려 했다. 이제 실제로 그가 죽은 지금에 와서 여운형의 정치 행각에서 각광을 받던 그의 생애를 돌아보는 것은 흥미 있는 일이다.

여운형은 1885년*, 경기도에서 태어났는데, 그의 동생 여운홍(呂運弘)과 구분하고자 여운형을 "큰 여 씨"라고 불렀다. 여운형은 평양신학교를 마친 뒤 중국으로 건너가 남경(南京)대학을 다녔다.** 그는 1919년의 3·1운동에 참가했다가*** 중국으로 망명하여 상해 임시 정부에서 외교부 차장을 지냈다. 1921~1922년 사이에 여운형은 김규식(金奎植)과 함께 소련으로 가 [극동피압박민족회의에 참가했다.]

한국이 일본의 지배를 받는 동안 여운형은 언론계에서 크게 활동했으며, 체육과 청년 운동의 지도자로 활약했다. 그는 일제시대에 여러 차례 투옥되면서 한국 독립 운동의 철저한 투사라는 말을 들었다. 미국인들이 보기에 비록 그가 때때로 이념의 방황을 보이기도 했고 자신의 이념을 명료하게 드러내는 데 실패했지만, 과격한 사람은 아니었다. ~~그의 성격은 비난받을 데가 없었다.~~ [원문을 지움 - 옮긴이 주]

여운형은 신학교를 다녔으나, 기독교인은 아니었다. 그는 영어

---

* 여운형은 1886년생이다.(옮긴이 주)
** 여운형은 남경대학을 다닌 것이 아니라 남경 금릉(金陵)대학을 다녔다.(옮긴이 주)
*** 3·1운동 무렵에 여운형은 하얼빈에 있었다.(옮긴이 주)

에 능통하였으며, 사람들은 그가 미국에 우호적인 인물이라고 생각했다. 지금까지도 그는 소련 지도자들이나 북한의 토착 지도자들과 우호적인 관계를 유지하고 있었다.

1947년 6월 25일에 서울의 중앙청에서 미소공동위원회가 공식적으로 열리자 여운형이 그곳에 모습을 드러냈다. 한 목격자의 기록에 따르면, 그는 몸이 날렵했으며 여름옷에 밀짚모자를 쓰고 단장을 짚고 미국의 사진사들을 의식하면서 진지하게 자세를 잡았다고 한다.

여운형은 1945년 가을에 처음으로 미국의 궤도에 진입했다. 1945년 8월 14일이 되자 자신의 시대가 저문 것을 안 조선 총독 아베 노부유키(阿部信行)는 여운형을 만나 일본이 곧 항복할 것이니 법과 질서를 지킬 수 있도록 도와줄 수 있는 조직을 구성할 것을 요구했다. 여운형은 그 요구를 받아들이면서 다섯 가지 요구 사항을 제시했다.

(1) 앞으로 한국인이 먹을 3개월 치의 양곡을 확보해 줄 것.
(2) 정치범을 석방할 것
(3) 출판과 언론의 자유를 보장할 것.
(4) 치안을 유지하는 데 학생을 동원하지 말 것.
(5) 앞으로의 한국 문제에 일본인들이 간섭하지 않을 것.

달리 어찌할 길이 없는 일본은 여운형의 조건을 수락하면서 막대한 수량의 돈을 여운형이 쓰도록 주었다. 여운형이 일본 관리들과 친밀하다는 사실은 그에게 의혹을 품게 했으며, 공산주의자들은 그의 목을 조이며 등을 치게 되었다.

그러나 일본이 그에게 몇 차례에 걸쳐 은밀하게 돈을 주었고,

미군이 한국에 상륙하기에 앞서 일본이 그에 관한 흠결의 기록을 없애버렸다지만, 군정청에서 아무리 뒷조사를 해봐도 애국자로서의 그의 기록에서 치명적인 흠결을 찾을 수가 없었다.

그러는 동안에 1945년 8월 5일이 되자 여운형은 몇 가지 예비 조처를 한 다음 자기의 조직을 오로지 공산주의자와 그에 동조하는 무리만으로 구성했는데, 이는 다시 말하자면, 러시아가 받아들일 만한 인물로만 조직을 꾸렸다는 뜻이다.

그러나 여운형은 당시에 온건 우파로 여겨지는 안재홍(安在鴻)을 자기 모임으로 영입했다. 여운형의 조직은 본디 건국준비위원회(建準)이었는데, 그는 일본인들이 눈치를 못 채도록 하면서 서둘러 정부의 기능을 수행하려 했다.

일본인들은 몇천 명의 일본 군인과 함께 한국 경찰을 강화함으로써 여운형의 활동을 방해했다. 1945년 9월 6일, 하지(John R. Hodge) 장군이 인천에 상륙하기에 앞서 여운형은 아직 준비도 되지 않은 상태에서 사실상 정부 형태를 갖춘 인민공화국의 수립을 선포했다. 이는 매우 대담한 행동으로서, 남한의 미군정과 직접적으로 충돌했다.

출범할 무렵부터 인민공화국은 군정의 포화를 맞았다. 군정은 그들이 어떤 정부의 형태를 갖추는 것을 인정하지 않았다. 1945년 11월 12일이 되자 여운형은 휘청거리는 인민공화국을 해체하여 조선인민당(朝鮮人民黨)을 창당했다.

많은 좌익 지도자들이 여운형에 합세했지만, 허헌(許憲)과 박헌영(朴憲永)은 거기에 합류하지 않았다. 1945년 10월 14일에 여운형은 새로운 정당으로서의 정강을 발표했는데, 거기에는 새로운 민주주의 국가라는 일반적인 논지에 경제의 해방과 진보적 민족 문화를 첨가했다. 그 무렵에 그는 자신의 당원이 10만 명이라고 스스로 평가했는데, 이 숫자는 아무래도 에누리를 해서 들어야 할 것이다.

지난날의 인민공화국과 여운형이 새로 창당한 인민당은 곧 1946년 2월 15일에 공식적으로 창당한 민주주의인민전선(民戰)*의 그늘에 가려 빛을 잃었다. 민전 안에서는 두 파벌이 싸우고 있었는데, 하나는 여운형이 이끄는 민족주의 좌파들이었고, 다른 하나는 박헌영이 이끄는 모스코바 파 공산주의자들이었다.

실제로 여운형의 추종자들은 공산주의의 그물망에 너무 깊이 걸려 있었기 때문에 여운홍은 염증을 느껴 인민당에서 손을 떼고, 이름뿐인 당수직에 남아 있었다.

그러는 동안에 고집스러운 박헌영도 주변으로부터 도전을 받자 1946년 여름에 새로운 지시를 받고자 그는 북한으로 넘어갔다. 북한에서 돌아온 박헌영은 여운형에게 "미국 놀이"(play the American game)를 하지 말라고 경고했다. 박헌영은 더 나아가 미군정이 대표민주의원에 대신하여 좌우합작을 추진하자 이에 강렬히 저항했다.

그 무렵 1946년 2월에 개원한 대표민주의원은 겨우 숨을 쉬고 있을 정도였는데, 사실상 공산주의자들은 이를 거부하고 있던 터였다. 그러나 여운형은 하지 장군을 만나 자기는 김규식(金奎植) 박사와 깊이 언약한 바 있어 좌우합작을 포기할 수 없으며, 어떤 결론이 날 때까지 그와 함께 행동하겠노라고 단언했다.

그러나 여운형이 하지 장군에게 박헌영을 거칠게 다루어야 한다고 말한 것으로 미루어 보건대, 여운형은 박헌영에게 "내면의 두려움과 강렬한 적개심"에 따라서 움직이고 있다고 하지가 생각했

---

* 이 단체의 명칭은 정확히 말하자면 민주주의인민전선(Democratic People's Front)이 아니라 민주주의민족전선(Democratic National Front)이었다.(옮긴이 주)

음이 분명하다. 하지 장군이 보기에, 이러한 맥락을 보건대, 여운형은 "도덕적 용기"가 부족하며, "공산주의자들과 너무 깊이 비밀리에 언약한 바가 있어" 이제는 박헌영에게 더 이상 보여줄 패(牌)가 없었다. 사사건건 여운형은 자기 자신과의 싸움을 하지 않을 수 없음이 분명했다.

이제 여운형은 더 이상 내부의 적들을 통제할 수 없게 되자 1946년 8월 13일에 인민당 당수의 직책을 사임하고 시골로 숨어버렸다. 그의 사임에 뒤따라온 격랑 속에서 강경파 공산주의자들이 인민당을 떠나고, 당 안의 부분적인 청소를 끝내자 9월 중순에 여운형은 사표 제출을 취소하고 당수 자리로 되돌아와 공산주의자들에게 이제는 공산주의자들과 "손을 씻겠다."고 경고했다.

실제로 박헌영의 지휘를 받던 공산주의자들은 새로운 "전선" 조직을 준비하고 있었는데, 그것이 곧 남로당(南勞黨)이다. 이와 같은 구상을 알고 반대파를 신속하게 붕괴시키려던 여운형과 두 명의 그의 동지*가 서둘러 사회노동당을 창당했다. 이제 좌익 내부의 권력 투쟁은 고집스러운 박헌영과 양다리를 걸치고 있는 여운형의 싸움으로 옮겨갔다.

여운형이 당내에서 싸우고 있는 동안 미군정사령부는 자신의 정책을 저울질하며 남한에 새로운 형태의 계획을 꾸미고 있었는데 그 내용을 보면,

(1) 한국인 스스로가 합작을 하리라는 기대를 포기한다.
(2) 중도파를 구성하는 작업을 서두른다.
(3) 과도입법의원을 구성한다.

---

* 심지연 교수는 이 두 사람이 백남운(白南雲)과 강진(姜進)일 것이라고 조언해 주었다.(옮긴이 주)

미국의 정책 방향이 이렇게 선회하면서 여운형은 다시 정치 무대에 서는 운명을 맞이했다. 그러나 불행하게도 여운형은 공산주의자들에 둘러싸여 있었다. 따라서 1946년 봄과 여름 동안 미군정은 당을 지배하고 있는 무리로부터 여운형을 이유(離乳)시키느라고 바빴다.

중도 우파인 김규식 박사와 함께 여운형은 좌우합작위원회의 척추를 이루고 있었는데, 6월 말이 되자 그들은 하지 장군으로부터 진심 어린 후원을 받았다. 9월 17일이 되자 여운형은 자신이 합작 운동을 저해하는 공산주의자를 쓰러트리고 있다고 하지 장군에게 알려주었다. 그와 아울러 그는 최근에 진행되고 있는 좌우 협상을 더 많이 지원해 달라고 하지 장군에게 부탁했다.

그런 일이 있었던 직후에 여운형은 공산당의 심부름꾼처럼 하지 장군을 찾아가 박헌영에 대한 체포 영장을 철회해 달라고 부탁한 일마저 실패로 돌아가자 그는 그가 잘 쓰는 방법대로 다시 잠적했다. 알고 보니 그는 이미 1946년 4월에 북한을 찾아가 북한 수상 김일성을 만나 위장 평화와 상호 이해(理解)에 대하여 상의하고 있었다.

여운형은 서울로 돌아와 그동안에 있었던 일을 미군 사령관에게 보고했지만, 그의 이야기를 믿을 수 없었다. 24군단 정보 참모(G-2)가 보기에 그는 자신의 오랜 정적인 박헌영을 제거하고 자신의 입지를 굳히고자 어부지리(fishing in troubled waters)를 획책하고 있었다. 소련의 입장에서 보면 남한의 좌익 조직으로 여운형의 재주를 잠시 써먹는 것도 나쁘지 않았음이 분명했다.

1946년 연말이 되자 여운형의 행동은 더욱 복잡해지고 행적을 따라잡기 어려웠다. 10월 초가 되자 그는 또 "사라졌다." 알고 보니 서울의 어느 병원에 입원해 있었는데 신경이 매우 날카로웠다. 10

월 말이 되자 그는 김규식과 함께 미소공동위원회에 참석하여 폭동의 중지를 요구하는 호소문에 서명했다.

1946년 11월 19일에 여운형은 하지 장군에게 편지를 보내어 "경찰의 중립"을 위해 조병옥(趙炳玉)과 장택상(張澤相)을 해임하라고 요구했다. 그러면서도 그는 자기 지지자들의 성향에 그리 기뻐하지 않는 것처럼 보였다. 그는 분명히 사회노동당과 남로당의 합당을 제안했지만 거절당했는데, 그 이유는 극좌파들이 그의 행적을 의심했기 때문이었을 것이다.

1946년 12월 7일에 하지 장군은 여운형을 과도입법의원에 임명했지만, 그는 거절했다. 12월 말에 그는 다시 정계 은퇴를 선언하면서 앞으로는 한국 선수가 올림픽에 참가할 수 있도록 하는 일에 자신의 노력을 쏟겠다고 다짐했다. 이와 같이 그의 정계 은퇴는 사회노동당의 급격한 몰락과 시간이 일치한다. 이 무렵에 여운형은 국내 세력과의 마찰에 힘겨워했으며, 남로당의 허헌과의 대립이 힘들었다.

정치적 분위기가 맑아지자 정치적 음모의 노(老) 대가인 그로서는 은퇴하기에 가장 적합한 시기였다. 우연히 공개 장소에서 정치 문제를 거론하는 일 말고서는 그는 참을 수 있을 만큼 조용히 살았다. 그러다가 여운형은 1947년 정월 하순이 되자 반탁 운동을 중지해야 한다고 주장했다.

그로부터 한 달쯤 시간이 흐른 1947년 2월 22일에 여운형은 성명을 내어, 앞으로 은퇴를 접고 남한 전역을 순회하면서 지난날의 인민당을 재건하리라고 포부를 밝혔다. 그는 가는 곳마다 자기는 순수하게 진보적인 성격을 띠는 새 정당을 만들어 공산주의자도 아니고 극우파도 아닌 인물을 모으는 데 관심이 있다는 것을 알리는 데 그리 긴 시간이 걸리지 않았다.

1937년 3월 17일에 누군가 그의 집에 폭탄을 던졌다. 하늘이 도왔는지 아니면 다른 이유가 있었는지는 모르지만, 그는 그날 집에 없었고 아무도 다치지 않았다. 이 무렵에 우익들은 터무니도 없는 짓을 하고, 좌익들은 잘못 판단한 총파업을 일으켜 체면을 잃었던 터라 여운형으로서는 각광을 받기에 아주 좋은 기회가 열렸다.

1947년 5월 24일에 그는 자기의 생애에 마지막 정치 조직이 될 근로인민당을 창당했다. 새로운 정당의 당원들은 지난날의 조선인민당과 사회노동당의 당원들이었다. 그러나 아무리 잘해 보아도 불안한 혼합체였던 이 당은 명목으로는 중도 좌파였지, 공산당이었다가 쫓겨난 무리의 침투로 말미암아 퇴색했다.

여운형은 자신이 만든 이 마지막 정당을 "새로운 도약대"라고 불렀지만, 그가 좌익의 노선을 밟고 있다는 징후가 여러 곳에서 나타났다. 그의 죽음이 임박했을 무렵에 보도된 바에 따르면, 그는 "내가 당을 떠나든가 아니면 공산주의자들이 나가든가 둘 가운데 하나는 나가야 한다"는 것을 결정하고자 한 모임을 소집해 놓았었다고 한다.

여운형이 철저한 공산주의자가 아니었다고 말할 수는 있지만 적어도 그는 공산주의의 일관된 동행이었다. 여러 해 동안 이리저리 다를 걸쳤던 그는 아주 솔직한 글을 남겼는데, 이를 읽은 미국인 출판업자 하워드(Roy Howard)*는 다음과 같은 찬사를 남겼다.

> "이것은 내가 이제까지 만났던 동양인의 글 가운데 오직 유일하게 정직한 글이다."

---

* 하워드(Roy Howard : 1883~1864) : 미국의 저명한 언론인으로서 일찍이 UP 통신 사장을 지냈으며, 우리 나라 해방 정국 시절에는 극동의 인물들을 주로 면담하여 기사를 썼다.(옮긴이 주)

여운형의 정치적 신념을 들어 보면 1947년 2월 12일 자로 나온 다음과 같은 글이 있다.

나는 맑스주의 경제학을 믿으며, 한국은 사회주의 국가이기를 바란다. 한국의 토지 개혁은 지주에게는 유상 몰수하고, 농민에게는 유상 분배를 나는 주장한다. 그 차액은 세금으로 충당한다. 정치적으로 나는 공산당과 선을 그었다. 나는 전체주의와 독재에 반대한다. ~~한국인들은 미군어 계속 하여 주둔해야 한다는 사실을 잘 알고 있다.~~[편집자가 지움 - 옮긴이 주]

여운형은 공산주의자들과 오래 투쟁했기 때문에 그가 사라짐으로써 공산주의자들이 가장 많은 이득을 보았다고 생각할 수도 있다. 그러나 이러한 견해는 그의 존재가 공산주의의 명분을 세우는 데 자주 이용되었고, 아마 지금도 그는 좌익의 "전위" 조직에 유익할 수도 있다. 그는 말과 행동이 달랐음에도 불구하고, 남북한의 많은 공산주의자와 함께 잘 지냈다.

아마도 여운형의 가장 무서운 정적들은, 그가 많은 것을 양보했고, 그러면서도 지분을 기대하지 않았던 극우파들이었을 것이다. 1947년 5월에 "나를 죽이러 올 자객은 이승만의 개인적인 지시를 받은 사람일 것이라고 나는 확신한다."는 말을 했는데, 이 말은 그저 흘려버릴 말이 아니다. 또한 그의 비판적인 태도로 말미암아 한국의 경찰에는 그의 동지들이 없었다. 그를 암살한 사람들은 전문 테러리스트임이 분명하다.

여운형의 이야기를 하다 보면, 그의 지지자들은 그 뒤에 어찌 되었나 하는 질문이 떠오른다. 대부분의 사람은 매우 사사로운 관계였기 때문에 명사들의 집단에 녹아들었거나 그편에 붙었다. 어느 정보원의 말에 따르면, 여운형의 정당은 이리저리 찢어지고 어떤 사람들은 지금 부의장의 줄에 섰다고 한다.

여운홍은 당을 이끈 만큼 강력한 지도자는 아니지만, 아직도 성업 중이다. 이영(李榮) 밑에 있던 공산주의자들은 박헌영의 집단으로 들어간 것 같다. 적어도 간헐적으로 좌익의 두 잔여 세력이 정당으로 존립하고 있을 수 있다. 그들은 여운형의 사돈인 이만규(李萬珪)와 임시정부의 원로 임원이었으며 좌우합작에서 여운형을 지지했던 장건상(張建相)의 지시를 받고 있다.

여운형이 김일성(金日成)과 김두봉(金枓奉)에게 보낸 편지(1) (1946년 11월 10일)

(Personal Correspondence of Lyuh Woon Hyung
to Kim Il Sung and Kim Doo Bong)
HQS XXIV Corps, G-2, 10 November, 1946.
Record Group 332, Box 21
NARA, Suitland

김일성 동지와 김두봉 동지에게

민주주의를 수립하고자 얼마나 수고가 많으십니까? 나는 잠시 몸이 아팠다가 이제 완전히 회복되고 보니 정치적 상황이 매우 나빠졌습니다. 내가 귀하*에게 편지를 보낼 수 있는 기회를 얻게 된 이래 나는 현재의 상황에 대하여 짤막하게 글을 보내고 싶었습니다.

지금의 처지에서 볼 때 3당 합당 문제는 희망을 걸기 어려우며, 남로당원의 절반은 지하로 들어갔습니다. 지방의 당원들도 서울과 마찬가지로 옛 공산당 당원들은 당원들을 뭉쳐 남로당을 창당했지만, 일반적으로 말해서 그들은 지하 활동을 하고 있을 뿐, 지상으로 모습을 드러낼 수가 없습니다.

인민당 조직국은 공산주의 세포 조직, 곧 반(反) 박헌영(朴憲永)의 관리를 받고 있으므로, 지방의 모든 조직은 공산주의자들의 지시를 받고 있습니다. 지하 조직의 기반은 튼튼하지만 그리 성공적이지 않습니다. 왜냐하면, 당내에 유능한 지도자가 없기 때문입니다. 이들은 남로당과

---

* 원문에서는 한글로 어떤 칭호를 썼는지 알 수 없다.(옮긴이 주)

합당하기를 바랐었지만, 지금은 사회노동당의 기반이 되고 있습니다.

남로당은 도(道)와 군(郡)의 지부를 결성했지만, 아직 중앙당 조직을 갖추지 못하고 있습니다. 준비위원회가 중앙당을 조직할 책임을 지고 있지만, 사실상 공산당 중앙당부가 그 책임을 맡고 있습니다. 지방의 동지들의 보고서를 보고, 제가 알게 된 바에 따르면, 내가 준비위원회 의장이며, 지방으로 내려가는 모든 지시는 나의 명의로 되어 있습니다.

사회노동당은 종파분자들과 공산당의 반동분자들이 같은 정강을 가지고 조직한 정당입니다. 내가 이 정당의 창당을 허락한 것은 이 당이 정치 문제를 정착시킬 수 있는 최초의 정당이라고 믿었기 때문이었습니다. 나의 정치적 이상은 좌파들이 단일 정당을 구성해야 한다는 것입니다.

이러한 이념에 기초한 나의 조치는 사회노동당 통제국의 구성을 중지하도록 명령하고, 준비위원회의 협상을 통하여 양측이 합당하도록 허락하는 것이었습니다. 사회노동당은 남로당에 합당을 요청했는데, 이 문제에 대하여 양측에서 서로 논의하고 있습니다. 양측 정당에서 정책에 관하여 다른 의견이 있고, 특히 원로 당원들이 합당에 합의하지 않고 있는데, 이런 생각이 젊은이들 사이에 널리 퍼지고 있다는 것이 매우 유감스럽습니다.

나는 아파 누워 있는 동안에 두 정당을 합당하고자 그와 같은 분파주의가 얼마나 허구에 찬 것인가를 젊은이들에게 가르치려고 시도했습니다. 나는 종파주의에 물들지 않은 젊은이들과 함께 싸움으로써 정당 통합을 성사하려고 애쓰고 있습니다만, 지금으로서는 그 결과가 어떻게 될지 귀하에게 말할 수가 없습니다. 나는 귀하의 동지들이 이 싸움에서 우리에게 도움을 주기를 희망합니다.

＊ 좌우합작에 관하여

내가 아파 누워 있는 동안에 군정 법령으로 말미암아 합작위원회에 어려운 고비가 있었지만, 지금은 점차 일이 풀려가고 있습니다. 합작위원회의 원칙이 발표되자 곧 입법의원에 관한 군정 명령이 발표되었습니다. 미국의 정치 선전과 합작위원회가 입법의원의 설립을 지지하고 있다는 인상을 민중에게 퍼트리는 기술로 말미암아 민중과 우리의 동지들은 사실상 합작위원회라는 기구가 입법의원과의 협조를 위해 조직된 것이나 아닌지 하는 의심을 품고 있습니다.

이처럼 지금 민중은 혼란에 빠져 있습니다. 사실로 말하자면, 합작위원회는 미소공동위원회의 재개를 촉진하고 우익이 반동 정책을 개정하도록 돕고자 만들어진 기구입니다. 미국이 입법 기구의 창설을 위해 처음 도움을 요청했을 때 합작위원회는 그것을 거절했습니다.

시간이 지나자 우리는 하지 장군을 만나 회의를 가진 뒤에 조건부로 입법의원의 구성을 도움을 주겠노라고 약속했습니다. 우리가 제시한 조건이라 함은 경찰을 다시 조직하고, 정치범을 석방하고, 반동적 테러를 멈추고, 군정청 내부에 있는 부패 분자를 청소하고, 입법의원의 숫자를 좌우익이 같게 나누자는 것이었습니다.

미국은 자신의 약속을 지키지 않고 입법의원의 구성을 위한 보통선거*를 실시했습니다. 내가 이 점을 항변하자 브라운(Albert E. Brown : 미소공위 미국측 대표단장) 장군과 버취(Leonardo M. Bertsch : 하지 장군 정치 고문)는 병을 앓고 있는 나를 불렀습니다. 김규식 박사도 브라운 장군과 버취에게 선거를 중단할 것을 요구했습니다.

군정청이 선거를 중단하지 않자 좌우합작위원회는 입법의원의 구성을 돕겠다던 약속을 철회하고 군정청이 임명하는 관선의원의 추천을 거부하기로 결정했습니다. 그렇게 함으로써 합작위원회는 미군정청을 고립시키려 했습니다.

김규식 박사는 선거의 양상을 알아보고자 개인적으로 조사원을 지방에 파견했습니다. 이것이 얼마 동안 민중의 오해를 불러일으켰습니다. 그러나 조사원들의 보고를 받은 김규식 박사는 이 선거와 관련하여 몇몇 사람이 매수되었다는 사실을 지적하면서 군정청의 정책에 반대하여 이번 선거를 철회해야 한다고 주장했다.

---

* 이 말은 사실이 아니다. 입법의원은 90명으로서 45명은 민선이었고, 45명은 관선이었으니 보통선거가 아니었다.(옮긴이 주)

그러자 미국인들은 입법의원의 개원을 늦추어서라도 선거 결과를 검토해보겠노라고 대답했습니다. 그러나 좌우합작위원회에서는 관선의원의 추천을 거부하고, 만약 여론이 선거를 반대한다면 입법의원은 대표민주회의에 지나지 않을 것이라고 말했습니다. 따라서 나는 이 선거 계획을 무한정 미뤄야 한다고 생각합니다.

내가 아파 누워 있는 동안에 김규식 박사의 제안으로 경상도에서 일어난 사건(대구의 10~11월 투쟁 - 옮긴이 주)의 진상을 알아보고자 한미합동회의가 열렸습니다. 먼저, 이 회의는 마치 준(準) 정부 기구와 같은 인상을 주어 나의 마음이 언짢았습니다. 그러나 지금 그들은 경찰 문제를 놓고 논쟁하고 있습니다.

이 모임에서 김규식 박사는 군정 내부의 친일파 문제와 경찰 문제에 관하여, 특히 경찰의 고문과 피의자 치사 문제를 놓고 용기 있게 싸웠습니다. 관계된 민중들이 끌려가 자신의 죄를 자백하고 있습니다. 김규식 박사가 말하기를, 만약 경찰 문제가 성공적으로 해결되지 않는다면 합작위원회도 쓸모가 없으니 자기는 여기에서 일을 중단하겠다고 했습니다. 김규식 박사는 우익의 대표이기 때문에 그는 경찰 문제를 잘 해결할 수 있으리라고 나는 믿습니다.

미국의 군정에 관해서 말하자면, 군정이 출발 당시부터 반동적이었기 때문에 일반 민중들은 그에 반대하고 있습니다. 그들의 정책은 정치적이며 또한 경제적입니다. 현재로서 그들의 정책은 한국 정부를 한국인에게 넘겨주고 미국은 고문관의 자격으로 일하겠다지만, 미국 국무성의 새로운 정책에 따라 곧 미국의 국익을 위하는 쪽으로 돌아갈 준비가 되어 있습니다.

그러한 정책에 따라 저들은 입법의원을 구성하고, 민주주의를 과시하려는 노력의 한 방편으로 보통선거를 추진하고 있습니다. 미국은 또한 김규식과 여운형을 한국의 고위직에 임명하여 행정권을 장악하게 함으로써 입법의원을 고문관으로 만들어 무력하게 만들려고 계획하고 있습니다.

미국인들은 곧 정자옥백화점(丁字屋百和店, 지금의 미도파백화점)으로 사무실을 옮기고 고문위원회를 설치하여 러취 장군(Archer L. Lerch, 군정장관)과 그 밖의 몇몇 고문관들의 감독을 받게 할 것입니다. 그들은 이 건물 안으로 모든 사무실을 집결시켜 장교들과 소통할 것이며, 한국 인들은 곧 가설될 전화로 소통할 것입니다.

미소공동위원회에 관하여 말하자면 우리는 지난날의 주장을 견지할 것입니다. 소련이 미소공위를 다시 열고자 하는 것을 안 저희는 두 가지 작업을 해야 하는데, 하나는 미소공위가 지체하는 것을 우익의 책임으로 돌리고, 둘째로 우리는 소련과 전술을 함께 하는 것입니다.

정치 문제를 한국인에게 돌려준다는 것은 미국의 입장에서 노름판 패 (牌)를 한국인에게 돌려 실패를 덮어씌우려는 것입니다. 만약 우리가 지 연 작전을 계속하여 쓴다면 미국의 실수가 드러날 것이며, 우리의 실험 은 성공할 것입니다.

군정은 나에게 정치 문제의 일부를 김규식 박사로부터 넘겨받으라고 부탁한 적이 있었지만 나는 그것을 수락하지 않았습니다. 오히려 나는 설득하기를, 행정 책임을 김규식 박사에게 맡겨 그가 정권을 행사할 수 있도록 하라고 권고했습니다.

만약 우리가 반동적인 경찰 문제를 해결하고 김규식 박사의 영향력을 통하여 정권의 ○○○(판독 불명)을 제거할 수만 있다면, 우리의 혁명적 ○○○(판독 불명)을 위한 정치적 자유를 회복할 수 있을 것입니다.

남한에서 민중 봉기는 당분간 멈췄지만, 전라남도와 강원도에서 다시 봉기가 일어나기 시작했습니다. 강력한 반동 세력으로 말미암아 민중 봉 기는 지방에서만 일어나 전국적으로 파급되지 못하고 있습니다. 그러나 그 댓가로 파괴와 희생을 피할 수 없을 것입니다. 왜냐하면 남한에서 봉 기를 일으키는 동안 정부와 민간의 반동 세력들은 모든 힘을 동원하여 좌익의 조직을 공격하며 파괴하고 있기 때문입니다.

경찰은 적극적인 좌익 인사들을 집단으로 체포하고 있습니다. 내가 느 끼기에는 좌익의 집단 전선(민전?? = 원문)이 강고하지 못합니다. 미군정 은 공산당의 전술과 선전에 대하여 모든 반동적 사고를 일으키도록 처방 을 내놓고 있습니다. 이는 미군정이 파괴적 반동 행위를 노골적으로 지원하고 있음을 의미합니다.

　나는 좌우합작의 결말에 대하여 아무것도 장담할 수가 없습니다. 나는 남한에서 매우 어려운 상황을 겪고 있는 좌익들의 단절을 내가 이어줄 수 있을지 알 수 없습니다. 내가 생각하기에 미소공위의 재개만이 나라를 구출할 수 있습니다. 오직 미소공위의 재개만이 좌익을 도와 단일 정당을 만들 수 있습니다.

　김일성 동지,

　아무쪼록 미소공위가 다시 다시 열릴 수 있도록 온갖 노력을 기울여 주시기 바랍니다.

여운형

여운형이 김일성(金日成)과 김두봉(金枓奉)에게 보낸 편지(2)

(Personal Correspondence of Lyuh Woon Hyung
to Kim Il Sung and Kim Doo Bong)
HQS XXIV Corps, G-2, nd.
Record Group 332, Box 21
NARA, Suitland

김일성 · 김두봉 동지에게

평안하시길 빌며, 10월 28일자와 11월 10일자의 편지를 받으셨는지요? 이 편지는 그와 다른 편지입니다.

남로당과 사회노동당의 합당 문제는 아직 만족할 만한 진전이 없습니다. 사회노동당에서는 남로당과 이승엽(李承燁)에게 제안서를 보냈습니다. 두 편지 모두 이 편지에 첨부되어 있습니다. 민주주의적 통일이 조건 없이 이루어져야 한다는 것을 모든 사람이 잘 알고 있습니다.

남로당은 박헌영이 이끄는 공산당이고, 사회노동당은 여운형이 이끌면서도 인민의 당이라는 취급을 받지 못하고 있습니다. 만약 사회노동당이 남로당과 합당한다면, 그것은 공산당이 되리라고 민중은 믿고 있으며, 아직 조직되지 않은 대중에게 엄청난 영향을 미칠 것이며, 군정을 포함하여 지금 한국의 상황에 미묘한 파장을 일으킬 것입니다.

우리는 이 점을 주의 깊게 연구해야 합니다. 우리는 이미 사회노동당을 해산하고 남로당과 합당하리라고 말한 바 있지만, 그 과정에 어려움이 있습니다. 지금 두 번째 협상을 진행하고 있지만, 당내의 당권 투쟁이 심합니다. 그러나 나는 그런 가운데에서도 어떤 진전을 이루려고 노력하고 있습니다.

남한을 돌아보면, 우리로서는 얻은 것보다 잃은 것이 더 많습니다. 자세한 이야기는 다음 편지에서 이어질 것입니다. 군정은 입법의원을 선택할 계획을 꾸미고 있는 것으로 보이지만, 그것은 민주주의의 회의장이라기보다는 큰 손실을 초래할 것이고 그 손실은 입법의원을 통해서 얻는 것보다 더 클 것입니다.

미국은 책임을 회피하고자 행정권의 일부를 한국인에게 넘겨줄 계획을 꾸미고 있지만, 극우파들은 군정의 모든 구성원으로 입법의원을 운영하려 합니다. 나는 이러한 계획을 무너트려야 한다고 김규식 박사에게 말한 바 있습니다.

지금의 한국 사태를 이해한 한 미군정청의 한 요인은 이제야 민중들이 이승만(李承晩)과 한민당(韓民黨)과 독립촉성중앙회(獨促)에 대하여 반감을 느끼고 있다는 사실을 깨닫기 시작했습니다. 좌우합작위원회는 입법의원을 선출할 것인가의 문제와 지금 자행되고 있는 경찰 폭력에 대하여 논쟁하고 있습니다. 모든 정치지도자는 좌우합작위원회의 재개를 위해 군중 집회를 준비하고 있습니다.

여운형

박헌영이 여운형에게 보낸 편지(1946년 4월 16일)

(Personal Correspondence of Park Hun Young
to Lyuh Woon Hyung)
HQS XXIV Corps, G-2, 16 April 1946
Record Group 332, Box 21, NARA, Suitland

여운형 귀하

어떤 개인이든 지도자는 자기가 사는 시대에 역사의 흐름을 역류(逆流)하지 않으면서 민중의 이익을 위해 싸우고 있는 사람이어야 그 시대 진보주의자들의 편에서 이익의 분배를 즐길 수 있습니다.

귀하는 한국의 독립운동 과정에서 위대한 지도자였습니다. 귀하는 일본 제국주의로부터 핍박을 받으면서도 한국의 독립을 위해 투쟁했으며, 한국의 노동 대중을 위해 과감하게 투쟁하였습니다. 우리는 귀하의 그와 같은 위대한 투쟁을 보게 된 것을 기쁘게 생각합니다.

지금 한국의 상황은 매우 미묘하고도 변증법적 성격을 띠면서 진보하고 있습니다. 그와 같은 위기의 상황에서 귀하는 지혜로운 관찰로 우리 민족의 민주주의적 독립을 위한 바른길을 보여 주었습니다.

귀하는 반동분자들의 계획과 음모를 세상에 드러내 보임으로써 진보주의자들이 가야 할 길을 위해 민주주의 전선을 완벽하게 이끈 위대한 영광을 누리는 것은 한국인을 위해 매우 경하할 일입니다. 귀하의 회갑을 맞이하여, 나는 진심으로 귀하의 건강과 장수하심을 빕니다.

1946년 4월 16일
진심을 담아
박헌영 드림

제7장

한국노동운동사(1948)

– 미 24군단 G-2 역사실 작성

History of the Department of Labor(1948)

by
XXIV Corps G-2, Historical Section

Record Group 332, Box 39
NARA, Suitland

한국노동운동사(1948)

1. 개관

일제 시대의 조선총독부에 관한 한, 노동 문제나 그들의 이해 관계나 또는 노동과 멀리 관계된 것조차 존재하지 않았다. 노동은 한국민의 한 계급이나 한 부분으로조차도 인정받지 못했다. 제2차 세계 대전이 일어나기 이전만 해도 노동자는 집권자를 위해서이지 노동자 자신의 목적으로 존재한 것이 아니기 때문에 그들은 국민의 한 부분으로 독자적인 대우를 받는 정체성을 갖지 못했다.

노동자의 처우가 그렇게 된 것은 시대적인 요구 때문이었다. 노동자는 너무 멀리 나간 제국에서 징용되어 지친 군대의 요구에 따라 피를 철철 흘리고 있었다. 1939년 1월 7일자로 공포된 칙령 5호 「국가기능등록령」[1]에 따라 16~50세의 모든 국민이 등록했다.

---

1) Folder, "Documents on Korean Department of Labor"(under Japanese), in Files of Administration Unit, Department of Labor.

1) 일제 시대의 노동 조직[2]

일제 치하에서의 노동 조직은 우선 일본제국의 전국에 널려 있는 군수 산업의 징모 기관으로 봉사했다. 1939년 9월에 공포된 칙령 451호인 「전국징병법」[3]에 따라, 내무국 사회과가 한국의 노동자들을 등록하고 지휘하다가 1941년 3월에 업무가 내무국 노동과로 넘어갔는데, 이 부서는 최종적으로 1943년에 노동국으로 승격했다.

이 노동국 징용과에서 한국 노동자들의 징용과 배치를 다루었다. 등록과는 필요한 노동자들의 숫자·기능·성별, 등 일본인 고용주의 요구 사항을 포함하여, 노동자들의 등록, 조사 및 기록 보존을 취급했다. 그러면서 노동보호과는 징용노동자들에게 쌀과 소모품을 지급하는 한편, 그들을 위해 마련한 불충분한 복지와 사기를 올리는 후원을 다루었다. 이와 같은 일반적인 조직을 도(道)와 군(郡)과 면(面)과 리(里)의 차원에서도 유지하여 한국의 모든 노동자를 밀착하여 감시했다.

노동자 징용을 돕고자 이른바 세 가지 조직을 운용했다.

첫째로, 조선노동회(The Korean Labor Association)는 각 도에 지부를 두어 식량을 공급하고, 노동자의 숙소로부터 노역장으로 왕복하는 일을 맡

---

2) a) "Stanchfield Report" (See Footnote No. 4) ; b) "History of Labor Movement in Korea," by Kim, Shin Suh, Chief, Labor Relations Section, Department of Labor, September 1947, Copy in Department of Labor Files ; c) "Labor Situation in Southern Korea," by Harry Holloway, Deputy Adviser to Director, Department of Labor, 18 Aug 1947, copy in Files of Department of Labor "Reports" Folder.

3) Imperial Ordinance Number 451, September 1939, "The National Conscription Law," Central Files.

앉는데, 이들에 대한 노임은 노동자를 고용한 회사에서 냈다.

둘째로, 부산(釜山)과 여수(麗水)에 있는 두 곳의 직업 학교에서는 그들에게 필요한 기술과 일본 문화 및 일본어를 가르쳤다.

셋째로, 도의 단위에서 운영되고 있는 「조선징용노동자와 전상자의 보호·구호위원회」(The Korean Association for Protection and Relief of Conscripted Laborers and War Sufferers)는 노동자의 가족과 병든 노동자에게 돈을 지급했다.

전시에 노동국은 110만2,081명의 한국인 노동자를 징용했는데, 그 가운데 72만3,239명은 일본제국 국외로 송출되었고, 37만8,142명은 한국에서 일한 것으로 추산되고 있다.[4] 최대 노동 시간과 추가 노동 시간에 관한 규정은 없었으며, 1940년 10월에 공포된 칙령 175호[5]에 따라 10명 이상의 노역장에 근무하는 모든 사람에게 최대 임금제가 실시되었다.

그 밖의 노동 입법의 흔적은 특히 광산에서 "급증하는 사고"에 비추어 1938년에 공포된 안전 관계의 몇 가지 규정이 있다. 1940년 무렵에 공포된 한 법령은 미성년 노동을 금지하지는 않았지만 제한하는 조항을 넣었는데, 예외 조항이 너무 많아 그 적용에 완전히 실패했다.

4) Folder, "Documents on Korean Department of Labor" (under Japanese), in Files of Administration Unit, Department of Labor.
5) a) "Stanchfield Report" (See Footnote No. 4) ; b) "History of Labor Movement in Korea," by Kim, Shin Suh, Chief, Labor Relations Section, Department of Labor, September 1947, Copy in Department of Labor Files ; c) "Labor Situation in Southern Korea," by Harry Holloway, Deputy Adviser to Director, Department of Labor, 18 Aug 1947, copy in Files of Department of Labor "Reports" Folder.

2) 일제의 노동조합 탄압

일제 치하에서 한국인의 노동 운동사는 비교적 짧아, 일본이 항복하기에 앞서 15년 동안에 노동조합은 불법적이었고, 제재를 받아 지하로 들어갔다. 1925년의 훨씬 이전에 몇몇 노동조합운동이 일어났던 것으로 보이지만, 한국의 근대 노동 운동의 선구자는 그 해에 기초를 이룬 것으로 보인다.

농부와 노동자들이 최초로 노동연맹의 회원으로 가입했지만, 1927년 이후에는 임금노동자에게만 국한되었다. 이 무렵에는 산업화 정도가 제한적이었기 때문에 전체 회원 숫자는 많지 않아 아무리 많게 잡아도 6만 명 정도였다. 1931년*에 만주사변(滿洲事變)이 일어나고, 정부가 노조를 장악하려다 실패하자 노동 조직은 불법화되고 뒷날 일본의 노동조합에 적용되었던 탄압이 한국에서 앞당겨 진행되었다.

1930~1946년 사이의 노동조합 활동은 정치 투쟁이었다. 심지어 1930년 이전까지도 노동조합은 대일 항전에 적극적이었고, 몇몇 고용주와 단체 협상이 있었는데, 특히 공공 기관과 부두노조가 더욱 심했다.

1930년이 지나자 지하 조직의 지도자들은 일본에 대한 정치 투쟁이나 경제 투쟁을 구분하는 것이 어렵다는 것을 알게 되었다. 왜냐하면 그 어느 쪽이든 어차피 투옥되거나 고문을 겪거나 죽기는 마찬가지였기 때문이었다. 그러나 일본의 탄압이 거칠어질수록 단체교섭보다는 태업이나 폭력이 주류를 이루면서 확대되었다.

일본이 항복하기에 앞서 한국의 지하 노동 운동은 더 강력하게

---

* 본문에는 1930년으로 되어 있음.(옮긴이 주)

영향을 미치고 있었던 것으로 보인다. 일본은 한국인으로부터 아무런 지원을 받을 수 없다고 느꼈다는 점에서 그들이 일본에서 운영하던 "삼포"(産報 : 大日本産業報國會)*와 같은 민족주의적인 노동 전선의 설립을 시도하지 않았다.

같은 성격으로, 1945년 8월 15일 이후에 미국이 곧 노동통제위원회를 신속하고도 광범하게 실시한 것도, 15년 동안의 "사상 경찰"이나 온갖 검속에도 불구하고 강고한 노동 핵심 세력이 존재했음을 뜻한다.

3) 노동 통제의 효과[6]

일본이 항복하자 한국의 노동자들은 훈련되지 않은 방법으로 저항하는 것처럼 보였는데, 이로 말미암아 생산을 유지하는 데 심각한 어려움이 발생했다. 1945년 11월 16일 자로 공식 발표된 "노동 분야 정책"은 이렇게 지적하고 있다.

> 노동자들은 거의 모든 사업장에서 일을 하지 않고 있으며, 흥청거리며 시간을 보내고 있다. (…) 노동조합은 노동자들이 공장을 몰수해야 한다고 여러 곳에서 주장하는데, 한국의 경영자나 노동자 모두가 이럴 때 각자가 무슨 역할을 해야 하는지 아무런 준비가 되어 있지 않다. (…) 노동위원회는 대개의 경우 일본인 소유주를 몰아내고 자기들 손으로 일을 처리하고 있다.[7]

---

* 産報 : 大日本産業報國會 : 1938년, 일본이 전시 체제로 들어가면서 산업체의 동원을 위해 만든 어용 단체임.(옮긴이 주)

6) Report of Labor Advisory Mission, Korean Sub-Committee, 18 June 1946, ("Stanchfield Report"), pp. 4~6. In Dept of Labor Files, "Reports" Folder.

7) "Labor Section Policy," 16 November 1945, USAFIK, Office of Military Governor, Bureau of Mining and Industry(MGMAI), file No. 040.

노동조합 대표나 경영주들도 적지 않은 곳에서 일어나고 있는 현실을 묵인했다. 해방 직후에 일어나는 이와 같은 어려움은 한국인들이 태생적으로 무책임한 사람들임을 입증하는 것이라기보다는 그 원인이 무엇인가를 이해하는 쪽으로 이해해야 한다.

중일전쟁(中日戰爭)이 시작된 이래, 특히 일본이 미국에 전쟁을 개시한 이래 한국은 일본의 전쟁을 지원하는 병기창이자 기지창으로 이용되었다. 거대한 공장 제품이거나 일본인의 소유를 그들이 통제했다. 대부분의 생산 능력은 전시 제품을 생산하는 데 주력했다. 임금과 노동 조건과 고용 정책은 한국인 노동자에게 최소한의 비용을 들여 최대한 제품을 생산하는 것을 목표로 삼았다.

그럼으로써 한국의 노동자는 고용자와 이해(利害)를 공유하지 못했으며, 대부분의 제품 생산은 자신의 경제 상황을 증진하는 것이 아니라 이방 민족의 재화를 축적하는 일일 뿐만 아니라 일본이 다른 민족을 억압하여 항복시키는 일을 돕는 것이라는 점을 한국의 노동자들은 알게 되었다.

상황이 이렇게 되자 애국적인 한국의 노동자들은 상품 생산은 줄여야 한다는 유혹을 받았고, 일본의 고용주를 믿지도 않고 꾀를 부리기 시작했다. 그들이 보기에 그렇게 하지 않는 것이 곧 비애국적이었다.

그와 동시에 노동조합을 불법 단체로 보고 생산 관계가 전근대적인 봉건 체제를 유지하게 되자 노동자들은 정상적인 단체 교섭을 통하여 생산성과 생산비와 임금이 상관 관계를 가지는 기본적인 경제 현상이라는 것을 배울 기회가 없었다.

그와 같은 탓에 심지어 오늘의 고용주와 관리인들조차도 노동자들과 협조한 경험이 없으며, 쟁의가 벌어지면 "속 썩이는 녀석은 솎아낸다."(ejecting troublemakers)는 전통적인 방법으로 단체 협상을 밀어붙이고 있는데, 이것이 곧 전임 일본인들의 속성이었다.

4) 인민위원회

1945년 8월 15일 직후부터 일본인이 소유하고 있거나 장악하고 있는 사업장에서 노동자들의 발전을 도모한다는 이른바 "인민위원회"가 등장했다. 일본이 항복하고 미군이 새 경영자를 임명하기까지에는 어쩔 수 없이 시간의 간격이 있었다.

한국의 독립 시기에 대한 오해와 일본인의 경영에 대한 근본적인 적대감으로 말미암아, 일본 경영주가 자의로 한국에 남은 경우에도 일본인이 사업체를 효과적으로 통제할 수 없었다.

조국이 해방되자 한국의 노동자들이 가장 먼저 보여준 충격적인 사건은 그들의 위원회를 이용했든, 아니면 새로 선출한 관리인을 이용했든, 지난날의 일본인 기업의 관리인을 몰아내고 그 경영권을 장악하는 일이었다.

1945년 8월 15일 이후 새로 자리를 차지한 책임자에 대한 정책은 그리 선명하지 않았다. 통제위원회의 활동은 자연히 즉흥적으로 공장을 경영하는 것이었으며, 대개의 경우에 그렇게라도 하지 않았더라면 벌써 문을 닫았을 것이다.

좌익의 지도자들은 이런 기회를 이용하여 바깥세상으로 나와 각종 공장에서 노동자들에게 영향력을 펼쳐 나갔다. 흔히 매우 왁자지껄한 사람들로서 일본인 재산을 접수하여 직접 기계를 돌리며, 경영권을 차지하고, 이익금을 분배할 것을 요구했다.

노동조합이 차별적인 모든 법령을 전면적으로 폐기할 것을 요구하자 노동조합을 금지하거나 그와 관련된 일본의 모든 법령이 자동적으로 폐지되었다. 그렇게 되자 노동조합을 구성하려는 충동은 더욱 강화되었다.

그러나 이와 같은 초창기의 "노동조합"은 미군의 점령과 함께 급속히 무너지고, 이때 쏟아부은 헛된 힘은 전평(全評 : 조선노동조합전국평의회)의 설립에 불꽃을 붙였는데, 이에 관해서는 뒤에서 좀더 서술하고자 한다.

5) 군정 초기의 대책

한국이 해방되자 일본인 기술자와 경영자와 기능공들이 모두 귀국하고 훈련이나 경험이나 능력에 관계 없이 한국인 경영인들이 각종 공장을 차지했다. 봉급은 낮았고, 정직함이나 능력에 따른 장려금도 없었다. 돌아가고 있는 기계나 장비의 보수도 없고, 부품의 교체도 없었으며, 재고는 새어나가는 것이 더 많았다.

많은 경영자는 불법적인 도둑질이나 원자재와 기계의 빼돌리기나 완제품을 암시장에 팔아먹는 것으로 살았다. 그런 자리를 얻었다고 해서 생기는 것이라고는 사회적인 명성이나 그가 행세하는 명예뿐이었다. 경영자들은 관리들의 유흥비를 위해 회삿돈을 빼돌리는 일이 허다했고, 훈련이나 고용 · 해고, 또는 작업 일정에 관한 규정도 맑지 않았다.

본디 노동은 중앙 정부에서 상무부의 일부였기 때문에, 도청으로 내려가면 영업이나 사업장의 일이나 노동 감독이 모두 한 사람의 일이었다. 그러므로 기왕의 노동 정책은 생산만 강조하다가 끝내 그 목적을 망가트리는 단견의 정책에 부차적인 것이었다.

군정은 점령 초기부터 조직과 배경이 부족했기에 노동자 중심의 경영에 반대하면서 노동 간부들을 신뢰하지 않았고, 그들이 행세하는 것을 용납하지 않았다. 남한에 노동조합 운동을 조직하고 발전시키고, 재정적으로 지원하는 데 필요한 지식과 경험을 가진 사람은 극소수였다.

많은 사례에 비춰볼 때, 노동자들은 교육을 받지 못하여, 개인의 인권이나, 민주주의의 관행이나, 언론의 자유나, 노동조합을 구성할 경우에 얻을 수 있는 실익에 관하여 아는 것이 없었다. 그들은 일본의 폭정과 지배에 길들여 있었고, 교육을 받을 권리나 편익을 누릴 권리를 거부당했다.

해방 이후의 정치 투쟁과 노동 문제에의 간섭, 귀속 재산 처리 과정에서 나타난 회계의 불투명, 산업체의 노동자들을 조직하여 노동조합을 만들려는 시도에 대한 지속적인 간섭으로 말미암아 노동조합을 조직하려는 노력은 장애를 겪었다.

공장을 다시 가동하여 필요성이 높은 상품 생산을 재개해야 하는 문제에 직면한 군정은 지금이 비상 사태임을 선언하는 정책을 채택했다. 1945년 10월 30일에 군정은 "군정 법령 19호"로 "국가적 비상 시기의 선포"[8]를 단행했다.

이를 통하여 군정이 목표로 삼은 것은, 한국인을 일본의 사회적·경제적·재정적 통제로부터 정치와 행정을 완전히 분리하고, 건전한 한국 경제의 개발을 돕고, 자유롭고 독립되고 책임 있는 한국으로 회복하는 작업을 하려는 것이었다.

"군정 법령 19호" 제2조는 이렇게 규정되어 있다.

> 개인이나 개인 집단으로서 직업을 순수(順受)하고, 방해 없이 근무하는 권리는 이를 존중하고 보호할 것이다. 이러한 권리를 방해하는 것은 불법이다. 공업 생산의 중지 또는 감축을 방해함은 조선군정청에서 민중 생활

---

8) USAFIK Basic Ordinances - See Appendix.

에 필수불가결한 일이라 하였다. 이 목적을 위하여 생기는 쟁의는 군정청에 설치된 중재소에서 해결할 것이니 그 결정은 최종적이요 구속적이다.

1946년 12월 8일, "군정 법령 34호"로 제정된 "노동쟁의위원회의 설립에 관한 건"[9] 제1조와 제3조 3항은 이렇게 규정하고 있다.

군정 법령 제19호 제1조와 제2조를 선포한 현재 비상시에 노동 보호 및 노동 쟁의 조정 정책의 수행을 위하여 이에 (1) 5명의 의결 위원 및 1명의 의결권 없는 상임 감사로 구성된 중앙노동조정위원회를 설립하고 … 도(道)노동쟁의위원회를 설치하여 도지사의 지시한 장소에서 소관 도내의 노동 쟁의를 조정한다.

중앙노동조정위원회는 5명의 투표권을 가진 위원으로 구성하여 서울에서 회의를 갖고, 2개 이상의 도에서 벌어지고 있는 노동 분쟁과 군정청 노동국이 제기한 그 밖의 노동 분쟁을 다룰 권한을 가지고 있었다. 도(道)조정위원회는 그 도에서 발생한 노동 분쟁을 조정했다.

6) 군정 초기의 정책

점령 초기부터 훈련받은 미국인과 한국인 요원이 없어 건전한 노조를 조직하려던 노력은 장애를 많이 겪었다. 노동국이 소속한 상무부의 입장은 1945년 11월 16일 자 도조정위원회에 발송한 다음의 공문에 잘 나타나 있다.

---

9) USAFIK Basic Ordinances - See Appendix.

미군정의 정책은 생산과 교역의 길을 가로막으려는 것이 아니다. 이것은 고용자와 노동자 모두에게 해당한다. 노동 단체는 파업이나 생산 중단을 할 수 없으며, 고용주는 공장을 폐쇄하거나 노동자를 차별할 수 없다. 노동조합의 구성은 허락하지만, 그러한 조직은 정부에 등록하고 그들의 행동은 가동 중지를 금지하도록 주의 깊게 검토한다. 노동감독관은 자신의 판단에 따라 권한을 수행한다.

필요한 상황이라고 판단되면 그는 노동자들을 위한 여가 선용과 건강과 그 밖에 그에 관련된 시설을 마련하도록 고용주에게 지시할 수 있다. 노동감독관은 노동자의 불평이 정당한 것인지를 고려할 수도 있고 경우에 따라 고려해야 한다. 달리 말하면, 비상 사태가 발생하여 노동자들이 기본 무기인 파업을 하지 못하게 되었을 때 노동감독관은 노동자의 권익을 보호하는 역할을 해야 한다.[10]

그러나 위의 성명에는 노동자의 권익이 무엇인지에 대한 정의가 없고, 다만 노동자가 고용주와의 협상에서 자신의 업무를 조정하는 것에 대하여 누구도 찬성하거나 반대할 수 없다는 규정만 있을 뿐이다. 노동자의 권익을 보호하는 역할만의 책임을 지고 있는 사람은 대체로 광산의 노동감독관이며, 산업체나 상업에 관계된 감독관은 생산 재개를 가로막는 문제에 책임이 없다.

그러므로 중앙노동국에 배속된 군정청의 고분고분한 인사들만이 노동자들의 이해 관계에 우선적인 관심을 두고 있었다. 현장에서 보면, 도의 노동감독관이나 그 밖의 상무부 관리들은 사업장의 생산관리자로서 무슨 댓가를 치르더라도 중단 없는 생산만을 강조했으며, 노동자들이 찾아와 고충을 해결해 주기를 바라는 조직적 노력을 방해는 경찰권의 행사를 묵인하거나 동조했다.

---

10) "Labor Section Policy," 16 November 1945, USAFIK, Office of Military Governor, Bureau of Mining and Industry(MGMAI), file No. 040

이러한 상황에서 단체 교섭을 위한 노력은 무의미했을 뿐만 아니라, 오직 관청에 등록하는 일만 강조함으로써 군정 법령을 달리 해석하여 노동조합에 인정된 방법을 방해함으로써 민주적 노동조합의 조직을 장려한다는 말은 의미 없는 것이 되었다.

그러므로 1945년 11월 16일 자의 성명에 담긴 노동 정책이 실현되지 않았다는 것은 놀라운 일이 아니다. 그러한 정책이 실현된 정도는 제한적이어서, 미군정과 그 책임자들의 노동 정책은 지금 조선 총독의 시대에서 의미심장한 변화가 있었다는 것을 남한의 노동자들에게 확신시켜 주는 정도였다.

미군정이 노동 정책을 다시 발표하여 추인한 것은 1946년 6월 14일자 성명[11]이다. 이 새로운 정책 성명은 일차적으로 민주적 조직으로서의 노동조합을 권장하고 노동조합은 평화로운 협상과 단체 협상을 문서로 작성하는 문제에 역점을 두고 있다. 이 정책은 다음과 같은 점을 특별히 강조하고 있다.

(1) 노동자들은 자신의 조직을 통하여, 아무런 간섭 없이 노동조합을 조직하고 가입하며, 다른 노동 기구와 도움을 주고받으며, 노동 계약의 조건을 협상하고 그 밖의 상호 협조와 보호를 대표를 뽑을 수 있는 권리를 갖는다.

(2) 고용주와 노동조합에 다음과 같이 권고한다.

(가) 억압적인 방법이나 파업이나 공장 폐쇄나 생산 방해와 같은 방법을 쓰지 않고 평화적으로 협상한다.

(나) 임금 지급, 노동 시간 또는 그 밖의 고용 조건에 관한 합의문을 명시한 문서를 작성한다.

---

11) "Statement of Labor Policy," 5 June 1946, USAMGIK, Dept of Commerce, approved by Military Governor, 14 June 1946. In Files of Dept of Labor.

위와 같은 정책을 공식적이고도 합법적인 것으로 발효하도록 1946년 7월 23일 자로 "군정 법령 97호"인 "노동 문제에 관한 공공 정책 공포 : 노동부 설치"를 공포한다.[12]

주한미군정청은 이에 따라 노동 문제에 관하여 그 제1조에 다음과 같이 공포했다.

(1) 민주주의적 노동조합의 발전을 장려한다.
(2) 노동자는 자율적 노동조합을 통하여 노동연합회를 조직하고 가입하며, 다른 노동조합을 원조하고 또는 원조하는 권리가 있는 동시에 고용주와 그 대리인의 간섭을 받지 않고, 고용 계약의 기한과 조건을 협정할 목적으로 자기가 선거한 대표자를 지명할 권리를 갖는다.
(3) 고용계약서에 고용주와 노동조합 사이에 합의된 노임, 노동 시간 및 그 밖의 고용 조건을 명기한 평화적 협정을 장려한다.

법령에서 선포한 바와 같이, 노동부의 목적은 "한국 경제가 효과적으로 기능하도록 돕고, 한국 임금노동자의 복지를 향상·증진하고, 노동 조건을 향상하고, 유익한 노동 기회를 증진하는 것"이었다. 이와 같이 하여 노동부는 끝내 여러 단계를 거치면서 진보하였다.

7) 초기의 구조[13]

1945년 9월 8일에 마치 일본인이 설립한 것처럼 80명의 직원으

---

12) USAFIK Basic Ordinances - See Appendix.
13) Interview with Earl T. Mott, Administrative Assistant, Dept of Labor, June 1948 and Organization Folders in Files of Administration Unit, Dept of Labor.

로 노동부가 설립되었다. 군정청의 개편 계획에 따라 광산사업과의 한 계(係)로 출범한 노동계(勞動係)는 정원이 없었지만 우선 다급한 대로 광산사업과가 각 과에 인원을 배정했다. 노동계에는 직원 52명을 배정했다. 이 계에는 총무, 정보·고용, 노조 등록의 세 반(班)이 있었다.

1945년 12월 8일자로 제정된 군정 법령 34호에 따라 설립된 중앙노동조정위원회에는 네 개의 과가 있었다. 노동등록계는 노동조합의 조직, 중재, 노동 관리(管理) 등 온갖 일을 처리하면서, 시급하다고 여겨지는 "노동조합등록법"을 다루고자 설립되었다. 각 도에는 광산산업과 산하에 노동계를 두었다.

"군정 법령 34호"에 따라 각 도에는 도(道)노동중재위원회가 조직되었다. 도의 과에는 총무계, 정보·고용계, 노동조합등록계를 두도록 했지만, 그때까지도 도의 조직은 구성되지 않았다. 몇몇 도에서는 노동계를 보건후생과의 산하에 두고자 고집했지만, 그러한 고집은 끝내 꺾였다.

1946년 3월 29일 자 "군정 법령 64호"인 "조선 정부 각 부서의 명칭"에 따라서 상무국은 상무부가 되고, 과(課)는 국(局)이 되고, 계(係)는 과로 바뀌면서 광산사업과도 광산사업국으로 바뀌었다. 계는 과로 바뀌었지만, 조직은 여전했다.

도의 계는 과가 되어 내부 조직도 총무계, 정보 고용, 노동조합등록 등 세 개의 계를 두었다. 각 도의 중재위원회에도 계를 두었다. 그러나 아직도 노동국에는 확정된 정원이 없었지만, 지방 조직에 위의 내부 조직을 갖추도록 지시했다.

노동부가 독립 부서로 승격하자 과가 국으로 승격했지만, 조직은 그대로였다. 지방의 노동과도 국으로 승격했지만, 위에서 시달된 인원은 아직 배정되지 않았다. 군정 도청에 배정된 인원은 각

도의 사업장과 노동자의 숫자와 노동과 관련된 군정 지사의 중요도에 따라서 15~28명이 배정되었다.

1946년 10월 23일 자 "군정 법령 114호"인 "도(道) 기구의 개혁"[14]에 따라 각 도에는 행정과, 고용정보과, 노동관계과의 3개 과를 설치했다. 도의 노동 중재위원회는 과의 지위를 행사했다. 중앙 정부는 각 도의 정원을 배정하지 않았는데, 이는 각 군정 지사의 능력에 달려 있었다.

그 무렵에는 여러 가지 방법으로 군정청 민정부에서 노동부에 52명의 직원을 사실상 채용했는데, 1946년 초부터 10월까지 모두 48명이 채용되었다. 그와 동시에 정부조직개편국에서는 노동부의 노동관계국 및 노동표준국과 중앙노동위원회를 과(課)로 격하했다. 노동관계국은 노동조합행정과 · 노동조합등록과 · 중재과 · 조사과 · 고용과 · 시행과의 6개 과로 구성되어 있었다.

노동표준국은 아동노동과 · 연구과 · 통계과 · 재정과 · 정책과의 5개 과로 구성되어 있으며, 산업보건안전과는 노동부의 조직이기는 하지만 일정이 너무 늦어 재개편에 포함되지 않았다. 노동부의 전체 직원은 61명이 정식 직원이었고 임시직은 없었다.

1948년 5월 24일에 도의 정원이 변경되었다. 아직 3개의 과가 있었지만, 명칭은 행정과 · 노동관계과 · 노동표준과로 명칭이 바뀌었다. 노동중재위원회는 노동중재과로 변경되었다.

1948년 3월 31일 현재 지방노동국은 184명의 정원이 배정되었는데, 제주도에 2명이 가장 적었고, 서울 다음으로 큰 도시로서 부산 산업 단지를 포함한 경상남도에는 30명으로 가장 많았다. 각 군에는 1명이 배정되어 모두 133명이었다. 각 부(府)에는 2명이 배정되

---

14) USAF Basic Ordinances - See Appendix.

어 모두 28명이었다. 그렇게 하여 지방 노동국의 총 정원은 345명
이었다.

8) 현재의 구조

현재 노동부의 중요 하부 국은 국 수준의 행정단과 노동관계국·
노동표준국·중앙노동중재위원회로 구성되어 있다. 행정직은 총
무과·통계과·재무과로 구성되어 있으며, 노동관계국은 노동중재
과·노동조합과·고용과로 나뉘어 있고, 노동표준국은 노동과·산
업보건안정과·부녀아동과로 나뉘어 있다. 중앙노동중재국은 노동
부로부터 분리되어 조직으로는 독립된 부의 위치에 있었다.

노동부의 공식적인 기능은 모든 노동 문제에 관하여 군정청을
자문하며, 남한의 전국적인 노동 정책을 권고하고, 적절한 노동
입법과 시행을 작성하며, 노사 관계를 개선하며, 노동조합원의
교육을 시행하며, 민주적인 노동 조직과 노동조합을 조직할 때
그 권리를 보호를 고무하며, 모든 노동 입법과 법령의 시행을 도
우며, 한국의 모든 노동자의 복지와 노동 조건을 개선하는 것이
었다.[15]

노동관계국에서 중재과가 하는 중요 업무는 실태 조사를 위한
정책과 절차, 그리고 노동 분규로 말미암은 최소 생산량을 준수하
는 것과 관련하여 노동 관리를 수립하며, 노임과 노동 조건을 포
함하여 노사 간에 단체 교섭의 합의를 위한 정책과 절차를 확립하
는 것이다.

---

15) Budget Justifications, 1947 1948, 1948~1949, in "Budget" Folders, in Files of Dept of
Labor.

노동부의 조직

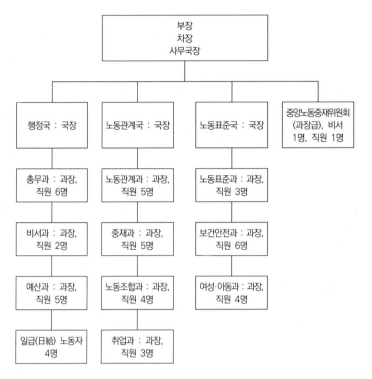

노동관계국의 노동관계과에서는 주로 노동자와 경영주의 교육에 전념하는데, 이를테면 노동 정책과 입법, 단체 협약, 노동조합선거, 산업 보건과 안전, 그리고 그 밖에 노동조합과 관련된 모든 문제에 관한 최근 정보를 충분히 제공하는 것이다. 노동조합과는 노조의 설립과 등록에 관한 법과 규정을 관리한다. 고용과는 전국적으로 고용 서비스를 규제하고, 취업 알선, 고용주의 주문, 숙련공과 비숙련공의 취업 등의 문제를 다룬다.

노동표준국에서는 산업보건안전과가 적절한 건강, 위생과 안전, 남한에서 산업체를 설립하는 표준의 문제를 중요한 업무로 다룬 직업 장애나 직업병을 없애거나 줄이는 방법의 연구, 불안한 노동 조건으로부터의 적절한 보호, 관행과 생산 방식 등에 대한 권고, 건강과 안전 교육의 증진, 사업장 안에 부속 병원, 약국, 응급실의 설치, 정기 검진, 약의 배분에 대한 통제와 감시, 그 사업장에 대한 의료 제공, 산업 재해 체제의 제도, 노동자 기숙사의 위생 시설에 대한 정기 검사, 남한 노동자들의 면역 관리 등을 다룬다.

부녀아동과는 아동 노동의 법규 및 그에 후속되는 부녀노동자들에 따른 입법 문제를 다룬다. 노동표준과에서는 "군정 법령 121호"(1946년 11월 7일)인 "최대노동시간법"의 규제와 시행 여부를 다룬다. 이 과는 산업 보상(補償) 계획, 장애인, 실업, 보건, 사회 보장, 그리고 그밖에 필요하다고 여겨지는 것들을 위한 법률 제정과 관련하여 보상 정책의 연구를 수행한다.

행정실의 통계과는 고용, 실업, 임금 범위, 조합원, 노동 분쟁, 파업, 중재 사례, 노동법과 법령의 위반, 그리고 그 밖에 보고와 조사를 통하여 확보한 지속적인 노동 자료에 관한 통계를 수집하여 평가한다. 재무과와 총무과는 노동부와 관련된 것으로 여겨지는 문제들을 처리한다.

9) 예산[16]

1945년 9월 8일부터 1946년 3월 31일까지의 기간에 광산산업국 노동과에는 예산이 없었다. 사무실 용품은 매우 제한적이었고, 비품은 일본이 남기고 간 것을 썼다. 사무실의 비품이나 용품은 예산국의 최종 승인을 받기에 앞서 광산산업국(뒤에 상무국으로 바

---

16) "Budget" Folders in Files of Dept of Labor.

뀜)의 승인을 받은 다음에 물품을 구입할 수 있었다.

업자와 구매 계약을 맺기에 앞서 인쇄비와 종잇값을 포함하여 4~5개의 화보와 2개의 소책자에 관하여 예산과의 허가를 받아야 했다. 그 밖의 모든 소요 경비도 마찬가지였다.

1946년 4월 1일부터 1947년 3월 31일까지의 회계 연도에 노동과는 전국 기관의 예산으로 2,410만 원을 요청했지만 209만4,504원만 배정되었다. 지방 조직을 위해 중재위원회의 임금으로 200만2,594원의 예산을 요청했지만, 35만4,928원만 배정되고 나머지는 지방청이 부담해야 했다.

예산 삭감은 노동과의 활동 영향을 끼쳤는데, 이를테면, 남한의 도청소재지에 고용 업무용 사무실을 중앙에서는 이를 허락하지 않았다. 사무실 유지는 부(府)의 자금으로 지탱했으며, 그 결과 그들의 활동은 심각하게 위축되었다.

노동과는 공장의 유능한 노동자들이 현장에서 교육을 받을 수 있도록 해달라고 제의했다. 중앙의 노동과에서 이를 금전과 업무로 지원하도록 했다. 각 도의 중요 산업 도시에서 한 개 공장을 뽑게 되어 있었다. 그러나 재정 조달이 없어 이 계획도 중도에 무산되었다.

노동부는 1947년도 회계 연도에 1억3,778만4,835원을 요청하면서 그 가운데 9,928만5,929원은 지방 지청을 위해 빼두었다. 예산국과 중앙경제위원회에서 1,753만4천 원을 배정하자 지청에서는 그 가운데 1,168만 원을 받았다. 예산이 이렇게 삭감되자 중앙의 노동부에서 182명의 직원을 요청했지만, 기금은 60명분만 허락되었다.

중앙과 지방의 통계 작성을 위한 예산은 1,210만 원으로 삭감되었다. 중앙에서는 12명의 직원을 요청했지만 3명만 허가를 받았다. 지방청에서 각각 5명의 임시직을 요청했지만 1명만 승인을 받았다. 각 부(府)와 군(郡)에 임시직 2명을 각각 요청했지만, 부와 군에는 1명만 배정했다. 구·읍·면에 각각 1명의 직원을 요청했지만, 한 명도 배정되지 않았다.

이와 같이 하위 직급의 직원이 부족하게 되자 통계 수집에 엄청난 어려움이 뒤따랐다. 당초의 계획에는 매달 통계를 수집하기로 되어 있었으나 인원이 부족하여 임금, 노조의 숫자, 노동자의 숫자, 아동 노동 등에 관해서만 [1년에] 두 번 실시하도록 했다.

화보와 소책자, 라디오 방송 프로, 월간 노동 소식, 노동 교육의 지방 순회 연설, 이와 같은 연설을 영화로 보는 설비, 우수 노동조합과 조합원과 노사 - 화합에 개인적으로 기여한 경영자 대표, 기계 점검, 생산성 향상, 그리고 노사 - 화합을 포함한 노동 교육을 위해 배정을 요청한 예산도 7,179만 원으로 삭감되었다.

이러한 삭감의 결과 화보는 12종에서 4종으로 줄었고, 소책자는 36종에서 8종으로 줄었다. 당초에는 각 지방에 지구적으로 정보를 보급하고자 각 도에 5명의 강사 채용을 건의했었다. 이 제안은 전국에 3개 집단의 연설단을 구성하여 3개 도에 순회하며, 개별적으로 도에 강사를 파견하는 일은 받아들이지 않았다. 노동자와 노조원과 관리를 위한 당초의 계획도 부결되었다.

지방의 노동청과 공장을 광범하게 감사하고자 요청한 전국 순회 비용도 171만9,800원에서 28만8천 원으로 삭감되자 지방 지청에 대한 전국적인 감사를 심각하게 위축시켰고, 공장의 노동 환경을 알고자 하는 노동부의 활동을 제약했다. 고용봉사국을 위한 예산도 많이 삭감되자 활동도 예전처럼 위축되었다. 노동조합의 등록 서류 인쇄비도 받지 못했고, 노동조합 등록법이 통과되었으나 이곳도 그리 중요하게 취급되지 않았다.

산업 보건과 안전을 위한 활동비 700만 원도 예산을 받지 못했다. 이는 의료 장비나 시설도 짓밟혔음을 뜻한다. 안전 사고에 관한 책자를 만들어 배포하려던 계획도 취소되었다. 산업 재해 병원의 설립 계획도 탈락했다. 필요한 백신은 공중보건복지부의 소관 사항이었기 때문에 노동자들은 예방 접종하지 못했다.

노동조합을 지도하고자 700만 원을 요청했지만 98만 원만 받았다. 노동과가 이 업무를 맡아 노동조합의 구성과 조직을 지원하고, 노동조합에 관한 그 밖의 업무를 조언했다.

아동노동법의 시행을 위해 700만 원을 요구했지만 100만 원만 받았다. 아동노동법을 시행하고자 요구한 서식의 인쇄도 다급한 일이었지만, 이 예산도 또한 깎였다. 이처럼 노동부의 모든 활동의 예산 삭감의 결과로 좌절되었다.

1948년도의 예산에 노동부는 1억8,314만3,900원을 요청했는데 그 가운데 1억3,321만8천 원은 지청을 위한 것이었다. 그런데도 2,935만8,720원만 배정되었고, 그 가운데 1,918만8,620원은 지청으로 내려갔다.

고용봉사국의 예산 요청은 부결되었지만, 그들은 부(府)의 지원을 받을 것이다. 이곳의 정원은 10명에서 15명으로 증원되었다. 실업, 취업, 연령, 성별, 그 업무에 대한 숙련도를 해마다 조사하고자 정교한 계획을 수립하였지만 예산이 허락되지 않아 조사할 수 없었다. 노동부는 132명의 직원을 요구했지만 61명을 배정받았다. 요컨대 노동부의 모든 활동은 예산 삭감으로 말미암아 좌절되었다.

1946년의 회계 연도가 시작하자 후속 수단으로 지청에 예산을 할당하여 분배하는 일이 발효되었다. 지방의 노동과는 도의 재정에서 예산을 받아 업무를 시작했는데, 이를테면, 직원 봉급, 약간의 출장비, 물자 보급, 통신과 그 장비를 위한 것이었다. 지방마다 예산액은 달랐는데, 노동과의 규모, 사업장의 인원, 그리고 각 도에서 노동 문제가 차지하는 중요도를 따라 배정했다. 중앙의 노동부는 또한 지청에 예산을 배정했는데, 그 용도는, 인쇄물과 제본, 노동 중재위원회의 직원 봉급, 그리고 대부분의 여비로 썼다. 예산액은 각 도에 있는 산업체의 직원 숫자와 중요도 그리고 노동자 세력의 대소에 따라 달랐다.

10) 미군 고문관[17]

노동부에 소속된 미국 고문관과 행정 요원은 늘 심각한 인원 부족을 겪었는데, 이로 말미암아 노동부의 활동이 크게 장애를 겪었다. 1945년 9월에 5명의 장교와 사병이 노동과에 배속되었는데, 과장은 현역 소령이었다. 1946년 3월이 되자 장교는 2명으로 줄고, 사병은 1명으로 줄었는데, 이는 전쟁이 끝나자 제대 병력이 급격히 늘었기 때문이었다.

1945년 12월 29일에 미국에서 노동과에 차장 1명, 노동조합 등록과에 계장 1명, 노동정보봉사과 과장 1명, 노동중재위원회 위원장 1명, 노동통계국에 계장 1명, 고급 관료 1명, 통역관 2명, 통계과에 하급직 2명, 서기 2명을 보충해 주었다.

1946년 9월까지 미국인 직원 총수는 한 과에 평균 4명이었으며, 노동부에 장교 3명, 사병 1명, 민간인 직원 6명이었다. 노동부의 부장은 중령이었다. 1947년 1월 1일까지 미군 고문단은 장교 3명, 사병 2명, 민간인 7명으로 구성되어 있었다.

---

17) "Personnel Folders," in Files of Dept of Labor

이때가 노동부에 미군 고문단이 가장 많았던 시기로서, 노동부 장으로 중령 1명(이 직위는 뒷날 노동부장의 고문이 되었다. 왜냐 하면 모든 직책이 한국인에게로 넘어가고 미국인들은 모두 고문 이 되었기 때문이다.)

노동부의 미국인 고문단 직제표
(정원 18명, 실제 7명, 1948년 6월 현재 *만 충원됨)

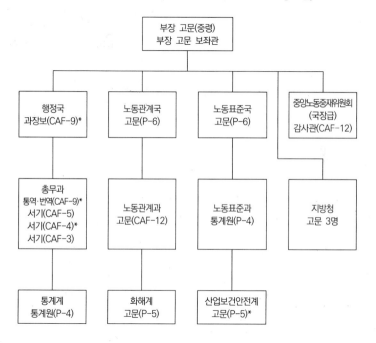

노동국장으로 대위 1명, 아동노동국장으로 대위 1명, 행정관이 자 노동부 차장으로 국방성 군민국(DAC : Department of the Army Civilian)의 행정/예산담당관(CAF-13)을 맡고 있는 대위 1명, DAC 의 P-4로서 산업보건안전국장 1명, DAC의 P-4인 통계국장 1명, DAC의 CAF-8을 맡고 있는 행정보좌관 1명, DAC의 P-2인 초급 통

계관 2명, DAC의 CAF-9으로서 번역/통역관인 병장이 책임 서기 (chief clerk)를 맡고 있었으며, 일등병 1명이 총무 서기(clerk general)을 맡았다.

1947년 1월 2일에 주한미군사령부 "일반 명령 1호"와 관련하여 노동부의 군대 인사의 장교 3명(중령 1명, 소령 1명, 대위 1명), 사병 5명(공병 상사 1명, 참모 상사 1명, 상사 1명, T/5 1명, 일등병 1명)이 배속되었다. 이때가 사실상 노동부에 처음으로 군사 고문이 정원을 채운 때였다. 이보다 앞서 긴급한 필요성과 미국인을 필요로 하는 부서로서 현역 군사 고문의 서열에 따라 군사 고문을 배속했다.

1947년 2월 7일에 "일반 명령 3호"에 따라 장교를 2명(중령 1명, 대위 1명)으로, 사병을 2명으로 줄였다. 1947년 4월 1일에 "일반 명령 10호"에 따라 장교를 2명(중령 1명, 대위 1명)으로, 사병을 2명으로 줄였다. 1947년 7월 14일에 "일반 명령 31호"에 따라 중령 1명으로 줄이고 사병을 모두 전보함으로써 현재 노동부의 군사 고문은 모두 1명이다.

1947년 3월 31일 현재 노동부의 DAC를 위한 첫 인사는 모두 14명으로서, 노동부장의 차석 고문, 노동중재위원회 고문, 노동관계과 고문, 노동표준국 고문, 홍보 담당 고문, 산업 보건안전국 고문, 조사과 고문, 통계과 고문, 행정 차석, 통역/번역관 1명, 속기사 2명, 타자수 1명이다.

노동관계국과 노동표준국과 노동 조정위원회 고문의 자리를 없앴다. 계약 만료와 사직으로 말미암아 노동부 안의 DAC는 7명일 때가 가장 많았고, DAC 6명과 6명의 군무원으로 총정원이 20명이었는데, 이 무렵이 정원이 가장 많았던 때이다.

1947년 8월 8일에 노동부는 조수 훈련 담당과 무역학교의 고문,

고용계의 고문을 요구했지만 받아들여지지 않았다. 9월 7일에 고문과 중재과와 노동관계과의 직책이 확정되었다. 1948년 2월 1일에 DAC 정원이 14명에서 17명으로 늘었다.

그 밖에 추가로 증원된 직책은 지난날 부장 고문이었던 노동관계과의 고문, 도의 노동과에 있었던 고문이 지방 노동 관계 고문으로 변경된 2명이다. 그러나 부장의 고문을 포함하여 18개 직책 가운데 오직 7석만 1948년 6월에 충원되었다.

11) 다른 부처와의 관계

군정의 골격을 이루고 있는 부서의 활동과 함께 정상적인 교류를 갖는다는 점을 논외로 하더라도, 특수 기능을 가지고 있는 노동부는 몇몇 다른 기관과 사회적 유대를 맺는 것이 필요했다. 그 대표적인 기관이 전국노동평의회(National Labor Council), "전국노동규제위원회 법령 1호"(Committee on Korean Labor Regulation No. 1), 중앙경제위원회 임금안정국(Wage Stabilization Division of the National Economic Board)이다.

(1) 전국노동평의회(National Labor Council)[18]

1946년 7월에 미군정청 안의 한 부서로 전국노동평의회가 설립되었다. 구성원은 5명이었는데, 노동부장 고문이 의장이었다. 그 밖에 그의 보좌관과 법무부와 통상부 그리고 중앙경제위원회 대표가 원외 인사로 의원에 임명되었다.

---

18) "National Labor Council," Folder in Files of Dept of Labor.

발표된 바에 따르면, 전국노동평의회는 "노동과 경영 사이에 영향을 미치는 현재의 문제점들을 연구하고 (…) 한국 경제가 최고도의 편익을 창출할 수 있도록 노동과 경영을 효과적으로 운영하고자 정책과 행정 철자와 법령과 규정과 규제를 권고하는 것"이다.

전국노동평의회는 1주일에 한 번 또는 의장의 소집으로 열리며, 군정장관의 최종적으로 검토하게 되는 주제를 권고하는 일과 함께 군정청의 노조 정책 결정자로서 활동했다. 이 평의회는 아동노동법, 노동조합등록법, 노동계의 불공정 관행, 그리고 최대 노동시간 등의 문제를 특별히 강조하면서 노동 입법 계획을 마련하고 편의를 제공했다.

전국노동평의회는 최대 노동 시간의 예외 조항, 임금률 조정의 문제, 소비재의 분배와 같은 특수 사항을 검토하고, 중앙경제위원회에 위와 같은 문제점을 찾아 보고하거나 중앙경제위원회와 같은 다른 부서에 위와 같은 조치를 시행하도록 권고하는 역할을 한다.

1947년 1월, 임금률 및 장려국(Wage Rate and Incentive Board)[19]이 설립되어 노동평의회의 직원과 중앙경제위원회장의 고문과 미국 국무성 경제고문실의 요원 1명을 배정했다. 이 기관은 다음과 같은 주제를 연구하여 중앙경제위원회장에게 보고하는 역할을 한다.

(가) 정부와 귀속 재산에서 근무하는 노동자들의 실질 임금을 인상하도록 돕고 권고함으로써 임금과 생계비 사이에 생기는 좁히도록 한다.
(나) 귀속 재산 기업의 좀더 효과적인 운영을 고무하고자 충분한 보상(補償)함으로써 그러한 기업의 운영 방안을 제공한다.

---

19) "Wage Rate and Incentive Board," Folder in Dept of Labor Files.

1947년 3월 11일에 임금률 및 장려국에게 위와 같은 문제에 관한 보고서를 작성하여 중앙경제위원회에 권고했다.[20] 권고에는 소비재의 할당과 노동 임금의 현실화 그리고 소비조합이 생활필수품을 확보하는 데 도움을 주도록 운송 편의를 제공하며, 우수 직원에게는 임금 50%를 인상해주는 등의 문제가 포함되어 있다.

그 밖에도 노동평의회는 군정 법령과 법규의 시행을 초래한 아동 노동과 최대 노동 시간과 관련하여 여러 작업을 한 데에서 더 나아가 "산업 민주주의(Democracy in Industry)에 관한 법령"[21]을 제안하느라고 많은 시간을 소비했다. 이 법령에는 노동조합의 등록, 경영자가 노동자를 다루면서 지켜야 할 "민주적" 의무, 그리고 매우 보수적으로 노동조합은 경영주 및 경영주와 교섭하면서 지켜야 할 "민주적" 의무를 규정하는 조문을 담았다.

제안된 법령에 관한 의견이 평의회 회원들 사이에서 일어나고 이러한 법령들이 1947년 8월까지 실시된다는 것이 현실적으로 이루어질 수 없게 되자 그 법령에 관한 더 이상의 행동은 교착 상태에 빠졌다가 끝내 폐기되었다.

1947년 8월이 되자 평의회는 지난날처럼 군정청에서 남조선 과도 정부로 넘어가자 환경에 따라 여러 차례 제기되었던 평의회 내부의 인사가 공식적으로 조정되었다.

12) 전국노동규제위원회

한국의 노동 법규들은 한국 정부의 공무원으로 채용된 사람들

---

20) "Wage Rate and Incentive Board," Report to NEB, 11 January 1947 ; "Wage Rate and Incentive Board" Folder, in Files of Dept of Labor.

21) "Democracy in Industry," Folder in Files of Dept of Labor.

보다는 군정청에 고용된 1만1천~2만에 이르는 한국인의 취업, 숙련도, 봉급을 통제하는 정책과 절차를 위해 구성된 것이었다. 군정청의 첫 번째 목적은 군정청에서 고용한 한국인들의 봉급을 안정시키고 경쟁적인 고용으로 말미암아 벌어지는 고용의 악순환을 막고자 함이었다.

본디 1946년 11월에 제정된 각종 노동 법규는 그 사람 다음 달에 수정하여 "한국 노동법 1호"22)로 "알려진 것으로서 형편에 따라 그 때그때 수정되거나 바뀌었다. 이 법규들은 채용, 채용 절차, 노동 단체 회원의 해직, 임금 규제, 노동 시간, 노동 조건 그리고 노동자의 숙련도를 자세히 다루었다.

노동부는 정책과 법령의 제정과 공포를 위한 책임 있는 기관으로 설계된 것이다. 각 도의 지사를 대신하여 구성된 규제위원회는 노동부장의 고문이 소집하는 매달 모임을 갖고 정책을 밝히고, 이를 공식화하고, 변동 사항이나 법규에 관한 새로운 지침을 공포하는 것이 그 목표였다.

각 군정 지사는 고용된 노동자의 숫자, 숙련도, 한 달 가운데 노동 일수, 그리고 봉급에 관하여 매달 보고서를 제출해야 한다. 노동부는 이 보고서들은 압축·요약하였다.

중앙경제위원회는 여기에서 더 나아가 고용과 해직, 임금노동 시간, 노동 조건에서 더 나아가 숙련도, 전문성, 감독, 숙련공, 반숙련공, 비숙련공의 다섯 종류로 구분했다. 전문직은 12종이며, 감독직은 8종, 기술직은 4개 등급에 대략 100종, 반숙련공은 2개 등급에 30종, 비숙련공은 15종이다.

노동자들은 9등급으로 나누어 시급(時給), 일급(日給), 월급으로

---

22) "Korean Labor Regulation # 1," Folder in Files of Dept of Labor, See Appendix.

나누고 도표는 최고급/최저급으로 나누고, 봉급 승진 도표를 마련했다. 특급(特給) 조항에는 요리와 의상 등으로 나누고 몇 가지 예외 조항도 있다. 본디 다달이 도시에 따라 차이가 나는 생활비는 기본급에서부터 올라가지만, 1947년 7월 1일자로 수정된 규정에 따라 끝내 기본급에 따라서 가산되었다.

1948년 7월까지 군정청에 소속된 노동자와 한국 정부 및 귀속 재산 기업에 취업한 한국인들과 미군정청에 취업한 요원들 사이의 보조를 맞추고자 한국의 중앙경제위원회에 소속된 한국인 노무자들을 위해 부처 사이에 임금을 조정해야 한다는 데 사람들 대부분이 동의하고 있었다.

13) 중앙경제위원회 임금안정국[23)]

1948년 2월에 중앙경제위원회는 생활비를 연구하고, 정부와 귀속 재산 기업과 주요 사령부에 근무하는 사람들의 임금 체계를 조정하도록 권고하는 임금안정위원회를 구성하여, 생활필수품과 봉직의 현 시세를 군정청 소속의 한국인 노동자의 임금에 맞도록 임금 조정을 권고할 수 있도록 하자고 중앙경제위원회가 군정청에 권고했다. 이 위원회에는 노동부와 상무부와 통신부와 민정부와 귀속 재산관리청과 24군단 군수 참모(G-4)가 참여하게 되어 있다.

이 중앙경제위원회 임금안정국[24)]은 3월 25일에 창설되어 임금안정위원회가 작성한 계획을 세밀하게 실현했다. 그다음 달부터

---

23) "National Wage Stabilization Committee," Folder in Files of Dept of Labor.
24) "National Wage Stabilization Committee," Folder in Files of Dept of Labor.

임금안정위원회와 임금안정국은 연구를 거쳐, 비품, 섬유, 금속, 기계, 맥주와 음료수, 화학과 가죽 산업을 다루는 사업장과 민간 정부의 노동자와 귀속재산처리국 노동자들의 임금 격차를 조정하도록 지침을 하달했다. 1947년 6월에 임금안정위원회는 교통부 노동자들의 임금 체계를 조정했다.[25]

14) 노동조합[26]

노동부의 활동이 남한의 노동자들에게 결정적인 영향을 미치게 된 이래, 이 나라의 노동조합 운동이 모든 단계에서 노동부에서 매우 중요한 문제로 등장했다. 이렇게 되자 전국의 노동 운동의 모든 전개 과정과 노동부는 보조를 맞추며 나아갔다.

한국의 노동운동사는 비교적 짧다. 1919년 3월에 일어난 민족주의 항쟁은 일본인들에게 엄혹하게 진압되었지만, 이때로부터 일본은 언론과 집회의 자유를 미미하게 허락했다. 비교적 자유스러웠던 1925~1930에 조합주의가 나타났는데, 주모자들은 한국의 여러 도시에서 살고 있는 부두노동자와 선원들 가운데 가장 거친 사람들이었다.

1929~1930년 사이에 부산과 원산에서 부두노동자들이 파업을 일으키자 일본인들이 노동조합 운동을 가혹하게 탄압했고, 지도자들은 지하로 들어갔는데 많은 무리가 단지 반일분자라는 공통점 때문에 공산주의자들과 섞였다.

---

25) 임금 체계에 관한 완전한 연구는 다음의 글을 참고할 것 : "History of Wages in South Korea Occupation" by Robert W. Wiley, Wage Stabilization Division, 25, August, 1948 ; A Part of History of the National Economic Board.

26) "Budget" Folders in Files of Dept of Labor.

일본이 극동에서 정복 전쟁을 시작하면서 모든 노동조합 활동과 그 지도자들을 탄압했는데, 이때 동원된 경찰들은 겉으로 중재와 화해를 표방하면서 독립운동가를 다루었다. 이에 따라 노동 운동도 지난날과 같지 않았다. 그러나 40년에 걸친 일제 치하에서 한국은 수공업과 경제적 봉건주의에서 벗어나 극동에서 남들에 견주어 더 진보적인 산업 국가의 위치를 차지하게 되었다.

일본의 압제에서 해방된 뒤로 노동자들은 한국에서 최초로 자유로운 노동 운동을 전개할 기회를 잡게 되었다. 노동조합 활동을 전개하려던 "인민위원회"는 미군정의 탄압을 받았다. 그러나 노동 운동에 "참여"하려는 민중의 강렬한 요구는 아직도 살아 있어 초기에 무산된 조직 운동이 곧 "전평"을 구성한 인자가 되었음은 의심할 나위도 없다.

공산당의 직접적인 영도 아래 조직된 것은 아니지만, 좌파들이 이끄는 조직이 1945년 9월에 상임집행위원회를 설립한 것을 시초로 통일된 조직이 출범했다. 1945년 11월 5일에 전평 중앙위원회가 서울에서 발족하여 집회를 열었다. 전형적인 동양인의 방식으로 최초로 전국위원회가 구성되고 곧이어 지방 조직이 이뤄졌다.

출발 무렵에는 좌익과 우익의 갈등이 그리 심각하지 않았다. 노동자들은 정치적 이념의 혼잡을 가리지 않고 어떤 조직에 들어가야 하나 기웃거리며 떠돌고 있었다. 그러나 시간이 흐를수록 공산주의자들은 노동자의 권익보다는 이념과 정치를 위해 조직을 이용했다. 요컨대 전평은 그제나 이제나 공산당의 중요한 무기였다. 그들은 자기들의 이념을 따르지 않는 모든 이에게 폭력을 자행했다.

기업체마다 조직을 심으려는 계획은 공산당 세포 조직의 기반을 닦으려는 것이었다. 그들의 정책은 한국에서 온갖 노력을 쏟고 있는 협조하지 않는 것이었는데 그 점에서는 지금도 마찬가지로 이어지고 있다. 그들은 과도 정부의 승인을 끈질기게 거부했으며, 집단적인 중재 요원을 선출하려는 선거에 참여하지 않았으며, 분쟁을 진압하려는 군정을 돕는 일에 반대하였다.

전평의 조직력은 대부분이 산업체에서 나왔다. 전평은 수송, 금속 공장, 화학, 광산, 인쇄, 섬유 건축 그리고 식품업에 광범하게 뿌리를 내리고 있었다. 지리적으로 보면 산업 시설이 밀집된 지역에서 지방 평의회가 수립되었는데, 각 평의회는 서로 비슷하게 분화되어 있었다.

지방의 노조는 특수 공장, 광산, 또는 그와 비슷한 산업 시설에 국한되었다. 전평과 그 조직들은 일찍부터 이 분야에 이해 관계를 가지고 있었기 때문에 우월한 지위를 차지하고 있었다. 미군이 한국을 점령한 직후에도 작업 방해는 빈번했지만 그리 심각하지도 않았고 오래 끌지도 않았다.

본디 공산주의자들의 목표는 노동자들이 경영권에 참여하려고 노력하는 것이었다. 전평의 지침에 따른 공산주의의 방식은 개인과 일부 구성원 사이에 많은 불만을 불러일으켰다.

1946년 4월 1일이 되자 우익 노동 조직인 대한노총이 모습을 드러냈다. 그들은 극우파의 정치적 야심을 지지하는 보수적 재벌들이었는데, 대한노총이 그들로부터 지원을 받았지만, 정신적으로 영감을 받은 것은 아니었다. 대한노총의 본질적인 교의(敎義) 가운데 하나는 투쟁 방법이 평화적이어야 하며, 이 나라를 경제적으로 회복하는 일이었다.

그 뒤에 이어진 시기에서 좌우익은 "정치 깡패"와 "주먹"의 충돌이었다는 사실에 비춰보면, 그들의 교의는 생소하게 보일 수도 있다. 처음에는 전평이 우위를 누리고 있었고, 대한노총은 경인지방의 공장 지대에서 조직 확산에 전념하지 않을 수 없었다.

1946년 9월에 대한노총은 자기들의 회원이 서울의 영등포와 인천 지역에 4만 명의 조합원을 거느리고 있다고 자평했다. 그와 같은 시기에 전평은 서울·인천·삼척·대전·대구·부산·마산·전주·군산·광주·목포 등의 곳에 11개 지방 조직을 두고 있으며, 회원이 24만 명이라고 자평했다.

1946년 5월 1일의 노동절 기념식이 서울운동장에서 열렸는데, 대한노총은 대략 3~4천 명인데 견주어 전평 측에서는 1~2만 명이 참석했던 것은 사실이다.

대한노총이 조직을 성공적으로 이끌 수 있었던 힘은 철도노조를 내 편으로 끌어드렸고, 그들의 역사에서 전환점이 된 1946년의 전면 파업이었다. 이번 파업이 노동자의 권익을 위한 투쟁이라기보다는 정치적·이념적인 것이었다는 것을 노동자들이 깨닫기 시작하자 조직에 분열이 일어났다.

이때를 기회로 잡은 대한노총은 공장으로 돌아가는 운동을 시작했는데 이것이 전평을 떠난 간부들로부터 광범한 지지를 받았다. 이 사건을 계기로 자연스럽게 여론이 대한노총 쪽으로 쏠렸고, 이번 파업의 실패로 말미암아 몇 군데에서는 대한노총을 크게 신뢰했다.

그 뒤로 이어진 파업에서 전평의 많은 간부가 투옥되고 일부는 지하로 잠적했다. 그 결과 전평의 조직은 사실상 지하 투쟁을 할 수밖에 없었고, 그 시간에 대한노총은 세력을 확장해 나가고 있었다. 1946년 말이 되자 전평은 비록 대부분이 지하로 들어가 활동했지만, 아직도 특히 경상남도에서 잠재력을 가지고 있었고, 그 밖에도 경상남도·전라남도·전라북도에서 활약하고 있었다.

1947년 3월 되자 전평은 자기들의 세력이 어느 정도인지 시험하고자 전국 60개 공장에서 24시간 파업을 요구했으나 노동자들의 참여가 적어 전평은 완전히 실패를 맛보고 반사적으로 대한노총이 위신을 떨치면서 조직을 강화했다.

대한노총이 조직을 운용하는 방법은 이른바 서북청년단(西北靑年團)이라 불리던 청년 단체와 대동청년단(大同靑年團)의 "정찰대"(scout troop)를 좌익 단체에 보여 주는 것이었다. "청년단"이라는 이름의 형식적인 명성을 앞세운 이들은 여러 차례에 걸쳐 폭력과 협박을 자행하여 조직의 목적을 수행하는 단체에 지나지 않았다.

분명히 터무니없이 과장된 대한노총의 자료에 따르면, 1947년 말 현재 그들은 85만 명의 회원과 2,911개의 지부와 12개의 사업장을 장악하고 있다고 주장했다. 이들은 한국의 남단 지방에서 아직도 열세를 보이고 있었는데, 이는 전적으로 지하에서 암약하는 전평의 지속적인 방해 공작 때문이었다.

1948년 6월이 되자 대한노총은 자기들이 복합적인 특수 사업체와 지회에 모두 100만 명이 넘는 높은 수치를 장악하고 있다고 주장했다. 그러나 노동부의 추정에 따르면 그들 회원 수는 대략 그들이 주장하는 수치의 25% 정도라고 한다.(《도표 1》 참조)

《도표 1》 대한노총 회원 수(자칭 : 1948년 6월 현재)

	대한노총 : 자체 보고(%)	노동부의 추계
1. 특수 산업노조	268,913(24.7)	50,000(20)
1) 해양노조	145,372(13.3)	11,000(4.4)
2) 운수노조	39,564(3.6)	20,000(8.0)
3) 전기노조	26,431(2.4)	9,000(3.6)
4) 광산노조	57,546(5.3)	10,000(4.0)
2. 지방노조		
97개 지방노조	822,282(75.4)	200,000(80)
총계	1,091,195(100)	250,000(100)

그러나 양대 노총의 주장과 노동부의 추정을 보면 이는 조직의 모든 "회원"을 합산한 것임이 드러났다. 다시 말하자면, 그 수치는 그 수치는 노동조합의 회원뿐만 아니라 실제로 현재 한국에 있는 모든 노동자의 숫자를 합산한 것이다. 그러나 《도표 2》를 보면 실제로 현장에서 활동하는 노동자를 계상해야 하며 잠재적 노동자는 여기에 포함되지 않았다.

《도표 2》 도별 노동조합 통계(1948년 6월 현재)

도별	대한노총		전평		독립노조		합계	남성	여성	합계
	조합수	회원수	조합수	회원수	조합수	회원수				
서울	93	22,052					93	16,037	6,015	23,052
경기도	124	14,860	1	60	4	213	129	10,976	4,157	15,133
충청북도	10	2,175			1	51	11	1,923	303	2,226
충청남도	37	9,511			8	912	45	9,315	1,108	10,423
전라북도	2	431			1	94	3	445	80	525
전라남도	11	12,327	1	425	2	219	14	10,755	2,216	12,971
경상북도	61	12,463	8	1,362	2	71	71	12,019	1,877	13,896
경상남도	72	22,477	13	2,839	9	3,254	94	21,647	6,923	28,570
강원도	38	11,943			1	336	39	11,463	816	12,279
제주도			1	331			1	325	6	337
합계	448	108,239	24	5,017	28	5,150	500	94,905	23,501	118,406

출처 : 노동부 노동관계과
(도별 통계는 지방 노동과에서 제출한 것으로서 불완전한 통계임)

1948년 7월에 국제노동기구에 참가했던 아시아 대표들이 샌프란시스코에서 아시아노동연맹(AFL : Asian Federation of Labor)의 첫발을 내디뎠다. 이때의 회원국은 중국 · 버마 · 인도 · 인도네시아 · 필리핀 · 파키스탄 · 이란 · 터키였다. 이 자리에서 대표들은 1949년 연초에 회의를 열기로 하면서 일본과 한국에도 초청장을 보냈다. 미국노동연맹(AFL : American Federation of Labor)가 폭로한 바에 따르면, 아세아노동연맹이 충실하게 결성되도록 도와달라는 것이었다.

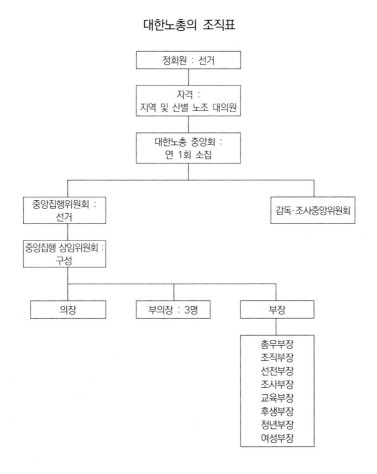

대한노총의 조직표

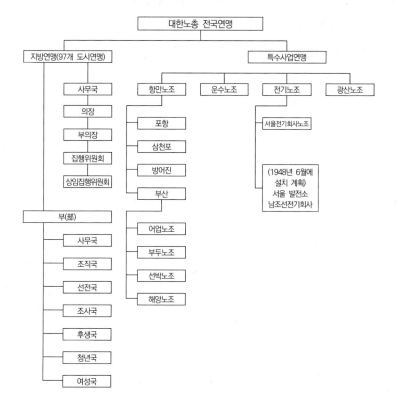

대한노총의 국내 조직표

대한노총 전국연맹

- 지방연맹(97개 도시연맹)
  - 사무국
  - 의장
  - 부의장
  - 집행위원회
  - 상임집행위원회
  - 부(部)
    - 사무국
    - 조직국
    - 선전국
    - 조사국
    - 후생국
    - 청년국
    - 여성국
- 특수사업연맹
  - 항만노조
    - 포항
    - 삼천포
    - 방어진
    - 부산
    - 어업노조
    - 부두노조
    - 선박노조
    - 해양노조
  - 운수노조
  - 전기노조
    - 서울전기회사노조
    - (1948년 6월에 설치 계획) 서울 발전소 남조선전기회사
  - 광산노조

15) 그 밖의 법령과 규칙

노동 입법과 관련하여 군정은 남한에서 아동 노동 법규가 가장 중요한 문제라고 생각했기 때문에 이를 위해 모든 영향력을 쏟으라는 지시를 보냈다. 전국 노동평의회에 군정은 이 문제에 조심스럽게 접근해야 한다는 사실을 충분히 이해하고 있었다. 강대국의 자의적인 분단으로 말미암아 겪는 불이익 속에서 아동 노동 문제

가 이미 이 나라의 경제를 파괴할 가능성을 최소화하는 것이 본질적인 문제였다.

한국은 40년 동안 완전한 전시 경제로 이행하는 과정에서 일본의 목표를 위해 굴종하였고, 일본인 기술자들이 귀국한 뒤로 훈련된 기술자가 부족하기 때문에 더욱 그러했다. 미국의 판단에 따르면, 아동 노동을 줄이려는 제도가 흔들리고 있다는 것이 문제의 본질이었다. 왜냐하면, 아동노동법은 불가하게도 많은 전문가를 필요로 하는데, 특히 섬유 산업의 경우에 더욱 그러했으며, 일본인들이 물러간 다음에는 그 자리를 메꿀 사람이 없었다.

(1) 아동 노동에 관한 법규[27]

1946년 9월 18일에 군정 법령 112호로 "아동노동법"이 제정되었는데 그 제1조는 다음과 같다.

> 제1조 : 목적 : 본 법령은 조선 아동이 현대 사회에 있어서 시민의 책임을 질 준비를 갖추어 성년에 이를 수 있도록 하기 위하여 전 세계 문명 각국이 채용하는 인도적·계몽적 원리에 따라 아동노동법을 규정함을 목적으로 함.

법 조문에 따르며, 12~14세의 어린이의 노동과 관련하여 계약을 맺었거나 합의한 기존의 사항은 1947년 2월 15일까지만 유효하다. 그러나 12세 이하의 아동 고용에 관한 모든 계약은 즉시 무효로 하며, 이 법령이 공포된 뒤 30일이 지난 뒤에도 아동 노동을 계속함을 금지함.(제2조)

---

27) USAFIK Basic Ordinances - See Appendix.

이 법령에는 또한 다음과 같은 규정도 있다.

제3조 : 14세 미만 학생의 학교 수업 시간 중의 고용 = 만 14세 미만 아동이 거주하는 지역의 공립학교에 출석할 필요가 있는 경우에 해당 학교 수업 시간 중에는 개인이나 또는 법인이 아동을 어떠한 실업(實業)에 고용하거나 노동에 종사하도록 허가 또는 묵인함은 불법임.(제3조)

제4조 : 16세 미만의 아동 = 만 16세 미만 아동은 공사 간에 중공업이나 유해한 사업 또는 이에 관련되어 고용하거나 종사함을 허가 또는 묵인함을 금지함.

제5조 : 18세 미만 아동 = 만 18세 미만의 아동은 생명에 위험하거나 건강 또는 도덕에 유해한 공사가는 사업에 또는 이에 관련되어 고용하거나 종사함을 허가 또는 묵인을 금지함.

제6조 : 21세 미만 여자 = 만 21세 미만의 여자는 (가) 광산 (나) 채석장 (다) 쇄탄장(碎炭場)(단 사무소 내의 직무를 제외함) (라) 운동 중의 기계에 기름을 치거나 청소하는 일에 고용하거나 종사하기를 허가 또는 묵인함을 금지함.

제7조 : 16세 미만 아동의 최대한도 노동 시간 = 만 16세 미만의 아동을 어떠한 시설이나 직업에 또는 이에 관련되어 고용하거나 종사하기를 허가 또는 묵인하는 최대한도 시간은 ;

(가) 어떠한 주간을 막론하고 6일을 초과함을 금지함.

(나) 어떠한 주간을 막론하고 48시간을 초과함을 금지함.

(다) 어떠한 날을 막론하고 점심 식사 시간을 제외하고 8시간을 초과함을 금지함.

(라) 오전 7시 이전이나 오후 7시 이후의 노동을 금지함.

단 이 규정은 1947년 2월 15일 이전까지 효력이 없음.

제8조 : 18세 미만 아동의 최대한 노동 시간 = 만 18세 미만의 아동을 어떠한 시설이나 직업에 또는 이에 관련되어 고용하거나 종사하기를 허가 또는 묵인하는 최대한의 시간은 ;

(가) 어떠한 주간을 막론하고 6일을 초과함을 금함.

(나) 어떠한 시간을 막론하고 54시간을 초과함을 금지함

(다) 어떠한 날을 막론하고 10시간을 초과함을 금지함.

(라) 오전 6시 이전이나 오후 10시 이후의 노동을 금지함.

단 본 규정은 1947년 2월 15일 이전에는 효력이 없음.

제10조 : 고용 계약의 기한에 관한 제한 = 만 18세 미만의 아동을 고용하는 계약 또는 협약은 해당 계약 또는 협약의 시일로부터 6개월을 초과하는 체약 또는 시행을 금지함.

단 본 규정은 1949년 2월 15일 이전에는 효력이 없음.

제11조 : 병고(病故) · 휴일, 임신 및 수유 = 2주간 이하의 병고는 만 21세 미만 아동의 계약 또는 예약을 폐기할 이유가 되지 않음.

만 21세 미만의 고용인은 매월 최소한도 2일 반(半)의 정규 보수를 받으며 병고 휴일을 얻을 권리가 있으며, 병고 휴일은 매년 30일까지 적립할 수 있음. 2일을 초과하는 병고 결근을 청구하는 고용인에게는 문서로 된 근거의 제출을 요구할 수 있음. 만 21세 미만의 여자로 임신 중인 고용인에게는 통상 정양(靜養)의 목적으로 90일간의 무보수 휴일을 허락함.

제12조 : 16세 미만의 교육 및 오락 = 인가 시설 또는 직업에 고용된 만 16세 미만 아동의 매주 인가 노동 시간 중 6시간 이상 및 2시간 이상은 각각,

(가) 고용에 관계되지 아니한 교육적 수업에 정규 보수로써 사용하며,

(나) 오락 및 육체적 운동에 정규 보수로써 사용함을 요(要)함.

단 본 규정은 만 16세 미만 아동 15명 이상을 고용한 기업에 한하여 적용함.

단 고용주는 노동부의 감시 아래 해당 고용주가 요구하는 기숙사에 거주하는 민 18세 미만의 고용인에게 합리적인 야간 외출 금지 시간을 선언할 수 있음.

제14조 : 신체 검사 = 인가 시설 또는 직업에 고용된 만 18세 미만의 아동은 해당 시설 또는 직업에 고용되는 당초 및 그 후 매 6개월에 고용주가 제공하며 노동부에서 승인한 의사 및 치과 의사의 신체 검사를 필요로 함. 신체 검사의 경비는 물론 고용의 조건에 따라 필요한 치료, 수술, 또는 의료 기계의 경비는 모두 고용주가 부담함.

제15조 : 고용증명서 = 본 법령에 진술한 시설 또는 직업에, 또는 이와 관련하여 만 21세 미만의 아동을 고용하거나 종사하기를 허가 또는 묵인하는 개인과 회사 법인은. 규정에 따라 아동에게 발행한 고용증명서를 획득하여 문서 중에 보관하고, 공장 감시 또는 이 법령의 시행을 담당한 관원에게 제시함을 요함.

제16조 : 각종 규정 – 5항 : 아동 범죄 = 본 법령에 진술된 시설, 장소, 직업에 또는 이에 관련되어 종사하는 아동이 본 법령의 시행을 담임한 공장 감시 기타 관원에게 성명, 연령 또는 현주소의 보고를 거절하는 때에 해당 감시 또는 관원은 아동이 고용되어 있거나 지방의 소년심판소 또는 해당 지방에 소년심판소가 없을 때는 아동의 범죄에 관하여 관할권을 가진 재판소 또는 사법관 앞에 아동을 인도하여 심사를 받게 하며, 법률로 취급 받도록 할 것.

제17조 : 각종 규정 – 6항 : 판매 금지 : 자기 자신을 위해서 또는 개인 · 회사 · 법인의 대리로서 미성년자에게 물품을 제공 또는 판매하되 해당 미성년자가 본 법령의 규정을 위반하는 물품을 판매하려는 의도가 있다는 것을 알면서 제공 또는 판매하는 자, 또는 본 법령의 시행을 담임한 관리에게서 서면 고시를 받은 뒤에도 미성년자에게 물품의 제공 또는 판매를 계속하는 자, 또는 본 법령을 위반하여 미성년자가 생산한 것을 알면서 고의로 판매 · 제공 또는 운반하는 자는 본 법령을 위반한 죄가 있음.

많은 한국의 공장 소유주와 관리들은 아동 문제에 관하여 상담을 받았으며, 그러면서도 그러한 법령을 지켜야 하는 데 대하여 불쾌했지만, 대부분은 그 필요성을 인정했다. 법령이 통과된 뒤에 일부에서는 이 법령에 대한 비난을 퍼부었지만, 민중의 여론이 대체로 이 법령을 지지하고 과도입법의원이 개원하자, 이 문제는 의원에서 신중히 논의할 중요성이 있다고 생각했다.

1947년 2월 24일자로 "군정 법령 132호", "군정 법령 112호의 잠정적인 효력 정지"가 채택되었다. 이 효력 정지는 1947년 6월 1일까지 지속되다가 다시 이와 관련하여 "아동노동법"이 계류되었지만, 법령이 보류된 뒤에도 여전히 14세 이하의 아동 노동을 고용하는 법령이나 합의를 금지했다.

(2) 미성년자 노동보호법 : 법률 제4호

남조선과도입법의원은 드디어 1947년 5월 16일에 법률 4호로 "미성년자 노동보호법"[28]을 제정했다. 이 법은 "군정 법령 112호"인 "아동보호법"에 명시된 의도와 목적을 본질적으로 다시 쓴 것에 지나지 않는다. 다만 아동보호법은 여러 연령대의 차이를 고려하여 노동에 관한 금지와 제한 조건을 명확하게 하고, 헛점을 억제하려는 것이다.

노동의 성격이나 다른 일자리를 찾는 데 어려움이 있기 때문에 당장 직장을 바꾸는 일이 불가능할 때는 14세 이상의 아동을 위한 직장을 금지하거나 제한하는 것을 1년 동안 유예하여 정지할 필요가 있었다.(제19조 3항)

이 법의 목적은 이렇게 명시되어 있다.

> **제1조** : 목적 = 이 법은 미성년자를 유해 · 위험한 직업 또는 과중한 노동으로부터 보호하여 그 생명 · 신체의 건전한 발육과 정당한 이익을 보장하며, 사회의 안전을 도모하기 위하여 미성년자를 대상으로 하는 일체의 고용 관계 및 노동 조건에 관한 금지 · 제한 · 개선 · 조정을 규정함으로써 목적한 본 법률을 실시하는 데 필요한 세칙은 본 법률 규정에 따라 이를 제정 · 시행한다.(제1조)

---

28) USAF Basic Ordinances - See Appendix.

아동보호법은 또한 노동부가 집행해야 할 업무로, 노동부가 이 법의 시행을 원활하게 할 수 있도록 규칙과 내규를 제정할 수 있도록 하고, 이에 따라 노동부는 1947년 9월 15일자로 "노동부령(勞動部令) 1호"와 "노동부령 2호"를 공포했다. "노동부령 1호"는 "미성년자노동보호법 시행 규칙"[29)]으로서 아동 노동자의 휴식 시간, 식사, 노동 실시 규정, 등록 문서의 형식, 일정, 건강·체력 검사, 폭행에 관한 보고서, 기타 사항에 관한 것이다.

노동부령 제2호는 "미성년자 노동의 교육 및 보건"[30)]인데, 여기에서는 교육 비품, 교재, 교사(敎師), 교육 계획, 교육과정, 그리고 4개월마다 노동부에 올려야 할 보고서 작성의 일정과 구비 요건, 운동 그리고 여가의 문제를 다루고 있다.

(3) 최대 노동 시간

그러는 동안에 아동 노동 규제가 불가능하게 되자 전국노동평의회는 노동 시간에 관한 법률의 제정에 몰두하게 되었다. 그 결과로 1946년 11월 7일에 "군정 법령 121호"로 "최대 노동 시간"에 관한 법률을 제정하기에 이르렀다.

"노동자의 건강과 능률 및 일반 복지를 증진하기 위하여 상공업 및 공무의 최고 노동 시간을 규정·제한함에 목적을 둔 이 법령"(제1조)에 따르면, 고용주는 본 법령에 예외로 규정한 이외에 주(週) 48시간 일하되 그 이상의 시간은 노임 150%를 지급하며, 통산 주 60시간을 초과할 수 없다.(제2조)

계절적 산업에 대한 결정과 범위도 마련했다. 농업, 어업, 선원

---

29) USAFIK Basic Ordinances - See Appendix.
30) USAFIK Basic Ordinances - See Appendix.

가사 노동이나 시간제 가사노동자, 철도 업무에 종사하는 사람, 노동부장과 더불어 이들에 관한 특별 규정을 입안하는 사람, 실질적으로 행정부나 전문직에 종사하는 사람, 생명과 재산을 보호하는 매우 위험한 작업에 종사하는 사람은 예외로 한다.

노동부장은 이 법령을 실시하는 동시에 이 조문들을 수행하면서 필요하고 적절하다고 여겨지는 부칙을 제정할 수 있다. 여기에서 사용되는 용어는 다른 법령이나 형법에서의 처벌에 관한 조항과 같다.

1948년 3월 11일 이전에는 부령(部令) 3호인 "운수부 철도국 노동자들의 최고 노동 시간에 관한 부령"[31])에 따라 철도 노동자는 예외가 인정되었다. 1948년 4월 13일에 "노동부 부령 4호"로 "계절적 산업에 관한 예외 규정"이 공포되었다. 이 부령에 따르면 농번기에는 "군정 법령 121호"에 명시된 노동 시간의 예외 조항으로서, 염전, 잠사업, 인삼의 수집과 가공, 채소와 과일과 수산물의 수집과 손질과 포장은 예외 조항으로 규정했다.

도대체 무슨 물품을 "계절적"이라고 부르며, 정확히 언제부터 언제까지를 봄 · 여름 · 가을 · 겨울이라고 부르는가에 대한 노동부의 결정에 관한 회의와 청문회를 거쳐 "노동부 부령 4호"가 공포되었다.

(4) 노동조합등록법

노동조합등록이 이미 1945년 10월 20일에 전국노동평의회의 전신인 노동관계평의회의 모임이 있었다. 그 자리에는 군정장관 아

---

31) USAFIK Basic Ordinances - See Appendix.

놀드 장군(A. Arnold)도 참석했는데,[32] 이 자리에서 노동조합의 등록을 논의하는 과정에 광산산업국의 노동과장이 그의 과에서 논의된 바 있는 네 가지 계획을 의안으로 내놓았다. 그 계획에 따르면, 노동중재위원회를 열러 서울과 지방청의 차원에서 노동 정보의 제공, 자유로운 고용 업무, 노동등록법을 다루도록 하자는 의견을 제시했다.

이때의 논의를 기초로 하여 1945년 10월 30일자로 "국가적 비상시기의 포고 제2호"로 "노동의 보호"를 포함한 "군정 법령 제19호"를 공표했다. 그러나 "노동조합등록법"은 11월이 되어도 작성되지 않았다. 그러면서 군정 법령을 곧 발표할 것이라며, 초안의 부본을 인쇄하여 각 도에 보내어 광산사업국의 명의로 11월 19일에 "노동조합등록법"을 배포했으나 이루어진 것은 아무것도 없었다.

1946년 2월이 되자 각 도의 노동조합은 이미 예고된 법령이 언제 통과될지는 현재로서 예단할 수 없지만, 각 지부가 노동조합 설립을 바란다면 등록원서를 제출하는 것에 반대하지 않을 것이라는 통보를 받았다.

3월이 되자 노동과에서는 노동조합 등록령의 새로운 대안에 관한 의견을 물었는데, 이는 전라남도에서 이미 작성한 원칙을 구체화한 것이었다.[33] 요청받은 논평에 대한 의견들이 나왔지만, 사안은 진전되지 않았다. 6월이 되자 좀더 정교한 시안이 나와 논평을 받았으나, 맷돌에 갈 듯이 검토를 거쳐 창고에 쑤셔 넣었다.

이와 관련하여, 그 사람 다음 노력으로 "노동조합 및 산업관계법"이 날개를 폈는데, 전국노동조합평의회는 12월에 이것이 최종

---

32) Minutes of Meeting of Labor Relations Council, 19 October 1945 (dated 20 Oct) in "Labor Policy," Folder in Files of Dept of Labor.

33) "Union Registration," Folder in Files at Dept of Labor.

안이라고 말하면서 사실상 인쇄에 들어갔다. 많은 사람이 이를 축하했지만, 군정장관 서리인 헬믹 장군(Charles G. Helmick)이 이에 제동을 걸어 수정을 요구했다.

이 법안은 "공정하고 평등한 협상을 고무함으로써 안정된 노동 관계를 증진하고, 그러한 합의에 이르도록 고용주와 노동자를 지원하고, 노동자가 노동조합을 구성하여 고용주와 단체 교섭을 진행할 권리를 보호하는 것"을 목표로 한다고 공언했다. 이 법안에는 다음과 같은 사항들이 포함되어 있었다.

(1) 고용주는 노동자의 노동조합 조직을 방해하지 않는다.
(2) 노동조합은 경영주의 경영권이나 노동자의 시민권을 방해하지 않는다.
(3) 노동조합과 고용주는 각기 지켜야 할 책임이 있다.
(4) 정부에 전국노동조합 행정과를 설치한다.
(5) 위의 2항과 3항에 노동조합에 개입하지 않는다는 조항을 넣는다.
(6) 노동조합의 등록에 관한 사항
(7) 노동조합이 배타적 단체교섭권을 가질 수 있는 자격에 관한 조항
(8) 단체 교섭의 단위에 관한 조항
(9) 합의를 위한 협상권
(10) 노동조합과 고용주의 의무
(11) 상조회(喪弔會)의 구성
(12) 정의(定意), 지시, 폭력 및 법률·법령·규칙에 관한 조항

1947년 1월 14일에 거듭 수정된 초안을 다시 정비하고 거의 인쇄 단계에 이르렀으나, 그 무렵에 "노동조합은 정치 활동에 참여하지 않는다는 의구심을 명료하게 못 박도록" 수정하고자 다시 보류되었다. 노동부를 바라보는 이와 같은 뒤늦은 의구심에 대하여,

그렇다면 이 문제와 관련된 한 개의 조항을 초안에 첨가하자는 논의가 지적되었지만, 노동부가 생각하기에는 그 조항이 너무 모호하여 법령은 다시 보류되었다.

드디어 4월 1일에, 이 법안의 초안은 전국노동자평의회에 반송되었고, 이 법안은 결국 "산업 민주주의"라고 알려진 기이한 법안에 흡수됨으로써 1947년 8월에 전국노동자평의회가 없어질 때까지 토의만 계속하다가 사라지는 운명을 겪었다.

1948년 6월이 되자 노동법의 세 가지 초안이 등장하여 서로 이해 관계가 다른 부서에서 심사를 받을 준비를 하고 있었다. "노동조합등록법"은 민주주의 원칙에 따라 진정한 노동조합을 조직하고 운영하도록 도와줄 필요가 있다고 사람들은 생각하게 되었다.

정치 집단을 노동조합으로부터 분리하고 노동조합 회원들이 조합의 조직과 운영에 관하여 자유롭게 말할 수 있는 권리를 보장하려면, 조합이 관계 공무원에게 회원의 자격, 회의, 대표성, 조직의 임무에 관한 법령을 제출하도록 요구하고, 법의 보호를 요구하는 노동조합은 관리가 다음과 같은 사항을 요구하는 일을 자제할 것을 요구할 수 있어야 한다.

(1) 경영권을 가진 인물이나 고용주가 노동조합의 회원으로 가입하는 일.
(2) 노동조합이 고용주로부터 비용이나 기금이나 또는 어떤 도움을 받는 일.
(3) 정치 활동을 우선적으로 수행하는 일.

노사 분규를 정부 기관이 지도하고 감독하며, 이 나라 국민의 사업상의 평화와 건강과 평온과 안전을 증진하려면 "노동분쟁안정법"이 필요하다는 사실을 국민이 고려하기 시작했다. 노동분쟁

안정법에는 노동조정위원회의 지청이 노사의 문제를 자발적이고 우호적이며 신속하게 조정하고 안정시키면서 자의적으로 권한을 행사하는 것을 막아야 한다는 조항이 포함되었다. 중요 산업과 연관된 모든 노동 분쟁은 그 법에 명시된 바와 같이 중앙노동중재위원회에 회부하도록 되어 있었다.

부당한 노동 관행이나 단체 교섭의 대표권을 둘러싸고 벌어지는 분쟁은 "노동관계법"의 범위에 속하며, 이 법에 따라 법조문을 집행하고 관리할 전국위원회(National Board)를 설치한다. 고용주나 노동 단체의 부당한 관행은 무엇인지를 정확히 정의하고, 단체 교섭을 위한 대표의 선발 규정을 만들고, 이 법의 집행권이 어디에 있는지를 법규로 명문화한다.

어떤 권력이 노동자와 고용주의 마음에까지 파고들어 노동조합의 등록이나 공정한 노동 관행에 관한 동일한 형식 등의 문제가 납득할 만큼 충분했는지의 여부는 남한에서 피상적으로 나타났던 것처럼 건전한 노동 운동의 발전에 결정적인 인자는 아니었다.

"국가비상조치선포령"이 모든 정당을 "최종적으로 묶어두고 있는 상황에서" 그 법으로부터 강력한 지원을 받고 있는 중앙노동중재위원회에는 억압적 노동 관행이나 비합리적인 파업을 막을 수 있는 강력한 방어벽이 이미 마련되어 있었다.

이와 같은 강제적 중재 형태는 고용주나 노동자가 저지르는 지나친 행동을 효과적으로 누르는 역할을 했다. 좀더 영구적인 법령이 제정될 때까지만 잠정적 편의를 위해 마련된 이 법이 2년 반 동안 참으로 칭찬할 만한 역할을 해냈다.

지난날로부터 이제까지 분별없는 경찰의 노조 탄압이 노조등록법의 중요한 원인이었다. 따라서 이 법에는 노동에 대한 경찰권의 행사를 촘촘하게 제한하는 조항이 포함되어 있어야만 했다. 노동조합등록법으로 말미암아 이익을 얻는 바가 아무것도 없게 된 전평이 지하로 들어갔다.

이와 같은 사실은 정국의 안정을 위해 그런 식의 정부 전복 운동의 물길을 돌리는 데 정부로서는 어려움이 없었음을 잘 보여 주고 있다. 그와 같은 경찰권의 무분별한 남용은 그들의 조직을 통제하기보다는 오히려 노동자를 보호하는 법령을 제정하도록 요구했다는 사실을 명증하게 보여 주고 있다.

2. 각 부처의 활동

1) 목표

노동부의 전반적인 목표는 항상 공정함을 요소로 삼는 초보적인 것이었는데, 한국에서 노동 대중의 이해 관계를 보호하고 그들의 복지를 증진하고자 그들의 건강, 민주주의, 상식, 그리고 노동 운동이 정치에 물들지 않는 것 등이었다. 그러나 현장에서 위와 같은 구호는 "한 귀로 듣고 흘리는" 것으로서, 워싱턴으로부터 들려오는 강고한 정책을 대체로 결여한 상태에서 남한의 군정을 통하여 빌려온 체제에 따르는 것이었다. 위로부터 내려오는 형식을 따르기보다는 "현장의 경험"(rule of thumb)이 표준이었다.

이러한 현상은 노동 현장에서도 마찬가지였다. 분명히 이제까지 노동에 관한 정확한 정책은 최종적으로 워싱턴에 있는 실력자들이 개발하여 한국의 수준에 맞도록 손질한 것이기 때문에 그러한 교리들이 미래에 가야 할 정책의 서술이라기보다는 현장에서 이미 시도된 바 있는 것들의 반복에 지나지 않는다는 것이 신기하게 여겨진다.

1947년 9월 26일 이전에는, 미국의 합참(JCS)에서 국무성·전쟁성·해군성의 승인을 받아 정확한 노동 정책을 미군정에 하달하여 실시한 적이 없었다.[34] 점점 퇴색해가는 지침이 장차 어찌 될 것인지에 대한 예감은 이미 공표된 법령이나 공법에 포함된 정책 성명에서 이미 되풀이된 바 있고, 무선 연락을 받기 오래 전에 이미 적극적으로 추진되고 있었다. 그러므로 민주적인 노동 기구의 발전을 고무하기 위한 정책 지침 7개 조나 노동 보호 입법의 개발이나 노동 조건의 개선을 위한 지침 4개 조에는 새로운 것이 없었다.

노동 관계의 분야에서 능력 있는 고문단의 기반을 확장하고자 교육을 받은 기술자를 파견하는 것이 매우 필요했음에도 불구하고, 논의조차 되지 않았다. 그런 민간인 신분의 인물을 보내달라는 간곡한 호소문을 여러 차례 각 주에 소용이 없었다. 그런 탓에 미군사고문단은 불쌍하리만큼 인원이 부족했다.

위에서 살펴본 바와 같이 1948년 6월에 정원 18명이 필요했지만 7명만 충원되었다. 노동부장의 고문은 사실상 전 노동부의 수장과 같은 지위를 누렸다. 그런 노동부장의 군사 고문을 제외하고 노동부에는 3명이 배정되었는데, 실제로 필요한 정원은 그의 세 배인 고문관과 기술자 12명이었다. 그렇게 되자 모든 직원은 자신의 전문 분야에서 일하는 것이 아니라 엉뚱한 분야에서 마지못해 일함으로써 그 능력을 낭비하는 결과를 초래했다.

또한 서로 다른 시간에 행정 조수나 중재위원회의 고문이나 통계국의 직원이 노동부 직원의 교육을 감독했다. 중재위원회 고문

---

34) SWNCC #376 to COMCEN, USAFIK and CINCFE ; "SECRET" Radio to General Hodge, 26 September 1947, in Files of Dept of Labor.

은 노동관계국과 노동표준국에서 자기 일을 하면서 노동부장의 고문 조교로 활동했고, 노동부 안에서 홍보와 교육 활동을 해야 할 정보전문가는 노동관계국의 일을 함께 했다.

이런 상황에서 쓴웃음 나게 놀라운 정보가 나왔는데 서울 주재 미국 기관의 6월 휴식기에 전화번호부에 기록된 고문은 노동부 산하에 4명뿐이었는데, 중앙경제위원회의 임금안정국에는 6명이 배정되었다는 사실이다. 우연하게도 이 6명 가운데 하나는 임금분석가였는데, 그는 당초에 노동부에 배속하기로 하고 한국에 파견되었는데, 서울에 도착한 다음 날 중앙경제위원회에 배속되었다.

노동부 업무의 효과적인 실현을 막는 또 다른 장애물은 자금의 부족이었다. 예산국에서 노동부의 예산안 가운데 여러 항목에서 90%를 삭감하자 그 돈으로는 가장 비용이 적게 드는 사업마저도 수행하는 것이 불가능했다. 미국이 진주한 지 3년이 지난 오늘까지도 노동 통계를 정교하게 다룰 적절한 부서가 없다는 사실은 바로 이와 같은 인색한 정책에서 직접적인 영향을 받은 것이다.

필요한 도구가 없으면 단 한 가지 일도 할 수 없고, 노동 분야에서는 통계로써 사실을 알 수 있다는 점에서 본다면 노동 분야만큼 통계가 중요한 곳이 없다는 말은 사실이다. 이와 같은 사실은 미국의 산업, 기업, 노동 분야에서 노동부 통계국의 업무에 얼마나 많은 정책이 의존하고 있는가 하는 사실에서 잘 나타나고 있다. 노동부가 자체적으로 과업을 수행하고자 효과적인 기구를 만들려고 온갖 노력을 다했지만, 무분별한 예산 삭감으로 불구가 된 탓에 자금이 없어 좌절되었다.

미군정이 당면한 또 다른 문제는 한국인들이 노동의 관계나 절차에 거의 아는 바가 없고, 노동 운동과 정치 활동을 구분하지 못한다는 점이었다. 이러한 사실은 그들이 일제 치하에서 억압을 겪다가 해방을 맞자 언론과 집회의 자유에 갑자기 노출되면서 정치적 감각과 활동이 증폭되면서 일어난 자연스러운 현상임에 의심할 나위도 없다.

노동자들이 지식이나 교육 수준에서 평균적으로 낮고 언어의 장벽에서 오는 끔찍한 문제점들도 또한 넘을 수 없는 장벽이 되었다. 사업체에 부임한 미국인들은 경영권을 장악하려는 노동자 측의 협상 대표를 수없이 만나면서 자연스럽게 한국인에 대한 혐오감을 느끼게 되었다.

그와는 달리 한국의 기업에 배속된 미국인들은 군인이든 민간인이든, 미국식 민주주의의 노동 운동에 기본적으로 동정심이 없거나 개명된 단체 교섭의 관행에 완전히 무지한 한국인과 단체 교섭을 하면서 한국 측의 협상 대표들에게 방해 전략으로 돕거나 선동함으로써 죄를 짓는 일이 빈번했다. 이와 같은 온갖 장애 요인에도 불구하고, 노동부는 꾸준히 진보하여 지금은 아마 첫눈에 봐도 미국이 다룬 가장 우수한 사례가 될 것이다.

2) 경성전기주식회사[35]

경성전기주식회사는 여러 가지 측면을 갖는 노동 관계에서 노동부의 탁월한 업적이 되어 다른 부의 모범이 될 것인데, 이를테면, 협상 대표의 선출, 단체 교섭 합의문에 관한 협상, 분쟁, 파업, 해결 그리고 중앙노동조정위원회에 대한 제소 등이 그러한 사례에 들어간다.

---

35) SKIG Monthly Activities Report, June 1947, Department of Labor Section and subsequent SKIG Monthly Activities Reports ; also "Seoul Electric Co." Folder in Files of Dept of Labor.

한국 노동운동사의 이정표는 1947년 4월 19일에 있었던 협상 대표의 선출에서부터 시작한다. 그 이전에 이 회사에는 공인된 노동조합으로 자리 잡고 있었다. 1946년 연말이 되자 새로운 중도 세력의 노동조합이 출현하여 요구 사항을 제시했는데, 경영자 측에서는 그것이 이미 다른 집단과 타결된 것이라는 이유를 들어 논의를 거부했다.

1947년 3월이 되자 전국노농총연맹은 자신들이 승인받지 못한데 대하여 중앙노동중재위원회에 이의를 제기했다. 중앙노동중재위원회는 단일 회사 안에서도 노동자들을 대표하는 단일 협상단을 결정할지에 대한 투표를 실시하라고 요구했다.

그 투표에서 소수파가 승리했다는 사실을 확실히 해두고자 전국노농총연맹은 대한노총에 합류했다. 그때까지만 해도 대한노총은 각 회사에서 미미한 존재였다.

4월 10일이 되자 대한노총은 선거를 실시하지 말 것을 노동부에 요청했다. 전평의 입장을 들어보면, 노동자들이 선거하는 것이 비민주적이라 여기고 대한노총과 함께 치르는 선거라면 선거에 참여하지 않는다는 것이었다. 전평은, 만약 선거를 진행한다며 사고가 발생할 것이라고 경고하면서 선거에 참여하기를 거부했다.

이러한 상황에도 불구하고 "대한노총이냐 아니면, 노조에 가입하지 않을 것이냐?"를 놓고 4월 19일에 선거를 시행했다. 전국 13개 구역에서 선거가 시행되었는데 그 가운데 12곳이 서울이었고 나머지 하나만이 지방이었다. 아무 소동이 없이 경영주와 대한노총만이 참여한 선거가 시행되었으며, 12개 곳 모두에 노동부의 관리들이 참관했다.

선거 결과는 3,260표가 대한노총을 지지했고, 394표가 노동조합이 없어야 한다는 데 지지했고, 151표가 무효표였다. 그 결과 대한노총이 86%를 얻어 압도적 다수를 차지했으며, 4,291명의 노동자 가운데 88%에 해당하는 3,805명이 투표에 참여했다.

노동자나 고용주 모두가 단체 협상에 대해서는 신출내기들이었고, 여러 가지를 오해하면서 노동을 한 셈이다. 이런 상황에서 양쪽이 계약서에 서명했고, 서로가 상대편은 어쩔 수 없이 그 계약서를 수긍했다고 생각했다.

노동부는 각 정당이 이번의 투표 상황을 순진하게 생각했다는 것을 곧 깨닫게 되자 양측이 따로따로 모임을 갖고 논의한 결과 공식적인 단체 교섭 부서를 두기로 합의했다.

단체 교섭 모임을 몇 번 거친 뒤에 임금 문제에 대해서 타협을 이룰 수 없게 되자 이 문제를 중앙노동중재위원회로 이관했다. 결국 그곳에서 40석 이상의 전차를 운행하는 기사에게는 매달 27원의 상여금을 지급하기로 하고 전차 운행을 시작하여 지금에 이르고 있다. 그 밖에 합의된 계약의 조항은 다음과 같다.

(1) 대한노총을 유일한 협상 단체로 설립한다. 대한노총은 서명한 날로부터 6개월이 넘지 않는 기간 안에 계약을 체결할 권리를 갖는다.

(2) 정부는 산업 재해나 직업과 관계없는 질병이나 사망에 대하여 사회 보장의 책임을 지지 않는다.

(3) 고충 처리 문제, 곧 일용직의 분쟁이나 불평이나 고충을 해결할 수 있는 평화롭고도 질서 있는 방안을 강구한다.

(4) 고용주로부터 차별 대우를 받은 노동자의 보호

(5) 위험 수당의 지급

(6) 위생, 진급, 유급 휴가, 휴일, 회사 안의 게시판을 사용할 권리, 노동 조합 회의 참석 및 그 밖의 계약 사항

2개월의 협상을 거쳐 1947년 8월 13일에 본 계약을 체결했다. 이렇게 하여 계약이 체결되었는데, 이는 한국 노동운동사에서 최초로 형식을 갖추어 전면적인 단체 교섭을 진행한 최초이자 시험적인 선거였으며, 따라서 노동부에서도 큰 관심과 이해 관계를 가지고 이를 지켜본 것은 이해할 만한 일이었다. 노동부는 모든 과정을 가까이서 지켜보았으며, 전 협상 과정에서 자문하고 그들이 요구할 때면 의견을 제시하여 도와주었다.

회의를 거듭할수록 노동조합 측의 대표들은 이 계약에서 무엇을 넣고 빼야 하는지를 모를 정도로 무지하여 고문단이 합의의 목적과 계약의 서문을 넣도록 가르쳐 주었다. 고문단의 조언을 받아 계약서에는 다음과 같은 조문을 넣기로 했다.

(1) 계약은 노조에 가입하지 않은 모든 노동자에게 함께 적용되는 것임을 분명히 하는 조항

(2) 노조원 가운데 성질 고약한 사람의 훈련은 노조의 책임임을 분명히 하는 조항

(3) 지난날 일본인들이 계약을 맺으면서 봉급은 가족 숫자에 따른다는 조목을 교묘하게 집어넣은 수탈 조항을 빼고, 동일한 업무에는 동일한 봉급을 준다는 조항

(4) 예방주사, 병가(病暇), 휴일, 의료 혜택, 위험 수당, 그리고 그 밖의 몇 가지 조문을 계약서에 포함한다.

이 계약은 한국의 노동 계약에 좋은 선례가 되어 노동부는 이 계약서를 모형으로 만들려고 온갖 수단을 써 장래의 모든 계약의 목표일 뿐만 아니라 관행이 되도록 했다. 경성전기주식회사의 계약이 이렇게 타결됨으로써 노동부는 모든 실질적인 목표를 이루었다.

이 계약은 몇 주간에 걸쳐 천천히 세상에 드러났기 때문에, 이 때 진행된 조심스러운 협상은 보수적인 미국의 노조협상위원회에 첫 계약의 사례라는 신뢰를 얻게 되었다. 그 무렵에 노동중재위원회는 임금 분쟁을 논의하면서 노동조합의 상위 인사 3명에 대한 경영 실패에 대한 책임을 묻는 방안을 고려했다. 그러나 이 책임 추궁 문제는 실행되지 않았다.

1947년 7월이 되자 회사 측이 노동조합의 상위 책임자 3명을 고발하자 노동부가 그의 철회를 요구함으로써 회사 측은 6개월의 정직 기간이 끝나자 그 3명을 복직시켰다. 그러나 군정청이 중재위원회의 결정을 번복함으로써 징계 문제는 끝났다. (이 사건은 노동중재위원회의 결정이 번복된 유일한 사례이다.)

1948년 정월에 9명의 노동자를 전보 발령하자 이를 둘러싸고 분규가 발생하여 대략 250명의 노동자가 집단으로 사표를 제출하고 정월 19일에 한 시간 동안 전차가 운행하지 않았다. 한 시간 동안의 완전한 운행 정지가 지나자 부분적으로 운행이 재개되었다.

노동부가 3일에 걸쳐 중재한 뒤 노동조합은 파업 중단의 문제를 중재위원회에 이관하는 데 양측이 동의했다. 정월 23일에 노동중재위원회는 회사가 노동자들이 본래의 자리로 복직시키고, 그들에 대한 차별 조치를 금지한다고 회사가 지시했다.

1948년 2월이 되자 노동조합이 회사의 상위 3명의 파면을 요구함으로써 다시 논쟁이 일어났다. 이렇게 논란을 하는 동안에 계약 기간이 3개월 더 연장되었다. 3월 13일에 노동부는 노동조합 측의 대표를 만나 이번 파업은 3명의 고위직을 파면하라는 요구를 회사 측에서 거부함으로써 일어난 것임을 조언하며 경고했다.

이번 파업은 노동조합 지도부의 승인을 얻지 않은 살쾡이 파업

(wildcats strike)*이라는 말을 들었다. 노동조합 안팎의 좌익과 공산분자들은 그들의 고유한 목적을 수행하고자 이번 파업을 발 빠르게 이용했다. 그들은 파업을 지지할 뿐 아니라 한국에서 미국이 철수하고 총선거를 시행하지 말라는 전단지를 뿌렸다. 회사의 노조 간부들은 이런 전단을 배포한 적이 없다고 사실을 부인했다.

3월 15일에 군정청은 포고령 6호를 서명·발표하면서 이번 파업은 불법이며, 3월 17일까지 직장에 복귀하라고 선언했다. 몇몇 노동자들은 곧 직장에 복귀했지만, 폭력배들의 방해로 말미암아 복귀하지 못했다. 그 폭력배 가운데 10명은 경찰에 체포되었다.

그 무렵에 대한노총총연맹위원장인 전진한(錢鎭漢)은 19명의 대표단을 이끌고 이번 파업 문제를 논의하고자 노동부를 방문하였다. 그들은 파업의 중단과 함께 회사의 고위직 3명을 즉시 복직시키는 문제에 대하여 다짐하라고 요청했다.

이에 대하여 노동부에서 답변한 바에 따르면, 파업이 불법 집회로 규정한 포고령 아래에서는 아무것도 약속할 수 없으며, 한 가지 길이 있다면 노조원들이 즉시 파업을 풀고 직장으로 돌아가는 길밖에 없다고 했다. 그 결과 전진한은 노동부의 의견에 동의하여 19일 저녁에 한국방송(HLKA)에 출연하여 노조원들은 직장에 복귀하라고 지시했다. 20일 아침 11시가 되자 대부분의 노동자가 직장에 복귀하자 사태가 정상으로 돌아왔다.

파업이 끝나자 딘 장군은 이번 회사에 대항하여 노동조합이 제기한 책임을 조사하도록 실태조사위원회를 조직했다. 4월 28일에 조사위원회가 올린 권고에 따르면 ;

---

* 살쾡이 파업(wildcats strike) : 살쾡이처럼 독기만 가지고 일으킨 무모한 파업이라는 뜻임.(옮긴이 주)

(1) 경성전기주식회사의 이사진과 경영진을 다시 구성한다.

(2) 대한노총이 이 회사 노동자의 대부분을 대표하고 있는지를 점검한다.

한 달이 지난 뒤에 이사진과 경영진을 다시 구성했는데, 노동조합이 책임을 추궁했던 3명의 이사 가운데 2명을 실무진에서 해임하여 새 이사회의 고문으로 임명하고, 나머지 한 명은 실무 책임자로 유임시킨다는 내용이었다.

노동조합의 간부들은 그마저도 해임할 것을 요구했으나, 노동부가 나서서 군정장관 딘(William F. Dean) 장군도 사태의 전반적인 내용을 잘 알고 있으니 그의 의견을 받아들이자고 설득했다. 노동부가 회사의 내용을 점검한 뒤 5월에 포괄적으로 발표한 바에 따르면, 대한노총은 아직 대부분 노동자를 대표하고 있으며, 새로운 계약을 협상하는 초기의 시점은 새 정부가 수립될 때까지 미룰 것을 권고했다.

3) 해운국[36]

운수부 해운국은 30척의 연안 선박을 운영하면서 1,500명의 노동자를 고용하고 있었다. 1946년 10월이 되자 한국에서 가장 큰 항구인 부산에서 선박을 장악하고 있는 무리가 파업을 일으켰다. 파업을 일으킨 주요 요구 사항은 임금과 식량 배급의 증가에서 더 나아가 그들이 선원조합을 만들어 노동조합 활동을 할 수 있도록 허락하라는 것이었다. 일주일의 파업 끝에 해운국 대표와 노동자

---

36) SKIG Monthly Activities Report, October 1946, Feb, Mar, Apr, May, June 1948, Department of Labor Section ; also "Marine Bureau," Folder in Files of Dept of Labor.

들의 요구에 대한 직접 협상을 통해 타협을 보았다.

그 결과로 노동조합은 조직으로서의 승인을 받아 노조로서의 활동할 수 있는 자유에서 더 나아가 단체교섭권과 그 밖의 양보를 받아냈다. 그들이 쟁취한 승리 가운데에는 부산에 있는 철도병원의 시설을 이용할 수 있는 권한과 주택 문제를 해결하는 데 도움을 준다는 것이 들어 있었다.

임금은 철도노조의 임금 인상에 맞추어 올려 주고, 부산에 협동조합을 만들어 노동자의 가족들이 식품과 생활필수품을 실가(實價)로 구입할 수 있도록 한다는 약속을 받았다.

1948년 초가 되자 해운노조는 대한노총 항만노조로 스스로 조직을 재편하고 대한노총에서의 대표를 선출하겠노라고 요청했다. 전평은 선거를 요청하면서 미군정에 소청(訴請)을 제출했지만, 군정청에 파견할 대표의 모든 선거를 반대하는 문제를 놓고 자기들의 이름을 투표함에 올려달라고 요구하지는 않았다.

선원이라는 직업의 특수성 때문에 그들은 연속 3일 동안에 부산·인천·군산·목포·여수의 각기 다른 다섯 곳의 투표장에서 선거를 치를 필요가 있었다. 노동부의 대표는 5·6·7일에 걸쳐 선거를 감독했고, 노동조합과 경영자 측에서 나온 사람들이 선거를 참관했다. 투표지 산출을 위해 투표함을 서울로 보냈다. 총계를 보니 대한노총이 998표, 노조에 가입하지 않은 사람이 115표, 그리고 무효표가 7표였다.

3월 22일, 노동부 대표가 참가한 가운데 첫 노사 협상이 열리자 노동조합은 50개의 계약 사항을 제시했다. 경영진에서는 일주일의 연구할 시간을 요구한 다음 대안을 만들고 있다. 이에 그들은 서울과 부산에서 교차하여 회의를 가지며, 노동조합의 지도부와 운수국을 각기 두기로 합의했다.

노동조합이 요구한 안건에는, 노동조합의 인정, 차별로부터의 보호, 조합원들에 노조의 훈련, 소송 취하, 우선 고용, 임금, 식량 배급, 제복, 근무 시간, 휴일, 휴가, 병가, 진급, 고충 처리, 치료, 사망 보상, 장기 여행의 허용, 회의는 선상에서 할 것, 계약의 종료와 갱신, 해운국에도 동일한 계약 대표를 두는 문제 등이 포함되어 있었다.

노조의 협상을 다루면서 이 나라에는 새로운 유형의 두 지도자가 있었다. 그들은 능력 있고, 공격적인 젊은 지도자들이었는데, 하나는 노조의 총무국장인 김서규(Kim Seu-kyu)였고, 다른 하나는 대한노총 해운노조 조직국장인 배정희(Pai Chung-he)였다. 이 두 사람은 단체 협상 과정에 비교적 신인들이었지만, 필요할 때는 타협할 줄도 아는 능력과 자기의 목적에 대한 불굴의 의지도 가진 탁월함을 보여 주었다.

그들은 경영자 측의 협상 대표들보다도 더 탁월한 경영 능력을 갖추고 있음을 보여 주었다. 그들 가운데 한 사람은 미국인 고문으로서 운수부 관리들이 사용할 단체 교섭의 방법을 논문으로 작성한 바 있는 사람이었는데, 협상에서 경영자 측이 사용할 수 있는 가장 효과적인 방법은 "뜸 들이기"(brew-beating)와 "미적거리기"(stalling)라고 생각하고 있는 것처럼 보였다.

협상은 4개월이나 걸릴 만큼 오래 끌었다. 노동부의 참관인 자격으로 온 사람은 회의 때마다 참석했는데, 여기에는 세 가지의 어려움이 있었다.

첫째로, 언어의 장벽인데, 이로 말미암아 회의 진행은 견딜 수 없을 만큼 더뎠다. 노동조합의 대표들은 영어를 몰랐다. 운수국을 대표하는 3명의 미국인 고문 가운데 한 사람은 한국어도 모른 채 회의에 참여했기 때문에 한쪽의 제안이나 그에 대한 반대 제안이나 의견을 통역하여 전달해야 했다. 통역은 특수 용어의 오역을 극복하지 못했다.

이를테면 미국 대표가 다소 느슨한 개념으로 "문 닫은 가게"(closed shop)라는 용어를 썼는데, 토의 고정에서 "호의적 고용"이라는 문제가 대두했을 때, "문 닫은 가게"라는 용어를 들어본 적이 없는 노조 대표에게 이를 설명하는 데 30분이 걸렸다. 이런 사고는 회의 때마다 벌어졌음에 틀림이 없다. 한국어 통역에게는 잘 알려진 버릇이 있었는데, 이는 어느 모로 보나 노동 문제에는 해당하지 않는 것이었다.

곧 통역인은 발언자가 말한 것을 문법적으로 정확히 번역하는 것이 아니라 스스로 발언자의 뜻이 이런 것이리라고 짐작하는 대로 번역했다. 미국인들은 통역의 이와 같은 잘못된 직업병을 사실상 알아낼 수도 없고 고칠 수도 없다는 것을 알았다.

둘째로, 노동조합의 요구 사항이 너무 많아 회의가 더디게 진행되었다. 그들로서는 이런 단체 교섭이 처음 겪는 일인데다가 교섭 방법도 졸속으로 배웠기 때문에 천하 만물의 모든 것 가운데 50가지를 골라 물으면서, 항차 그들이 내놓은 것을 타협하고 해결하려 했다.

셋째로, 이는 미국에서 오랫동안 합법적인 관행으로 내려오던 방법인데, 경영자들의 협상 태도가 협상을 지연하는 방법으로 쓰였다. 그들도 비교적 계약 협상의 경험이 없었지만 노사 관계의 교과서처럼 막연하게 시간 끌기와 지체 전술을 좋은 협상 무기로 고집하고 있음이 분명했다.

미국의 고문관들이 동양인의 담벼락 같은 심리에 맞닥트리자 그들은 이제까지 자기들의 방법이 소용없음을 알고서부터는 최후의 방법은 아니지만 뜸 들이기 방법을 쓰기 시작했다. 한국인을 지쳐 나가떨어지게 하려던 미국인들은 복수심 때문에 석탄 생산지인 뉴캐슬로 석탄을 실어 가서 팔려는 짓을 하는 것과 같았다.

대부분의 미국인이 곧 깨달은 바와 같이, 모든 동양인은 이와 같은 수법은 몇 세대에 걸쳐 터득한 것이 아니라 몇 세기에 걸쳐 몸에 익은 사람들이었다. 더구나 지난 40년 동안 이 분야에 전문가인 일본인들도 한국인들을 뜸 들이려다가 아무것도 이룬 것 없이 물 위에 기름처럼 겉돌았다.

그뿐만 아니라 군정청은 회의를 하던 중도에 세상 사람이 다 실수로 알고 있는 실수를 저질렀다. 이를테면 미군정의 협상 대표는 계약의 마지막 단계에서 고국으로 돌아가자 상황을 전혀 모르는 인물이 고문으로 등장하여 작업을 다시 시작하는 일이 벌어졌다.

그러나 온갖 장애물을 극복하고 끝내 협상이 타결되자 7월 말에 계약의 모든 조문에 합의하고, 다만, 임금과 식량 배급과 중앙경제위원회 임금안정국에서 다시 고려하기로 결정한 부분만 미결인 채로 남았다.

경성전기주식회사의 경우와 마찬가지로, 노동조합이 근대적 노사 협상을 받아들임으로써, 직장에서의 노동 안전, 노동자들의 자유로운 직장 복귀, 노동자와 노조원의 권리와 특권 등을 포함하여 1,500명의 노동 조건이 타결되었다.

4) 부산부두노동조합[37]

부산의 제11중형항만대가 안고 있는 잠재적 폭발 상황은 주기

37) "Pusan Stevedores," Folder in Files of Department of Labor ; SKIG Monthly Activity Reports, Apr, May, June 1948.

적으로 점령군의 신경을 곤두세웠다. 왜냐하면 이 중요 도시에서는 비록 완만한 파업이라 할지라도 남한 전역의 경제 생활과 건전한 삶에 심각한 영향을 미치고 때문이었다. 부산은 한국에서 가장 수심이 깊은 항구여서 중요한 수출입 품목이 이 항구에서 들어오고 나갔다.

부산의 항만노조는 유동 인구 5천~2만 명에 이르는 원양어선 노동자들은 20여 개의 노조가 운영하고 있었다. 인력은 항상 넉넉했지만, 부두노동자들은 대체로 허리가 휘는 고역이었다. 이를테면 많은 농민이 농한기에 잠재적 부두 노동자가 되어 부산으로 몰려들어 농업노동보다는 더 높은 임금을 받았다. 다른 농한기 노동자들도 마찬가지였다. 심지어는 학교 교사들도 떠돌이 부두노동자가 되어 돈을 벌었다.

이와 같은 사실은 이곳을 다양한 노동 착취가 가능한 텃밭으로 만들었다. 노동자들은 하역과 선적의 무게에 따라 일급(日給)의 상여금 형태로 노임을 받았는데, 계약 기간이 초과하면 "벌금"의 형태로 조금 더 받는다. 부두노동자들의 노임은 하역량에 따라 탄력적으로 조금 더 받는다. 그러나 이 제도에도 때때로 비리가 발생한다.

노동자들은 일반적으로 노임을 받고 선박에 오르지만 어떤 사람은 준감독이 되어 조수의 보수를 받는데, 이를 "혼초"(班長)라고 부른다. 혼초가 "뜯어가는" 돈은 흔히 교통비라는 명목인데, 그것이 얼마냐의 문제는 혼초가 가지고 있는 특별한 주먹의 능력과 그가 노동자를 밀어붙일 수 있는 개인적인 명성과 능력에 달려 있다.

고용주와 혼초 사이에는 은밀한 거래가 이뤄져 있어, 노동자 개인의 최고 임금을 결정한다. 노동자의 일급에서 터놓고 또는 은밀하게 "뜯어가는" 돈은 밥값, 채용 사례, 그리고 이런저런 합법적·불법적 목적으로 가져가는데, 하루 톤당 300원에서부터 시작하여 오르락내리락하다가 노동자에게는 사실상 톤당 200원을 뜯어간다.

조직으로 말하자면 부두노동조합을 구성하는 데 최초로 성공한 곳은 전평(全評)인데, 작업의 성격으로 보나 높은 이직률 때문에 다소 어려움을 겪고 있다. 1946년 9월의 "총파업" 이후 대한노총도 부산의 이곳저곳에서 움직이고 있었다. 비록 부산에서는 전평이 대형 사고를 멈추지 않고 살쾡이 파업과 태업을 하도록 선동하고 있었지만, 1947년까지 대한노총도 부산부두노조에 꽤 힘을 쓰고 있었다.

전평의 파괴 공작이 일어난 것은 1947년 5월이었다. 그때 그들은 군정청의 민정국(民政局, Civil Service of Supply : CSS)이 이미 결정을 해놓았으나 아직 발표하지 않은 임금 인상의 바람을 타고 있음이 분명했다. 5월 26일과 27일에 전평의 선동가들은 부두노동자들이 일하러 모인 곳에 가서 은근히 파업을 귀띔했다.

5월 28일까지만 해도 조용하더니, 그날 어느 미군이 미군 복장을 한 어느 한국인 노무자를 두들겨 패고 왜 미군 복장을 하였느냐고 옷을 찢은 다음 바닷속으로 던져버렸다. 그 청년이 직장에 나오지 못하자, 미군이 한국인 노무자를 몰아내고 본토에서 흑인 노무자들을 데려온다는 소문이 퍼졌다.

이에 부산노동청의 관리가 29일 파업 주모자를 만나 31일까지 직장에 복귀하도록 설득하면서, 구타한 미군의 처벌, 임금 인상, 중간 계약자의 제거, 급식 향상을 약속했다. 민정국에서 이미 승인한 격려금 제도가 시행되자 사태는 그럭저럭 수습되었다.

1947년 6월에 군정청은 "일반 명령 21호"로 부산항만청을 설립하고 그 책임자의 이름을 항만사령관(Port Commander) 및 수송관(Transportation Officer)이라 불렀다. 항만사령관은 부산항을 지휘·운영하며, 수송관은 항구의 활동을 감독하는 권한을 가졌다.

항만청의 권리 가운데는, 항구 이용자들에게 적용하는 노동 합의를 조정하고, 노동자와 장비를 전면적으로 운영하며, 한국인의 감독을 받아 한국인의 노동 인력을 최대한 고용하며, 그런 사람들을 되도록 신속하게 교육할 것 등이 포함되어 있다.

1947년 9월에 민정국은 부두노동자의 비율을 규정하는 새로운 제도를 도입했는데, 그에 따르면, 항만사령관이 조정하도록 하여 10월에 시행되었다.

11월에 노동부에서 노동부가 고용 비율의 분석과 파업을 중단시키는 분명한 정책의 입안을 요구하는 또 다른 법안을 요구했는데, 그 무렵에 부산항에는 파업으로 말미암아 10월 7일부터 21일까지 10척의 석탄운반선이 계류되어 있었다.

1948년 1월에 노동부장의 고문관이 부산에서의 물질적 손실과 노동 문제를 논의하고자 서울에서 회의를 열 것을 요구하자 군정청 민정국, 전매국, 운수국, 생필품통제실, KAA(?) 대표가 참석하여 부두노조의 비효율성과 경영진의 부패에 관해 논의했다. 여러 단체가 뇌물을 주고받는 것은 경영주 사이의 경쟁 때문이라는 말도 나왔다. 그런 탓으로 톤당 하역료가 70%로 예상되었던 것이 40~60%로 하락했다는 것도 지적되었다.

4월이 되자 사태는 더욱 예민해지고, 파업의 위협은 구체적 현실로 나타나기 시작했다. 부두노조는 임금 인상을 끊임없이 요구하고, 그와 반대로 경영주 측에서는 임금을 올리려면 톤당 하역비를 올려야 한다고 호소했다.

노동부는 신속하게 조사단을 부산에 파견했다. 조사단은 노조의 냉정한 지도자들을 만나 노동부의 업무를 설명하고, 믿어준 다면 개선 조치도 취하겠다고 설득했더니 노조원들이 납득했다. 조사단원들은 부두노동자와 혼초와 노조 간부들과 경영주와 항만 관계자들과 부두노조에 관계된 모든 인사와 접촉했다. 그들은 서울로 올라오는 길에 군정청에 보낼 완전한 보고서를 작성했다.

1948년 5월 초에 부산부두노조 위원장 김위수(Kim Wi-soo)는 서울로 올라와 노동부와 임금안정위원회의 대표들을 만나, 사태의 심각성을 알리면서, 신속한 조치를 취하지 않고서도 부산을 완전히 장악할 수 있도록 상황을 서둘러 바꿀 필요가 있다고 강조했다.

그러는 과정에서 노동부의 조사단이 제시한 권고를 서로 양해함으로써 다음과 같은 타협안을 마련하게 되었다.

(1) 현재 부산부두노조의 하역회사의 숫자가 20여 개인 것을 가장 활동적인 곳 7~8개로 줄인다.

(2) 대한노총을 노동자 측의 유일한 협상 대상으로 인정한다.

(3) 고용에서 혼초 제도를 없애고, 우선고용제(preferential hiring system)를 채택한다.

(4) 고용사무소을 두어 고용주 측과 노조원을 대표로 하는 대표를 각각 3인씩 두어 운영한다.

(5) 현재 부두노조 측에서 받는 70%와 하역회사 측에서 받는 20%의 선적·하역비를 부두노조 측에서 80%를 받고 하역회사 측에서 20%를 받는 것으로 변경한다.

(6) 중앙경제위원회의 임금안정국에서 용역을 맡아 현재의 부두노조의 사업 구조와 앞으로 제기되는 그 밖의 권고를 연구한다.

이 과정에서 파업의 압력이 증대하자 5월 11일과 12일에 살쾡이 파업이 일어났으나, 노조 간부들이 설득하여 그다음 날 450명의 노조원이 부두로 돌아갔다.

부산의 관리들이 위의 권고 사항을 실행하도록 도와주어야 한다는 권고에 따라 노동부의 조사팀이 부산으로 돌아갔다. 노동조합 대표와 고용주와 항만 관계자와 노동부 부산지청 관계자들이 여러 차례 모임을 갖고, 위에서 제시된 권고 사항 가운데 본질적인 문제를 해결한다는 점에 관하여 노동조합과 고용주 사이에 잠정적 합의가 이뤄졌다.

하역회사의 숫자가 7~8개로 줄어들고, 부두노동자의 실질적인 숫자가 대략 6천 명으로 줄어들었는데, 합의에 따라 설치된 고용사무소에서 합동 회의를 열어, 우선고용제에 따라 조합원을 보호하기로 했다.

노동조합은 임금 체계에 관한 연구 결과가 나올 때까지 파업을 자제하기로 동의했다. 고용주 측은 대한노총 산하 부두노동조합을 인정하고 노사 관계에 관한 모든 문제를 합의로 해결하도록 협상을 진행하기로 했다.

그러나 이러한 개혁이 투쟁 없이 이루어진 것은 아니었다. 1948년 5월 초에 부산에서 연구 보고서가 나왔는데 그 내용이 하역회사의 비위를 건드렸다. 곧 하역회사의 숫자를 줄이기로 했던 데 대한 반대 투쟁이 벌어지더니 불만의 내용을 노동자들에게 퍼트렸다.

하역회사들의 선동에 따르면 톤수를 늘리는 것만이 노동자의 봉급을 올리는 방안이지 하역회사의 숫자를 줄이는 것으로는 노동자에게 아무것도 돌아가는 것이 없으니 파업을 해야 한다는 것이었다.

여기에서 지난번 고용사무소의 합의한 우선 고용 우대제에 따라 그 좋던 수입을 잃게 된 혼초들이 노동자들을 꼬드겼다. 그뿐만 아니라 개별 하역회사들도 노동조합 간부들과 항만청 간부들에게 향신료를 뿌리면서, 하역을 다루도록 선발되어 겨우 살아남은 무리의 틈에 끼어 자기들도 살아남을 궁리를 하고 있었다.

이러한 사태의 진전은 5월에 노동부의 요원들이 정성을 기울여 이룩한 조화를 크게 깨는 일이었다. 노동부에서는 다시 실무팀을 만들어, 부두노동자의 임금 구조를 연구하도록 선발된 중앙경제위원회 임금안정국 참모들과 함께 다시 부산으로 내려갔다.

이들의 노력으로 부산부두노조를 안정시키는 데 성공한 노동부 대표들은 다시 보고서를 만들어 6월 중순까지 새로운 하역회사 협회를 만들되 회원 회사를 지난번의 20여 개에서 8개로 줄이는 데 성공했다. 새로 구성된 하역회사단은 곧 노동조합과 협상에 들어가 하역 수입을 노동자 80% : 회사 20%의 비율로 합의했다.

5월 말의 두 번째 부산 출장을 거치면서 노동부가 새로운 보고서를 작성했는데, 그에 따르면, 5월 27일에 고용사무소에서 실무회의를 열고, 지난 합의에 따라 혼초 제도를 없앰으로써 이제부터는 부두노조원들이 참관인의 입회 아래 회사로부터 직접 임금을 받게 되었다.

이로써 상황은 급속도로 개선되어 노동의 다른 분야에서도 계약을 위한 협상이 지속되었다. 부두노동자의 임금 체계에 관한 연구가 완결되자 중앙경제위원회의 대표단은 서울로 올라와 자기들이 알게 된 사실과 관련한 보고서를 작성했다.

5) 인천부두노동조합[38]

그러는 동안에 노동관계국의 대표가 인천항에서 일하는 부두노동자의 실태를 조사했다. 그 조사에 따르면 인천에는 대략 24개 회사에 3천 명의 부두노동자가 일하고 있는데, 이들은 한 달에 15~20일 동안 일하며 일당은 평균 200~300원이라 한다.

이곳에도 혼초가 있고, 중간 거간이 있고, 각기의 선박이 부두노동자를 거느리고 하역과 선적을 하고 있으며, 혼초가 업주에게서 봉급을 받아 노동자에게 나누어 준다는 점에서 인천이나 부산이나 형편은 같았다.

인천자유노조(Inchon Free Labor Union : IFLU)는 자기들이 대한노총의 지부라고 주장하는데, 인천부두노동자들 사이에서는 이 단체가 가장 강력하다. 그러나 인천자유노조는 항만 당국과 계약을 체결하고 노조 행세도 하고 고용주 행세도 하는데, 어느 모로 보아도 기업 기준으로는 있을 수 없는 일이 벌어지고 있다.

대한노총의 인천지역연맹은 부두노조의 지부를 조직하고 스스로 대한부두노조라고 불렀다. 이 지부는 자기들이 대한노총 인천자유노조의 회원이 아니라고 주장했다. 인천자유노조와 인천지역연맹은 서로 자기들이 각 노조의 지부 회원을 더 많이 가지고 있다고 주장했다.

그렇게 되자 노동부 조사단은 각 부두노조가 단일 교섭 단체를 뽑도록 결정하는 것이 가장 시급한 일이라고 판단하고 조사를 계속했다. 이 작업은 7월에 들어가야 활동을 시작할 것으로 기대하고 있다.

---

38) SKIG Monthly Activities, June 1948.

6) 철도노조와 총파업[39]

1946년 9월이 되자 군정청이 추곡 매입 계획을 세우고 있다는 것이 밝혀졌다. 이는 국민에게 공평한 배급을 주고자 마련된 것이었다. 이 계획의 운영을 보장하고 쌀의 암시장 거래를 막고자 추곡 매입 기간에는 쌀의 운송을 금지했다. 철도노동자의 다수는 봉급과 암시장에서 산 쌀로 생계를 이어갔는데, 운송금지령이 내려오자 이에 반대하였으며, 당국에서 불법적인 쌀의 선적을 금지하자 철도노무자들이 격렬하게 저항했다.

그렇게 되자 우위를 차지하고 있던 대한노총은 즉시 이 기회를 이용하여 사태를 악화시키면서 9월 23일에 철도총파업을 지시하면서, 남한의 모든 노동자가 철도노조를 지원해 달라고 호소했다. 9월 23일과 곧이어 대략 3만 명의 철도노동자가 출근하지 않았다.

대부분의 노동자는 고충을 말하지도 않고 경영권이나 사업장과 행정실을 장악하지도 않고, 파업에 마음 내켜 하지 않는 노동자들을 몰아낸 다음 사업장과 사무실 안팎에 아무도 남지 못하게 했다. 노동부의 지방중재위원회가 즉시 움직이려 했으나 노동조합의 간부들이 어디에 있는지도 모르고, 나타나려 하지도 않았다.

노동부에서는 도시와 농촌의 매우 어려운 민생과 식량 부족을 해결하고자 자원봉사자들과 함께 식량 수송 열차를 운행할 필요가 있다고 생각했는데, 이 계획이 잘 성사되었다.

이 무렵 남한 전역에서 간헐적으로 파업이 일어났는데, 특히 인천과 서울과 경상북도에서 격렬했다. 경상북도에서의 파업은 대

---

39) SKIG Monthly Activities Report, Sept and Oct 1946, Department of Labor Sections ; also "Railroad Strike" Folder in Files of Dept of Labor.

부분 경찰에 대한 폭력을 수반했는데, 이러한 현상은 파업이 끝나고 노동자들이 공장으로 돌아간 뒤에도 오랫동안 지속되었다.

며칠이 지나 한 무리의 노조 지도자들이 운수부에 접근하여 운수부가 철도 파업의 해결을 위해 노력해 달라고 요청했다. 그들의 말에 따르면, 노동자들이 겪는 고충을 1주일 안에 중재·협상한다고 약속한다면 노동자들도 업무에 복귀하겠다는 것이었다.

운수부 대표들은 철도 경영에 관해 언급하면서, 노조 대표들의 요구에 동의했다. 9월 27일에 대한노총은 모임을 갖고 영등포 일대의 노동자 2,500명이 업무에 복귀하는 문제에 관한 계획을 논의했다. 뒤에 밝혀진 바에 따르면, 9월 25일에 대한노총 회원들이 전평 회원들에게 일격을 당한 다음에 이뤄진 결정이라고 한다.

대한노총이 주도한 철도노조의 업무 복귀는 9월 30일부터 시작되었다. 운수부와 노동자 대표 5명이 10월 8일에 모임을 가졌다. 이 자리에 노조의 공식 대표가 참석하지는 않았지만, 노조 측에서 참석한 5명은 노조원의 75%를 대표하고 있었다.

철도노조의 모든 부서가 이 모임의 결정에 동의했는데, 노동자 대표 5명이 제시한 조건은 다음과 같은 5개 항목이었다.

(1) 노조원에게 점심 식사를 제공한다.
(2) 노조원에게 철도탑승권을 배부한다.
(3) 임금은 일급이 아닌 월급으로 지불한다.
(4) 임금을 인상한다.
(5) 힘이 덜 드는 노동자에게는 하루 쌀 4홉을 지급하고, 중노동자에게는 5홉을 지급한다.

5일이 지나 노동조합 측의 요구를 기본 바탕으로 하여 합의에 이르렀는데, 그 내용은 다음과 같다.

(1) 한 끼에 3원으로 점심 식사를 제공한다. 식당은 100명 이상이 식사할 수 있는 규모로 건축한다. 식사에는 적어도 1홉의 쌀이 들어가야 한다.

(2) 3년 동안 재직한 지방의 직원에게는 무임 승차할 수 있는 탑승권을 주며, 5년 이상 재직한 직원에게는 "모든 철도"를 무임 승차할 수 있는 탑승권을 준다.

(3) 급여는 15일마다 지급하며, 휴가와 출석에 관한 규정은 군정청 민정국의 법령에 따른다. 연가(年暇)는 매월 하루로 하되 누적하여 36일을 쓸 수 있으며, 병가(病暇)는 매월 2일로 하되 누적하여 60일을 쓸 수 있으며, 미리 병가를 신청할 경우에는 24일을 쓸 수 있다.

(4) 평균 월급을 200원 인상한다.

(5) 새로운 배급 제도에 따라 1인당 1일에 쌀 0.3홉을 증가하여 2.3홉을 주며, 중노동자에게는 5.3홉을 주는데 여기에는 점심 식사에 드는 1홉이 포함되어 있다.

3개 사항을 조인한 뒤 기자 회견에서 대한노총 총무국장 김훈 (Kim Hun)은 노조를 대표하여 담과 같이 말했다.

나는 노동 문제를 협의하면서 이토록 과학적인 방법을 채택한 것을 기쁘게 생각합니다. 중재를 하면서 최종 결정을 내리는 일이 지연된 것이 조금은 유감스럽지만, 양쪽이 합의할 수 있는 최종 합의에 이르는 데에는 인내가 필요했던 점을 국민은 이해해야 합니다.

철도노조의 대표자인 심창섭(Shim Chang-sup)도 마찬가지로 단체 협상 방법에 깊은 인상을 받았다. 협상이 끝나자 그는 이렇게 말했다.

나는 합의된 식량 문제에 관해서 완전히 만족하지는 않지만, 우리 나라를 재건하고 독립할 때까지 우리는 인내해야 한다는 사실을 인식해야 합니다. 나는 이 문제를 해결하면서 군정청이 보여 준 협조와 친절한 태도에 깊은 인상을 받았습니다.

　왜 철도 파업이 일어났고, 어쩌다가 그것이 총파업으로 발전했는지를 정확하게 평가하기란 어렵다. 그러나 그러한 파업이 모두 노동 분규로 시작된 것이 아니라는 점은 분명하다. 그렇다고 해서 노동 분규의 원인이 정치적인 것만도 아니다.

　좌익과 공산당원들이 사회 분란과 폭동을 조장한 사실이 사건의 마디마디마다 드러났으며, 식량 부족과 가파른 물가 폭등으로 말미암아 전국적으로 불안과 불만이 가득 찼으며, 어느 사회에나 늘 있는 경찰에 대한 증오심에 더하여 군정과 미국인에 대한 광범한 불만이 그 원인이었다는 점은 분명하다.

　철도 파업의 밑바닥에는 합법적 노동조합이 겪는 고충이 단단한 응어리처럼 깔려 있다. 파업이 진전되어 가는 과정을 잘 판단해 보면 위와 같은 주장은 더욱 명백해진다. 파업이란 결국 임금과 노동 조건을 둘러싸고 벌어지는 노동자의 요구를 어떻게 판단하느냐의 문제이다.

　첫눈에 봐도 사태의 성격을 알 수 있다. 철도 파업이 시작되었을 때 경상북도와 경상남도에는 11건의 파업이 일어났다고 노동부에 기록되어 있는데, 총파업이 정점에 이르렀을 때 경상북도에만 32건의 "정상적인 파업"이 일어났다. 10월 15일이 되자 파업했던 공장이 문을 열자 90%의 노동자가 현장에 복귀했다.

　서울에서는 9월 말까지 모든 윤전기가 "노동 고충"으로 말미암아 멎었다. 10월 5일에는 5개 신문사 가운데 4개의 신문사에서 비노조원들이 신문을 발행했다. 9월 30일에는 500~1,500명의 노동자가 시청에서 뛰쳐나왔다가 며칠 만에 직장으로 돌아왔다. 서울의 전차 운전사들이 동정 파업을 시도했지만, 작업을 중단한 지 3시간 만에 몇 백 명이 작업장으로 돌아와 일을 시작했다.

태창방직회사와 한국착암기회사를 비롯하여 몇 개의 노조가 다른 시간대에 파업했다가 경찰이 폭동을 진압하고 40명을 체포했으며, 9명이 다치고, 태창방직회사는 5만 원의 피해를 보았고, 한국착암기회사는 3만 원의 손해를 보았다.

전평과 대한노총의 회원 숫자가 비슷한 인천에서는 5개소에서 파업이 일어났고, 몇 군데에서 연좌 농성이 벌어졌던 조선기계공업주식회사에서는 1,300명이 공장에서 연좌 농성을 벌였는데, 그 가운데 550명은 대한노총 조합원이었고, 350명은 전평 조합원이었다. 전평에서는 파업 선동 혐의를 받았는데, 경찰이 시위대를 해산하고 그 가운데 30명을 폭동죄로 체포했다.

10월 15일이 되자 전국이 대체로 안정을 찾았으나 경상북도 대구에서만 시위가 계속되어 경찰을 습격했으나 이것이 파업이거나 노동 분쟁의 탓이라는 인상을 주지는 않았다. 대구 사건은 한국이 전반적으로 불안하다는 데 시선을 끈 것 말고는, 결과적으로 전평이 지하로 들어가고 대한노총이 우세를 차지하기 시작하게 했을 뿐이다.

앞서 지적한 바와 같이, 대한노총은 철도 파업에 많은 노동자를 현장에 복귀하도록 설득했다는 명성을 들었지만, 지난날의 전평 회원들은 담장에 씌어 있는 구호를 보며 대한노총으로 충성심을 돌렸다.

7) 그 밖의 파업과 노동 분규[40]

서울의 전반적인 상황을 돌아보면, 파업의 양상이 지난날보다 더 악화하지 않았다는 것이 놀랍다. 1946년 9월부터 10월까지의 사태를 제외하고서는 노동 분규나 파업 사태가 그 시대의 상황에서 흔히 있을 수 있는 일이라고 납득했다.

1947년 6월을 포함하여 그때까지 남한 전역에서 8만157명이 이 참여하여 259회의 노동 분규가 있었다고 노동부가 공식적으로 인정했다. 바꿔 말하자면 지방의 노동청이 그렇게 보고한 것이다. 이 분규에서 144회의 파업이 일어났고, 합산하면 27만4,528일의 노동 손실이 일어났다.

노동 분규가 일어난 원인을 살펴보면, 12회의 임금 투쟁, 44회의 해임 반대 투쟁, 20회의 회사 사장에 대한 저항, 5회의 휴일 투쟁, 4회의 자유로운 노조 활동을 위한 투쟁, 3회의 공장 폐쇄에 반대하는 투쟁, 1회의 노동 시간 단축을 위한 투쟁, 그리고 70회의 잡다한 이유가 있었다.

분규 가운데 가까스로 절반이 파업으로 이어졌고, 69회가 1947년 3월에 일어났고, "24시간"의 전면 투쟁은 전평이 일으켰고, 64회는 1946년 9월의 철도노조의 전면 투쟁 때 일어났다. 1946년 8월에 24회, 10월에 16회의 파업이 일어났다.

1947년 7월부터 1948년 6월까지 1년 동안에 54회의 노동 분규에 2만574명이 참가하여 그 가운데 18회가 파업으로 번져 5,481일의 작업 손실이 발생했다. 노동 분쟁의 이유를 살펴보면, 7회의 임금

---

40) "History of Labor Movement in Korea," by Kim, Shin Suh, Chief, Labor Relations Section, Copy in Files of Dept of Labor ; also Statistics Folder, Union Section, Dept of Labor Files.

인상 투쟁, 21회의 해고 반대 투쟁, 1회의 노동 시간 단축을 위한 투쟁, 4회의 사장에 대한 반대 투쟁, 1회의 노동조합 승인을 위한 투쟁, 6회의 임금 체불에 대한 투쟁, 14회의 잡다한 이유로 인한 투쟁이 있었다.

노동부가 겪는 가장 큰 어려움은 노동계 지도자들이 파업을 경제 무기로 사용하려는 것을 이성적으로 억제하고, 파업을 정치적 도구로 이용하려는 의도의 방향을 바꾸고, 경영에서 실제로 또는 상상 속에 생기는 잘못에 대하여 끊임없이 "소청"(訴請)하도록 부질없이 지원하는 데 파업을 이용하려는 경향을 최소화하려고 노력하는 일이었다.

비록 그러한 방향으로 나가는 것이 분쟁을 줄임으로써 분명히 바른 길이었음이 나타나고, 노동자들이 노동과 고용의 분계선을 점차적으로 인지하게 만든다 할지라도, 노동부는 노조 지도자들에게 경영의 직능을 맡으려 하지 말라고 수없이 되풀이하며 권고했는데, 미국에서 들려오는 소식은 노동부의 노력에 아무런 도움을 주지 않았다.

8) 그 밖의 부처 활동

노동 분규나 파업을 포함하여 그동안 노동부가 작업한 특수한 경우를 고려해보면, 노동부의 하루하루 활동이 체계적이었음을 한눈에 알아볼 수 있다. 노동부의 공식적인 주요 기능은 노동법과 법령을 집행하는 것이었다.

남한에서의 이러한 작업은 건전하고 상식적이며 현실적이고 민주적인 노동 관계 정책을 발전시키고자 동력의 대부분을 쏟음으로써 가능했다. 이런 문제는 노동 문제를 정치권으로부터 떼어내려고 끊임없이 노력함으로써 그 결과가 배가되었다.

단체 교섭을 위한 대표를 선정하면서도 노동부는 많은 격려와 도움을 주었다. 노동부는 단체 교섭 협상을 조언하고 감시하며, 공식적으로 자격을 갖춘 협상 요원을 지원함으로써 남한 전역에서 실시하는 대표 선출 선거를 감독했다.

이렇게 함으로써 임금과 근로 조건의 모든 단계를 담고 있는 근대적 고용 계약이 지난날의 구두 계약, 일방적이고도 고용자를 중심으로 하는 "근로 합의" 그리고 일본식 노동 계약을 바꾸어 나가기 시작했다.

(1) 노동 교육

노동 관계 교육은 여러 가지 매체를 이용하였는데, 이를테면 매월 두 차례 발간되는 『노동 소식』을 통하여 한국과 세계의 소식과 노사 관계에 관한 논문을 게재하여 1만 부를 찍어 지방의 노동청에 배부하였다.

가장 모범적이었던 1948년 5월호에는, 「노동절을 바라보며」, 「중국 통신」, 「산업 재해의 원인에 관한 연구」, 「민주적 노동조합의 이론」, 「세계노동연맹(World Federation of Trade Union)의 분열」, 「한국진흥회사(Korean Forwarding Co.)의 노조 간부 선거」, 「서울전기회사에 관한 군정청 실태 조사 보고서」, 「일본 전범의 동화(同化) 계획」 그리고 라디오 방송 프로그램과 대담이 실려 있었다.

한국방송회사의 송출 기관인 HLKA에서는 매주 한 번, 15분씩 "노동자의 시간"을 방송하면서 남한의 10개 지사에도 송출했는데, 그 내용을 보면, 강의 형식으로 노동 관계 이야기를 방송하고, 문답식 대담과 노동과 관계된 방송극, 노동계 소식, 공장 안의 취주

악단 연주, 사계의 권위자들을 모은 원탁 대담을 방송했다.

1948년 5월의 HLKA의 방송 내용은 다음과 같다.

5월 3일 : 강의 : 노동부 노동국 중재과장 연명수(Yun Myung-soo)
          주제 : "노동 분쟁의 해결"
5월 10일 : 뉴스, 운수국 기관차수리부 악단의 연주
5월 17일 : 대담
          주제 : "노동 분쟁이란 무엇인가?"
5월 24일 : 강의 : 산업보건안전과장 김엄배
          주제 : "산업 재해의 원인과 방지"
5월 31일 : 단막극 : "어느 하루의 이야기"
          노동관계국에서 있었던 어느 하루의 이야기

이를테면, "민주적 노동조합," "노동조합 회의를 어떻게 진행할 것인가?" "단체 협상," "노동법 및 법령 해설," "산업 보건과 안전"에 관한 작은 책과 팜플렛을 몇천 장 찍고 아울러 이와 유사한 이야기들을 인쇄하여 지방노동청에 배포했다. 흑백 또는 4도 인쇄의 노동 관계의 포스터와 표어를 인쇄하여 배포했다.

중앙 본부에서는 강사진을 구성하여 전국을 순회하며 지방청의 간부들을 교육함은 물론, 일반 대중과 특히 고용 관계에 있는 특수 노동자들에게 강의, 영화, 슬라이드, 그리고 여러 가지 교육 자료를 이용하였다.

(2) 산업 보건과 안전

산업 보건과 안전 분야에서는 실질적인 과정을 설정하여 공장과 노동 현장에서 겪는 보건 · 위생 시설의 기준을 향상하는 문제, 노동자를 보살피고자 공장이나 넓은 산업 시설에 산재 병원과 보

건실을 설치하는 문제를 다루었다.

서울에 있는 경성전기주식회사의 병원에는 노동부의 감독을 받으며 미국인 병원과 보건실에서 훨씬 더 쾌적한 과정(課程)을 거치면서 수련한 한국인 의사와 간호사들이 일하고 있는데, 이들은 한국의 산재 병원 가운데 가장 주목할 만한 시설이다.

노동부 산업보건안전국은 시설과 약품이 열악한 지방 병원을 지원하며, 탄광촌의 병원과 보건소를 감독하고 산업체에서 일하는 모든 주민에게 백신을 주사할 책임을 지고 있다.

(3) 공장 감독

노동부 노동표준국은 아동노동법과 최대노동시간령이 잘 준수되고 있는지 지속적으로 감시한다. 노동부는 사무실, 사업장 그리고 노동부 산하 기관을 대상으로 단체나 개인에게 법령을 강의한다.

(4) 통계

노동부 행정국 통계과에서는 1948년 3월에 남한의 통계보고서를 발표했는데, 이 책자는 149쪽의 보고서로서 각종 사무실과 사업장에서 일하는 한국인 노동자를 여러 가지 측면에서 분석하여 도면으로 작성한 것이다.[41]

10명 이상의 노동자를 고용하고, 1947년까지 존속한 기업체를 다루고 있는 이 보고서에는 지방청의 고용 지수와 산업체의 유형, 임금과 노동 시간, 연령, 성별, 노동자의 교육 수준, 조합원, 보건 복지 시설을 싣고 있으며, 사업체와 사업장의 사무실, 매점, 광구

---

41) "Statistical Report on South Korea Labor," March 1948 ; See Appendix.

(鑛口), 수송, 통신 및 생산품과 함께 그 사업체의 중요 지사(支社)를 다루고 있다.

통계과에는 5명 이상의 노동자를 두고 있으며, 1948년 1월 1일까지 존속한 기업체에 관하여 비슷한 보고서가 1948년 9월에 발간될 예정이다.

(5) 지방노동청 회의

지방노동청의 간부들은 노동 관계와 노동 문제에 관하여 새로운 과정(課程)과 교육을 받도록 매 6개월 서울 본청에 출두해야 한다.[42]

(6) 중앙노동중재위원회[43]

앞에서 살펴본 바와 같이, 중앙노동중재위원회가 1945년 12월 8일에 정식으로 출범했다. 이보다 며칠 앞서 노동 중재를 위한 행정 절차가 발효되어 노동자들이 지방 지청이나 중앙위원회가 지켜야 할 규정과 절차가 공표되었다.

그보다 며칠 앞서 중재위원회와 지청의 요원들을 선임하는 절차를 회람으로 돌렸다. 또한 "노동 중재 기술"이 11월 27일에 발표되어 광산산업국 노동과가 당면하고 있는 노동 문제를 실제로 중재하는 문제를 분석했다.

1945년 12월에 중앙노동위원회의 임원이 선출되고 지방청이 설립되자 전국 9개 지청 가운데 7개 지청의 임원이 선출되었다. 앞

---

42) SKIG Monthly Activities Report, March 1948, Dept of Labor Section.
43) "National Mediation Board," Folder in Files of Dept of Labor.

서 지적한 바에서 더 나아가, 그보다 더 앞서 중재위원회가 활약한 곳도 있다. 바로 다음에 열거한 사업장들인데, 날짜는 위원회가 활동을 개시한 날이 아니라 분규가 시작된 날을 의미한다.

(가) 경성고무공장 : 1945년 12월 27일. 노동자들이 현물로 봉급을 받기를 요구했다. 노동자와 경영자들은 그런 방식의 교섭을 통하여 임금을 인상하려는 관행에 참여하지 말라는 충고를 받았다.

(나) 정자옥백화점(丁字屋百和店)* : 1945년 9월 28일. 노동자들이 대표의 권리에 관한 공청회를 요구했다. 노사 양측의 충고와 공식적으로 공청회를 열기에 앞서 합의함으로써 문제가 해결되었다.

(다) 화신백화점 : 1945년 11월 29일. 노동자들이 임금 인상과 사내에서의 조합 활동을 허락해 달라고 소청했다. 이에 노동중재원은 임금을 700원으로 인상하고, 사내에서 자치적으로 운영하는 조직을 해산하고 합법적인 노조를 만들도록 지시했다.
노사 양측에서 노동 조건에 동의했지만, 막판에 임금의 범위에 관하여 다른 견해가 나왔다. 협상은 경영에 간섭 없이 진행되어야 하며, 파업과 공장 폐쇄를 용납하지 않는다는 데 노사 양측은 주의를 기울였다. 양측이 그 문제를 그렇게 해결했다.

(라) 경성방직 : 1945년 12월 5일. 노동자가 경영에 참여하는 문제로 노사 분규가 일어났다. 중재위원회에서는 사업체를 가동하

---

* 정자옥백화점(丁字屋百和店) : 지금의 미도파백화점을 가리키는데, 당시에는 조지아백화점이라고 읽었다.(옮긴이 주)

는 기본적인 문제와 기업 경영의 독립성에 관한 문제와 노동의 본
질을 설명했다. 중재위원회는 임금 조건을 살펴본 다음 비슷한 규
모의 다른 공장과 수준을 맞추어 임금을 인상하도록 권고했다. 그
런 정도에서 노사 양측이 합의했다.

(마) 조선교과서주식회사 : 1945년 12월 12일. 노동자 측이 임금
인상을 요구하면서, 생활보조금을 잠정적으로 2천원으로 인상하
고, 현재의 생활급을 150%에서 200%로 인상하며, 가족 수당을 매
식구 5원에서 20원으로 인상해달라는 것이었다. 이에 중재위원회
에서는, 잠정적으로 생활급 400%를 허락하고, 현재의 생활급은 기
본급의 200%로 인상하고, 가족 수당을 매 가족 20원씩 인상한다.

(바) 조선자동차엔진수리공장 : 1945년 12월 19일. 경영주들이
경영권을 갖는 것을 노동자들이 인정했음에도, 노동자들은 노동
분쟁을 정치적인 것으로 몰아가고 있는 데 대하여 소청을 제기했
다. 조정위원회에서 조사해 본 결과 노동자의 정치 활동이 드러나
자 이를 중지시켰다.

(사) 강원운수주식회사 : 1946년 3월 1일. 몇 명의 노조원을 해고
한 데 대하여 노동조합이 소청했다. 회사는 공청회를 열기에 앞서
자발적으로 해고된 노동자를 복직시켰다.

(아) 서울중앙방송 : 1946년 4월 8일. 노임과 수당에 대한 분규가
일어났다. 이에 중재위원회에서 직급의 구별과 임금과 수당을 연
구하여 그를 바탕으로 필요한 조처를 했다. 1948년 3월에 중재위
원회는 2년의 장기 보직자들을 이번에 다른 직책의 집단과 교대하

기로 결정하고 끝내 그렇게 시행했다.

일을 이렇게 단행한 배후에는 한 직원이 한자리에 너무 오래 앉아 있다 보니 노동조합 일을 하면서 정치에 발을 담그는 일이 있었기 때문이다. 잠재적으로 상황을 어렵게 만드는 사람을 그 자리에서 뽑아내는 가장 쉬운 방법은 중재원의 모든 직원을 해임하였다가 새 직장으로 발령하는 것이었다. 이 문제는 아무 사고 없이 잘 해결되었다.[44]

9) 한국인의 참여

1946년 9월에 군정장관은 지난 3월에 가능한 한, 빨리 미국 관리들의 업무를 한국인에게 이양하고, 이제는 여러 가지 업무를 한국인들에게 이양할 때가 되었다고 말한 바 있음을 상기시키면서, 한국과 미국의 관리들에게 지시를 내렸다.[45]

이 지시는 아마도 건전한 이론에 바탕을 두고 있기는 하지만, 현장에서는 그의 주장을 잘 따르지 않았음이 입증되었다. 왜냐하면 그러한 지시는 준수하기보다는 위반하는 것이 더 영예롭게 보이는 것임이 분명했기 때문이었다.

그렇지 않다면, 그때로부터 6개월이 지난 1947년 3월에 한국과 미국의 경영자들에게 미국 고문관들의 기능과 관련하여 새삼스럽게 각서[46]를 발표할 필요가 없었기 때문이었다. 이번의 각서는 지난 9

---

44) "National Mediation Board," Folder in Files of Dept of Labor.

45) "Message from General Lerch regarding Korean Control of Military Government," given at Meeting of Korean and American Directors on Wednesday, 11 September 1946, dated 13 September 1946. Copy in Files of Dept of Labor and Central Files.

46) "Memorandum from Office of Military Governor," USAMGIK, for all American Personnel in Military Government, Subject: "Functions of Advisors"(Statement of Policy), 25 March 1947.

월에 발표한 자신의 바람이 이뤄지지 못한 대 대한 아쉬움을 표명한 것처럼 보였다. 그는 3월의 각서에서 다음과 같이 말하고 있다.

> 나는 노동 업무에 대한 책임을 더욱더 한국인에게 넘겨주고, 미국인들은 현직에서 물러나 본디의 업무인 순순한 고문과 감독의 업무에 충실해지기를 진심으로 바랍니다.

노동부의 업무에 관한 한, 미국인 고문과 한국 업무를 물리적으로 나누어 노동부의 업무를 한국인에게 완전히 이양하는 것을 군정장관은 요구하고 있는 것이었다. 그런데 한국인은 그럴 만한 준비가 되어 있지 않았다. 한국인들은 한참 뒤까지도 그런 책임을 질 만한 경지에 이르지 못해 있었다.

한국인들은 미국인 고문과 만날수록 양쪽이 당장 "이혼"하는 것은 시기상조임이 드러났다. 모든 업무에서 한국인들은 공식적인 행정 절차에서 통상적인 일조차도 인수하지 않았고, 고위 정책 과제는 아직도 미국인 고문실에 계류되어 있었으며, 1948년 한여름까지도 상당한 업무가 미국인 고문관 사무실에서 처리되었다.

그러나 한국인들은 아직도 다소는 옆에서 보고만 있는 사람이긴 했지만 두 나라의 인사들이 업무를 분담하는 것은 한국인들에게 본래의 것보다 더 큰 자신감을 심어주는 귀중한 효과를 지니고 있었다. 한국인들은 사소한 일을 결정하고 업무를 처리하는 동안 매일 사람을 만나 일을 배우면서 자신감을 키우게 되었다.

미국인 고문과 한국인들이 일상의 업무를 위해 만나면서 지식과 실무를 배웠는데, 이제 양측이 업무를 완전히 분리하게 되면 만남이 끊어지게 될 터인데 그렇게 되면 한국인의 신뢰로 얻어지던 것들이 상쇄되지 않을까 걱정하는 관찰자도 있었다. 한국인 관리들은 양쪽의 업무 독립이 얻는 것도 있지만 잃는 것도 있다는 점을 분명히 시인했다.

이에 대해서는 몇 달이 지나자 노동부의 관리들이 자기들의 업무를 미국 고문들에게 되돌려준 사실에서 좋은 답을 찾을 수 있을 것이다. 노동부는 사안마다 "한국화" 정책을 따라 최대한의 능력을 발휘하면서도 그러한 상황에서 벌어질 수도 있는 예상치보다 더 많은 희생을 초래하지 않았다.

3. 1948년 6월의 상황

1) 1945년 말과의 비교

1945년 말과 1948년 말의 노동 조건의 비교

1945년 말	1948년 말
노동 문제는 광산산업부의 한 과(課)임	전국적인 규모의 노동부로 승격함
한국인 관리의 부족	전원 한국인으로 충원함
정부는 노동 문제를 주목하지 않음	군정은 정확한 노동 정책으로 지원함
고문관이 반(反)노동 정책을 시행함	노동법에 따라 합법적으로 노동을 전면 지원함
귀속 재산 처리에 친노동 정책을 추구함	귀속 재산 처리에서 경영과 노동을 차별하지 않음
"법을 준수하는 것" 이외에는 노동법이 별도로 존재하지 않았으며, 노동 관계 활동이나 노동중재위원회의 움직임이 없음	단체 교섭 대표의 서출, 단체 교섭, 노동자 교육 계획과 방송, 『노동 휘보』 및 소책자 발행, 벽보, 노무부 간부회의에서 강연, 중앙노동중재원, 아동 노동, 최장 노동 시간
노동 기구에 경찰이 방해, 청년 노동 조직의 방해	아직도 지방 노동 조직에 경찰이 방해, 대도시에서는 방해가 적음, 아직 청년 조직에 방해

1945년 말	1948년 말
노동 조직과 업무에 경영주의 방해	노동 조직과 업무에 경영주의 방해 감소
노동, 노동조합 또는 조직에 지도가 없음	노동, 노동조합, 기업에 대하여 노동부가 조언하고 지도함

2) 목표 달성의 확대

남한의 노동부는 노동계에서의 상식, 민주적 제도, 비정치적 활동, 비(非)이론적 체계를 시작함으로써 그 목표를 달성했다. 노동부는 법령이 아니라 교육으로 노동계를 이끌었고, 노동부의 간부와 공장의 말단에 이르기까지의 모든 노동자를 가르치고 지도하고 훈련함으로써 그들의 목표를 달성하려고 노력했다.

노동부는 나쁜 폐단을 자연 감소시키는 방법으로 노동 교육을 지속적이고 끊임없이 진행함으로써 시작할 때부터 바람직했던 방법을 도입하는 데 성공하여, 1948년 6월이 되면 느리지만 확실하고도 희망적인 결과를 보여 주었다.

3) 현재의 문제점과 어려움[47]

한국의 향후 노동 전망은 새로이 수립된 이승만(李承晚) 정부의 노동 정책에 크게 의존하여 결정될 것이다. 1948년 초가을인 지금으로서는 과연 이승만 정부가 어떤 유형의 노동 정책을 전개할 것인지 예단하기에는 이르다.

전진한(錢鎭漢)이 우익 노조인 대한노총의 의장을 사임함으로써 대한노총 안의 여러 가지 요소들이 뭉쳐가고 있다. 이승만 대통령

---

47) Interview with Edward Grosiak, Advisor, Conciliation Section, June 1948.

은 전진한을 사회부 장관으로 임명하였는데, 이제 지난날의 노동부도 사회부로 편입되었다. 전진한은 이미 자신이 각료로 임명되었지만, 8월에 열리는 대한노총 의장 선거에 출마하리라고 선언했다.

대부분이 젊은 조합원으로 구성된 대한노총 안의 반(反) 전진한 세력들은 당시 노동중재위원이며 지난날 대한노총의 부의장이었던 유기태(劉起兌)를 지지하여 당선시킬 수 있다고 확신하고 있다. 드디어 유기태가 의장으로 당선되자 대한노총은 몇 개의 집단으로 분열했다. 전진한은 영등포 노조의 지지를 받았지만, 부산과 인천 세력이 철도노조와 합세하여 유기태를 지지하고 있다.

대한노총의 제3세력은 반 전진한 세력인 김구(金九)가 이끌고 있다. 만약 대한노총 안에서 이러한 분화가 이뤄진다면, 이번의 전투는 노동조합의 지지를 받고 있는 유기태 세력과 그에 반대 세력인 젊은 전진한 세력의 싸움이 될 것이다. 유기태를 지지하고 있는 젊은 노조 지도자들의 성명에 따르며, 지난 2년 동안 발전한 대한노총이 이승만과 그의 젊은 지지자들에 맞서 어떤 압력에도 굽히지 않고 전진할 것이라고 한다.

그들은 이승만 정부가 자기들을 억압하려고 획책하고 있다고 선언했다. 이러한 상황에서 그들은 지지 세력을 모으고자 미군정과 세계노동기구(ILO)와 손을 잡으려고 애쓰고 있다. 이 젊은 유기태 세력은 노동조합 활동을 억압하는 저쪽 청년 세력의 의도에 저항할 것이며, 지난 2년 동안에 어렵게 얻은 노획을 잃지 않으려 할 것이다.

4) 노동 입법

노동부의 한국 관리들은 현행 노동 법규들을 집행하고자 가진 애를 쓰고 있다. 이와 같은 노력은 폭력 행위를 자행하는 무리를 사법 처리하고자 하는 사직 당국으로부터 지속적인 혐오를 받고 있으며, 노동법과 관련된 지방 장관들의 반대와 외면으로 고전하고 있다. 아동노동법과 최대노동시간법은 위반 사례가 허다하며, 이들을 집행하고자 하는 유일한 기관은 노동부뿐이다.

지방노동청은 지방장관의 행정 지시를 받고 있으며, 지방장관의 지시를 받는 지방청의 직원들은 중앙 노동부로부터 내려오는 지시 공문을 번번이 무시하고 있다. 중앙의 노동부에서 조사단이 내려가면 지방의 지청에서는 중앙 정부가 지방 주민의 권익을 침해한다고 덮어씌웠다.[48] 중앙 정부가 노동 법규를 위반한 사람에게 특별한 지시를 내려도 번번이 무시되었다.

서울의 경우에는 노동부가 공장 감시와 법규 이행의 문제를 모두 떠맡았다. 서울 노동청은 관내 노동조합의 감독이나 법 집행의 문제에 아무것도 이행하지 않았다.

노동 법규를 허술하게 집행하여 아무 쓸모가 없게 되자 노동부에서는 시효가 지나서 서울지청에 법령을 준수하도록 압력을 넣었다. 노동 법령을 어긴 무리는 기소되거나 벌금형도 받지 않았고, 주로 중앙 정부의 압력을 받고 나서 할 수 없이 법조문을 따랐다.

5) 현재의 노동 조건

정상적인 노동 조건 아래에서 관습적인 노동 시간은 평균 8시간이었다. 현재의 최대노동시간법에 따르면, 노동자는 하루에 8시간씩, 1주일에 6일 동안 일하며, 1주일에 48시간 이상 노동했으면 초과 시간의 임금을 50%씩 올려 주었다.

---

48) See Folder on "Pusan Stevedores," in Dept of Labor Files.

1948년 전반기 6개월 동안 전력의 부족, 교통난, 원자재 부족으로 말미암아 일당 노동 시간이 단축되어 많은 공장에서 하루에 4시간이 안 되게 작업했다 전력난이 개선되지 않으면 많은 공장에서 하루 8시간 미만을 일해야 하는 경우가 계속될 것이다.

운수부에 근무하는 철도노무자들은 주당 노동 시간을 40시간으로 줄이고 그 밖의 시간에 노동할 경우에 초과 수당을 지불한다. 광산과 통신부 노동자들은 수없이 추가 시간의 노동을 해야 했는데, 이는 숙련공이 부족하기 때문이었다.

귀속 재산 사업체에서의 초과 수당은 장부에 기록되지도 않은 채 노동자의 월급만 올려 주는 결과를 낳았다. 이러한 관행은 중앙경제국이 통제하고 있는 최고임금법을 빠져나가는 속임수 경영이 되었다.

큰 공장의 노동 조건은 미국에 견주어 빈약하다. 그러나 한국의 공장을 검사하면서 미국의 잣대를 표준으로 이용하기는 어렵다. 한국 가정의 모든 가치를 재면서 한국의 모든 분야에서 미국 가정의 표준 잣대를 이용한다는 것은 불가능하다. 그러므로 미국의 잣대를 표준으로 삼아 한국에 적용한다는 것은 분명히 불가능한 일이다. 대형 공장의 조명은 불충분하고 열악하다.

전기와 석탄이 부족하여 한국의 공장에는 겨울에도 난방 장치가 없다. 대부분의 공장에서 위생 시설은 도구도 부족하고 비위생적이다. 작업 환경에 관해서만 말하자면 한국의 산업 가운데에는 섬유 공장이 가장 우수하다. 대부분의 섬유 공장에는 기숙사가 있는데, 많은 조합원이 대체로 어린이들이다. 한국의 공장에서 쓰는 기계와 장비는 유지 · 보수를 거의 하지 않아 매우 낡고 빈약하다.

경영주들은 노동자의 안전 방안이나 장비를 부차적인 것으로 생각하며, 가동하고 있는 부품의 교체를 충분히 하는 것이 그들의 일차 목표이다. 대기업에서 진행하고 있는 꾸준하고 철저한 교육 과정은 안전 의식을 높이는 데 필수적인 요소이다. 한국의 작은 공장에서는 주로 수공업 제품을 만들기 때문에 안전 문제가 그리 그다지 빈번하지 않다.

공장노동자들은 안전 의식이 빈약하며, 관행에 몰두할 때가 너무 많은데, 미국의 공장에서는 이런 일을 두고 눈살을 찌푸리지만, 억압의 대상은 아니다. 그러나 한국의 공장에서는 노동자들의 작업 속도가 매우 느리며, 사고율을 낮추려다 보니 생산성을 높이려는 유인(誘因)도 거의 없다.

현재 한국의 산업에서 가장 시급한 것은 기계와 장비와 공장 구조를 재건하는 것이기 때문에 현재와 같은 낮은 생산성을 유지하면서 가능하다면 상품 생산을 늘리려면 모든 가용 자산을 재료와 장비 구매에 쓰고 있다.

안전 시설과 개선된 노동 조건은 부차적인 것으로 밀려나 있는 상황에서 모든 노력은 매우 긴요한 물품 생산에만 쏟고 있는데, 한국의 경영주들이 노동 조건의 개선에 집중하도록 강제하기도 어렵다.

4. 요약 : 한국노동운동사의 교훈[49]

한국인들은 오래된 이념과 문화 속에 살고 있는 이기적인 종족이다. 표면적인 동의에도 불구하고 그들이 몇 대에 걸쳐 이어 내려오는 관행을 벗어난다는 것은 매우 어려운 일이다. 우리가 그들을 통하여 배운 바에 따르면, 한국에서 우리가 목표를 달성하기

---

49) 이 부분은 노동부장의 고문인 쇼우(La Shaw) 중령이 작성한 것이다.

어려운 것은 그들이 인내하며 지속적으로 망치로 두드리고 실제로 보여주는 것만을 믿으려 하기 때문이다.

한국인에게는 모든 일이 정치적이다. 우리가 한국에서 겪는 가장 큰 어려움은 그들이 정치와 노동을 분리하고, 깡패 집단이 그 반대파를 굴복시킬 때처럼 "완력이 정의롭다"는 그들의 낡은 관행을 포기하도록 만드는 것이었다.

한국인은 매우 지적(知的)이며, 민주주의 원칙에 겉으로는 동의하면서도, 상대편이 세게 나오면 처음의 모습을 바꾸고 옛날 방식대로 억압 구조에 머리를 숙이고 들어간다. 우리는 2년이 넘게 그들이 민주적인 노동조합을 만들고 공정한 노사 협정을 맺도록 도와 상당한 진보를 이루게 해 주었지만, 이상적이고도 민주적인 노사 관계를 최상의 수준으로 끌어올리려면 적어도 한 세대는 걸릴 것이다.

우리가 한국에서 이룩한 진보는 노동부에게 만족스럽지 않았다. 굽이굽이마다 반대에 직면하면서 우리는 우리의 목표를 달성하기가 몹시 힘들었는데, 여기에는 두 가지의 장벽, 곧 자금과 유능한 기술 고문의 부족이 우리의 앞길을 가로막고 있었기 때문이다. 우리가 한국에 관하여 반드시 기억해야 할 사실이 있다.

곧, 한국인들은 실제로 아무것도 없는 데서 출발했다는 점, 한국인은 기본적으로 이지적이면서도 매우 무지해서 그들을 가르치는 방법이란 말과 시각 자료밖에 없었다. 우리가 이곳에서 목표에 이르려면, 우리가 그들을 가르치고 훈련하여, 우리에게 배운 사람들이 다시 다른 사람들을 가르치고 훈련할 할 필요가 있다.

대부분의 동양 국가가 그렇듯이, 한국인들은 부패와 독직(瀆職)으로 찌들어 있다. 이제 그런 악습이 거의 천성처럼 되어 보인다. 노동계에서만이라도 그런 악습을 끊는 것이 제일 먼저 해야 할 일이다. 또 다른 국가적 상징은 경찰이 노동자와 노동조합을 박해하는 것인데, 이 부분은 많이 개선되었다.

한국에서는 공직에 있는 사람들도 대부분이 노동이나 노동 운동을 낮춰 보는 경향이 있으며, 모든 노사 관계를 다른 문제에 종속시키는 경향이 있다. 이는 참으로 비극적인 현상이다.

정부의 안팎에서 노동에 반대하는 원칙을 따르고 있다는 이유로 전 세계에서 민주적 원칙에 따라 노동 조직을 필요로 하는데 이에 반대하는 입장을 가진 국가로서 한국보다 더 심한 곳이 없다고 사람들은 믿고 있다.

한국에서 노동계의 공산주의는 싸우기에 그리 만만한 상대는 아니어서, 대담하고 훌륭한 조직에도 불구하고 이 나라의 폐지 더미로 몰락할 것이라고 사람들은 생각하고 있다.

지난 2년의 그것에 비춰볼 때, 노동계의 공산주의는 동력을 많이 잃었다. 우리가 전국을 통하여 경험한 바에 따르면, 한국 국민의 대다수는 노동조합에 대하여 온건한 호의를 느끼고 있거나 아니면 무심하다.

아마도 한국인들이 노동조합에 대하여 무심한 가장 납득할 만한 이유는, 국민의 상당 부분이 교육을 받지 못했을 뿐만 아니라 노조원들도 임금 인상을 위한 협상 이외에는 노동조합의 기능에 대하여 아는 바가 없기 때문일 것이다. 일반 대중이나 노조원들도 노동조합의 의무와 책임이 무엇인지를 완전히 이해하지 못하고 있다. 이 문제에 대한 대답은 시간과 교육뿐이다.

제8장
「안보 각서 68호」(1950. 4. 14.)

− 미국 국가안보회의실 작성

NSC 68

National Security Council (Top Secret)
April 14, 1950

FRUS : 1950, Vol. I, *National Security Affairs*
USGPO, 1977

「안보 각서 68호」(1950. 4. 14.)

S/S-NSC Series : Lot 63D351 : NSC 68 Series

미국 안전보장회의(NSC)에 보내는 보고서[1]

발신 : 안정보장회의 사무국장 레이(James S. Lay, Jr.)

일시 : 1950년 4월 14일

발신지 : 워싱턴

《극비》

국가 안보를 위한 미국의 목표와 계획에 관한 사무국장의 기록

(Note by the Executive Secretary to the National Security Council on United States Objectives and Programs for National Security)

---

1) 이 문서의 부본은 재무성 장관, 경제협력청, 예산처장, 경제자문위원회 의장에게
   도 발송됨.(원저자 주) 이 문서의 전문은 *FRUS : 1950*, Vol. I, *National Security
   Affairs : Foreign Economic Policy*(Washington, D.C. : USGPO, 1977), pp. 234~312에
   수록되어 있음.(옮긴이 주)

참조 : (1) NSC 20/4[2]

　　　 (2) NSC를 위한 사무국장의 비망록(1950. 4. 14.)[3]

　　여기에 첨부된 대통령의 편지와 국무장관과 국방장관의 보고서는 국가안보회의, 재무성 장관, 경제협력청, 예산처장, 경제자문위원회 의장이 1950년 4월 20일에 갖는 정기적인 모임에 대비하여 사전에 고려하도록 송부하는 문건입니다.

　　비상 사태에 관련한 대통령의 지시를 수행하기 위한 절차의 문제는 그때 함께 숙의할 수 있도록 4월 14일자 비망록에 담아 함께 회람하였습니다. 이 문서와 내용은 대통령의 동의 없이 공포되지 않기를 바라는 대통령의 당부에 따라 특별히 보안을 유지할 것을 당부합니다.

　　　　　　　　　　　　　　　　　　　레이(James S. Lay, Jr.)

[첨부 문서 1] ──────────────────────

대통령(HST)이 국가안보회의 사무국장(Lay)에게 보내는 공한

워싱턴에서, 1950년 4월 12일

《극비》
친애하는 레이 씨에게

────────────────────────────────────

2) *FRUS : 1948*, Vol. 1, Part 2, p. 662(November 23, 1948)
3) 이 문서는 인쇄되지 않음.

1950년 4월 7일자 국무성과 국방성이 작성한 보고서를 고려해 보고, 전쟁과 평화의 목적과 우리의 전략적 계획에 담긴 목표의 효과를 검토한 나는 이 보고서를 안전보장회의에서 검토해보도록 요청하면서, 안전보장회의가 위 보고서에 담긴 결론의 함의에 대하여 좀더 훌륭한 정보를 나에게 제공해 주기를 요청합니다. 특히 위 보고서에 담긴 계획을 실현하면서 필요한 비용을 포함하여 좀더 명백한 방향을 제시해 주기 간절히 바랍니다.

위의 보고서에 담긴 결론이 제시하는 예산과 경제 상황의 효과가 크기 때문에 경제협력청, 예산처장, 경제자문위원회 그리고 더 나아가서 재무성 장관이 정기적으로 참여하여 이 문제를 논의해 주기 바랍니다.

이 논의가 끝날 때까지 현재의 계획이 연기되거나 늦어지지 않기를 나는 바랍니다. 더 나아가서 이 보고서나 또는 그 목차가 나의 동의 없이 대외적으로 알려지지 않기를 바랍니다.

감사한 마음으로

트루먼(Harry S. Truman)

[첨부 문서 2] ───────────────────────

1950년 1월 31일자 대통령의 지시에 따른 보고서[4]

《극비》[워싱턴] 1950년 4월 7일

───────────────────────

4) *Ante*, p. 141.

《목차》5)

| 참고 사항 |

이 보고서는 1950년 1월 31일자 대통령의 지시에 따라 작성한 것이다. 대통령의 지시는 이렇게 되어 있다.

"대통령은 국무장관과 국방장관에게, 전쟁과 평화에 대한 우리의 목표와, 소련의 핵폭탄과 수소폭탄 제조의 가능성에 비추어 우리의 전략 계획은 우리의 목표에 어떤 효과를 갖는지를 재검토해볼 것을 지시합니다."

우리 보고서는 다음과 같은 지시 공문을 하달하라고 권고했다.

(1) 수소폭탄 무기가 성공할 때 그러한 무기를 저장해야 하는지?
(2) 그러한 무기를 저장하면 전쟁이 일어날 경우에 어떤 조건 아래에서 그들을 사용할 수 있는지?

위와 같은 문제가 일어날 경우에 좀더 기본적인 결정을 하면서 어떤 방향으로 계획을 진행해야 하는지에 대하여 고려해야 합니다. 만약 수소폭탄 실험이 성공한다면, 그러한 목적으로 핵무기를 생산하고 저장해야 한다는 압력과 핵폭탄을 보유해야 한다는 압력이 크게 증가하고 있습니다.

핵무기를 사용하는 정책의 문제는 이 나라의 전략적 계획과 전쟁이나 평화 시의 목표를 널리 재검토하는 방법의 일부로 적절히 평가될 수 있습니다.

수소폭탄뿐만 아니라 원폭에 관한 문제는 소련에서도 수소폭탄이나 원

---

5) 본문의 각주에 달린 page의 숫자는 원자료의 page임.(원저자 주) 본문에는 목차가 달려 있으나 여기에서는 앞에 달린 목차와 중복되어 삭제함.(옮긴이의 주)

폭의 제조가 가능한지를 고려하면서 국가의 정책을 거듭 살펴볼 필요가 있습니다. 이러한 문제는 도덕적·심리적·정치적 문제를 고려하면서 무게 있게 다루어야 합니다. 이러한 검토의 결과에 따라서 우리가 미국과의 접촉을 모색하면서 원자력의 국제 관리를 포함하여 양국과 합의된 것들을 수정하는 문제와 함께 치명적인 행동을 보일 수도 있습니다.[6]

| 분 석 |

1. 현재 전개되고 있는 세계 위기의 배경

지난 35년 동안, 전 세계는 두 번에 걸쳐 참혹한 폭력의 전쟁을 겪었다. 세계는 또한 러시아와 중국에서 규모와 강도(強度)로 보아 과격한 혁명을 목격했다. 그동안 세계는 오토만(Ottoman)제국, 오스트리아-헝가리(Austria-Hungary)제국, 독일제국, 이탈리아제국, 일본제국 등 5개 제국의 붕괴와 영국과 프랑스 두 제국주의 체제의 끔찍한 몰락을 목격했다. 한 세대에 걸쳐 국제 사회의 권력 재편은 세상을 근본적으로 바꿔 놓았다.

지난 몇 세기에 걸쳐 동맹국도 같은 시대에 그런 위대한 세력을 겪어 보지 못한 것을 단일 국가가 장악한다는 것이 불가능했다. 세계의 모습은 이제 다시 폭력과 전쟁의 시대로 되돌아가고 있는 듯이 보이지만, 주권과 독립을 누리는 국가의 체제가 지속됨으로써 어떤 국가도 단독으로 패권을 장악할 수 없다.

두 가지의 특별한 요소가 이처럼 역사적인 권력 재편을 근본적

---

6) Report by the Special Committee of the National Security Council to President Truman on the Development of Thermonuclear Weapons, January 31, 1950, *FRUS : 1950*, Vol I(1977), pp. 513 ff.

으로 이뤄 놓았다. 첫째로 독일과 일본의 패망과 대영제국과 프랑스제국의 몰락이 상호 작용하여 미국과 소련의 발전과 맞물려 이 두 국가에로 권력의 자장(磁場)이 쏠렸다.

둘째로, 소련은 지난날 패권을 잡으려던 소망과는 달리 새로운 광신에 빠져 우리의 이념과는 달리 세계의 남은 국가에게 절대적인 권위를 행사하려 한다.

그러므로 소련연방에서는, 폭력이든 비폭력이든, 자기 편한 대로 일으키는 갈등이 풍토병처럼 퍼져나가고 있다. 대량 파괴의 무기들이 날로 늘어남에 따라 현재를 살아가고 있는 개인은 누구나 전면전에 들어갈 경우에 몰살할 가능성에 직면하고 있다.

그와는 달리, 전 세계의 국민은 핵전쟁의 위험에서 벗어나야 한다는 근심이 사라지기를 간절히 바라고 있다. 그런가 하면, 크레믈린의 영향 아래에서는 영토가 팽창하면서 거대한 힘을 구성하여 대항 세력을 구축할 가능성도 없어졌다. 이런 맥락에서 강력한 힘의 구도에서 살던 공화국의 시민들은 깊은 위험에 빠져 강력한 권력 앞에 서 있다.

우리가 당면하고 있는 문제는 이 문명의 공화국을 완성할 것인지 아니면 파괴할 것인지를 결심하는 문제를 포함하여 중대한 싯점에 놓여 있다. 그러한 문제들은 우리가 오래 생각하도록 기다리지 않는다. 이 정부와 국민은 이제 정신 차려 결단력을 가지고 새롭고도 운명적인 결심을 해야 한다는 점을 보여 주고 있다.

2. 미국의 기본적인 목표

미국의 기본적인 목표는 헌법 전문(前文)에 써 있듯이, "우리는 좀더 완벽한 합중국을 만들어, 정의를 구현하고, 내정의 평온을 확보하며, 공동 방위체를 마련하고, 보편된 복지를 증진하며, 우리 자신과 우리 후손들이 자유의 축복을 누리도록 한다." 본질적으로 개인의 존엄과 가치에 기초를 둔 자유 사회의 통합과 활력을 보장하는 것이다.

이러한 목표를 구현하려면 그 결과로 세 가지를 실현해야 하는데,

> 첫째, 헌법과 권리 장전에 명시된 바와 같이, 개인의 자유를 본질적 요소로 유지하려는 단호한 결심과,
>
> 둘째, 우리의 자유와 민주주의 체제 아래 살면서 번영할 수 있는 조건을 창출하려는 단호한 결심과,
>
> 셋째, 독립선언서에 기록된 바와 같이, "신의 섭리가 우리를 보호하고 있다는 굳은 믿음에 따라, 필요하다면 우리 삶의 길을 지키고자 싸운다는 단호한 결심으로 우리가 서로 자신의 생명과 자신의 운명과 자신의 성스러운 명예를 지키고자 맹세하는 것이다."

3. 소련의 기본적인 구상

소련과 국제공산주의 운동을 지배하고 있는 사람들의 기본적인 구상은 첫째로는 소련 안에서, 그리고 둘째로는 그들이 지배하고 있는 영역 안에서 그들의 절대 권력을 장악하여 더욱 공고하게 만드는 것이다. 그러나 소련 지도자들이 생각하기에, 그들의 이와 같은 구상을 실현하려면 그들의 권위를 역동적으로 확산하고 궁극적으로는 그들의 권위에 효과적으로 저항하고 있는 반대파를 섬멸하는 것이다.

그러한 목적을 구현하고자 소련은 유라시아대륙의 지배권을 확

보하려고 노력하고 있다. 비(非)소비에트 지역의 세력 중심에 놓여 있고, 소련의 팽창을 저지하는 보루로서의 미국은, 만약 근본적인 구상을 달성하려면 무슨 수를 쓰든지 전복하고 무너트려야 할 통합과 활력을 갖춘 소련에게 주적이다.

4. 미국의 목표와 소련의 구상 사이에 존재하는 이념과 가치의 영역 밑바닥에 깔린 갈등

1) 갈등의 본질

소련은 미국이야말로 그들의 기본적인 구상을 이룩하는 데 유일하고도 강력한 위협이라고 생각한다. 법치주의 아래에서의 자유주의 이념과 크레믈린의 끔찍한 과두 체제 아래에서 겪는 노예 사상 사이에는 근본적인 갈등이 있다. 이럴 경우에 1절에서 지적한 바와 같이, 권력의 양극화를 수반하는 위기와 함께 두 주역이 핵무기를 배타적으로 소유하려는 결과가 나타난다.

더욱이 자유주의 이념은 특히 노예적 삶에 대하여 너그럽지 않은 적의를 보인다. 자유주의의 도전을 섬멸하려는 노예 국가의 가혹한 목표는 강대국을 두 개의 반대축으로 몰아버렸다. 오늘날 강대국가의 양극화에 위기를 조장한 것은 바로 이와 같은 사실 때문이다.

자유주의 사회는 개인 그 자체를 하나의 목표와 가치로 여기면서 개인을 자율과 자제의 척도로 요구함으로써 개인의 권리와 타인의 권리가 양립할 수 있도록 만들어 준다. 그러므로 개인의 자유는 상대가 되는 짝을 가지고 있으며, 개인의 소극적 책임은 타인의 적극적 책임과 양립할 수 없도록 행사해서는 안 된다. 왜냐하면 개인의 적극적 책임은 정의 사회를 구현하는 데 보수적 용도로 그의 자유를 이용하기 때문이다.

자유는 책임을 수반한다는 이런 이념에서 놀라운 다양성과 깊은 관용과 자유 사회의 준법성이 나온다. 이것이 자유인의 힘이 어디에서 오는지에 대한 설명이다. 자유의 책임은 통합과 자유의 활력과 민주주의의 제도를 구성한다.

자유로운 사회에서는 모든 개인이 그의 창조적 힘을 실현하는 기회를 가질 수 있도록 환경을 만들어 주고 유지하고, 자유의 이념이 왜 자유 사회가 그것을 파괴하고자 하는 그들의 자유를 그 안에서 용서하는지를 설명해 준다.

그와 마찬가지로 국가 사이의 관계에서도 자유 사회는 힘과 자유 이념에 대한 호소력에 주로 의존하고 있으며, 모든 사회를 그에 일치시키려는 강제에 대하여 조만간 강제성을 느끼지 않는다. 자유 사회는 다양성을 두려워하지 않고 오히려 환영한다.

자유 사회는 인류애에서부터 심지어는 적의(敵意)에 이르기까지 모든 곳에서 그 힘을 얻는다. 자유 사회는 이념의 자유를 거래하는 장터로서, 자유인은 그곳에서 최상의 물품을 얻으리라고 확신하고 있고, 더 높이 성장할 수 있으며, 그들의 선택을 통하여 그들의 능력을 최대한 구현할 수 있다.

자유주의 이념은 역사에서 가장 피부에 와닿는 사상으로, 권력에 수종(隨從)하는 이념보다 더 우리에게 가깝다. 절대 권력으로 개인이나 개인 집단을 억압하는 사회에서는 자유롭게 숨을 쉬는 것조차 너그럽게 여기지 않는다. 독재자가 절대적인 권력 의지를 가지고 절대 권력을 장악했을 경우에, 모든 다른 의지는 자발적 의지에서 나오는 행동으로 복종해야 하며, 빗나간 신념의 강제를 받아 자신에 대한 의지를 잃게 된다.

그 체제의 궁극적인 목표에 봉사할 때 독재자는 자신의 존재 의미를 발견하거나 발견할 수 있다는 것이 이러한 신념 체계의 제1조이다. 그러한 체제는 곧 신격화되고, 그 신의 의지에 복종하는 것은 곧 그 체제의 의지에 복종하는 것이다.

피상적으로 그 체제에 복종하는 것으로는 만족할 수 없다. 심지어는 간디(M. Ghandi)의 비폭력주의도 용납되지 않는다. 그런 마음속에는 저항 정신과 더 높은 권위에 대한 맹신이 남아 있으며, 개인은 그 체제의 권위에 전폭적으로 복종하지 않기 때문이다.

단 하나의 예외도 없이 소비에트 체제 안에서 모든 개인에 대한 절대 권력을 요구하는 것과 같은 강제는 공산당에게 전체주의적 권력을 요구하며, 모든 국가가 소련의 지배 아래 들어가야 한다. 이와 같이, 스탈린(J. Stalin)의 말에 따르면, 볼셰비키 혁명이 명시한 레닌주의(Leninism)의 이론과 전략은 전 세계의 무산자 정당이 지켜야 할 교시이다.

진정한 국제주의자라 함은 소비에트의 입장을 주저 없이 떠받들고 위성 국가에서의 진정한 애국주의라 함은 소련연방공화국을 사랑하는 것이다. 그와 마찬가지로, 소련의 "평화 정책"이라 함은 당 대회(Party Congress)에서 "우리와 싸우고 있는 자본주의에서 더 많은 이익을 쟁취하는 것"이라고 말한 바와 같이, 비공산권 세계를 분열시키고 동력을 잃게 하며 소련이 모색하고 있는 평화가 곧 소비에트의 정책에 전폭적으로 따르는 평화이다.

자유에 대한 노예적 저항으로 나타난 것이 곧 철의 장막이요, 고립이며, 절대 권력을 목표로 삼는 사회의 독재이다. 자유의 이념이 존재하고 그를 끈질기게 옹호하는 것은 노예 사회의 기반에 대한 영원하고도 지속적인 의협이 된다.

그러므로 이 세계에서 자유가 오래도록 지속되는 것은 용서할 수 없는 일이라고 그들은 생각한다. 새롭고, 지속적으로 위기를 조장하는 것은 권력의 양극화로 가는 길이다. 이는 노예 사회와 자유 사회의 대결을 불가피하게 유발하고 있다.

오늘날 전 세계의 자유주의에 대한 공격은 요즘 벌어지고 있는 세계의 양극화라는 맥락에서 볼 때, 어느 곳에서 벌어지고 있는 자유 제도의 붕괴는 세상 모든 곳에서의 패배를 의미하는 것이다. 우리가 체코슬로바키아의 붕괴를 통하여 감내하고 있는 충격은 단순히 우리가 그곳에서 겪는 물질적 손실만을 추정하는 것이 아니다.[7]

물질적 의미로만 말한다면 체코슬로바키아의 권력은 이미 소련의 손에 넘어갔다. 그러나 체코슬로바키아의 제도적 통합이 무너졌을 때, 우리가 겪은 정신적 손실은 이미 물질적으로 겪은 손실보다 가늠할 수 없을 만큼 큰 것이었다. 이와 같이 우리의 자유 사회는 원치 않게도 소련으로부터 치명적으로 도전을 받았음을 우리는 보았다.

어떤 다른 가치 체계도 우리의 것과 양립할 수 없으며, 우리의 가치를 파괴할 목적으로 우리와 화해할 수 없으며, 자유의 용도를 가장 위험하게 변용할 수 없으며, 우리 사회를 분열시키는 사조가 될 수 없으며, 세상 어느 곳에서도 인간의 본질에 불합리한 요소를 능란하고도 강력하게 주입할 수 없으며, 어느 누구도 군사력의 중대하고도 점증하는 핵심 지역을 차지하고 있지 않다.

---

7) 1948년 2월에 있었던 체코슬로바키아 정부의 위기에 관해서는, *FRUS : 1948*, Vol. IV, pp. 733 ff 참조.

2) 목표

자유 사회의 목표는 그것이 양생되는 물질적 환경을 유지할 필요성과 그 사회의 기본 가치에 따라서 결정된다. 그러므로 논리적으로나 현실적으로 볼 때, 미국에 대한 크레믈린의 도전은 우리의 가치뿐만 아니라 그 환경을 보호할 수 있는 물리적 능력에 달려 있다. 그 도전은 평화와 전쟁을 에워싸고 있으며, 평화와 자유에 대한 우리의 목표는 그러한 상황을 계산에 넣어야 한다. 그러려면 ;

첫째로, 우리 국민의 생활에서 우리의 가치를 증진할 수 있는 방법과 군사적·경제적 힘을 개발하는 두 가지 방향으로 우리 자신을 강국으로 만들어야 하며,

둘째로, 우리는 자유 세계의 정치적·경제적 체제가 성공적으로 작동할 수 있는 세계를 건설하는 데 선도적 역할을 해야 한다. 우리는 우리 자신의 통합력을 지탱하고, 국내외적으로 본질적 가치를 실천적으로 강화함으로써 크레믈린의 구상을 실질적으로 좌절시켜야 한다.

셋째로, 우리는 우리의 가치를 실현하는 것을 넘어서, 우리의 정책과 행동이 소련의 체제를 근본적으로 바뀌는 힘을 쏟아야 하며, 그러한 변화는 소련의 그와 같은 구상을 좌절시키는 데 아마도 가장 중요한 단계일 것이다.

오늘날과 같이 핵전쟁의 위협 앞에 위축된 세계에서 크렘믈린을 견제하는 방법을 모색하는 데 그친다면 그것은 적절한 목표가 아니다. 왜냐하면 국제 사회에서 질서가 사라지면 관용도 더 많이 사라지기 때문이다.

미국 자신의 이해 관계로 보더라도 그와 같은 현실은 우리에게 세계를 이끌어가야 할 책임을 부과하고 있다. 우리는 자유와 민주

주의의 원칙에 일관된 방법으로 질서와 정의를 구현하려면 우리는 도전과 모험을 받아들일 것을 세계는 요구하고 있다.

우리는 평등과 다른 국가의 권리도 인정한다는 기초 위에 다른 국가들과 더불어 소련이 국제 사회에 제시하는 요구를 제한해야 한다. 이러한 조건을 따르면서 우리는 우리의 동맹 및 지난날의 신민과 더불어 동의의 원칙에 기초한 국제 사회를 창조할 수 있는 길을 모색해야 한다. 그 모습은 고정불변한 것이 아니다. 그러한 사회는 위대하고 다양한 능력과 자원을 가졌으며, 전쟁의 잠재력을 나라들로 구성될 것이다.

분쟁의 씨앗은 불가피하게 존재하거나 우리 앞에 다가올 것이다. 이런 것을 인식하는 것은 최종적인 해결책이 불가능하다는 것을 아는 길뿐이다. 이런 것을 모른다는 것은 이 세계에서 너무 치명적으로 위험한 것으로서, 그 안에는 최종적인 답변이 없다. 자유 사회의 이와 같은 모든 목표는 전쟁 때나 평화로울 때나 모두 유효하고 필요하다.

우리의 기본적인 가치에로의 헌신과 우리의 국가 안보를 생각하면, 이제 우리는 냉전의 전략으로써 그런 문제들을 해결할 기회를 모색할 것을 요구한다. 그러한 작업은 자유 세계가 도덕적·물질적 힘을 양성함으로써 소련이 자신의 생각이 틀렸다는 점과 실행가능한 합의를 위해 어떤 전제 조건이 필요하다는 것을 확신하게 만드는 것이다.

자유 세계는 우리의 체제가 가지는 통합과 활력이 가능한 합의의 영역을 넓히고, 그럼으로써 소련이 점차로 현실의 문제를 인지하게 하여 결론적으로 소련의 구상을 점차 좌절하게 할 것이다.

그러나 요약해서 말하면, 소련이 이런 문제를 인식하고 자기의 구상을 포기하든 포기하지 않든, 자유 세계는 소련이 비(非)소비에트 사회와 관용의 조건 위에 공존할 수 있도록 유도할 의지를 가져야 한다. 그러한 진행이 곧 자유와 민주주의의 이념의 승리가 될 것이다. 이것은 미국의 정책이 당장 실천해야 할 목표이다.

전쟁이 일어나더라도 우리로서는 우리의 전반적인 목표를 바꾸어야 할 이유가 없다. 우리의 정책은 무조건적인 항복을 바라는 것도 아니고 러시아 국민이나 또는 러시아의 경제력에 담겨 있는 약점을 짓누르려는 것도 아니다. 러시아의 체제는 그 뒤에 있는 인민을 어쩔 수 없이 하나로 묶어 노예로 만들 것이다.

우리의 목표는 러시아가 자유주의 제도를 양생하고 러시아 인민이 그들의 운명을 벗어나 새롭게 일할 수 있는 기회를 만들고, 그런 환경에 필요한 어떤 특별하고도 제한된 조건을 소련이 받아들일 수는 없을까 하는 문제를 들여다보고 있다. 만약 우리가 러시아 인민을 우리 과업의 동맹으로 만들 수만 있었더라면, 우리는 분명히 우리의 과업을 쉽게 이루고 좀더 확실하게 성공했을 수 있다.

1948년 11월 23일 자 「안보 각서 20/4호」에서 구상한 목표로서 이 글의 10절에 인용된 내용은 이 보고서와 전적으로 일치하며, 아직도 유효하다.[8] 그러나 갈등의 고조로 말미암아 고조되는 긴장은 우리가 무엇을 강조하고 무슨 말을 더 보태야 할지를 분명히 할 것을 요구하고 있다. 소련의 핵분열과 수소폭탄의 발명으로 그들의 힘이 더욱 배가됨이 따라, 소련 체제의 본질이 바뀔 때까지, 또는 바뀌기 이전에는 위기가 지속적으로 감소하리라고 기대하기 어려운 현실에 우리는 직면해 있다.

---

8) 이 보고서는 *FRUS : 1948,* Vol. I, Part 2, p. 662에 실려 있음.

3) 수단

자유 세계에서는 그러한 목표를 달성하는 수단의 선택에 한계가 있다. 모든 사람을 공통되게 강제하는 권리는 예외이지만, 강제란 자유의 반대 개념이다. 그러므로 국제적이든 국내적이든, 폭력을 행사하는 것은 자유 사회에서 마지막으로 선택하는 행위이다.

한 사회를 구성하고 있는 개인이나 집단이 다른 개인이나 다른 사회의 기본권을 위협할 때만 그를 강제하는 것이 가능하다. 자유 사회에서는 다수의 의지에 저항하는 소수의 권리를 기본적인 것으로 여기며 보호한다. 왜냐하면 이러한 권리는 한 개인이나 개인 각자에게서 떼어놓을 수 없는 것이기 때문이다.

폭력이나 강제나 어느 개인의 의지에 반대되는 요구를 하는 것은 자유 사회에서 어렵고도 위험한 일이며, 어떤 거대한 위험에 마주쳤을 때만 그러한 억압이 가능하다. 그러한 행동은 그럴 필요성이 명백해야 하며, 강제적이어야 하며, 불가피하게 자유에 대한 기본 이념을 예외로 인정하여 거대한 다수에게 자신을 내맡기는 행위를 말한다. 아니면, 그러한 행동을 한 뒤에 자유민의 재생산 능력이 위험을 겪을 경우에 해당한다.

소련은 기본적인 구상을 수행하는 길을 찾으면서 편의로운 것이다 싶으면 어떤 수단도 가리지 않는다. 이와 같이 소련은 경쟁할 준비가 되어 있지 않은 수준에서도 위장된 평화를 즐기고 그들에게 유익하다고 여겨지는 수준에서 투쟁을 전개함으로써 그들은 몇 가지 가능한 세계를 훌륭하게 만들 수 있다. 이념이나 심리적 차원에서 보면, 인간의 내면 세계를 위한 투쟁에서 갈등을 일으키는 일은 세계 도처에 깔려 있다.

정치적 · 경제적 차원에서 보면 국내에서나 국제 관계에서 권력 투쟁은 날로 강화되고 있다. 군사적 차원에서 보면, 소련은 이웃 나라를 겁주려고 방대한 국력을 이용하고 있으면서도, 기술적으로 평화를 파괴하는 일을 하지 않으려고 조심하고 있지만, 공격적인 대외정책을 지원하고 있다.

그 뿐만 아니라 여러 가지 우호적인 분위기 속에서 요원들을 이용하여 무력 의존하는 일을 주저하지 않고 있다. 그러므로 현재 상황에서 이롭다 싶으면, 온갖 수단을 가리지 않고 근본적인 구상을 수행할 수 있는 수단을 축복으로 여기고 있으며, 구상과 목표의 차이로 발생하는 사이에서 소련은 어쩔 수 없이 우리와 얽혀 있다.

우리에게는 그런 문제에서 모든 무력을 최소화하는 것 말고서는 선택의 여지가 없다. 전쟁에 호소하는 것은 자유 사회에서 마지막 선택일 뿐만 아니라, 이념의 영역에서 보더라도 근본적인 갈등을 명확히 풀어 주는 방안이 될 수 없다. 노예 사상은 자유 이념이 우월하다는 것을 때맞춰 끈질기게 보여 주는 것만으로 극복될 수 있다.

군사적 승리는 다만 부분적이고도 일시적으로 근본적인 갈등에 영향을 미칠 수 있다. 왜냐하면 설령 소련이 우리를 위협하는 능력이 잠시 무너진다 하더라도 근본적인 갈등을 크게 개선하지 않는 한, 전체주의 세력의 재기와 소비에트 체제의 재건 또는 그와 대등한 어떤 준동은 미뤄지지 않을 것이기 때문이다.

그러므로 우리가 결론으로 밀고 나가는 데는 선택의 여지가 없으며, 다만 자유를 건설적으로 운용함으로써 그 이념의 우월성을 보여 주고, 짧은 전쟁으로 소련의 구상을 좌절시킴으로써 세계 정세를 바꾸고, 소련 체제의 붕괴를 촉진하는 방법만 남아 있다.

우리의 군사적 역할이라 함은 우리에 대한 공격을 저지함으로써 국가의 존립 목적에 이바지하고, 그러는 동안에 우리의 사회가 발전할 수 있는 방법을 창조하는 다른 길을 모색하고, 만약 필요하다면, 전쟁을 치르면서라도 자유 세계의 통합과 활력을 견지하고 침략자를 분쇄하는 것이다.

소련은 크레믈린의 구상을 지원하고자 무력을 사용하고 있다. 그들은 자신의 구상을 실현하는 데 편의롭다면 무력 사용을 주저하지 않는다. 그러므로 우리의 기본적인 목표와 소련의 구상과의 차이는 군사력을 사용하는 각자의 태도에서 잘 나타나고 있다. 기본적인 가치마저도 위협받고 있는 우리 자유 사회는 그러한 가치를 지키는 데 필요한 무력 사용을 포함하여 당연히 그에 상응하는 조치를 취할 것이다.

만약 우리가 판단하여 민중을 노예로 만드는 악인들 대신에, 우리를 민중의 적으로 만들 만큼 지나치거나 오류를 저지르지 않는 범위 안에서 적절하다고 여겨지면, 우리 체제의 가치는, 그것이 보이는 것이든, 보이지 않는 것이든, 폭력적이든 비폭력적이든, 어떤 수단에도 좌절하지 않고, 말뿐만 아니라 행동으로 우리의 가치를 지키고자 크레믈린의 구상을 좌절시키는 일에 봉사하며, 그러한 조치에 필요한 수단을 금지하지 않을 것이다.

그러나 막상 전쟁이 일어나면, 무력을 어떻게 사용할 것인가? 우리의 노력이 소련의 체제와 침략 세력을 겨누고 있는 것이지 그들의 이권을 빼앗으려는 것이 아니라는 사실을 소련이 알도록 하는 데 우리가 무력을 사용하지 못한다면 어찌 되나?

우리는 우리의 체제와 마지막 참호 속의 국민이 더욱 굳게 뭉쳐 아직도 근본 문제가 해결되지 않고, 새로운 악행이 등장하여 우리의 근본 원칙이 모호하거나 타협하는 그곳에서 싸울 것이다. 만약 우리가 폭력을 사용하면서 우리 목적의 본질을 보여 주지 않는다면, 사실상 우리는 출발점에서부터 우리의 기본적인 목표를 그들과 타협하는 것이다.

연방주의자(Federalist)의 헌법 제28조를 빌리면, "우리가 사용하는 수단은 우리가 겪게 될 손실에 비례해야 한다."(The means to be employed must be proportioned to the extent of the mischief.) 여기에서 말하는 손실이라 함은 세계 대전이 일어나거나 아니면 소련이 제한적인 목적을 위해 전쟁을 일으키는 것이다. 그 어느 쪽이든 우리는 그 기선을 제압하지 않을 수 없으며, 그렇게 되면 폐허를 부르는 전쟁이 일어날 것이다.

만약 우리가 제한적인 목적으로 움직이는 소련을 패배시킬 수만 있다면 그것은 세계 대전을 일으키지 않고서도 우리의 이익을 챙길 수 있을 것이다. 우리가 폭력을 사용하는 목적은 우리의 목표와 부합하는 조건을 받아들이도록 하는 것이다. 그러므로 우리가 무력을 사용하는 능력은 우리가 어느 정도 오래 버틸 수 있는가의 범위에 따라서 우리가 감당할 수 있는 과업의 범위에 합당해야 한다.

5. 소련의 의도와 실질적·잠재적 능력

1) 정치적·심리적 측면

세계를 지배하려는 소련의 구상은 내부에서부터 시작된다. 독재적 과두정치의 첫 번째 관심은 권력과 권위를 지방에서 확보하는 것이다. 국민을 바깥 사회로부터 고립시키는 철의 장막의 집단적 현실, 소련 안에서 거듭 벌어지는 정치 숙청, 내무성(MVD)의 제도적인 범죄를 보면, 소련은 내부적으로 불안을 느끼고 있다.

비신스키(Andrei Y. Vyshinski)의 말처럼, "소비에트 국가의 응집력은 경제 생활이나 인민의 의식에 절대 권력을 부과하는 것보다 더 우선적인 문제이다."(*The Law of the Soviet Union*, p. 74)라는 논리에서 잘 보여 주고 있다. 동유럽에 있는 그들의 위성 국가를 보더라도, 좀 낮은 차원에서 그와 같은 정책이 소련의 식민지에서 나타나고 있다는 결론에 이르고 있음을 보여 준다.

이러한 정책에서 전체주의적 독재국가인 크레믈린의 목표는 모든 인민을 전폭적으로 복종하게 만드는 것이다. 집단적 병영 생활이 그와 같은 정책을 완수하는 사회의 모델이 되고 있으며, 그런 사회에서는 개인의 인성이 망가지고 뒤틀려 자신의 존엄성을 깨트림으로써 그 사회에 긍정적으로 참여하게 된다.

소련의 영향을 받지 않는 지역에 대한 정책은 자기들의 의사에 반대하는 저항 세력을 전멸함으로써, 자기들의 영향력과 통제를 확장하는 것이다. 이러한 정책을 추구하는 이유는, 4절에서 본 바와 같이, 자유 세계의 존재를 용납하지 않기 때문이다.

크레믈린의 눈에는 보드랍고, 누구에게도 해를 끼치지 않는 사회는 무례하고, 도전적이며 위험한 것으로 보인다. 그것은 크레믈린의 타고난 천성이나 눈앞의 증거를 고려해보면, 이러한 정책이 궁극적으로 추구하는 목표는 이미 통제가 확립된 사회와 동일하다는 것이 분명해 보인다.

이러한 정책을 추구하면서 소련이 이용하는 수단은 다만 그것이 편의로운 것인가의 여부에 따라서 제한을 받는다. 이념은 제한의 요소가 아니다. 오히려 그들은 폭력과 전복과 기만을 따르며, 도덕적 배려를 배제한다.

어떠한 경우에라도, 자신들에게는 오류가 없다는 확신은 너무도 교조적이어서, 과거나 현재에 발표했던 교의로서의 성명은 미래의 행동을 결정하는 데 참고가 되지 않는다고 믿게 했다. 그러므로 전쟁을 일으킬 때 유일하게 자제하는 요소는 실현 가능성을 따져보는 것이다.

미국과 관련하여 그들이 특별히 마음 쓰는 것은, 우리가 소련이 세계를 지배하려는 의도를 가장 눈앞에서 가로막는 장애물일 뿐만 아니라 소련과 자유 세계에 군대를 파견하여 그들을 파괴할 수 있는 나라라는 판단에 따라 그들의 전략과 전술이 영향을 받고 있다는 점이다.

미국에 대한 소련의 정책은 결과적으로 증오와 공포라는 매우 악의적인 상표로 나타나고 있다. 소련의 전략은 미국과 우리의 군대가 주둔하고 있는 그 밖의 나라에서 그들이 겪고 있는 복합적인 무력을 무너트리려는 시도의 일종이다. 이런 점에서 볼 때, 그들은 그들의 이념에 집착하면서 최소한의 모험과 약속으로 최대한의 결과를 얻으려는 합리적 원칙을 따르고 있었다.

오늘날 그들이 적용하고 있는 전략은 러시아의 전통적인 조심성의 새로운 표현이다. 그러나 만약 소련이 결정적인 일격으로 미국을 멸망시킬 수 있다고 확신하면서도 그러한 해결 방법을 이용하지 않으리라고 예단하는 것은 소련의 이론이나 실제로 볼 때 합리적인 판단이 아니다.

우리가 소비에트 세계의 능력을 고려하면서 가장 유념해야 할 사실은, 우리와는 달리, 그들은 우리에게 가장 근접한 거리에까지 다가와 있다고 하는 점이다. 그뿐 아니라 소련은 생활 수준이 낮고, 경제는 높은 수준의 기능을 요구하지 않고, 군대는 장비가 정교하지도 않고 조직도 허술하여 효과적으로 작전을 수행할 수 없는 데 익숙하여 낮은 수준의 병력으로써도 많은 힘을 발휘할 수 있다.

크레믈린은 불가피하게도 군국주의적이기 때문에 소비에트 세계의 능력은 전속력으로 개발에 몰두하고 있다. 소련은 군사력을 가지고 있고, 또 전 세계에 널려 있는 혁명 운동에 사로잡혀 있기 때문에 그들은 불가피하게 군국주의 국가가 되었다.

소련은 러시아 제국주의의 유산이며 전체주의 독재이기 때문에 그럴 수밖에 없다. 지속적인 위기, 갈등, 그리고 팽창은 크레믈린 군부의 본질이다. 이러한 동력이 모든 소련의 능력을 집약하는 데 도움이 되고 있다.

공산당과 비밀 경찰이라고 하는 거대 조직은 크레믈린을 지탱하는 중요한 힘의 요소이다. 공산당은 국내에서는 인민들에게 이념의 획일성을 강요하고, 외국에서는 선전과 정부 전복과 간첩의 역할을 담당한다. 비밀 경찰은 현재의 상황에서 크레믈린의 지속적인 안정을 보장하는 억압 기구이다.

이 두 기본적인 기구가 가지고 있는 선전 능력은 군중이나 단일 요원을 통하여 공개적으로나 위장 상태에서 작용하고 있는데, 역사상 이런 유례가 없다. 당과 경찰과 군부가 가지고 있는 현저한 능력은 서로 힘을 합쳐 자유 세계의 많은 인민 사이에서 저항할 수 없는 소비에트의 힘에 대하여 방어적 인상을 조장하고 있다.

크레믈린의 이데올로기적 위장은 또 다른 힘의 원천이 되고 있다. 소비에트 체제를 공산주의와 동일시하고 평화를 선전하고, 식민지 민족을 옹호하는 것은 동정적인 것으로 보일 수도 있으며, 소비에트 체제의 억압적인 전체주의에서 보면 냉소적인 것으로 보일 수도 있다.

그러나 자유 사회에서 이러한 이념은 상처받기 쉬운 사회의 구석구석에서 호의적 반응을 찾을 수도 있다. 그들은 특히 아시아에서 환영하는 군중을 발견할 수 있으며, 특히 후진 사회에서 세계 강대국으로 부상한 소련의 급속한 발전에서 그럴 듯한 모습에 깊은 인상을 받았다.

이와 같이 그들의 위장된 모습은 첫째로, 새로이 나타난 보편적 신념의 근원으로 보일 수도 있고, 둘째로는, "과학적" 사회의 모델이 되어 크레믈린이 세계 여러 인민의 순수한 염원과 자신을 냉소적으로 동일시하여 러시아혁명으로 얻어진 모든 수혜를 가져오는 국제적 십자군의 우두머리 자리에 자신을 올려놓았다.

셋째로는 능력의 범주인데, 솔직히 말해서 이는 제도적인 것도 아니고 이념의 문제도 아닌데도 반드시 고려해야 할 사항이다. 소비에트 전략의 놀라운 유연성은 분명히 하나의 강점이 되고 있다. 이는 소비에트 정책의 매우 비도덕적이고 기회주의적인 처사에서 나온다. 이러한 능력과 비밀의 요소가 결합하여 매우 폭넓은 전술적 범위와 은밀함과 속도로써 가공할 능력을 발휘한다.

소련의 가장 취약한 고리는 정권과 민중을 잇는 관계의 기본적인 성격과 관련이 있다. 권력과 민중의 관계에서 나타나는 가장 큰 특징은 만연하고 있는 의구심, 공포 그리고 비난이다. 크레믈린이 의지하고 있는 대민 관계란 권력뿐만 아니라 끈질긴 생명력을 가진, 매우 복잡하게 이루어진 억압 기구이다.

소련이라고 하는 이 거대한 돌기둥을 지탱하고 있는 것은 천연스러운 강제의 힘이 아니라 밖으로는 외풍을 막아주는 철의 장막과 안으로 얽어매고 있는 쇠사슬이다. 이와 같은 인위적인 통일 기구는 밖에서 아무리 강력한 힘으로 공격해도 지능적으로 무너트릴 수가 없다. 그러므로 그들의 약한 고리를 공격할 수 있는 완전한 수단은 아직 보이지 않고 있다.

크레믈린과 위성 국가 그리고 그들의 인민과의 관계도 마찬가지로 취약하다. 민족주의는 아직도 가장 잠재력이 큰 정서적·정치적 힘으로 남아 있다. 그러나 잘 알려진 바와 같이, 위성 국가들은 모스코바의 제국주의에 맹종해야 하고 크레믈린의 정권에는 오류가 없으니 그 우월성을 믿고 따라야 한다는 터무니 없는 요구로 매우 혼란에 빠져 있다. 이러한 터무니 없는 요구는 극단적인 폭력에 의해서만 이뤄질 수 있다. 그 결과, 만약 위성 국가가 티토(Josip B. Tito)의 경우처럼, 크레믈린으로부터 독립할 수 있다는 느낌을 갖는 순간 소련은 일격을 당할 것이다.

요컨대, 소비에트의 이념은 인간이 지니고 있는 가장 고결하고 잠재적으로 가장 강력한 본능에 역행하며 그들의 가장 기본적인 열망을 부정한다. 인간의 건설적이고 희망에 찬 본능에 효과적으로 호응하고 인간의 기본적인 열망을 채워 줄 수 있는 대항 세력에 소련은 치명적으로 취약하다.

스탈린이 성공하는 요인은 역설적으로 크레믈린의 약점이 되고 있다. 폭력과 두려움으로 권력을 얻고 유지하는 사회에서 권력의 이동은 안정된 시기에 이뤄질 수 있다. 진정한 의미로 볼 때, 크레믈린은 그 자신들이 가지고 있는 동력의 희생양이다.

크레믈린이 좌절에 빠지면 그 동력은 오히려 약점이 될 수 있으며, 일단 공격을 받으면 팽창을 중지하고 우세한 세력을 만나 반격하게 될 것이다. 아직 소련은 위기와 동원을 완화할 수 없다. 왜냐하면 그렇게 되면 동력을 잃을 것이고, 소비에트 내부에서 몰락의 씨앗이 더욱 무성하게 자랄 수 있기 때문이다.

물론 소련은 자신의 이와 같은 약점을 잘 알고 있다. 오늘날과 같은 국제 상황에서 그들은 자신이 이등 국민이라는 것을 똑똑히 알아야 한다. 크레믈린이 주도권을 장악하고 있고, 어떤 분명히 우월한 힘을 가진 반대 세력으로부터 정신적·물질적으로 공격적인 도전을 받지 않는 한 그들의 취약성은 크게 드러나지 않고 그들의 성공에 가릴 것이다. 크레믈린은 이제까지 두려워해야 할 이

유도 없고, 내부의 부패로 쓰러지지 않았다.

2) 경제적 측면

크레믈린은 지금 전반적인 정책과 무관한 어떤 경제적 의욕을 가지고 있지 않다. 소비에트 세계에서는 경제 자체가 목표가 아니다. 경제와 관련되어 있는 한, 크레믈린의 정책은 전반적인 국력에 기여할 수 있게 하고, 특히 소비에트 체제의 전쟁 능력을 키우도록 경제 과정의 효용을 높이는 것이다. 전체주의 국가에서 물질적 복지는 체제의 이익을 위해 가혹하게 복종해야 한다.

경제력에 관한 한, 그들의 생산력에 관해 아무리 낙관적으로 쓴 보고서를 인정한다고 하더라도 소련의 경제력과 미국의 경제력은 거의 1 : 4이다. 이와 같은 사실은 1949년의 국민총생산고가 미국이 2,500억 달러인데 견주어 소련이 650억 달러인 데에서도 잘 나타날 뿐만 아니라, 1949년의 다음과 같은 생활필수품 생산량에서도 잘 나타나고 있다.

1949년 미국과 소련의 생활필수품 생산 대비

	미국	소련	소련과 유럽위성국의 합산
철강	84.4백만 톤	21.5백만 톤	28.0백만 톤
알루미늄 원석	1만7,600톤	13만~13.5만 톤	14만~14.5만 톤
전력	4.1억 kwh	7,200만 kwh	1억1,200만 kwh
원유	2억7,650만 톤	3,300만 톤	3,890만 톤

현재의 정책을 지속한다고 가정할 때, 미국의 엄청난 우위가 지속될 것이며, 소련은 미국에 견주어 더 많은 자본 투자를 지속적

으로 투자해야 하므로, 소련과 미국의 전반적인 경제력의 차이는 꾸준히 감소할 것이다.

그러나 미국의 전면적인 노력은 지금과 같은 추세를 역전시킬 것이다. 오늘날 소련의 생산 기반은 최대치에 이르렀다. 그러므로 소련이 아무리 노력한다 해도 전반적인 생산량에서는 거의 미미한 변화를 보일 것이다. 그와는 달리 미국은 매우 급속히 성장을 이룰 수 있었다.

그러나 소련은 사실상 동원 체제에 들어갔고, 미국은 겨우 군대를 소집하고 있다는 것이 사실이라면 권력 투쟁에서 미국의 능력이 더 뻗어나가지는 않는다. 더욱이 소련이 핵무기 개발에 성공했다는 사실이 드러남에 따라 전체주의는 적어도 평화 시에는 민주주의 국가보다 훨씬 더 주어진 계획에 노력을 기울일 수가 있다.

일반적인 기술 경쟁력, 숙련 노동, 노동생산성과 같은 분야를 보면, 미국과 소련의 격차는 다른 생산 분야에서의 격차와 대등하다. 그러나 과학 기술의 영역에서 미국이 얼마나 앞서 있는지는 명확하지 않으며, 만약 소련이 유럽의 수재들을 활용할 경우에는 더욱 그렇다.

3. 군사적 측면

소련은 세계를 지배하겠다는 구상을 지원하고자 군사력을 발전시키고 있다. 사실상 소련은 자기 나라를 방어하는 데 필요한 정도 이상으로 군사력을 소유하고 있다. 그러나 소련이 생각하기에 이런 정도의 무력은 미국이 개입할 수 있는 전쟁에서 기선을 제압하기에는 아직 부족하다.

이렇게 과도한 군사력은 핵무기의 소유로 배가되었으며, 평화

시에는 그들의 더 큰 목적을 이루는 응집력이 될 것이고, 그들의 침략으로 희생을 겪는 국가들이 전쟁을 감수하면서까지 소련에 반기를 드는 전략을 저지하는 효과를 가지고 있다.

미국 합참(JCS)의 판단에 따르면, 1950년에 전쟁이 일어날 경우에 소련과 그 위성 국가들은 즉시 다음과 같은 전투를 준비하기에 충분히 발전했다. 곧 ;

(1) 이베리아반도와 스칸디나비아반도를 제외한 서유럽을 정복한다. 중동과 근동의 석유 생산 지역으로 진군한다. 극동에서 소련의 지위를 더욱 공고히 한다.

(2) 영국의 도서를 공군으로 공격하고, 공군과 해군으로써 대서양과 태평양에 있는 서방 세력들의 통신망을 공격한다.

(3) 핵무기로 선별적인 지역을 공격하는데, 지금으로서는 알라스카, 캐나다 그리고 미국이 그 표적에 포함된다. 또 다른 방법으로는 소련에게 열려 있는 그 밖의 행동으로 힘을 배가하여 대영제국이 연합국의 효과적인 작전기지로 이용될 수 없도록 한다. 소련은 또한 연합군이 노르망디(Normandy) 작전처럼 수륙양용 작전으로 유럽 대륙에 다시 상륙하는 일이 없도록 대비한다.

소련은 일차적으로 이와 같은 작전에 성공한 다음에 서부유럽 지역에서 기반을 튼튼히 한 다음 동시에 다음과 같은 작전을 수행한다. 곧 ;

(1) 공군으로 영국의 도서를 전면 공격하고 부분적으로 해군 작전을 수행한다.

(2) 이베리아반도와 스칸디나비아반도를 침공한다.

(3) 중동과 근동에서의 작전을 확대하여 북미대륙을 공습하고 대서양과 태평양의 통신망을 파괴하는 공군·해군 작전을 감행하며,

(4) 주의를 분산시키고자 다른 지역을 공격한다.

위에서 (2)항과 (3)항에서 언급한 바와 같은 작전을 전개하는 동안 소련은 자신의 요충지와 위성 국가의 방위를 위해 공군력을 동원하고, 그 지역에 대한 연합군의 공군 작전에 항전을 할 수 있겠지만 저지하지는 못할 것이다.

긴 전쟁 기간에 소련이 자신의 요충지와 위성 국가를 지키기에 충분한 군수품과 병참을 갖추고 있는지에 관해서는 알려진 바가 없다. 소련은 위성 국가들이 배신할 가능성이 있기 때문에 그들을 완전 무장시키는 데에는 관심이 없을 수도 있다.

1948년에 수정된 「경제협력법」(Economic Cooperation Act)과 1949년의 「상호방위원조법」(Mutual Defense Assistance Act)을 적용하면 소련이 일으킬 수도 있는 전쟁에 얼마나 불이익을 줄 수 있는지를 정확하게 평가하기란 불가능하다. 이러한 법을 시행하는 과정에서 수혜국들의 내부 상황이 그때는 개선되리라고 기대할 수는 있을 것이다.

더 나아가서 미국의 강력한 군사적 입장은 서유럽 국가들의 무장을 강화함으로써 소련의 움직임에 저항하는 수혜국들의 결의를 강화하고, 막상 전쟁이 일어나면 소련의 작전을 지연시키고 소련이 서유럽국가들을 전복하는 데 필요한 시간을 늦추는 것이어야 한다.

그러나 모든 가능성으로 볼 때 미국의 후원이 그들의 결의를 굳게 하겠지만, 현재의 군사 지원 계획에 따라 군비를 증액한다고 하더라도 1952년 이전에 중요한 결과를 가져오지는 않을 것이다. 서유럽 국가들이 지금의 계획에 따라 군사력을 증대하고 속도를 높이지 않는다면 1960년까지는 이 국가들이 어느 수준까지 소련의 침략에 항거하지 못할 것이다.

소련의 군사력을 고려할 때 서유럽의 장기적인 군사 동맹은 그 지역 군사력의 증강을 상정해야 하며, 그렇게 해야 소련이 일으키는 대전을 저지할 수 있을 것이며, 어떤 경우에는 서유럽으로 쳐들어오는 병력을 물자로 지연시키고, 가능하다면 소련의 공격에 대항할 수 있도록 대륙에 교두보를 마련할 수 있을 것이다.

우리는 지금 소련의 핵무기의 강도를 정확히 모르지만, 중앙정보국(CIA)의 정보에 따르면, 국무성, 육군성, 해군성, 공군성, 그리고 원자력위원회(AEC)가 동의하고 있는 바와 같이, 소련은 다음과 같이 연차적으로 핵분열탄을 생산할 능력을 갖추고 있다.

> 1950년 중반까지 - 10~20개
> 1951년 중반까지 - 25~45개
> 1952년 중반까지 - 40~90개
> 1953년 중반까지 - 70~135개
> 1954년 중반까지 - 200개

이 추정치는 소련 활동의 불완전한 보도에 근거하고 있으며, 소련의 핵 시설에 관하여 알려졌거나 추정된 생산 능력을 나타낸 것임을 시인하지 않을 수 없다. 있을 법한 다른 자료가 있다면 이러한 추정치는 우리가 핵 보유 능력에서 더 우월하다고 느끼게 할 수 있는데, 이는 매우 위험한 방향으로 우리를 이끌고 가게 될 것이며, 특히 소련의 공격 시기가 언제인지를 판단할 때 더욱 그럴 위험이 크다.

그와는 달리 만약 소련이 원폭 이용에 어려움을 겪는다면 이 추정치는 내려갈 수 있다. 소련이 수소폭탄의 연구와 개발에 필수적인 어떤 자료를 입수하고 있다고 믿을 만한 몇 가지 증거가 있다. 지금 소련은 원폭을 운반할 수 있는 비행기를 가지고 있다. 우리 정보국이 추정하고 있는 바에 따르면, 소련은 사용할 수 있는 원폭을 수송하는 데 필요한 정도 이상의 능력을 갖추고 있다.

현재로서 우리는 소련이 정확하게 목표 지점에 원폭을 투하할 수 있는지를 추정할 수 있는 입장에 있지 않다. 우리가 믿기로는, 소련이 우리만큼 정확하게 목표 지점에 원폭을 투하할 능력을 가지고 있지는 않지만, 40~60% 정도이리라고 추정하고 있다.

그러므로 목표대로 소련이 200기 정도의 원폭을 소유하게 되는 날이 미국에게는 치명적인 날이 될 것이다. 왜냐하면 미국의 목표 지점에 100기의 원폭을 투하한다면 이는 미국에 매우 치명적인 상처를 주기 때문이다.

소련이 중요한 원폭의 자료들을 보유하게 되는 날, 만약 그것을 기습적으로 투하할 경우, 더 나아가서 미국과 그 동맹국들이 효과적으로 방어할 수 없는 정도에 이를 경우에 그 결과는 다음과 같이 나타날 것이다.

(1) 영국의 섬들이 폐허가 되고 그에 따라 서방 국가들은 그 섬들을 기지로 사용할 수 없게 될 것이다.
(2) 중요 도시와 통신 시설이 파괴될 것이고, 그렇게 되면 서방 열강은 효과적인 방어 능력을 잃게 될 것이다.
(3) 미국과 캐나다의 요충지를 황폐하게 만드는 공격이 있을 것이다.

이와 같은 원폭 보유에서 더 나아가 소련이 수소폭탄마저 보유하게 되면 우리는 더 가공할 상처를 입을 수도 있다. 1950년대의 10년 동안에 소련은 방어 능력을 더욱 강화할 것이며, 특히 현대적

항공기, 공중경보기, 통신 장비와 방어용 유도탄의 개발로 더욱 강화될 것이다.

6. 미국의 의도와 실질적·잠재적 능력

1) 정치적·심리적 측면

현재로서 미국의 전반적인 정책을 한마디로 표현한다면, 미국의 체제가 존립 · 번영하도록 국제 환경을 북돋우는 것이다. 그러므로 우리의 정책은 고립의 개념을 배격하고 세계 공동체에 적극적으로 참여할 필요성을 확인하는 것이다.

이와 같은 광범한 의도는 두 가지의 부차적인 정책을 안고 있다. 첫째로, 설령 소련의 위협이 없더라도 아마도 이를 계속 추구해야 할는지도 모른다는 점이다. 이 정책은 건전한 국제공동체를 개발하려는 시도이다.

두 번째는 소비에트 체제를 "봉쇄"(containing)하는 정책이다. 이 두 정책은 밀접한 상관성을 가지고 있으며 교호적(交互的)이다. 그럼에도 불구하고 그 두 개념에는 분명히 차이가 있으며, 우리가 목표로 삼고 있는 것의 이해를 돕고 있다.

건전한 국제 사회를 이룩하려는 우리의 정책적 노력은 긴 시간에 걸쳐 우리가 참가하여 건설적인 노력을 기울여야 한다. 이는 또한 우리가 UN을 열정적으로 지원하고자 하는 정책이다. 미대륙의 상호 체제(Inter-American System)를 창설하여 발전시키려는 우리의 꾸준한 노력의 근본적인 이유도 여기에 있다. 우리의 정책은 봉쇄 정책에 못지않게 서유럽을 재건하려는 노력도 그 바닥에 깔고 있다. 우리 경제 활동의 대부분은 이와 같은 정책의 조건에서 설명될 수 있다.

양극화된 세계에서 건전한 국제 사회를 발전시키려고 구상한 정책은 우리 자신의 힘을 기르는 것 이상의 의미를 가지고 있다. "봉쇄" 정책으로 말하자면, 그것은 모든 수단을 동원하여 다음과 같은 방법으로 전쟁을 단축하려는 모색이라 할 수 있다. 곧 ;

    (1) 소련의 팽창을 저지하고,
    (2) 소련의 기만적 허위를 폭로하고,
    (3) 크레믈린의 통제와 영향력의 축소를 유도하고,
    (3) 크레믈린은 일반적으로 용인되는 국제적 기준에 행동을 맞추는 정
    도로 그들의 노선을 수정하고 있는데, 그러한 소비에트 체제 안에 파멸의
    씨앗을 두루 키운다.

우리의 정책은 우리가 세계적으로 우월한 힘을 유지하고 우리와 뜻을 함께 하는 국가들과 상호 의존적 조화를 이루는 것이었고, 그러한 정책은 앞으로도 지속될 것이다. 권력에서 가장 중요한 인자 가운데 하나는 군사력이다.

"봉쇄"라는 개념에서 강력한 군사적 자세를 유지하는 것이 가장 중요한 요소로 여겨지는 그 이유는, 첫째, 군사력이란 우리의 국가 안보에 대한 최후의 보루이며, 둘째로는, 군사력이 봉쇄 정책을 수행하는 불가결한 배경이기 때문이다. 우월하게 집적된 군사력이 없이 동원을 준비하고 있다면, 계산적이고 점차적으로 조여가는 강제력으로서의 "봉쇄" 정책이란 허풍에 지나지 않는다.

아울러 "봉쇄" 정책이 성공하려면 우리는 항상 소련과 대화의 가능성을 열어놓고 있다는 사실도 중요하다. 지금 우리가 겪고 있는

외교의 동결은 "봉쇄"라는 바로 그 목적을 실패하게 만드는 경향이 있다.

왜냐하면 봉쇄와 동시에 소련을 위축시키고 온건한 행동을 통한 조정을 어렵게 만들기 때문이다. 봉쇄는 또한 우리가 기선을 제압하는 행동에 방해가 될 뿐만 아니라 소련과 우리와의 투쟁에서 도덕적 우위를 지킬 수 있는 기회를 빼앗기 때문이다.

"봉쇄"를 할 때는 소련의 자존심에 직접 도전하는 방식을 비켜가면서 소련이 크게 체면을 손상하기에 앞서 소련의 퇴로를 열어 주고, 우리가 열어둔 문을 통하여 이익을 얻거나, 소련의 양보를 얻지 못하더라도 정치적 이익을 얻을 수 있는 방법을 써야 한다.

우리는 "봉쇄"를 통하여 얻을 수 있는 이익의 이 두 가지 측면을 적절하게 운영하지 못했으며 소련이 눈에 띄게 증강하는 것을 보면서도 우리의 군사력은 상대적으로 퇴보했다. 부분적으로는 그와 같은 사실의 부산물로, 그리고 그 밖의 이유로 우리는 소련과의 외교에서 곤경에 빠져 있으며, 크레믈린은 더욱 대담해지는 상황에서 우리는 위의 두 가지 목표에 비춰볼 때 암울하고 결정하기 어려운 상황에 빠져 있다.

우리는 자신의 군사력을 살펴보면서, 그 출발점에서부터 "무엇을 위한 군사력인가?"를 물어보는 것이 적실하다. 크레믈린의 구상에 부정적으로 저항한다는 것만으로는 적절한 대답이 될 수 없다. 우리의 능력이라 함은 미국의 기본적인 목표를 성취하고 우리의 자유 사회가 생존·번영하는 세계 환경을 조성하는 것을 함께 포함하는 것이다.

우리는 잠재적으로 보면 그와 같은 능력을 가지고 있다. 우리는 경제적으로나 군사적으로 그와 같은 능력을 갖추고 있음을 잘 알고 있다. 미국 국민 거의 대다수는 우리 사회를 지탱하는 가치 체계, 곧 자유와 관용의 원칙, 개인의 중요성과 이성이 모든 것에 우선한다는 우리의 가치가 옳고, 소련의 동력을 움직이는 연료인 이념보다 더 활력 있는 가치라는 점을 잘 알고 있다.

우리 국민의 삶에 적합한 것이 무엇인가를 풀이해 본다면, 우리의 가치 체계는 아마도 권위주의 체제 안에서 초조, 좌절, 불안에서 벗어나려는 길을 찾고 있는 몇백만 명에게 강력히 호소하고 있다는 점일 것이다.

본질적으로 우리의 민주주의는 또한 독특할 정도로 일체감을 가지고 있다. 우리는 기본적으로 힘과 공포와 은급을 통하여 인위적으로 뭉친 소비에트 체제보다 더 공고하다. 이는 우리 나라에서 국가적 합의를 표현하는 제도가 건강하고 굳게 자리 잡고 있으며, 미국에서의 혁명의 가능성은 소련에 견주어 기본적으로 낮다는 것을 뜻한다.

우리 안에 자리 잡고 있는 이와 같은 능력은 국제 관계에서 우리가 엄청난 잠재력을 이루고 있다. 우리가 가치로 여기며 살고 있는 이와 같은 잠재력은 세계의 여러 민족에게 우리의 체제가 가지고 있는 활력을 역동적으로 표현할 것임을 약속하는 것이다.

우리가 세상을 보는 눈, 너그럽고도 건설적인 충격 그리고 국제 관계에서 탐욕스럽지 않은 것과 같은 근본적인 관용은 잠재적으로 엄청난 영향력을 끼치는 자산이다.

이상에서 언급한 것들이 미국의 잠재적 능력이다. 우리의 잠재적 능력과 우리가 지금 활용하고 있는 능력 사이에는 아직 활성화되지 않은 넓은 틈[간극(間隙)]이 있다. 소비에트 세계의 상황은 우리와 날카로운 대조를 보인다. 소련의 능력은 우리와 우리 동맹의 능력에 미치지 못한다. 그러나 그들은 현재의 차이를 좁히려고 동원 체제에 들어갔다.

미국 국민의 가슴에 살아 있는 이와 같은 총력은 오로지 민주주의의 절차에 따라서 드러난다. 이러한 절차는 먼저 현재 상황의 기본적인 정치적·경제적·군사적 정보가 널리 공개되어 지성적 여론이 형성될 것을 요구한다.

이 공화국이 오늘날 직면하고 있는 이런 문제들을 포괄적으로 이룬 다음에 미국의 국민과 정부는 하나의 통일된 일체감에 이를 수 있을 것이다. 이와 같은 공통된 견해에서 국민 의지가 결정되고 그러한 국민 의지가 단호하게 표출된 것이다. 이러한 과정의 주도권은 정부에 있다.

민주주의의 길은 권위주의의 길보다 험난하다. 왜냐하면, 개인을 보호하고 완성시키려고 길을 찾다 보면 그 개인이 현대 사회를 이해하고, 판단하고, 날로 늘어나는 복잡한 문제들을 정확히 이해하려고 적극적으로 참여할 것을 요구하고 있기 때문이다.

민주주의는 사리의 분별을 요구하고, 그가 확신에 찬 행위를 요구할 때는 그가 아는 진리의 길을 자유롭게 찾아갈 것을 요구하며, 관용의 필요성과 억압의 필요성을 구분할 줄 알아야 한다. 사람들은 과잉에 빠지기 쉽다.

이를테면, 좀더 온건한 수단이 적절할 뿐만 아니라 좀더 효과적인 사회가 되면, 사악한 구상이 고결한 목표가 될 수 있기를 간절히 기다리면서 영원히 열린 마음으로 지나친 행동을 하거나, 확신이 지나쳐 편견이 되거나, 관용이 지나쳐 음모에 빠져 재생되는데, 이러한 상황이 흔히 벌어지게 되면 자유 사회는 상처받기가 쉽다.

매우 은밀하고도 빠르게 전개되는 독재 정치를 다루면서, 우리도 공개된 사회에서 속도에 신경을 쓰다 보면 민주적 절차를 따르면서 상처를 겪는다. 우리의 상황에서 약점은 쉽게 드러나며, 곧 악용될 수 있다.

그러므로 미국 정부는 전체주의의 도전에 직면하면, 좁은 틈새의 힘으로는 작동할 수가 없다. 민주주의는 가장 포괄적인 의미에서 분명히 우월적인 힘을 유지할 때만 태생적인 취약성을 보상할 수 있다.

우리의 체제가 가지고 있는 덕목은 또한 우리와 우리 동맹국과의 관계에서 우리에게 장애 요인이 되고 있다. 우리 체제의 덕목은 강제나 점령보다 설득과 동의에 기초하여 우리의 동맹과 관계를 이어가기 때문에 존경의 보편적인 근원이 되면서도, 우리 사이의 의견 차이는 상처가 되기도 한다.

때때로 그러한 의견의 차이는 우리가 어찌해 볼 수 없는 외국의 상황에 뿌리를 내리고 있다. 때때로 그러한 의견 차이는 우리가 안고 있는 약점에서 일어나는데, 이를테면 천성적인 조급함이나 우리와 다른 민족에게 너무 많은 것을 기대하는 것으로서, 이러한 문제들은 우리가 극복할 수 있는 것들이다.

자유 세계의 그 밖의 나라들이 가지고 있는 모든 능력은 위의 능력을 키워주는 잠재적 힘이 되고 있다. 심지어 쇠사슬밖에는 더 이상 잃을 것이 없는 소비에트 사회의 능력도 우리 측에서 적어 두어야 할 잠재적 능력이 되고 있다.

우리의 능력과 마찬가지로 자유 세계의 다른 국가들의 능력도 소비에트 체제의 능력을 능가하고 있다. 우리와 마찬가지로 그들도 크레믈린의 구상에 저항하는 투쟁에서 대중을 효과적으로 동원하거나 이용하는 것과는 거리가 멀다. 자유 세계의 그 밖의 나라들은 단결심이 허약하고, 확신이나 공통된 목표를 가지고 있지 않기 때문에 그렇다.

이를테면 서유럽의 경우처럼 동질성이 강하고 진보된 구석에서도 그렇다. 미국이 스스로 힘과 도덕적 확신과 의식, 그리고 정치적 지향을 과시하면 서유럽에서도 꼭 같은 현상이 나타난다.

그런 상황에서 라틴 아메리카나 아시아나 아프리카, 그리고 이제 겨우 개명을 시작한 소련의 전체주의에서도 그러한 진보가 일어나리라고 예상할 수 있다. 우리 쪽에서 긍정적으로 결단하지 않는다면, 자유 세계의 그 밖의 나라는 거의 확실히 타락할 것이다. 우리의 우방들은 더욱 우리에게 의지하다가 점차 소비에트의 힘에 적극적으로 기울어질 것이다.

요컨대, 우리 동맹국들의 능력은 우리 자신의 기능이 되는데, 이점이 중요한 의미를 가지고 있다. 우리 자신 안에 있는 잠재력을 모으고자 하는 긍정적 결단은 다른 국가들의 잠재력을 불러일으키는 것이오, 그것이 곧 우리의 힘을 키우는 것이다.

2) 경제적 측면

(1) 능력

5절 2)항에서 보듯이, 소비에트 세계의 전시 경제와는 달리, 우리의 경제와 자유 세계 전반에 걸친 세계는 지금 삶의 기준을 높이는 준비를 하는 쪽으로 향하고 있다. 소련의 군사비 예산이 국민총생산고의 13.8%인 데 견주어, 미국의 군사비 예산은 6~7%를 나타내고 있다. 1949년의 상황에서 나토(NATO)의 우리 동맹국들의 군사비 예산은 국민총생산고의 4.8%이다.

이처럼 미국과 소련이 전쟁 지원의 경제에서 차이를 보이는 것은 미국의 전쟁 노력이 떨어지고 있음을 뜻하는 것이다. 미국은 완제된 군수품이나 그 분산을 위한 생산 시설에 직접 투자를 거의 하지 않고 있다. 소련에 견주어 군사 훈련을 사람도 상대적으로 적고, 무기 생산 비율도 낮다.

그러나 전시 노력에 쏟는 시간으로 볼 때 미국과 서유럽 경제의 능력은 대단히 높다. 소련의 군사 능력에 비춰볼 때 막상 전쟁이 일어날 경우에 우리가 8절과 9절에서 살펴본 바와 같이 우수한 인력과 전시 물자를 동원할 수 있는지에 관해서는 의문의 여지가 있는데, 이는 매우 중요한 문제이다.

소련에서는 이런저런 목적에 자원을 적절히 결정하는 생산 능력을 갖추고 있다. 미국이 국내에서와 해외에서 경제력과 군사력을 일으키도록 지원할 경제적 능력은 소련처럼 그렇게 제한적이지 않다. 심지어 서유럽에서는 대중의 여론과 의지가 허용한다는 것을 기초로 하여, 달러 부족을 감당하는 데 필요하다면, 자원의 상당 부분을 국방에 할당할 수 있다.

이와 같은 현실을 보여주는 다음과 같은 통계가 있다.

투자·국방·소비에 할당되는 국민총생산에 관한 동·서유럽의 비교
(%, 1949)

나라	총투자	국방비	소비재
소련	25.4	13.8	60.8
소련위성국	22.0*	4.0**	74.0
미국	13.6	6.5	79.9
유럽 NATO 국가	20.4	4.8	74.8

* 조악한 추정치임.
** 동독을 포함한 수치임. 동독을 제외할 경우에는 5%임.

소련은 지금 국민총생산의 40%를 군사 목적에 투자하고 그 대부분은 전쟁 지원 기업에로 들어가고 있다. 추정에 따르면, 국가 비상 사태가 일어나면 소련은 50% 이상을 넘을 수 없으며, 어쩌

면 25%를 넘지 못할 것이다.

그와는 달리 미국의 군사비는 국민총생산고의 20% 정도이며 외국 원조를 포함할 경우에 22%가 된다. 전쟁 지원 사업으로 쓸 예산은 거의 없다. 다만 위기의 상황이 오면 미국은 국민총생산고의 50%를 군사적 목적과 해외 원조에 쓸 것인데, 이는 현재의 5~6배이다.

수입 상품의 통계에서도 그와 같은 점이 나타나고 있다. 소련은 철괴(鐵塊)의 14%, 원석 알루미늄의 47%, 원유의 18.5%가 전쟁 목적으로 쓰는 반면에, 미국은 철괴의 1.7%, 원석 알루미늄의 8.6%, 원유의 1.6%를 전쟁 목적에 쓰고 있다. 미국이 소련에 견주어 생산량이 엄청나게 많음에도 불구하고 소련은 실제로 미국에 견주어 2배의 철괴를 쓰고 있고, 원석 알루미늄의 8~26%를 더 많이 쓰고 있다.

서유럽과 동유럽의 경제력에 관한 비교 통계

	미국	유럽 NATO	합계	소련	소련 위성국	합계
인구	1억4천만	1억7,300만	3억2,200만	1억9,800만*	7,500만	2억7,300만
비농업고용인구	4,500만	-	-	3,100만*	-	-
GNP ($)	2,500억	840억	3,340억	650억*	210억	860억
1인당 소득($)	1,700	84	1,040	330	280	315
석탄(ton)	5억8,200만	**3억0,600만	8억8,800만	2,500만	**8,800만	3억3,800만
전력(kwh)	3,560억	1,240억	4,800억	820억	150억	970억
원유(ton)	2억7,700만	100만	2억7,800	3,500만	500만	4,000만
선철(ton)	5,500만	2,400만	7,900만	1,950만	320만	2,270만
철강(ton)	8,000만	3,200만	1억1,200만	2,500만	600만	3,100만
시멘트(ton)	3,500만	2,100만	5,600만	1,050만	210만	1,216만
차동차(대)	527.3만	58만	585.3만	50만	2.5만	52.5만

* 1949년 자료임.
** NATO와 소련위성국의 아래 공산품 자료는 대량 생산 업체만을 산정한 것임.
 출처 : *Economic Survey of Europe*, 1948.

자유 세계가 소련보다 엄청나게 경제적 우위에 있음을 보여주는 가장 인상적인 현상은 우리가 얻을 수 있는 자료로 보더라도 위의 자료와 같은 차이를 볼 수 있다.

이 자료에서 우리가 주목할 것은, 다음과 같은 몇 가지 이유로 NATO의 통계는 비교적 낮게 산정되었다는 점이다.

> (1) 캐나다는 비교할 만한 통계를 얻을 수 없었기 때문에 기록하지 않았다.
> (2) 소련의 통계는 실질 생산량이라기보다는 제4차 경제 5개년 계획에 따른 1950년의 목표치이다. 따라서 여러 가지 품목에서 실제 생산고보다 과장된 것으로 믿어진다.
> (3) 유럽 NATO 국가들의 경제 지수는 사실상 1948년 자료이기 때문에 그 이후의 생산고는 대체로 상승했다.

더 나아가서 미국의 절대 생산량은 더 상승할 수 있었고, 따라서 생활 지수가 하락하지 않고서도 미국과 그 동맹국들의 경제력과 군사력에 대한 자원 투입은 더 높게 상승할 수 있었다. 1948년의 1/4분기와 1949년의 4/4분기에는 공산품 생산지수가 10% 하락하였고, 1944~1950년 사이에는 대략 25% 하락했다.

1943년의 미국의 실업자는 107만 명이었고, 1944년의 실업자는 67만 명이었는 데 견주어 1950년의 실업자는 대략 475만 명이었다. 1948년에 정점을 보인 GNP는 1949년에 이르러 천천히 하락했다. 1948년의 GNP는 2억6,200만 달러였는데, 1949년 하반기의 GNP는 2억5,600만 달러였다. 1944~1948년 동안의 장기 물가지수는 20% 하락했다.

1950년 1월의 대통령 경제 교서에 따르면, 경제 활동의 지수가 높아짐에 따라서 미국의 연간 GNP는 3천억 달러였다. 이와 같은 발전의 추세는 미국과 동맹국들의 경제력과 군사력의 발전을 가져왔고, 거기에 상승효과가 나타났다.

더 나아가서 경제의 역동적인 팽창마저 있었더라면, 국민 생활 지수를 낮추지 않고서도 필요한 만큼의 성장이 이루어졌을 것이다. 왜냐하면, GDP의 연간 수입에서 얼마를 빼돌리지 않고서도 필요한 자원을 얻을 수 있었기 때문이다. 이러한 점들이, 9절에서 보듯이, 미국 앞에 열린 활동 노선을 고려하면서 기본적으로 중요하게 여길 사실 들이다.

(2) 의지

대외 경제 정책은 미국이 대외 관계를 수행하면서 가장 중요하게 이용하는 도구이다. 경제 원조는 미국이 안정과 복지에 호의적인 방법으로 세계 환경에 강력한 영향력을 끼칠 수 있는 도구이다. 만약 해외 원조가 잘못 구성되고 운용된다면 그것은 우리의 국익을 실질적으로 해칠 수도 있는 제도이다. 만약 우리가 끈질긴 목적을 가지고 해외 원조의 잠재력을 구현하는 데 필요한 이해(理解)를 갖출 수만 있다면, 해외 원조는 우리의 능력에 매우 적절하고도 독특한 제도이다.

끝으로, 해외 원조는 냉전의 시대에 매우 적실한 제도이다. 해외 원조의 진행을 분석해 보면, 크레믈린의 구상을 좌절시키는 계획으로 가장 본질적인 요소는 자유주의 국가들 사이에 가장 성공적으로 기능하는 제도임을 보여주고 있다. 경제 상황은 공산주의의 전복과 침략에 저항하는 의지와 힘의 결정적인 요소 가운데 하나이다.

미국의 해외 원조는 자유 세계에서 그와 같은 상황과 제도를 마련하는 데 도움을 주고자 구상된 것이다. 이러한 해외 원조의 주요 모습은 어떠해야 하는가의 문제는 다음과 같이 요약할 수 있다.

(1) 서구 유럽이 생명력 있는 경제를 회복하고 창조하는 데 도움을 주는 계획, 곧 유럽 경제 회복 계획(Economic Recovery Programme).

(2) 전시나 냉전 시기에 우리의 우방들에 대하여 우리가 갖는 특별한 이해 관계나 책임이 특별히 필요할 때 도와야 하는데, 일본, 필리핀, 한국에 대한 거대한 원조, 수출입은행(Export-Import Bank), 국제금융기금(IMF) 그리고 인도네시아와 유고슬라비아와 이란에 대한 차관과 신용 대출 등.

(3) 저개발 국가에 대한 지원인데, 곧 트루먼(H. S. Truman) 미국 대통령이 1949년 1월 20일 취임 연설에서 발표한 "개발도상국"을 위한 기술 지원 프로그램에서 언급된 네 번째 외교 정책 목표(Point IV Programme), 여러 국가에 대한 차관과 신용 대출, 그리고 2항에서 말한 국가에 좀더 초과하는 범위에서 돕는 것.

(4) 그리스와 터키, NATO 국가에 대한 군사 원조.

(5) 동유럽에서 필요한 중요 군수 물자를 동유럽과 서유럽 사이에 통상하지 못하도록 하는 것.

(6) 전략 물자의 구매와 비축

(7) 다변 무역에 기초한 국제 경제의 재건, 무역 장벽의 완화, 태환 거래를 위한 노력 등인데, 이를테면, "관세·무역에 관한 일반협정과 국제무역기구의 관계 설정 계획"(GATT-ITO Programme), "상호 무역 협조 계획"(Reciprocal Trade Agreement Programme), "국제금융기금과 국제개발은행의 협조 계획"(IMF-IBRD Programme), 그리고 현재 미국의 경상 수지 문제의 해결을 위하여 개발되고 있는 계획을 뜻한다.

단기적인 측면과 장기적인 측면에서 볼 때, 이러한 정책과 계획들은 자유 세계의 힘을 기르고, 그럼으로써 소련의 구상을 좌절시키려는 것이다. 지금 그러한 계획에는 어떤 부적절성과 일관되지 못한 점이 있었다.

이를 극복하고자 미국의 경상 수지와 관련한 연구들이 진행하면서, 미국은 자신의 전반적인 목표를 강력하게 지원하는 경제 정책을 일반적으로 추구하고 있다. 그럼에도 불구하고 현재 진행되고 있는 계획들이 수요와 긴급성이라는 측면에서 앞으로도 해외 원조 정책을 적절히 지원할 수 있는지의 여부는 여전히 질문으로 남아 있어야 한다.

미국의 경제 분야가 작년(1949)에는 우유부단했다. 소련은 동유럽의 위성 국가들을 소비에트 경제권으로 흡수하는 데 괄목할 만한 진전을 보였지만, 아직도 중국이라고 하는 거대한 문제에 직면해 있다. 자유주의 국가들은 기록할 만한 중요 업적을 이룩했지만, 그 앞에는 아직도 엄청난 일들이 가로막고 있다.

균형만 잡히면 자유 국가든 소비에트 국가든 그 어느 쪽도 작년에 견주어 경제 분야에서 자신이 더 우위에 있다고 주장할 수가 없다. 그러므로 경제 문제의 핵심은 지금 성향이 어떤가 하는 문제인데 이에 관해서는 다음과 같은 결론에 이를 것으로 보인다.

[1] 소련은 전쟁을 준비했고, 자유 세계는 전쟁을 준비하지 않았다는 점에서 소련은 그 격차를 벌리고 있다. 소련은 자유 세계에 견주어 군사 목적의 자원에 더 많은 "비중"을 두고 있으며, 특히 군사력의 중요 분야에서 자원의 양을 "절대적으로" 늘리고 있다.

[2] 소련이 중국에서 승리한 점을 이용하여 동아시아와 남아시아의 다른 지역에서 얻는 승리는 이 분쟁 지역을 급습하는 데 도약대를 제공하고 있다. 설령 중공이 겪고 있는 심각한 경제 문제가 소련 경제에 다소의 긴장을 초래할 수 있지만, 자유 세계가 당면하고 있는 사회적·경제적 문제가 지금으로서는 공산주의자들의 팽창을 상쇄할 수도 있다.

[3] 만약 소련이 교묘하게 책동한다면, 서유럽 여러 나라에서, 특히 독일과 오스트리아에서 서구적 오리엔테이션과 경제를 구축하는 데 치명적인 상처로 작용할 수 있다.

[4] 소련은 티토(Josip B. Tito)에게서 입은 (비록 작은) 손실에도 불구하고, 위성 국가들의 경제를 강화하고 자신의 통제를 받고 있는 여러 나라의 통합을 다지고자 많은 노력을 기울이고 있다.

[5] 그런가 하면 서유럽 국가들은 미국 (캐나다)의 도움을 받아 생산 수준을 기록적으로 높였다. 그러나 만약 그들이 스스로의 노력으로 달러 권(圈)과 더불어 만족할 만한 균형을 이룰 가능성이 없다면, 그들에게 돌아가는 미국의 도움은 급속하게 내려갈 전망이다. 그들은 또한 "경제적 통합"을 위한 진전이 거의 없다.

길게 볼 때, 경제적 통합은 정치적 안정에 기여하는 경제적 환경을 증진하고, 생산성을 높여 주는 경향이 있다. 특히, 서독에서는 서양의 적정한 경제적 기회와 함께 경제적 통합에 기여하려는 움직임이 보이지 않고 있다. 영국은 아직도 경제적 어려움을 겪고 있어 영국의 생활 수준이 완만하지만, 정치적으로 난감한 사양(斜陽)을 걷고 있어서 좀더 많은 미국의 도움이 필요함을 보이고 있다.

아울러 대영연방의 입지가 상처를 입지 않고 남아시아와 동남아시아에서 공산주의의 침투를 막으려면 그 입지를 강화할 필요가 있다. 영국의 입지가 강화되는 것은 서유럽의 방어 능력을 강화하는 데 필수적이다.

[6] 아시아 전반을 보면, 후에 정권에 연연하기보다는 미국의 목표에 동조적인 온건 정부가 안정적으로 나아갈지는 의심스럽다. 문제는 부분적으로 경제적 요인에 있다. 경제 개발의 원조는 현 정권 아래에서 아시아 국민에게 생활 수준의 가능성을 보여주는 수단이 된다는 점에서 중요하다.

그러나 무엇보다도 중요한 것은, 중앙 기구를 강화하고, 행정을 개선하며, 경제적·사회적 구조를 개선하는 것인데, 이렇게만 된다면, 아시아의 국민은 그들의 인적·물질적 자원을 좀더 효과적으로 이용할 수 있을 것이다.

[7] 이 점이 가장 중요한 부분인데, 미국이 국내에서 받고 있는 예산 압박으로 움츠러들고, 우리 원조 계획 기간과 결과에 대한 지나친 낙관주의에서 오는 환상, 그리고 냉전의 강도(强度)에 비춰볼 때, 자유 세계가 그에 대한 준비 수단을 계속하여 강화할 지혜를 가지고 있는지 등의 지표가 보이고 있다.

[8] 최악의 경우에 미국과 자유 국가들은 지금보다 더 효과적으로 적극적인 정부 계획을 개발하지 않는다면, 향후 몇 년 안에 심각한 수준으로 경제 활동이 위축되리라고 예측하는 근거들이 보이고 있다.

요컨대, 우리가 미래를 전망할 때, 지금과 같은 계획으로서는 자유 세계의 욕구를 충족시켜 줄 수 없다. 이를테면 계획된 절차가 적절하지 못한 경우와 같이, 우리가 목표를 추구하면서 시기와 충격이라는 점에 비춰볼 때, 정책이 부적합하고 방향이 틀렸다거나 하는 데 어려움이 있는 것이 아니다.

이러한 상황에서 태생적으로 안고 있는 위험은 다음의 절에서 기술하고 있다. 오늘날과 같은 추세를 변경하고, 근본적인 목표를 달성하고자 활력을 부어 넣고자 구상된 행동 노선은 9절에서 개관하고 있다.

3) 군사적 측면

미국은 지금 세계의 한 단일 국가로서는 가장 막강한 군사력을 보유하고 있다. 그러나 미국과 소련을 견주어 보면 미국이 근무하고 있는 병력의 숫자나 총계에서 소련에 뒤떨어지고 있다. 현역병이 소련의 절반밖에 안 되는 미국은 전쟁이 일어났을 때 병력을 동원할 수 있는 위치에 있지도 않고 지금 당장 쓸만한 화약이나 그 재고도 부족하다.

지금 미국의 군사력은 명백히 평화로웠던 지난날보다 더 강력한 병력을 갖추고 있는 것은 사실이다. 그러나 우리의 현재의 공약과 우리의 실질적 군사력 사이에는 예리한 간격이 있는 것도 사실이다. 그렇다고 해서 현재의 우리의 군사력과 공약의 관계만이 지배적인 요소는 아니다. 공약과 마찬가지로, 세계의 상황도 중요하다.

따라서 우리의 군사력은 우리가 지금 당면하고 있는 상황과 좀 더 적실하게 관계를 설정해야 한다. 우리의 군사력이 세계의 상황에 맞게 관계를 설정하고 그러한 상황에서 있을 법한 위기에 균형 있게 대처할 때, 우리의 군사력이 얼마나 위험하게 부적절한가가 드러나고 있다.

만약 1950년에 전쟁이 일어난다면, 미국과 그 동맹국들은 서태 평양과 중요한 통신망에 기초하여 서반구를 방어할 수 있는 합리 적인 수단을 마련하고자 방어 작전을 수행하는 군사력을 갖게 될 것이다.

이를테면, 특히 영국과 근동과 중동에서 결정적인 군사 기지를 보호하는 데 부적절한 수단을 마련해야 한다. 그런 일이 벌어진다 면 그제서야 우리는 소련의 전쟁 능력의 결정적인 요인들에 대항 할 수 있는 강력한 공세적 공군 작전 능력을 갖추게 될 것이다.

앞의 절에서 나열한 작전의 범위는 소련에 대항하여 미국과 동 맹국들이 지금 가지고 있는 물자와 효과적인 병력에 따라서 제한 될 것이다. 미국은 우리가 직면하는 침략의 위협에 일관되고 전반 적 전략 계획과 일치를 이루면서도 미국의 작전상 필요한 부분에 심각한 손실을 끼치지 않으면서, 우리의 동맹에게 가능한 많은 양 의 군사 원조를 제공해야 한다.

만약 미국과 동맹국들의 군사력이 신속하고도 효과적으로 개발 된다면, 일어날 수도 있는 전쟁을 저지하는 데 충분한 병력이 될 수 있으며, 달리 말하면, 만약 소련이 전쟁을 선택한다면, 소련의 침공을 초전에 저지하고, 아군 측의 지원 공격을 안정화하고, 소련 의 군사력에 엄청난 충격을 줄 수 있는 보복을 전개할 수도 있다.

그러나 군사적인 견해에서만 본다면, 이와 같은 일에는 필요한 군사력의 창출뿐만 아니라 온갖 개량된 무기를 개발하여 비축할 필요가 있다. 오늘날과 같은 평화가 지속되는 상황에서 군사 물자를 증강하려면 2~3년의 시간이 필요하다.

위기가 선포된 기간이나 모든 국민의 노력이 필요한 전시에는 그러한 병력 증가가 다소 짧은 기간 안에도 병력 증강이 가능하다. 그러나 평화 시에 군사력을 증강한다는 것은 전시에 있을 법한 군사적 역할과 소련에 대한 미국의 장기적이고도 즉각적인 외교 정책의 수행과 관련되지 않을 수 없다.

만약 미국이 군사력을 증강하는 그러한 과정이 지금 곧 채택된다면, 우리가 지금 당면하고 있는 위기의 상황과 군사력 사이의 괴리를 없앨 수 있는 능력을 갖추게 될 수도 있다. 그렇게 되면 우리는 결과적으로 "냉전" 시대에 기선을 제압하게 되고 소련과의 전쟁에서 그 공격을 정지시키지는 못할지라도 물리적으로 늦추는 능력을 갖추게 되는 셈이다.

7. 현실적 위험

1) 일반적 위험

앞의 절에서 밝혀진 바와 같이 미국의 체제가 안고 있는 통합성이나 활력이 우리의 지난 역사의 어느 때보다도 훨씬 더 위험에 놓여 있다. 설령 소련이 없었더라도 미국은 자유에 대한 욕구와 함께, 산업 시대에 중첩된 자유 사회의 거대한 문제, 화해를 이루는 질서, 안보, 참여의 필요성 등의 문제에 직면할 수 있다.

지금처럼 위축되어가는 세계에서 국가 사이의 질서가 무너지면서 더욱더 너그럽지 않게 되는 현실에 직면할 수도 있다. 크레믈린의 구상은 자유민주주의의 체제를 무너트리는 질서를 이 세계에 강요하고 있다.

크레믈린은 원폭을 가짐으로써 그 등 뒤에 새로운 군사력을 갖추고 있으며, 우리 체제에 대한 파괴력을 기르고 있다. 지금 세계에는 "질서가 잡히지 않은 균형"(equilibrium-without-order)이라는 불안 속에 새로운 긴장을 느끼고 있으며, 이 세계는 어떤 질서를 향하여 움직이지 않는 채 얼마의 동안 이런 긴장을 용서하려는 것이 아닌가 하는 새로운 의구심도 불러일으키고 있다.

우리는 지금 우리가 연루되어 있는 전면적인 투쟁에 보조를 맞추면서 위대하고도 새로운 질서의 시대로 들어서고 있는데, 이것이야말로 우리가 직면하고 있는 위험이다. 자유로운 사회를 위한 전면적인 승리란 존재하지 않는다. 왜냐하면 자유와 민주주의는 완전히 이루어지는 것이 아니라 항상 이루어지는 과정이기 때문이다.

그러나 전체주의자의 손에 죽는다는 것은 전면적인 패배를 의미한다. 분극화된 권력으로 움츠러든 사회에서 그와 같은 위험이 우리에게 쏟아지고 있다. 따라서 궁극적으로 우리에게는 그들과 효과적으로 마주칠 것인지 아니면 그들에게 굴복할 것인지에 대해 우리에게는 선택의 여지가 없다.

2) 특별한 위험

소비에트의 이론과 실제를 보면 크레믈린은 냉전의 방법으로 자유 세계를 자기들의 지배 아래 두려는 것임이 분명하다. 그들이 즐겨 쓰는 방법은 자유 세계에 침투하여 겁을 주는 것이다. 그런데 우리의 제도는 거꾸로 우리의 목표를 무력화하고 다른 길로 빠지게 하려는 것이다.

우리의 물질적 · 도덕적 힘과 가장 밀접하게 닿아 있는 것은 노동조합, 민간 기업, 학교, 교회, 그리고 여론에 영향을 끼치는 온갖 미디어와 같이 우리가 일차적으로 목표를 삼는 것들이다. 소련은 우리가 자신의 목표에 이르지 못하게 하고, 우리의 경제와 문화와 정치에 혼란을 심는 것인데, 우리의 노력은 바로 그러한 소련의 분명한 목표가 작동하지 못하도록 하는 것이다.

우리의 가치 체계에 담겨 있는 의심과 다양성은 자유 세계의 장점을 이루고 있고, 자유 세계에는 특히 취약성과 문제점들이 담겨 있고, 자유인들이 즐기는 권리와 특혜 또 우리의 자유에 대한 마지막 공격 목표로 남아 있는 비조직성과 파괴의 성격, 이 모든 것들이 소련에게는 악행을 저지를 수 있는 기회가 되고 있다.

우리의 자유와 민주주의에 분명히 중요한 의미를 주는 원칙과 도덕률들이 오히려 우리에게는 공산주의를 막고 복수하는 데 장애가 되고 있는데, 이 점이 바로 소비에트가 점수를 딸 수 있는 기회가 되고 있다. 우리의 도덕률 가운데 어느 것도, "도덕이란 혁명에 이바지하는 것"이라는 법률을 가로막을 수가 없다.

우리와 남들에게 제도의 찬사를 주고 있는 것들이 실은 공격의 좋은 목표가 되고 있기 때문에, 비난을 받지 않으면서도 우리를 모욕하고 우리의 존엄에 상처를 줄 수 있는 기회를 놓치지 않는다는 것이 소련의 구상이며, 특히 우리의 국가, 우리의 제도, 우리의 동기, 또는 우리의 삶의 방법을 불명예스럽게 하는 점에서 더욱 그렇다.

이와 같이 우리가 1930년대의 건강한 경제를 회복하고 자유 세계를 재건하려는 수단들이 모두 소비에트의 공격에 노출되어 있다. 우리가 자유 세계를 돕고자 했던 군사 원조는 제2차 세계 대전

초기에 소련이 환상적으로 비난하는 대상이 되었고, 우리 자신과 동맹국을 위해 필요한 군사력을 적정하게 개발하려는 지금의 노력도 꼭 같이 비난받고 있음은 물론이다.

그와 아울러 소련은 침투와 협박을 뒷받침하고자 압도적인 군사력을 키우려고 모색하고 있다. 군사력을 어떻게 이해해야 하는가 하는 점과 관련해서, 군사력을 사용할 수 있는 의지는 오로지 크레믈린에게만 있다.

군사력을 갖추지 못한 나라들은 퇴폐적으로 흐르고 그 앞날이 암울하다는 것을 소비에트는 자유 세계에 과시하고자 길을 모색하고 있다. 각 나라에서 사건이 일어나면 소비에트는 그 나라에서 어떤 이익을 얻고 모든 자유 세계에 불안과 패배주의를 증대시키고자 위협과 침투를 감행한다.

양대 진영을 이끄는 국가에서 각기 원폭을 가지고 있고, 서로 다른 이유로 상대 국가를 믿을 수 없다는 사실이 우리에 대한 기습 공격의 가능성을 더 높이고 있다. 그와 마찬가지로 그러한 상황은 냉전의 수단으로 좀더 폭력적이고 잔혹하게 학대하며, 특히 우리가 방어전을 수행할 수 없다는 것을 소련이 객관적으로 충분히 인식했을 때는 더욱 그렇다.

또한 우리가 직접적인 침략을 받지 않는 한, 핵전쟁에 휘말리지 않을 것이라고 계산한 소련은 "야금야금 침략해오는 방법"(piecemeal aggression)을 선호하고 있다. 우리는 어떤 전략에 무게를 두고 어떤 전략을 선택할 것인지에 대한 능력이 없기 때문에, 이와 같은 위험을 겪고 거기에 더하여 사건이 일어났을 때 혼란에 빠지고 군대를 동원할 수 없는 상태에서 합리적 판단에 기초한 확고한 길을 추구하고 있다.

우리는 우리의 체제가 가지는 통합과 활력을 유지하는 필요한 방법을 취하는 전략이 방해를 받거나 오래 지연될 경우에 그 위험은 크다. 우리의 동맹국이 우리의 결의를 신뢰하지 않을 경우에 그 위험성은 더욱 높아진다. 이런 방식으로 우리의 의지가 낮아지고 늦어지며, 그럼으로써 우리를 의심하고 달리 생각하는 우리의 선택의 폭은 더욱 좁아지고 절망적인 상태에 빠지게 되는데, 이때가 가장 위험하다.

이를테면, 지금과 같은 우리의 약점은 몇 가지 치명적인 급소에서 효과적으로 저항할 수 없도록 만들 것임이 분명하다. 우리가 크레믈린에게 보여줄 수 있는 유일한 저지 방법은 인류를 절멸하는 전쟁이 일어나면 우리도 제어할 수 없는 치명적인 목표 지점을 소련에서 찾아낼 수 있다는 증거를 보여주는 것이다.

소련의 치명적인 지점을 확보하여 인류를 절멸하는 전쟁에서 이기거나 그러한 전쟁을 촉발하는 선택 말고서는 더 이상 좋은 선택이 없다는 위험은 만족할 방법이 아니지만, 냉전의 시대에 우리가 군사적으로 취약하다는 것은 우리의 입장을 더욱 어렵게 만들고 있다.

우리는 지금 강력하고 결연한 모습을 보여주는 대신에 지속적으로 무기력하고 절망적인 모습을 보여주고 있다. 우리는 이 냉전에서 이겨야 한다. 왜냐하면 크레믈린의 구상이나 우리의 근본적인 목표가 서로에게 일순위의 과업이 되고 있기 때문이다.

그러나 9절의 2항에서 서술하고 있는 바와 같이 크레믈린의 구상을 좌절시키는 작업은 미국 혼자만의 힘으로 되지 않는다. 미국의 힘은 두 가지 힘 가운데 하나일 뿐이다.

다른 한 가지 힘은 우리의 동맹국과 잠재적 동맹국이 소련의 협박에 겁을 먹고 점차로 소련의 지배 쪽으로 향하는 중립의 길을 걷지 않아야 한다는 점이다. 만약 이런 현상이 서독에서 일어난 서유럽에 영향을 끼친다면 이는 참으로 대참사가 된다.

그러나 미국이 스스로를 강대국으로 만드는 데에도 위험은 있다. 미국 국민에게 엄청난 희생과 훈련을 요구할 것이기 때문이다. 가장 중요한 것은 그들이 이러한 사태의 원인을 충분히 이해하는 것이다. 이 문제를 어설프게 이해한다거나 부적절하게 판단한다면 그것은 우리 체제의 통합을 무너트리는 수단을 선택하는 것이 될 것이다.

우리의 의지가 곧 우리의 근본적인 목표라는 점을 과시하는 어느 시점에서 소련은 전면전을 일으킬 수도 있거나 아니면 너무 앞서가게 될 것이다. 이러한 점들이 우리가 스스로를 강대국으로 만드는 과정에서 만나게 될 위험이기는 하지만, 이를 회피하는 것보다는 덜 위험한 일이다.

우리의 근본적인 목표는 우리의 의지를 주장하다가 적을 공격하면서 실수를 저지르기보다는 차라리 우리의 의지 부족으로 패배하는 것이 더 있을 법한 길이다. 역사를 돌아보면, 자신을 지키기에 충분한 힘을 가지지 못해 적군에게 저항하지 않으려고 생각했던 국민이 그들의 자유를 수호한 국민은 없었다.

8. 핵 무장[9]

1) 미국과 소련의 핵 능력의 군사적 평가

[1] 우리는 지금 핵무기의 능력을 갖추고 있다. 숫자도 많고 정

---

9) 원자력의 국제적 통제를 포함하여 핵 무장의 규제에 관한 미국의 정책 문서는 이 책 [*FRUS, 1950*, Vol. I : National Security Affairs, Foreign Economic Policy(1977), pp. 1 ff]를 참조할 것. 미국의 원자력 정책의 또 다른 측면에 관해서는 *ibid.*, pp. 493 ff 참조.

교하여, 잘 이용하면 소련의 전쟁 능력을 적절하게 한 번의 출격으로 처부술 수 있을 것으로 평가된다. 그러한 폭격이 우리가 고려하고 있는 소련의 체제를 완전히 파괴할 수 있을지 몰라도, 지금과 같은 지상군을 동원할 수 있는 소련이 서유럽을 점령하지 못하도록 문제를 제기할 수 있는지의 여부에 대해서는 의심의 여지가 있다.

그러나 초기에 매우 심각한 일격을 가한다면, 그것은 소련이 군사 조직을 갖추고 물품을 보급하는 능력에 타격을 주고, 소련 인민들로 하여금 장기전이 벌어질 경우에 미국이 대체로 군사적 우위를 차지하리라는 전망을 갖게 할 것이다.

[2] 소련의 핵 능력이 발전할 경우에, 소련은 우리의 핵기지와 시설을 파괴할 능력을 증진하고, 미국이 위에서 말한 바와 같은 공격을 수행하는 데 심각한 장애가 될 것이다. 가까운 장래에 소련은 정교한 핵폭탄을 다량 소유하게 됨으로써 영국이 빈약한 장비로 베를린을 방어하여 미군이 출격 기지로 삼고 있는 주요 지점을 우리가 믿을 수 있을까 하는 문제점을 제기하고 있다.

우리가 추정해 볼 때, 소련은 앞으로 4년 안에 만약 소련이 기습적으로 미국의 중요 도시를 공격하고, 우리로서는 그것을 지금 계획하고 있는 것보다 더 효과적으로 저지하지 못할 경우에 미국은 심각한 타격을 입을 것이다. 그러한 타격은 너무도 치명적이어서 미국은 경제적 잠재력을 크게 상실할 것이다.

소비에트의 공격 능력을 효과적으로 저지하려면 무엇보다도 공중 경보 체제와 공중 방어 체제를 대폭적으로 강화하고, 이제까지 군사 방위 체제와 훌륭하게 통합 운영되었던 민방위 체제와 시설을 과감하게 발전시키는 것이다. 소련이 시간에 맞춰 핵무기를 발전시켜 기습 공격할 경우, 우리로서는 지금까지 계획했던 것보다 훨씬 더 효과적인 방어 수단을 갖추지 않는 한, 저들이 선제 공격할 가능성을 배제할 수 없다.

[3] 핵전쟁의 초기에는 선제 공격과 기습 공격의 잇점이 매우 중요하다. 철의 장막 뒤에 숨어 있는 경찰 국가는 이러한 잇점을 살리는데 필요한 결정의 집중과 보안 유지라는 점에서 엄청난 잇점을 가지고 있다.

[4] 얼마 동안은 우리의 핵 보복 능력이 우리 자신과 자유민에 대한 크레믈린의 정밀한 직접 무력 침공을 적절히 저지할 수도 있을 것이다. 그러나 소련은 자신이 우리를 기습 공격할 핵 능력을 충분히 갖추었고, 우리의 핵 능력을 무력화할 수 있고 군사적 상황이 결정적으로 자기들에게 유리하다고 판단하면, 그들은 신속하고도 은밀하게 우리를 공격하고 싶은 유혹을 느낄 것이다.

그러므로 미국과 소련의 관계처럼 거대한 양대 핵 세력이 자신감을 갖게 되면 그것은 핵을 억지하는 것이 아니라 전쟁의 유혹을 더 느끼게 할 수도 있다.

[5] 우리 핵무기의 숫자와 성능이 늘어나면 미국의 보복 능력을 확실히 보여준다는 점에서 필요한 일이기는 하겠지만, 위에서 말한 기본적인 논리를 변화시킬 것처럼 보이지는 않는다. 공군·지상군·해군의 능력이 두루 크게 증강되고, 방공과 민방위 능력이 크게 향상되면 자유 세계가 거대 핵폭탄의 선제 기습으로부터 살아남게 해 줄 수 있을 것이다.

아마도 소련이 그와 같은 거대 핵무기를 발사할 능력을 갖추려면 1954년이 될 터이니, 그때까지는 자유 세계가 점차적으로 대비할 만한 시간은 아직 있다. 더 나아가서 그러한 무력이 우리의 보복 능력을 강화시켜 줌으로써 소련이 기습 공격의 장점을 살릴 수 있는 시기라고 계산할 수 있는 시기를 늦출 수도 있을 것이다. 이는 또한 우리가 소비에트 체제를 수정하려는 우리의 정책 효과를 위해 시간을 벌어줄 수도 있다.

[6] 만약 소련이 미국보다 먼저 거대 핵무기를 개발한다면 자유 세계에 대한 압력이나 미국에 대한 공격의 위험성이 훨씬 더 높아질 것이다.

[7] 만약 소련이 미국보다 수소폭탄을 먼저 개발하게 된다면, 미국은 얼마 동안 소련에 압력의 수위를 높일 수 있어야 한다.

2) 핵무기의 저장과 용도

[1] 앞의 분석에 비춰보면, 만약 국가의 평시 무장에서 핵무기를 적절히 제거할 수 있다면 길게 보아 미국에게 도움이 될 것이다. 만약 핵무기를 효과적으로 제거할 수 있는 합리적 전망이 가능하다면, 우리가 추구해야 할 부가적인 목표는 무엇인가의 문제는 9절에서 다루게 될 것이다.

핵무기를 그렇게 제거하여 우리의 목표를 이룰 가능성이 없다면, 우리로서는 다른 사항들을 적절히 고려하며 우리의 핵 능력을 높이는 것밖에 달리 선택의 여지가 없다. 그 두 가지의 기로에서 가능한 한 빨리 공군·지상군·해군의 능력과 우리 동맹국의 능력을 증강해 미국이 너무 과중하게 군사적으로 핵무기에 의존하지 않도록 하는 것이 먼저 해야 할 일로 보인다.

[2] 4절에서 지적한 바와 같이, 미국으로서는 군사력의 행사가 분명히 필요하고, 국민의 대다수가 압도적으로 그것을 바랄 때만 그럴 수 있다는 점이 중요하다. 따라서 미국은 우리에 대한 침략의 반격으로서 국민의 대다수가 압도적으로 군사 행동을 용납할 때가 아니면 전쟁에 참여할 수 없다. 전쟁이 일어날 때 우리가 무

력을 행사하는 것은 우리의 목표를 받아들이도록 강요하고 우리가 감당할 수 있는 범위를 넘지 않는 것이어야 한다.

소련과 전면전이 일어났을 때, 양쪽은 그들의 목표를 성취하는데 그것이 최고의 방법인지를 예측해야 한다. 우리가 소련의 원폭 공격을 받고 얼마나 심각한 상처를 입을 것인가에 관하여, 우리는 소련에게 원폭을 사용하기에 앞서 단지 보복에만 원폭을 사용해야 할 것이라는 점을 논의했다. 그러려면 우리가 아직도 우리의 목표를 달성하고자 우리와 동맹국들이 재래식 무기를 충분히 개발하고 소련의 정치적 약점을 충분히 인지해야 한다.

그러나 전쟁이 일어날 때, 소련이 조만간 핵무기를 사용하지 않았는데도 우리가 우리의 목표를 달성하고자 행동해야 할지에 대해서는 아직 확신할 수가 없다. 다만 우리가 핵무기에서 절대적인 우위를 차지하고 공군력을 장악할 경우에만 우리가 우리의 목표를 달성하고자 진행하고 있는 과정에서 소련의 핵무기 사용을 저지할 수 있을 것이다.

우리가 예상하기에 쉽지 않은 일이지만, 만약 1954년까지 소련이 핵무기를 보유한 상태에서 전쟁이 일어난다면, 소련의 지도자들은 다른 방법으로 그들의 목표를 달성할 수 없다고 전적으로 확신하지 않는 한, 그들이 핵무기 사용을 자제하리라는 것은 확실하다.

소련이 핵무기를 사용하기에 앞서 우리가 보복의 차원에서 핵무기를 사용한다든가 또는, 우리가 우리의 목표를 달성하면서 달리 선택의 여지가 없기 때문에 핵무기를 사용한다면, 그러한 공격은 그들이 편히 사용하는 전략적·전술적 목표와 그들이 익숙하게 여기는 방법에 대한 공격과 우리의 목표가 일치해야 한다는 것이 가장 중요하다.

위와 같은 상황을 살펴볼 때, 우리가 수소폭탄을 만들 수 있고,

그것이 우리의 순기능에 의미 있는 도움이 될 수 있다면, 우리도 수소폭탄을 만들어 저장해야 한다. 지금으로서는 전쟁에 수소폭탄을 사용하는 것이 우리의 목표 달성에 도움이 된다는 판단을 보증할 만큼 그의 위력이 충분히 알려지지 않았을 뿐이다.

[3] 우리로서는 침략자들이 그러한 무기를 먼저 쓴 데 대한 보복이 아니고서는 그런 무기를 쓰지 않을 것이라고 선언하라고 제안한 사람도 있었다. 그러나 그러한 선언이 과연 미국과 동맹국에 대한 핵무기 공격의 위험성을 감소시킬 수 있는지에 대해서는 논란이 있었다.

재래식 무기가 비교적 준비되지 않은 지금의 우리 상황에서 우리가 그런 선언을 하면 소련은 미국과 우리의 동맹국이 무척 취약한 상태여서 우리가 재래식 무기를 포기할 뜻이 있다는 것으로 해석할 수도 있다. 더 나아가서, 그러한 선언은 소련이 미국을 공격할지 말지를 결정하는 중요 인자로 작용할는지의 여부도 알 수 없다.

예상하건대, 소련은 우리가 보유한 능력을 갖추고 그런 선언을 한 것보다 더 많은 무기를 가지고 있다는 사실에 무게를 둘 수 있다. 우리가 전쟁을 하든 하지 않든, 우리가 우리의 목표를 이룩할 만한 위치에 있다고 확신하고, 우리에게는 전략적 · 전술적 목적을 위한 자원이 없다고 확신할 때까지는 선의로 그런 설명을 할 수는 없다.

3) 원자력의 국제적 규제

[1] 효과적인 핵무기 통제를 확보하는 기본적인 고려 사항을 논의할 때는, 왜 9절에서 논의된 추가적 목적을 확립할 필요가 있는가를 분명히 할 필요가 있다.

[2] 전쟁이 길어질 경우에 어떤 국제적 통제 제도로써도 핵무기의 생산과 사용을 막을 수 없다. 심지어 아무리 효과적인 핵무기 통제 체제라 할지라도 (1) 어느 국가가 평화시에 핵 무장의 제거를 보장할 수 있고, (2) 핵무기 사용을 금지하는 조항을 위반하고 있다고 즉각적으로 통보하는 정도이다. 본질적으로 핵무기의 국제 통제는 핵무기를 사용하기에 앞서 핵보유국이 조약을 위반하고 있다고 알린 뒤 얼마 동안의 시간을 버는 것을 기대하는 정도이다.

[3] 조약의 위반을 통지하고 실제로 전쟁에서 핵무기를 사용 가능한 시간 사이에 국제 통제가 확답을 기대하는 데에는 많은 변수가 있다. 이미 존재하는 핵무기의 저장고를 해체하고, 그 포장과 발사 장치를 파괴하는 데 얼마의 시간이 걸릴는지에 대해서는 누구도 확언할 수 없다. 포장과 발사 장치는 아마도 남의 눈을 속이며 쉽게 할 수 있으며, 무기의 조립에는 긴 시간이 걸리지 않을 것이다.

만약 수소폭탄 자료의 저장을 어떤 방법으로든 제거하고 장차 수소폭탄 자료의 생산을 효과적으로 통제할 수 있다면, 핵무기의 기습 공격으로 말미암은 전쟁은 일어나지 않을 것이다. 핵무기 협정의 위반에 대한 고지와 핵무기를 대량 사용할 수 있는 시기 사이의 시간을 충분히 벌려면 수소폭탄 물질의 대량 생산 시설을 파괴할 필요가 있다. 그러나 그러한 조치는 가능한 평화 시기에 대량의 수소폭탄 물질을 필요로 하는 물질의 사용을 유예(moratorium)할 필요가 있다.

핵 원료의 생산과 저장을 효과적으로 통제하려면 효과적인 국제 통제가 보장될 수 있는 기간의 확대가 필요하다. 소련이 핵무기를 생산할 기술을 확보한 지금에 와서 국제적인 통제 협약을 위반한 시점과 핵무기의 생산 시점 사이에 생기는 시차는, 수소폭탄이나 그 밖의 신형 무기를 분야를 제외한다면, 1946년의 상황보다 작을 것으로 추정하고 있다.

[4] 핵무기에 관한 합의를 위반한 것을 얼마나 정확히 고지할 수 있는가의 문제도 여러 가지 인자에 달려 있다. 서로 신뢰하지 않는다면 어떤 체제를 구상하여 위반의 고지를 확실히 고지할 수 있을지의 여부는 의심스럽다.

핵 원료와 수소폭탄 물질을 국제 기구가 소유하고, 위험한 시설과 운용을 국제 기구가 맡으면서, 거기에서 더 나아가서, 핵 통제 협정에 서명한 모든 국가는 물로 소련의 각지를 제한 없이 자유롭게 접근하여 조사하는 데에는 은밀한 위반을 어느 정도 확인할 수 있는 기회를 줄 필요가 있다.

소련의 수소폭탄의 저장량이 늘어남에 따라 소련이 은밀히 수소폭탄을 보유하면서도 감시 기구에 신고하지 않을 보유량은 높아진다. 이럴 경우에 합의가 빨리 이뤄질수록 안전도는 높아진다.

[5] 핵무기를 국제 통제에 포함할 경우에 발생하는 상대적 희생도 고려해야 한다. 만약 국제 통제 체제를 효과적으로 협상할 수 있다면 미국은 소련보다 더 많은 핵무기와 그 생산 시설을 희생할 수 있다. 만약 적절한 핵 통제와 국제 감시 제도를 그 나라에 적용할 수 있다면 미국보다는 소련에 충격이 더 클 것이다.

만약 국제 통제가 거대한 원자로의 파괴와 가능한 한 평화시에 원자로의 사용을 유보하는 것이라면 소련은 이것을 시비할 것이다. 왜냐하면, 새로운 동력을 더 필요로 하는 그러한 조치는 미국보다 소련에 더 많은 희생을 초래하기 때문이다.

[6] 미국과 세계의 국민은 모두가 핵전쟁의 위험에서 벗어나기를 바라고 있다. 그러한 위험에 당면하여 가장 어려운 점은, 그 벗어

나는 기간이 짧고 또 일시적으로 위험을 유예하는 통지를 적절한 방법으로 받을 수 없다는 점이다. 미국의 국익을 위해 이런 문제를 정리하려면, 이러한 협정이 두 나라 사이에 선의로 이루어져야 하며, 서로가 협약을 지키지 않을 가능성이 높아야 한다는 점이 문제의 핵심이다.

[7] 효과적인 국제 통제의 보장을 위해 가장 소중하게 기여할 수 있는 방법은 UN 계획에 따라서 소련이 문호를 개방하는 것임은 물론이다. 그러나 그러한 개방은 현재와 같이 경직된 체제 유지와 양립할 수 없다는 점이다. 소련이 UN 계획을 거부한 주요 이유가 바로 이것이다.

애치슨-리리엔탈위원회(Acheson-Lilienthal Committee)*에서 시작하여 현재의 UN 계획에서 가장 활발하게 논의되었던 이 연구에 따르면, 핵 시설 조사가 핵 통제의 유일한 방법이 되는 것이 분명히 아니었다. 그러나 국제 기구가 핵 시설의 소유와 운용의 채굴에서부터 마지막 핵분열에 이르기까지 관리하는 것도 또한 중요했다. 그러므로 소련이 그 제안을 지금 거절한다면, 여기에서 말하는 국가의 대표는 효과적인 핵 통제와 미국 및 여타의 자유 세계를 위해 필요한 존재들이다.

---

* 애치슨-리리엔탈위원회(Acheson-Lilienthal Committee)는 이른바 맨해튼 프로젝트(Manhathan Project)로 알려진 원폭 제조를 논의하던 최고위 위원회였다. 당시 국무장관인 애치슨(Dean Acheson)과 테네시계곡관리(TVA) 청장이었던 데이비드 릴리엔탈(David Lilienthal)이 1946년에 딘 애치슨과 의장을 맡아 회의를 진행했으며, 맥클로이(John MacCloy), 맨해튼 프로젝트를 담당한 그로브스(Leslie R. Groves, Jr.) 장군, 맨해튼 프로젝트의 과학 리더인 오펜하이머(J. Robert Oppenheimer)가 그 구성원이었다. 소련의 핵 사찰을 요구했던 이들의 보고서는 UN에서 소련의 거부권 행사로 부결되었다. 이 당시 맥클로이가 무슨 자격으로 그 회의에 참석했는지는 알 수 없다. 그는 전쟁성 차관, 패망한 독일 판무관, 세계은행 총재 등, 다양한 책임을 맡고 있었다.(옮긴이 주)

통제 기구가 소련의 지배에 직접적으로나 간접적으로 민감하지 않다는 것도 또한 분명하다. 소련은 지금 자기들의 지배를 받고 있지 않은 나라들이 미국의 실질적인 지배를 받지 않겠지만 미국의 잠재적 영향 아래 있기 때문에 미국과 비(非)소비에트권은 지금 소련이 UN 안을 거절한 것에 대하여 항변해야 한다.

원자력의 국제적 통제가 당장 가져올 가장 큰 잇점은 소련이 거대한 원자로나 열 폭탄 물질의 저장고를 효과적으로 제거할지도 모른다는 생각에서 기습적인 원폭 공격은 불가능하게 되었다는 점이다.

그러나 의심할 나위도 없이, 원자력을 평화 목적으로 생산하는 것 자체가 불가능하다는 것을 보여주지 않는 한, 소련이 대형 원자로를 파괴하지 않으리라는 것도 또한 확실하다. 그와 같은 이유로 소련은 열폭탄 원료의 저장을 파괴하는 데 동의하지 않을 것이다.

[8] 소련의 입장에서 우호적인 신뢰가 없다는 것은 명증한 증거가 나올 때 소련 정책에 결정적인 변화를 불러 올 것으로 추정할 수 있다. 소련의 체제가 가지는 본질 자체가 바뀌지 않는 한, 그러한 변화가 일어날지는 의문이다.

위와 같은 사실을 고려해 볼 때, 적어도 국제적인 통제 체제의 효과적인 운영을 논의하기에 앞서 미국과 소련의 상대적인 군사력의 중요 변화가 일어나야 한다는 것은 분명하다. 그러한 조정을 고려하기에 앞서 소련은 적응과 타협의 길로 상당히 가깝게 이미 내려왔어야 한다. "UN원자력위원회가 안전보장회의에 보낸 3차 보고서"(1948. 5. 17.)가 이러한 결론을 뒷받침해 주고 있다. 그 조항은 다음과 같다.

원자력위원회의 대부분은 세계 공동체가 이 분야에서 모든 국민이 바라는 참여의 범위와 본질을 받아들일 수 없었다. 결과적으로 본 위원회는, 원자력의 통제를 위한 효과적인 방법에 관한 합의는 좀더 넓은 정책 분야에서 얼마나 협조가 이루어지는가의 문제에 달려 있음을 시인하지 않을 수 없었다.

요컨대, 소련의 구상이 좌절되어 순수하고도 극적인 변화가 소련에서 이루어지지 않거나 또는 그때까지 원자력의 국제적 통제를 효과적으로 협상한다는 것 이상의 희망을 품는 것은 되지 않을 일이다.

9. 가능한 활동 방향

1) 서론

현재로서 미국이 취할 수 있는 행동 노선은 다음과 같다.

　(1) 첫 번째 길 : 우리의 정책을 수행하고자 지금 추진하고 있는 계획을 완성하도록 현재의 정책과 계획을 계속 추진한다.
　(2) 두 번째 길 : 고립 정책을 수행한다.
　(3) 세 번째 길 : 전쟁을 한다
　(4) 네 번째의 길 = 그 밖의 행동 노선 : (1)항에 따라 자유 세계에서 정치적 · 경제적 · 군사적 힘을 신속하게 기르고, 가능하다면 전쟁을 일으키지 않으면서 국가 사이에 서로 너그러운 질서를 유지하고, 다른 한 편으로는 자유 세계가 침략을 받을 경우에 우리 자신을 지킬 수 있도록 대비한다.

2) 협상의 역할

협상은 위에서 말한 과정과 연관하여 고려해야 한다. 협상자는 자신의 기본적인 입장이 합리화될 수 있는 현실보다 좀더 나은 합의를 얻고, 어떠한 경우라도 자기의 기본적인 입장이 요구하는 것보다 더 나쁘지 않은 합의를 얻고자 항상 노력한다. 이러한 사실은 국가 사이에나 인간 관계에서나 꼭 같은 것이 사실이다. 소련은 자유 세계와 어떤 주제를 협상하면서 몇 가지 유리한 입장에 놓여 있다.

> (1) 소련은 소련 안에서 벌어지고 있는 어떤 조건에 관한 중대한 현실에 비밀을 지킬 수 있고 지켜야 한다. 따라서 소련은 자유 세계가 소련에 관해서 알고 있는 것보다 더 많이 자유 세계에 관해서 알고 있다.
> (2) 그들은 여론이 매우 중요하게 여기는 문제에 대하여 일일이 대응하지 않아도 된다.
> (3) 소련은 어떤 협상의 조건을 제시하든 받아들이든, 다른 나라와 상의하거나 동의를 하지 않아도 된다.
> (4) 소련은 다른 나라 국민을 자기의 통제 아래 끌어넣어 모욕을 주면서도 그 나라의 여론에 영향을 끼칠 수 있다.

이러한 점들은 협상에서 매우 유리한 입장을 제공한다. 이러한 잇점은 우리의 입장에 불리한 분위기를 조성함과 아울러, 아래의 10항에서 살펴보는 바와 같이, 지금으로서는 우리가 일반적인 타결에 성공하기 어렵게 되어 있다.

왜냐하면 지금이야 설령 우리가 우선적으로 핵무기의 면에서 소련을 폭격할 수 있는 적절한 능력을 갖추고 있고, 길게 볼 때 이길 수 있는 길이 열려 있다 해도 냉전의 상황에서는 이런 입장을 스스로 밀고 나가는 것이 만만치 않다.

지금 우리로서의 문제는 미국이 소련의 침략을 막을 수 있는 충분한 힘의 지원을 받으면서 자유 세계의 정치적·경제적 여건을 만들어 크레믈린이 그러한 여건에 적응하고 점차로 그들의 정책을 극적으로 철회하여 바꾸는 것이다.

3절에서 살펴본 바와 같이, 원자력의 진정한 통제는 소련의 개방을 요구하며, 호의적인 길로 가고 있다는 증거와 평화로운 상황에서 공존하겠다는 의지를 보여주길 요구하며, 그럼으로써 적어도 소비에트 체제가 그러한 변화를 보여주든가 주도하기를 바라고 있다.

지금과 같은 상황에서는 소비에트 체제의 변화를 요구하는 결정에 다다를 어떤 협상도 불가능하다는 것이 분명하다. 그렇다면 협상은 어떤 역할을 할 수 있는가?

[1] 미국과 자유 세계의 국민은, 크레믈린의 구상을 좌절시키는 방향과 우리의 정책과 계획을 굳건하고 적절하게 만든다는 조건으로, 자유 세계는 동등한 조건에서 소련과 지속적으로 협상을 준비해야 한다.

그러나 소련과의 대등한 협상이 과연 가능한가에 대하여 국내외에서 많은 논란이 벌어지고 있는데, 만약 소련이 비록 사소한 문제일지라도 함께 갈 징조를 보이기 시작한다면, 이러한 견해는 힘을 받을 것이다.

그러므로 자유 세계 국가들은 항상 회담에 대비하고 협상을 시작하는 시기를 모색하면서 주도권을 잡도록 대비하고 있어야 한다. 그들은 주제의 본질이 무엇이며 이제까지 준비해온 조건이 무엇이며, 어떤 단계에서 소련과 합의할 것인가의 문제 등, 협상의 지위를 발전시켜야 한다.

그 조건이 자유 세계의 국민 여론에 비춰 볼 때 공정해야 한다. 이는 그들이 평화를 위한 적극적 계획과 일관되어야 하며, UN 헌장과 조화를 이루면서, 적어도 UN과 그 후속 기관이 모든 무기를 효과적으로 통제하도록 준비해야 함을 뜻한다.

협상의 조건은 소련이 세계 기구에 참여하여 활동하는 것 이상을 요구하지 않는다. 소련의 그와 같은 행동은 소련이 정책을 과감하게 바꾸어 소련의 체제를 다시 구성하지 않는 한, 불가능하다는 사실은 소련이 그러한 조건을 준수할 확신에 부정적이거나 그러한 조건을 받아들일 뜻이 없다는 결론으로 나타날 수도 있다.

그러므로 건전한 협상 자세는 이념의 갈등을 푸는 데 본질적인 요소이다. 국력을 기르겠다는 결정이 내린 뒤 얼마의 시간이 흐르면, 버클리대학(UC at Berkelely)에서 가졌던 애치슨 국무장관(Dean Acheson)의 노선[10]에 따라서 일괄 타결을 위한 협상을 제시하여 시도해보는 것이 유일한 전술이 될 수도 있다.

그럼에도 불구하고 협상과 자유 세계의 힘을 기르는 작업을 병행하면서 우리의 계획에 대한 여론의 지지를 얻고 즉각적인 전쟁의 위험을 최소화하는 것이 바람직할 수도 있다. 미국이 협상의

---

10) 소련이 합리적인 공존을 유지하는 방향으로 그들의 행동을 수정할 수 있는 지역으로 애치슨은 다음의 7개 지역을 꼽았다.
  (1) 오스트리아, 독일, 일본과 평화조약을 체결하고 극동에 대한 압박을 완화한다.
  (2) 소련이 위성 국가들로부터 병력을 철수하고 그 영향력을 줄인다.
  (3) UN과 협력한다.
  (4) 핵무기와 재래식 무기를 통제한다.
  (5) 간접 침략을 포기한다.
  (6) 미국의 공식 대표를 적절히 대우한다.
  (7) 다른 나라가 소련의 인사나 이념에 접근할 수 있는 기회를 늘린다.
  이 연설은 1950년 3월 16일에 UC Berkeley에서 있었다.
  cf. Department of State *Bulletin*(*DSB*), March 27, 1950, pp. 473~474.

지위를 확보하고 그의 중요 동맹국들과 더불어 협상의 목표와 조건에 관한 합의를 받아내는 것이 무엇보다 중요하다.

[2] 미국이 자유 국가들과 협력하여 자유 세계의 힘을 증강하기로 결정하고, 소련은 현실에 적응하기로 결정한다고 가정하면 가능한 한, 협상의 범위를 넓혀 때때로 크레믈린과 여러 가지 특정 문제를 협상하는 것이 필요하고도 바람직할 것이다. 그럴 경우에 크레믈린은 세 가지 목표를 가지고 미국과 협상하게 될 것이다. 곧 ;

(1) 미국이 핵 능력을 포기하는 문제
(2) 인력과 물자에서 우위를 차지하고 있는 자유 세계의 잠재력을 효과적으로 동원하지 못하도록 하는 문제
(3) 미국이 유럽과 일본으로부터 철군하고 미국이 이를 준수하는 문제

소련이 서방 세계, 특히 서방 세계가 자기의 노력과 그 노력을 지키려는 의지에 견주어 소련 스스로가 그 국력에서 취약하다는 사실을 어떻게 평가해야 하는가에 따라 그들의 중요 목표를 성취하려는 의지에서 얼마나 양보할 것인가의 문제를 결심하든가 결심하지 않을 것이다. 그러나 소련이 의미 있는 양보를 준비할 것 같지는 않다.

위에서 논의한 이념의 목표를 논외로 하고, 미국과 자유 국가들이 소련과 협상하는 목표는 우리의 입지를 공고하게 하고 편의롭게 진전시키는 방법으로 세계의 정치적·심리적·경제적 상황에 소련이 적응하는 과정을 기록하는 것이다.

여기에서 우리가 바라는 상황이라 함은 위에서 말한 네 번째의 행동 노선을 채택하고 그러한 행동 노선을 통합하는 방법의 일부

로 군사력으로 지지를 받는 것이다. 요컨대 우리의 목표라 함은 우리가 바라던 대로 소련의 군대가 점진적으로 철수하고 협상을 거쳐 그런 과정을 용이하게 함으로써 가능하다면 군사력에 의지하는 것보다 더 편의로운 길을 기록하는 것이다.

만약 소련이 상처를 입지 않고 협상할 기회를 얻게 된다면 나쁜 마음을 먹고 행동하여 언제, 어느 곳에서나 자유 세계보다 훨씬 더 많은 이익을 얻게 되리라고 확신하게 되면 그들은 협상을 받아들이리라고 예상할 수 있다. 이런 까닭에 우리가 어떤 협상을 강행하거나 또는 저들이 효과적인 방어 수단도 없이 발각되지 않고 무모하게 폭력을 행사할 수 있는 상황에 대하여 조심해야 한다.

이런 문제는 더 나아가서 우리는 협상이 이뤄지는 순서에 대해서도 조심스럽게 고민해야 한다는 점을 의미한다. 핵무기의 통제에 관한 합의는, 자유 세계가 재래식 무기에서 강력한 힘을 갖게 할지는 모르지만, 소련보다는 미국에 상대적으로 더 대형 핵무기 해체를 유발할 수도 있다.

소련은 재래식 병력과 무기의 전략적 중요성을 가진 서유럽과 그 밖의 지역에 진출한다는 깊은 수읽기의 방법으로 핵무기 감축 협정을 받아들일 수도 있다. 그러면 미국은 가장 중요한 무기를 스스로 미리 감축하고 핵무기의 개발 경쟁에 뛰어들음으로써 자신이 이미 전쟁에 돌입하고 있다는 사실을 발견할 수도 있다.

이렇게 되면 미국과 그 밖의 자유 국가들은 재래식 병력이나 무기의 감축과 일반적인 문제의 타결을 동시에 합의하자고 주장하게 될 수도 있음을 의미하는데, 이를테면 독일과 오스트리아와 일본이 소련과 주목할 만한 평화조약을 체결하는 것을 소련이 위성 국가로부터 철수하는 문제와 거래하는 경우가 있을 수도 있다.

우리의 예상과는 달리, 소련이 그들의 정책을 전혀 바꾸지 않고 핵무기나 재래식 무기의 효과적인 통제에 관한 합의를 수락한다면, 우리는 그런 합의를 수락해야 할지를 깊이 고민해야 할 것이다. 그러나 아마도 그런 일은 일어나지 않을 것이다.

미국과 그 밖의 자유 세계의 국가들이 재래식 무기의 증강에 성공할 정도에 이르러 그와 같은 소련의 무기로 침략하는 일이 없도록 막거나 또는 미룬다면, 그런 문제들을 논의할 만한 시점에서 우리도 매우 유연한 자세로 다양한 문제를 여러 순서에 따라 협상을 모색할 수 있다.

[3] 위에서 말한 바와 같이, 이념의 대결을 떠나서 생각하더라도, 협상은 자유 세계의 힘을 배양하는 역할을 한다. 독일과 오스트리아와 일본에서 이런 문제는 가장 두드러지게 나타난다.

국력을 키우는 과정에서, 소련은 빼고, 일본, 서독, 그리고 오스트리아와 개별적인 접촉을 하는 것은 바람직한 일일 것이다. 이는 자유 세계를 지원하면서 이 국가들의 에너지와 자원을 받아들임을 뜻한다. 이러한 문제는 소련과의 협상을 시도하려 노력하지 않고서는 이루기 어려울 것이다.

소련은 그러한 국가들이 적절한 보호를 받으면서 자유로울 수 있는 조약을 받아들이거나 UN이나 UN 헌장을 준수하는 폭넓은 지역 사회에 참여하여 그들의 정치적·경제적 삶을 평화롭게 증진하는 데 필요한 적절한 기회나 안보 체계를 마련할 준비가 되어 있지 않다.

(아래의 4항에서 살펴보는 바와 같이), 자유 세계의 역량을 증진하기 위한 관계 설정은 협상의 관점에서 보더라도, 위와 같은 작업이 자유 세계 가운데 넓은 지역 기반을 둔 국제 사회를 더욱 밀접하게 끌어안는 문제가 얼마나 중요한 일인가를 보여주고 있다는 것은 더 말할 나위도 없다.

[4] 요컨대, 협상은 어떤 행위의 개별적이고도 가능한 과정이 아니라, 역량을 키우고, 필요하고 바람직한 경우에는 전쟁의 위험을 최소화하는 데 도움을 주면서, 그 과정을 원활히 하고, 냉전의 과정을 기록하는 데 도움을 주는 수단이 되고 있다. 궁극적으로 협상의 목표는 소련 또는 그 후계 국가(들)과의 문제를 타결하고, 그러한 기반 위에 세계가 평화의 강제 수단으로서 의존하게 될 것이다.

그러나 그러한 타결은 자유 국가가 이 세계의 정치·경제 체제를 창출하는 과정을 성공으로 이끌어, 세계를 지배하려는 크레믈린의 구상을 완전히 좌절시킬 수 있는 과정을 기록할 수 있을 뿐이다.

다음에 이어지는 분석은 우리가 그런 체제를 구축하려면 그러한 현재의 정책을 확대하고 가속할 필요가 있음을 보여주고 있다.

첫 번째의 길 : 우리의 정책을 수행하고자 지금 추진하고 있는 계획을 완성하도록 현재의 정책과 계획을 계속 추진한다.

(1) 군사적 측면

현재 진행하고 있는 계획에 기초하여, 미국은 잠재적 군사력을 크게 키우고 있지만, 그러한 발전에도 불구하고 소련에 견주어 특히 핵분열탄과 수소폭탄의 능력은 떨어지고 있다. 자유 세계도 전반적으로 소련에 견주어 그런 것이 사실이다.

만약 1950년이나 그 뒤 몇 년 사이에 전쟁이 일어난다면, 미국과 동맹국들은 강력한 원자탄이 아니더라도 전면전에 대비하는 동안 지연 조치를 취하지 않을 수 없을 것이다.

미국과 그의 치명적인 이해 관계를 방어하면서 한편으로는 냉전에서 과감한 주도권을 지원하는 문제와 다른 한편으로는 현재 군사력의 요구 사항을 솔직하게 평가해 보면, 그 두 사이에는 예리하고도 깊은 괴리가 있음을 보여주고 있다.

소련의 정책을 살펴보면, 미국과 그 밖의 자유 세계가 소련의 팽창에 저항할 수 있는 실질적·잠재적 군사력은 크레믈린이 그의 전반적인 압력을 늦추고 냉전에서의 주도권을 포기하도록 유도하지 않았음을 보여주고 있다.

오히려 그와는 반대로 소련은 과감한 해외 정책을 꾸준히 추진했으며, 다만 자유 세계가 자신의 권익을 침해하는 데 대항하여 능력과 결의를 보여 준다고 깨달았을 때만 노선을 수정하였다. 소련의 팽창에 저항할 의지가 떨어지고 미국과 자유 세계의 안보가 전반적으로 마비됨에 따라 자유 세계의 군사력은 상대적으로 떨어지고 있다.

군사적 견지에서 볼 때, 현재의 지속성과 계획성이라는 점에서 미국은 전쟁 억지력을 날로 잃어갈 것이다. 소련에 의한 전쟁 개시를 저지할 뿐만 아니라 현재의 불길한 국제 관계의 추세를 역전시키고자 고안된 국가 정책을 지원하기 위해서라도 우리가 대비하는 일이 더욱 중요하게 된다.

미국과 자유 세계의 군사력을 증강하는 것은 이 보고서에서 개괄하고 있는 목표를 수행하고, 미국이 자신에게 닥쳐올 재앙을 막기 위한 전제 조건이다. 다행히도 미국의 군비는 의회와 행정부가 조직과 경제 분야에서 과감하게 정책을 수행함으로써 효과적이고도 통일된 발전을 보여주고 있다. 그러므로 국력을 증강하는 것이 곧 최대의 효율과 경제를 빠르게 일으키는 것이다.

(2) 정치적 측면

소련은 지금 자유 세계와의 갈등에서 주도권을 잡고자 노력하고 있다. 극동 정책에서의 성공과 아울러 핵무기의 소유를 계기로 하여 소련은 자신감을 키우면서 서유럽과 그 밖의 자유 세계를 자극하고 있다. 물론 우리는 소련이 얼마나 과감하게 주도권을 잡으려 하는지도 확인할 수 없고, 자유 세계의 국가들이 그에 대하여 얼마나 강력하게 반동할 힘을 가지고 있는지도 장담할 수 없다.

그러나 극동에서 미국이 더 쇠퇴할 것 같은 불길한 징조들이 보이고, 또한 서유럽에서 사기와 자신감이 떨어지리라고 예상되는 징조도 보인다. 특히 독일의 상황이 불안하다. 만약 소련이 5절에서 개괄한 군사 행동을 선택했는데 과연 자유 세계가 지금 그것을 저지할 수 없다는 믿음이나 의심이 퍼진다면 아마도 자유 국가들의 의지는 약화되고 결국에는 중립 쪽으로 가려는 유혹을 더욱 느끼게 될 수도 있다.

정치적으로 볼 때 현재의 추세가 지속되리라는 암시를 군사적으로 인지하게 된다면, 그것은 아마도 미국 특히 그 밖의 자유 국가들은 수세적인 쪽으로 옮겨가거나 아니면 허세를 부리는 위험한 외교를 따르게 될 것이다. 왜냐하면, 냉전에서 굳건히 주도권을 장악한다는 것은 현재의 힘을 집중하여 언제라도 쉽게 이용할 수 있다는 사실과 밀접하게 연계되어 있기 때문이다.

이와 같은 사실은 현재 자유 세계가 지니고 있는 실질적인 국력과 그에 대한 위협 사이의 불일치로 말미암아 벌어지는 문제이다. 왜냐하면 자유 세계가 소련이나 그 위성 국가들보다 경제적으로나 군사적으로 훨씬 우위에 있음에도 불구하고 현실은 그렇지 못하기 때문이다. 소련이 가지고 있는 군사력의 그늘은 서유럽과 아시아를 어둡게 만들면서 침략 정책을 지원하고 있다.

자유 세계는 본질적으로 이웃 국가에 팽창하는 군사력을 저지할 만한 무력과 같은 적절한 수단을 가지고 있지 않다. 그러므로 미국은 소련의 제한적인 팽창 정책에 대하여 전면적으로 반격해야 할지 아니면, 효과가 미미한 항변이나 절반의 수단과 같은 문제는 제쳐두고, 그러한 팽창에 대하여 아예 아무 대항도 하지 말아야 할지를 결정하지 못하는 곤경에 직면하게 될 것이다.

그러므로 지금과 같은 상황이 지속되면 소련의 직접적이거나 간접적인 압력을 받아 조금씩 밀리게 될 것이며 그러다 보면 우리가 치명적인 이해 관계를 희생하였음을 발견하게 될 것이다. 달리 말하면 미국은 필요한 결단과 행동이 부족하여 서반구에 고립될 때까지 밀리는 길을 선택하게 될 것이다.

그렇게 되면 기껏해야 미국은 비교적 짧은 휴전을 거치면서 항복하거나 방어 전쟁을 치르면서, 나쁜 상황에서 나쁜 조건에 따라 소련제국이 유라시아를 모두 또는 거의 장악하는 것으로 결말에 이르게 될 것이다.

3) 경제적·사회적 측면

4절에서 살펴본 바와 같이 현재 미국의 해외 원조 정책과 계획은 국제 경영의 안정에 대한 해답을 줄 수 없으며, 경제 달러 부족(dollar gap)*의 문제에서는 더욱 그러하여, 많은 주요 자유 국가들의 정치적 안정에 경제적 기반을 제공할 수가 없다.

유럽 부흥 계획(ERP : European Recovery Program)은 서유럽에서

---

* 경제 달러 부족(dollar gap) : 미국의 달러가 해외에서의 달러 수요자의 요구를 감당할 정도로 충분하지 못한 현상을 뜻함.(옮긴이 주)

의 생산성 증대와 회복을 도와 주는 데 성공했으며, 서유럽에서 공산주의라고 하는 건부병(乾腐病)*을 진료하는 데 중요한 요소가 되고 있다. 그러나 잠재력에 상응할 만큼 서유럽의 지위를 회복하는 데에는 거의 진전을 보이지 못하고 있다.

이런 분야에서의 진전을 하려면 통합된 정치적·경제적·군사적 정책과 계획이 필요하다. 이러한 정책과 계획은 미국과 서유럽 국가들의 지원을 받으면서 아마도 예상했던 것보다 훨씬 더 미국이 깊이 개입할 필요가 있을 것으로 보인다.

4절에서 지적된 계획과 그 밖의 원조 계획은 예상했던 것만큼 다른 주요 국가들이 효과적인 제도를 개발하거나, 그들이 문제를 해결할 수 있는 행정 기구를 개선하거나, 경제 개발을 위한 만족스러운 수단을 마련하기에 적절한 도움을 주지 못할 것이다.

인도·인도네시아·파키스탄·필리핀과 같이, 오늘날 많은 국가에서 집권하고 있는 온건 정부는 아마도 지금의 계획을 효율적으로 이룩할 수 있는 경제적·사회적 구조를 신속하게 개선하지 않는다면, 국민의 지원이나 권위를 뒷받침 받아 국력을 회복할 수 없을 것이다.

지금 미국의 행정부는 미국의 수지 균형 문제와 국제적 경제 균형을 바로잡는 데 도움이 될 수단에 관하여 연구하고 있다. 이는 대단히 중요한 계획으로서 우리의 정책에서 우선 순위를 매우 높게 잡아야 할 문제이다.

그러나 그러한 경제 계획이 그와 대등하게 장기적이고도 과감한 정치적·군사적 계획과 짝을 이루면서 추진되지 않는다면, 우

---

* 건부병(乾腐病, dry rot) : 구근류(球根類) 식물의 괴경(塊莖 : 덩이줄기)과 괴근(塊根 : 덩이뿌리) 및 인경(鱗莖 : 비늘줄기)이 수분을 잃고 건조하여 약해져서 썩는 병.(옮긴이 주)

리는 크레믈린의 구상을 견제하고 후퇴시키는 데 실패할 것이다.

4) 협상

요컨대, 지금과 같은 방향으로 진행된다면, 자유 세계는 국제 사회에서 너그럽고 질서가 잡힌 상태를 구축할 수 있는 정치적·경제적·군사적 잠재력이 우위에 있음에도 불구하고 이를 광범하고 효과적으로 이용하는 데 실패할 것이다. 그와는 달리, 만약 우리가 지금의 조류를 바꾸지 않는다면, 자유 세계의 정치적·경제적·군사적 상황은 이미 만족스러운 상황이 아니며 바람직하지 않은 방향으로 흘러갈 것이다.

지금의 상황은 크레믈린과의 협상을 어렵게 하고 있다. 어떤 중요 미결 사항에 대하여 소련이 요구하는 합의 조건들은 현실을 잘 반영하고 있는 것들로서 미국과 그 밖의 자유 국가로서는 재앙이라고까지 할 수는 없지만, 받아들일 수가 없다.

미국과 자유 세계가 넓은 의미로서의 힘을 구축하고자 결심하고 행동하지 않는다면, 그러한 조건에 대한 일괄 타결을 하고자 하는 협상은 효과도 없을 뿐만 아니라 아마도 오랜 시간이 걸릴 것이며, 그럼으로써 우리가 힘을 기르는 데 필요한 수단의 창출을 심각하게 지체시킬 것이다.

지금 전쟁이 일어날 경우에 미국이 소련에게 강력한 원폭을 투하할 능력을 가졌다 하더라도, 미국은 소련이 협정에 동의하도록 윽박지르기에 충분한 힘을 가진 원자탄을 사용할 준비가 되어 있지 않다는 사실 만큼은 확실하다.

지금의 추세로 볼 때 소련은 뒤로 물러서지 않을 것이며, 두 진영이 포괄적으로 문제를 타결할 만하다고 여겨지는 기반은 소련이 영향력을 끼칠 수 있는 곳일 수도 있고, 끼치지 못하는 곳일 수도 있다.

여기에 일괄적 "타결"이라 함은 크레믈린이 매우 유리한 위치를 쉽게 차지할 수 있는 곳이었다. 다만 지금처럼 크레믈린이 세계를 지배하려는 구상을 가지고 있고, 세계가 둘로 갈라진 상태에서 독일이나 일본이나 또는 그 밖의 어떤 나라가 중립의 섬(islands of neutrality)으로 남아 있으리라는 생각은 비현실적이다.

두 번째의 길 : 고립 정책을 추구한다.

위에서 살펴본 바와 같이, 지금과 같은 상황이 지속된다면 그것은 미국이 유럽과 아시아에서 최근에 약속한 바를 점차적으로 철회하고 서반구에서 고립의 길로 접어들게 만들 것이다. 이러한 사태는 우리가 맑은 정신으로 결정한 것이 아니라 우리가 약속한 노선에 따라 능력을 키울 수 있는 조처를 취하는 데 실패하고 압력을 받아 뒤로 물러섬으로써 벌어지는 일이다.

여기에서 말하는 압력이라 함은, 미국이 자유 세계에서 정치와 경제 체제를 성공적으로 이룩할 만한 의지를 가지고 있다고 그들이 확신하지 않는 한, 다른 "해결책"을 찾으려고 할 때 우리가 겪을 압력을 뜻한다.

어떤 사람들은 우리가 좀더 정교하게 고립의 길로 가야 한다고 주창한다. 겉으로 보기에 이런 정책은 행동 노선의 어떤 유혹과 같은 성격을 가지고 있다. 왜냐하면, 고립 정책은 지난날 우리가 제시했던 약속을 줄여 현실에 집중함으로써 우리의 약속과 능력을 조화시키는 것처럼 보이고, 그럼으로써 미국의 방위군사비도 절감할 수 있기 때문이다.

그러나 이러한 주장은 생산력의 상대성을 보지 못하고 있다. 우리가 고립 정책으로 나갈 경우에, 우리는 소련이 아무런 무장 저항도 겪지 않고 유라시아 전역을 신속하게 장악하는 장면을 쳐다보고만 있게 될 것이다.

그렇게 되면 소련은 우리보다 훨씬 우월한 잠재력을 갖게 되어 우리를 섬멸할 목적으로 그 힘을 신속하게 발전시킬 것이다. 심지어 우리가 고립될 경우에 우리는 겨우 그들에 대한 도전자가 되어 전 세계의 질서를 파괴하려는 무리에 대한 장애물이 될 것이다.

우리는 소련의 뜻에 완전히 복속하는 길 이외에 크레믈린에 아무런 가격도 못 하는 것밖에는 달리 길이 없다. 그러므로 고립이란 끝내 우리가 그들에 항복하거나 아니면 소련에 견주어 턱없이 모자라는 공격과 보복 능력을 갖추고 홀로 방어 전쟁을 치러야 한다는 비난을 받게 될 것이다.

(이럴 경우에 소련이 지나치게 팽창 정책을 추구하다가 장차 내부로부터의 요인으로 말미암아 무너지는 위험에 빠지는 모험을 겪지 않는 한, 이런 일을 있을 수 없다.)

고립주의의 논리는 또한 우리 자신의 신념과 스스로를 고립시킨 우리의 삶에 경솔하지만 치명적인 결과를 가져오리라는 점을 보지 못하고 있다. 소련이 자유 세계를 지배하게 되면 많은 미국 국민은 지난날의 우방과 동맹을 저버린 데 대해 깊은 책임과 죄의식을 느낄 것임이 분명하다.

소련이 유라시아의 자원을 동원하여 상대적으로 군사력을 증강하고 우리의 안보를 위협할 경우에 어떤 나라들은 소련이 제시하는 조건에 따르는 "평화"를 수락하고 싶은 심정을 느낄 것이고, 또 다른 사람들은 미국이 병영 국가가 되어 스스로를 지킬 수 있는 길을 찾게 될 것이다.

그렇게 되면 우리의 방위비는 엄청나게 증가할 것이다. 그런 상황이 되면 우리의 국민적 사기는 크게 떨어지고, 우리의 체제가 가지고 있는 통합과 활력은 무너질 것이다. 이런 상황이 오면 크레믈린의 조건에 따르지 않고서는 협상도 이뤄질 수 없다.

왜냐하면 우리는 우리가 중요하게 여기던 모든 것을 포기해야 하기 때문이다. 고립을 추구하는 어떤 단계에서 많은 미국 국민은 소련을 기습 공격하여 점령 지역에서 매우 강력한 대량 살상 무기를 써서 힘의 균형을 깨트리도록 가혹한 정책을 쓰고 싶어 할 수도 있다.

소련이 스스로 공격하지 않고 미국의 기습 공격을 기다리고만 있을 것 같지는 않다. 그러나 만약 그러한 우리의 공격이 선행되고 그것이 성공한다 할지라도, 그러한 전쟁이 지나가고 몇 년에 걸쳐 소련의 점령을 겪은 그 국가에서 미국이 그 국가들이 용납할 수 있는 정치 상황을 회복해야 하는 끔찍한 위험을 직면해야 한다는 것은 분명하다.

세 번째의 길 : 전쟁을 한다.

몇몇 사람들은 가까운 장래에 소련과의 전쟁을 깊이 고려하여 결정하고 싶어 한다. 미국이나 동맹국에 대한 공격이 저쪽의 도발에 따른 것이 아니라는 의미로서의 "예방전"(preventive war)이라는 이론을 미국인들은 받아들이지 않는다는 점은 더 말할 나위도 없다.

예방전을 주장하는 사람들의 주장에 따르면, 현재 사실상 소련이 자유 세계와 실질적인 전쟁을 치르고 있고, 그들이 군사력을 전면적으로 사용하지 못하는 것은 무기가 제대로 작동하지 않기 때문이라고 설명할 수 있기 때문에 우리는 전쟁을 하고 있다지만 사실은 소련의 형편에 맞게 싸우고 있는 것이라고 한다.

그들은 더 나아가 주장하기를, 자유 세계는 전쟁의 위기가 닥치지 않으면 아마도 크레믈린이 세계를 지배하고자 하는 움직임을 조사하거나 뒤로 밀어버리려고 우리의 자원을 동원하거나 명령할 수는 없을 것이라고 한다. 아마도 장기전에서 초전에 승리하고자 자유 세계가 결정적인 우위에 서도록 충분한 타격을 입힐 수 있는 공격을 할 수 있을 때만 미국은 전쟁의 경우를 전제할 것이다.

지금 미국이 효과적인 선제 공격을 할 수 있는 것은 핵무기로 공격하는 것 이상이 되지 않을 것이다. 소련에 강력한 일격을 가할 수 있겠지만, 그러한 공격이 소련의 팽창 정책을 감소시킬 수도 없고, 크레믈린은 유라시아의의 모두 또는 대부분을 장악한 상태에서 아직은 병력을 행사할 수 있을 것이라고 평가하는 사람들도 있다.

이는 전쟁이 길고 어려운 일이 될 것이며, 그런 상황에서 서유럽과 자유를 사랑하는 많은 국민의 자유주의 제도는 파괴될 것이며, 서유럽의 낡은 무기는 치명적인 공격을 겪게 될 것이다. 그러나 그런 문제를 떠나서 보더라도, 최근 소련이 보여준 도발적인 태도에도 불구하고, 소련에 대한 기습 공격은 많은 미국인을 불쾌하게 만들 것이다.

전쟁이 나면 미국인들은 지원(支援)을 위해 자원하겠지만, 기습 공격에 대한 책임의 충격으로 마음을 다칠 것이다. 많은 사람이 그 전쟁은 "정의로운 전쟁"이었나, 평화적인 해결을 위해 모든 이성적인 가능성을 선의로 찾아보았는가를 의심할 수도 있다.

다른 나라들, 특히 서부유럽에서 비교적 많은 사람이 그런 생각을 가질 것이며, 특히 소련이 분명한 적대 국가를 제거하려고 침략 전쟁을 일으킨 것이라면, 그를 점령했을 때는 더욱 그럴 것이다. 그러므로 그런 전쟁을 치른 뒤에는 만족할 만큼 국제 질서를 이룩하는 것이 어려울 것이다.

그런 전쟁에서 근본적인 갈등을 거의 제압했다 하더라도 그 승리를 통하여 얻을 것은 거의 없을 것이다. 이런 고민은 가볍게 여길 일이 아니다. 어떤 침략이 목전에서 발사 직전에 있는 것을 분명히 선제 타격의 성격으로 공격한 것임을 확실히 보여주지 못했다면 그러한 전쟁은 경솔한 짓이기 때문이다.

(현대의 무기로써 선제 타격을 하는 공격의 유리한 점은 날로 증대하고 있으며, 우리가 공격을 받자마자, 또는 가능하다면 소련이 실제로 발사하기에 앞서 우리의 중무기로 공격하고자 경고의 의미로 선제 타격을 할 필요가 있는 것은 사실이다.)

만약 4절에서 논의한 것들이 용인된다면, "쉬운" 해결책은 없으며, 소련이 내부에서 체제의 변화를 일으키는 방법으로 소비에트 체제에 우리의 의견을 투사하고, 도덕적·물질적 힘을 꾸준히 양성함으로써 소련의 꿈을 좌절시키는 것만이 유일한 승리의 길이다.

네 번째의 길 : 그 밖의 행동 노선 : (1)항에 따라 자유 세계에서 정치적·경제적·군사적 힘을 신속하게 기르고, 가능하다면 전쟁을 일으키지 않으면서 국가 사이에 서로 너그러운 질서를 유지하고, 다른 한 편으로는 자유 세계가 침략을 받을 경우에 우리 자신을 지킬 수 있도록 대비한다.

정치적·경제적·군사적 역량을 더욱 신속하게 기르고, 그럼으로써 오늘날의 자유 세계가 생각하는 것보다 더 강한 신뢰를 쌓는 것이 우리의 근본 목표를 달성하는 과정과 일관되는 유일한 길이다. 크레믈린의 구상을 좌절시키려면 자유 세계가 정치적·경제적 기능을 성공적으로 발전시키면서 소련에 대해 과감한 정치 공세를 취할 필요가 있다.

그 다음에는 적절한 군사적 방패를 만들어 그 밑에서 군사력을 키워야 한다. 가능하다면 소련의 팽창을 저지하고, 만약 필요하다면 침략적인 소련이나 전면적이든 제한적이든 소련의 지시를 받아 행동하는 국가들을 패퇴시킬 군사력이 필요하다.

자유 세계의 잠재력은 막강하다. 군사력을 증진할 수 있는 능력과 그러한 군사력을 개발할 능력과 소련의 팽창에 항거하는 것은 정치적·경제적 문제점을 잘 감당할 수 있는 지혜와 의지로 결정될 것이다.

1) 군사적 측면

4절에서 지적된 바와 같이, 미국의 군사력은 전략의 측면에서 볼 때 본질적으로 공세적이라기보다는 방어적이며, 실전보다는 잠재적 능력이 더 크다. 전쟁사를 보면, 호의적인 결정은 오직 공격적인 행동을 통해서만 성공한다는 것을 보여주고 있다.

과거의 역사나 무기 개발의 성향으로 볼 때 지금도 그렇지만 미래에는 절대적인 방어란 없다는 것이 분명하다. 설령 수세적 전략이 성공한다 해도, 그것은 공격을 위한 동원과 준비를 하면서 요충을 차지하는 수비군일 뿐만 아니라 적군을 공격하여 균형을 무너트리는 공격군이다.

현역군이나 동원예비군이 감당해야 할 두 가지의 기본적인 필요 조건이 있는데, 곧 해외 정책의 지원과 재앙을 비켜 가는 것이다. 재앙을 비켜 간다는 두 번째 조건을 감당하려면 현역이나 동원예비군은 적어도 다음과 같은 다섯 가지 기본적인 과업을 수행해야 한다.

(1) 서반구와 긴요한 동맹국을 보호하여 그들이 전쟁을 감당할 수 있는 능력을 길러 준다.

(2) 승리에 필요한 공격군을 마련하는 동안 공격 기지를 마련하도록 보호해 준다.

(3) 소련의 전투 능력 가운데 치명적인 요인을 파괴하고 미국과 그 동맹국들이 감당할 수 있는 전반적인 공경력을 갖출 때까지 적군의 균형을 무너트리도록 공격 작전을 수행한다.

(4) 위와 같은 업무를 수행하는 데 필요한 통신망과 기지를 지키면서 유지한다.

(5) 위와 같은 과업을 수행하는 데 긴요한 도움을 동맹국에게 제공한다.

넓은 의미로 볼 때, 이러한 과업을 수행하려면 미국과 동맹국들이 군사력을 증강하여 연합군을 만들어 소련과 그 위성국들의 군사력을 능가할 정도에 이를 필요가 있다. 특별한 조건을 말하자면, 소련의 각 분야에 짝을 맞추어가면서 군사력을 증강할 필요는 없다.

그렇지만 영국과 캐나다에 대한 공습에 적절히 대응해야 하고, 영국과 서유럽과 알라스카와 서태평양과 아프리카와 중동·근동에 대한 공습과 지상 공격에 적절히 대응해야 하고 이들 지역에 걸쳐 있는 장거리 통신망에 대한 공격에 대비해야 한다. 더 나아가서 우리가 군사력을 증강하면서 미국과 동맹국의 과학적 잠재력을 가속하여 저들에게 기술적 우위를 차지하는 것이 필수적이다.

이런 정도의 규모와 성격을 갖는 병력을 갖추는 것은 단순히 재앙을 겪지 않으려는 것뿐만 아니라 우리의 대외 정책을 지원하고자 함이다. 실제로 다른 사람들의 주장을 들어보면, 현역병이나 동원예비군과 같은 거대한 병력은 승리를 얻기 위해 병력과 동원의 토대를 마련하는 것이라기보다는 있을 법한 침략자들에게 사전 경고를 보내려는 뜻이 더 짙다.

이를테면, 제1차·2차 세계 대전에서 최후의 승자들은 전쟁을 사전에 막으려고 현역병과 동원예비군을 갖추지 않았지만, 결국에는 강력한 국방력을 가진 국가들이었다. 적어도 부분적으로 보면, 승전국들은 대외 정책의 기초가 될 수 있는 군사력을 갖추지 않았기 때문에 일어난 일들이었다.

어쨌거나, 자유 세계가 전 세계를 지배하려는 소련의 구상을 견제하고 밀어내려면 강력한 군사력을 하루빨리 증강하는 것이 긴요하다는 것은 분명한 사실이다. 더욱이 미국과 그 밖의 자유 국가들은 소련이 인접 국가에서 작전하는 것을 막을 만한 현역이나 동원예비군을 보유하고 있지 않다.

그러나 우리는 이러한 사태를 반전시키거나 아니면 이 지역 분쟁을 전쟁으로 확대해야 하는데, 지금 우리로서는 그럴 준비가 되어 있지 않다. 이러한 상황은 특히 서유럽에 있는 우리의 동맹국들을 불안하게 만들고 있다. 왜냐하면 전면전이라 함은 일차적으로 소련에 의한 점령을 의미하기 때문이다.

그러므로 연합군을 조속히 증강하지 않는다면, 우리의 동맹국들은 우리의 확고한 대외 정책을 마음 내키지 않게 여기려는 경향이 증대할 것이며, 유화 정책이란 곧 패배를 의미하는 것임을 잘 알면서도 어찌 당장 살길을 찾으려고 시간이 갈수록 초조하게 여길 것이다.

네 번째의 길을 채택할 경우에 얻을 수 있는 가장 큰 잇점, 곧 심리적 충격, 곧 미래에 대한 확신과 희망을 되살릴 수 있다는 점이다. 물론 위로부터 어떤 작전 지침이 발표되면 소련은 평화 운동을 통하여 그것을 다시 개발할 것이다.

적어도 필요한 만큼의 국방력을 증대할 때까지 소련의 정책은 자유 세계의 어떤 부분에서 우리에게 걸림돌이 되는 심리적 효과를 유발하리라는 것은 잘 알려진 사실이다.

그러므로 어떤 정책을 공표하고 어떤 성격의 수단을 채택할 때, 그것이 본질적으로 가지는 성격을 강조하고, 가능하다면 국내의 불만과 반동적인 해외 반응을 최소화하려는 조심성이 필요하다.

2) 정치적·경제적 측면

비록 여건이 만족스럽지는 않지만, 우리가 군사력을 증강해야 할 필요성의 현실적 목표는, 우선 소련이 이웃 국가에게 주고 있는 긴장과 압력을 줄이고 병력을 철수함으로써 소련이 스스로 적응하기에 편의롭다고 여겨지는 상황을 찾으면서, 우리도 냉전 시대에 새로운 주도권을 장악하는 것이다. 미국이 그러한 병력 증강에 필요한 자원을 홀로 제공할 수는 없다.

자유 세계의 다른 국가들이 그 짐을 나누어져야 하지만, 그들의 능력과 결심은 미국이 대외의 정치·경제 조직과 어느 정도 적정선을 유지하며 그들의 국력을 증강하고자 어떤 조처를 하느냐에 달려 있다.

위에서 언급한 바와 같이, 자유 세계가 공산주의에 저항할 수단과 의지를 가지고, 우리의 자유롭고 민주주의적인 삶의 통합과 활력을 역동적으로 추진하여 그 위에 우리의 최후 승리가 이루어지기 위한 기반으로서 자유 세계의 정치적·경제적 상황을 개선할 필요가 있다.

아울러 우리는 소련과 그 위성 국가 안에서 크레믈린의 힘과 영향력을 감소할 수 있는 역동적인 조치의 단계를 취해야 한다. 우리의 목표는 크레믈린의 영향을 받지 않는 우호적인 정권을 수립하는 것이다.

우리의 그러한 조치는 크레믈린의 관심을 끌고, 좌우 진영의 균형을 무너트리고, 소련이 자유 세계에 대응하는 데 필요한 비용을 늘리지 않을 수 없게 만드는 것이다. 다른 말로 하면, 이런 방법들이 곧 소련에 대응하는 냉전의 기술이 될 수도 있다.

군사력을 신속히 키우고 정치적·경제적 상황을 개선하는 계획은 우리에게 매우 무거운 용기와 정보의 부담을 준다. 그러자면 비용도 많이 들고, 위험할 수도 있다. 그러나 어중된 수단은 오히려 비용을 더 많이 요구하고 더 위험할 것이다. 왜냐하면 그러한 방법은 공산주의를 막는 데 적절하지도 않을 뿐만 아니라 오히려 전쟁을 초래할 수도 있기 때문이다.

우리의 목표가 위협을 겪고 있는 지금의 엄혹한 현실에서 재정의 고민은 부차적으로 생각할 필요가 있다. 평화를 이룩하고 크레믈린의 구상을 깨트릴 수 있는 종합적이고도 결정적인 계획은 우리의 국가 목표를 이룩할 수 있을 만큼 긴 시간을 두고 구상해야 한다. 그러자면 아마도 다음과 같은 사실을 포함하는 것이 좋을 것이다.

(1) 우리의 장기 목표를 달성하는 데 적절한 정치적·경제적 틀의 개발.

(2) 우리가 선택할 수 있는 위의 "네 번째 길"에서 제시된 과업을 수행하는 데 필요한 군사비의 실질적인 증액.

(3) 우리가 선택할 수 있는 위의 "네 번째 길"[(1)~(5)]에서 제시된 과업을 수행하는 데 우리의 동맹국의 수요를 적절하고도 효과적으로 감당할 수 있고 협조적 노력을 증진하도록 구상된 군사 원조 계획의 비용을 실질적으로 증액함.

(4) 이러한 계획을 완수할 때까지 이 계획을 지속적으로 도와야 하는 경제 원조 계획을 다소 증액하고 의회가 이를 승인함.

(5) 대통령이 이미 승인한 방침에 따라 미국의 국제 수지 문제를 협조적으로 공략함.

(6) 우리의 국력과 결의에 대하여 다른 국가들이 지속적으로 확신하고, 소비에트에 충성하는 무리가 대량으로 이탈하도록 고무하는 심리전을 공공연히 전개하며, 그 밖의 방법으로 크레믈린의 구상을 좌절시키도록 구상된 계획을 개발함.

(7) 전략적으로 선택된 소련의 위성 국가에서 불안과 반란이 일어날 수 있도록 경제 전쟁과 정치적·심리적 전투를 은밀하게 전개함으로써 적극적이고도 시의(時宜)에 맞는 수단과 작전을 집중함.

(8) 내부 치안과 민병 제도를 강화함

(9) 정보 활동을 개발하고 강화함.

(10) 만약 어떤 다른 목적으로 징병 유예가 필요하다면, 방위비나 해외 원조를 감축하기 다는 연방 예산을 감축함.

(11) 세금을 늘림.

이러한 계획이 성공하는 데 본질적으로 필요한 것은 첫째, 이러한 목적을 가진 계획을 초당적으로 입법 지원을 할 수 있도록 의회 지도자들과 협의하며, 둘째로는, 현재의 국제 정세가 어떻고, 그것이 어떤 의미를 갖는지를 국민에게 충분히 설명하는 것이다.

이러한 계획에는 비용이 많이 들겠지만, 5절과 6절에서 살펴본 바와 같이 소비에트 국가와 비소비에트 국가 사이에 존재하는 잠재적 능력의 비대칭을 국민에게 환기하는 것이 적절하다.

현재 소련이 이용할 수 있는 총자산은 GDP에 배상금을 더하여 1949년 기준으로 650억 달러인데, 그 가운데 14%를 국방비로 쓰고 있고, 26%를 재생산에 투자하고 있다. 그 투자라는 것도 대부분이 군수 산업 분야에 대한 투자이다. 비상 사태의 경우에 소련은 자원의 25~50%를 국방비의 증액에 배정할 수 있다.

미국은 1949년 기준, GNP 2,550억 달러 가운데 6%를 국방비로 쓰고, 2%를 해외 원조에 쓰고, 14%를 투자했는데, 그 가운데 일부가 군수 산업에 썼다. (4절에서 지적한 바와 같이, 소련이 사용한 1달러 당 "전투 가치"(fighting value)는 미국의 전투 가치보다 훨씬 높은데, 그 주요 원인은 소련의 군인과 민간인의 생활 수준이 훨씬 낮았기 때문이다.)

지난번 전쟁(제2차 세계 대전)의 경우처럼, 미국은 GDP의 50% 까지 그와 같은 목적, 곧 군사비와 해외 원조와 투자에 사용했는데 이는 직접·간접으로 금년에 군사비와 해외 원조에 사용한 액수의 몇 배에 이른다.

전반적으로 경제적 측면에서 본다면, 그러한 예산이 표준생활비의 하락을 초래한 것 같지는 않은데, 추가적인 군사비와 해외 원조 목적으로 쓴 금액보다 GNP가 더 상승했기 때문이다. 미국의 경제는 전면적으로 가동되는 수준에 이르면 동시에 생활 수준이 높아짐으로써 국민의 소비보다 훨씬 더 높은 자원을 창출한다는 것이 우리가 제2차 세계 대전을 통하여 배운 교훈이다.

1939년~1944년 사이에 비록 정부의 소비가 (1939년의 물가를 기준으로 볼 때) 600만~650만 달러로 늘었다고는 하지만, 가격 변동을 허락한 뒤에는 개인의 소비가 20% 상승했다. 소련과 미국의 이와 같은 잠재력의 비교는 소비에트 세계와 자유 세계의 비교에도 사실로 입증되며, 미국에 열려 있는 행동 과정을 고려하는 데에도 근본적인 중요성을 보여주고 있다.

이와 같은 비교는 자유 세계가 성공적으로 기능할 수 있는 체제를 구축하려고 노력하는 과정에서 겪는 문제점은 경제 분야가 아니라 정치 분야라는 사실을 새삼 강조하고 있다. 그와 같은 체제를 구축하려면 자유 국가들이 UN과 더욱 밀접하게 조화를 이룰 수 있는 신속한 과정을 필요로 한다.

우리의 목표를 길게 볼 때 UN과 그 후속 기구가 필요하며, 세계는 자유와 정의에 기초한 체제 안에서 평화와 질서를 찾을 수 있다는 것이 분명하다. 또한 이와 같은 종류의 통합 정신은 세계 각처에서 자유인들의 보이지 않는 정신력을 고취하며, 크레믈린의 구상을 좌절시킨다는 정도를 넘어서 미래의 전망을 열어 주는 적극적 계획을 위한 열정적 지원을 보내 주는데, 이러한 일은 단기적인 희생보다 더 값진 일이다.

소련이 원폭과 그 밖의 무기를 개발함으로써 그들의 위협은 꾸준히 그리고 급속도로 늘어날 것이다. 그러는 동안에 미국도 소련에 견주어 주목할 만한 원폭의 우위를 차지함으로써 다른 병력과 무기와 더불어 소련의 침략 행위를 저지하고 있다.

이러한 현상은 미국에게도 기회를 주어 다른 자유 국가들과 협력하면서 무기를 개발하여 크레믈린의 구상을 좌절시키는 강력한 정책을 지지하게 될 것이다. 적절한 군사력의 뒷받침을 받으면서 자유 세계의 정치와 경제 체제가 성공적으로 기능하도록 우리가 노력하는 긴박한 목적은, 소련의 열폭탄과 수소폭탄의 능력에 비추어 현재의 구성이 완성되리라고 추정되는 1954년에 우리가 겪게 될 수도 있는 재앙을 미루거나 막으려는 것이다.

그런 방법으로 신속하고도 과감하게 행동함으로써 이를테면 1954년이라는 시한을 더 뒤로 미루고 그 시간에 우리는 소련의 체제에서 필요한 변화를 창출하도록 하여 그들이 현실에 적용하고 포기하고 좌절할 기회를 허락하고자 하는 것이다.

그러나 시간은 많이 남아 있지 않으며, 우리가 전략을 더 오래 미룰수록 군사력을 기르려는 결단에 따른 전쟁의 위협은 꾸준히 증가할 것이다.

10. 결론

앞의 분석이 보여주듯이, 소련의 열폭탄과 수소폭탄의 능력은 미국의 안전에 대한 위험도를 크게 높였다. 그것이 얼마나 위험한 지는 대통령이 추인한 「안보 각서」 20/4호(1948. 11. 24.)에 잘 나타나 있지만, 지금은 그때의 평가보다 더 절박하다. 특히 4~5년 안에 미국은 전쟁을 억제하고자 실질적으로 일반 공군과 지상군과 해군과 핵 능력을 증대해야 할 정도로 소련은 중량의 기습 공격용 원폭을 수송할 수 있는 능력을 갖추게 될 것이다.

그렇게 되면 미국은 전쟁이 일어날 경우에 대비하여 합리적인 보장책을 마련해야 선제 공격에서 살아남아 그 목표를 끝내 달성할 수 있을 것이다. 바꾸어 말하자면, 이러한 사태는 우리가 정보와 연구와 개발의 분야에서 더 노력할 것을 요구하고 있다.

위험이 임박했다는 사실을 인정할 경우에 우리는 「안보 각서」 20/4호에서 논의한 바와 같이, 소련의 위협에 대한 우리의 입장은 다음과 같다.

14. 예측할 만큼 가까운 장래에 미국의 안보에 가장 큰 위험이 될 내용은 소련의 적대적인 구상과 가공할 군사력, 그리고 소비에트의 본성이 그 줄기를 이루고 있다.

15. 오늘날 소련이 힘을 기울이고 있는 정치적·경제적·심리 전쟁은 위험한 잠재력을 가지고 있어, 미국이나 그 밖의 비공산권 국가들의 정책으로부터 큰 저항을 받지 않는 한, 단기전을 통하여 미국이 세계에서 차지하고 있는 상대적 위상을 약화하고자 할 것이다.

16. 소련과의 전쟁의 위험성이 있기는 하지만, 미국이 상식의 수준에서 신중하고 시의적절하게 대비하는 것으로 충분히 막을 수 있다.

(1) 비록 지금의 평가에 따르면 아마도 소련이 미국을 포함한 어떤 나라를 공격할 의도를 가지고 있지 않지만, 전쟁을 신중하게 고려할 가능성을 배제할 수 없다.

(2) 지금이나 또는 가까운 장래에 미국이 자신을 방어할 수단을 사용할지, 또는 우리의 의지나 소련의 공격에 대하여 우리가 어떻게 대응할지에 대하여 소련이 오판할 경우에는 소련이 전쟁을 일으킬 위험성은 늘 존재한다.

17. 소련이 무력을 쓰든 아니면 정치적이거나 어떤 전복 음모에 의하든, 소련이 유라시아의 잠재력을 장악하는 것을 미국으로서는 전략적으로나 정치적으로 용납할 수 없다.

18. 전시이든 평시이든, 미국이 자신의 안보에 대한 위협에 대처하거나 그 목표를 달성할 수 있는 능력은 국내적 상황으로 말미암아 심각하게 취약한데, 그 중요한 요인은 다음과 같다.

(1) 심각한 수준의 간첩, 전복 음모, 태업, 특히 협조적이고도 잘 통제되는 공산주의자들의 활동.

(2) 장기화되고 과장된 경제 불안.

(3) 국내의 정치적·사회적 분열.

(4) 부적절하고 과도한 군사비와 해외 원조 비용.

(5) 평화 시에 우리의 자원을 지나치게 낭비함.

(6) 외교 정책을 수행하면서 우유부단하거나 유화적이거나 기교와 인상이 결여되었고, 세계에 대한 책무를 회피함으로써 미국의 위신과 영향력이 감소하고 있음.

(7) 소련의 전술이 기만적으로 바뀜으로써 잘못된 안보 의식이 퍼지고 있음.

위의 18항에서 언급된 바와 같이 이러한 요인들은 미국의 능력을 심각하게 약화했고, 우리의 동맹국들이 자기들에게 미치는 소련의 위협을 다루는 데 실패했다고는 하지만, 1948년 이래 적절한 국력을 신속하게 키울 수 있는 기반을 이루는 데 주목할 만한 진보를 보였다.

우리의 분석에 따르면, 「안보 각서」 20/4의 19항에서 지적한 바와 같이, 전시이거나 평화 시이거나, 소련에 대한 우리의 목표는 아직도 유효하며, 이는 20항과 21항에서도 우리의 목표와 수단이 잘 나타나 있다. 현재의 우리의 안보 계획과 전략 계획은 다음과 같은 목표와 목적과 수단에 기초를 두고 있다.

19. (1) 소련이 더 이상 세계의 가족과 같은 국가들의 평화와 독립과 안전을 위협할 수 없도록 그 권력과 영향력을 감소시킨다.

(2) 소련이 UN 헌장에 명시된 목적과 원칙을 준수하도록 러시아 집권자들의 국제 관계를 근본적으로 바꾼다. 이러한 목적을 수행하면서 미국은 우리의 경제와 기본 가치와 고유한 제도를 손상하는 일이 영원히 없도록 합당한 주의를 기울인다.

20. 우리는 다음과 같은 사항을 추구하면서 전쟁을 최소화하는 방법으로 우리의 목표를 수행하고자 최선의 노력을 기울여야 한다.

(1) 러시아가 전통적인 국경선을 벗어나 부당하게 권력과 영향력을 행사하지 못하도록 하고, 위성 국가들이 소련으로부터 벗어난 독립 국가로 거듭 나기를 장려하고 촉진한다.

(2) 러시아 국민 사이에서 최근의 러시아의 행태를 수정하는 데 도움을 줄 수 있고, 국가의 독립을 달성하고 유지할 수 있는 능력과 결의를 입증함으로써 국민 생활의 부활을 허용는 데 도움을 줄 수 있는 태도의 계발을 권장한다.

(3) 러시아의 군사적 영향력으로부터 멀리 떨어져 있는 국민들이 러시아에 복종해야 하는 위치에 갇혀 있다는 신화를 제거하고, 세계의 많은 국민이 러시아와 러시아를 지배하고 있는 공산당의 실체를 똑바로 보고 이해하며, 그들에 대하여 논리적이고도 사실적인 태도를 취하도록 한다.

(4) 소련 정부가 UN 헌장의 목적과 원칙에 따라, 현재와 같은 개념에 근거한 행태가 바람직하지 않은 관행이며, 국제적 관행의 교훈에 일치하는

행동이 필요하다는 사실을 러시아 정부가 인지하도록 강제하는 상황을 조성한다.

21. 이와 같은 목적을 달성하려면 미국으로서는 다음과 같은 조치가 필요하다.

(1) 소련의 침략을 저지하고, 소련에 대칭하는 정치적 태도를 불가피하게 지원하고, 소비에트의 정치적 침투에 대항하는 국가들을 지원하는 근원이 되고, 전쟁을 피할 수 없다면 군사적 지원과 신속한 동원을 할 수 있는 적절한 기지로서 필요하다고 여겨지는 한, 미국이 이를 유지할 수 있는 수준으로 군사적 태세를 갖춘다.

(2) 간첩, 정부 전복, 태업과 같이 미국을 위험에 빠트리는 일들에 대항할 수 있도록 국내의 안정을 확고히 한다.

(3) 우리의 평화 시에 경제를 튼튼히 하고 전쟁이 일어날 경우에는 주요 물자를 비축하는 문제를 포함하여 경제적 잠재력을 극대화한다.

(4) 비소비에트 국가들이 미국을 지향(orientation)하도록 강화하고, 그러한 국가들이 미국의 안전과 그들의 경제적·정치적 안정과 군사적 역량을 높이도록 기꺼운 마음으로 훌륭하게 기여할 수 있게 돕는다.

(5) 소련의 권력 구조에 최대한의 긴장을 유발하며, 특히 소비에트와 그 위성국 사이의 관계에 긴장을 유발한다.

(6) 우리의 국가 안보에 관하여 국민에게 충분히 알리고 인지시켜 우리가 반드시 필요할 때 도움을 줄 수 있도록 대비한다.

현재와 미래에 갖추게 될 소련의 핵 능력에 비춰본다면 지금 미국이 우위를 누리고 있는 정치적·경제적·군사적 목표를 달성하고자 급속하게 일을 진척시킨다는 것은 시기적으로 보나 그 범위로 볼 때 위험스러울 만큼 부적절하다.

지금의 추세를 지속한다면 소련과 그 위성국에 견주어 자유 세계의 군사력이 심각하게 추락할 것이다. 이와 같이 바람직하지 못한 추세는 우리의 목표나 목적의 설정에 실수가 있는 것이 아니라 지금 우리가 추진하고 있는 계획이나 정책이 적절하지 못하기 때문에 일어나고 있는 현상이다. 이와 같은 추세는 심사숙고한 결정 때문이 아니라 소련과의 갈등에서 과감하게 주도권을 행사할 필요한 기반이 없었기 때문이다.

자유 세계의 힘의 중심에 있는 미국의 입장은 미국이 세계를 이끌어가야 할 무거운 책임을 우리에게 지우고 있다. 우리는 평화를 위한 적극적인 계획으로 자유 세계의 동력과 자원을 조직하고 편성하여 소련이 거기에 따라 자신을 조정하지 않을 수 없도록 강제함으로써 자유 세계에서 상황을 창조하여 세계를 지배하려는 소련의 구상을 좌절시켜야 한다.

미국이 주도하여 그러한 협동적 노력을 기울이지 않는다면, 우리는 어쩔 수 없이 소련의 압력에 밀려 어느 날 문득 자신이 치명적인 이해 관계의 희생양이 되어 있음을 발견하게 될 것이다. 미국과 자유 세계의 여러 나라는 신속하고도 협조적으로 실질적인 국력을 배양하는 일이 절박하다. 우리가 분석한 바에 따르면, 이는 비용이 많이 드는 일이어서 국내 재정이나 경제 조정과 심각하게 연루되어 있다.

위와 같은 계획을 수행한다는 것은 단순히 소련으로부터 오는 위협을 막겠다는 방어의 개념을 넘어서는 작업이다. 이러한 계획은 UN 헌장에서 고민한 바와 같이 자유와 정의에 기초하여 국가 사이에 평화와 질서의 길을 밝혀주는 것이어야 한다. 더 나아가서 이러한 계획은 정치적·군사적 수단을 지향해야 하며, 동시에 냉전의 전략에 따라서 크레믈린의 구상을 좌절시킬 수 있는 방패의 구실을 해야 한다.

우리의 기본 가치와 안보에 헌신할 길을 생각한다면, 설령 실제로 사용하지는 않을지라도 군사력을 강화함으로써 냉전의 전략에 따라 우리의 목표를 달성할 필요가 있다. 우리의 도덕적 역량과 물질적 힘을 꾸준히 개발함으로써 크레믈린의 구상을 좌절시키고, 소련 내부에서 변화가 일어나도록 하는 방법을 찾아 그러한 가치들을 소련에 투사함으로써 크레믈린의 구상을 좌절시키는 것만이 우리가 이길 수 있는 유일한 길이다.

만약 우리가 세계의 주도권을 잡아 다시 행사하며 소련에 승리하고, 미국과 그 밖의 세계 여러 나라와 협조하면서 국민적 지지를 확보해야 할 필요가 있다면, 그와 같은 적극적인 계획은 우리의 근본적인 국가 목적과 목표와 조화를 이루는 일이 필요하다.

이러한 우리의 계획에는 소련과의 협상을 위한 계획도 포함해야 한다. 그리고 그 협상은 우리의 동맹국들도 동의한 것으로서 우리의 국가 목표와 일치되는 것이어야 한다. 미국과 우리의 동맹국들, 특히 영국과 프랑스는 우리의 목표에 부합하는 조건으로 언제든지 소련과 협상할 준비를 하고 있어야 한다.

그러나 지금의 세계 정세는 크레믈린과의 협상을 가로막고 있다. 지금까지 해결되지 못한 채로 남아 있는 몇 가지 중요한 문제의 해결 조건이 현재의 실상을 잘 보여주고 있으며, 재앙이 일어나지 않는다면 미국과 그 밖의 자유 세계가 그 조건들을 받아들일 수 없다.

우리의 결심이 이뤄지고 자유 세계의 힘을 기르는 일이 시작되면, 크레믈린이 새로운 상황에 적응하는 과정을 편의롭게 해 줄 수 있으리라는 희망 속에 미국이 협상을 모색하면서 주도권을 잡도록 하는 것이 바람직한 길일 수 있다.

만약 그러한 협상이 실패할 때, 소련이 공평한 조건을 마음 내켜 수락하지 않거나 그러한 조건들을 수락하는 데 신뢰를 갖지 못한다면, 그때는 군사력을 유지하는 데 필요한 수단을 지원하는 문제에 관하여 자유 세계의 여론이 굳어지는 데 도움을 줄 것이다.

요컨대, 우리는 자유 세계의 정치적 · 경제적 · 군사력을 급속히 그리고 지속적으로 키우고 소비에트에 대한 주도권을 잡음으로써 자유 세계의 능력과 결연한 의지를 보여주어 저들이 세계를 지배하려는 야심을 좌절시키는 것이다. 이러한 증거를 보여주는 것만이 전쟁을 줄여 끝내 크레믈린이 지금의 길을 버리고 중요 문제에 관하여 납득할 만한 협상에 나오도록 하는 방법이 될 것이다.*

냉전이 곧 실전이며, 그 전쟁을 치르면서 자유 세계의 생존이 위태하다는 사실을 미국 정부와 미국 국민과 모든 자유민이 궁극적으로 인정하는가의 여부에 우리가 제시한 계획의 전면적인 승리가 걸려 있다.

이러한 계획을 초당적 지원의 목표로 여기도록 의회의 지도자들과 협의하고 지금의 국제 정세를 무엇을 뜻하며 현실이 어떤가를 국민에게 충실히 설명하는 것이 우리의 계획이 성공할 수 있는 중요한 전제 조건이다. 이러한 계획을 수행하려면 결정적인 중요성을 갖는 문제에서 필요한 창의성, 희생 정신, 통합 그리고 우리가 목표를 달성할 때까지 끈기를 가져야 한다.

---

* 이 소절의 해석에는 문제가 있다. 왜냐하면 미국 국무성의 공식 문서인 *FRUS : 1950*, Vol. I의 원문(p. 291 하단)에는 GPO의 공문서답지 않게 인쇄 오류가 있을 뿐만 아니라 내용도 다소 다르기 때문이다. 따라서 여기에서는 한국 국사편찬위원회(URL = http://www.history.go.kr) 전자사료관에 소장된 원문을 옮겼다. 참고로 *FRUS : 1950*, Vol. I의 기록을 옮기면 다음과 같다.(옮긴이 주)

"요컨대, 우리는 자유 세계의 정치적 · 경제적 · 군사력을 급속히 그리고 지속적으로 키우고 [소비에트에 대한 주도권을 잡음으로써 크레믈린에게 새로운 상황을 보여주어야 한다. 이러한 과업에 실패하고 크레믈린이 세계를 장악하려는 구상을 좌절시키려던 자유 세계의 의지와 능력을 마음 내켜 하지 않는 것은 곧 그들의 의지에 굴복하는 것이다.] 이러한 결연함을 보이는 것만이 전쟁을 줄이고 끝내 크레믈린이 지금과 같은 행동 노선을 포기하고 중요한 쟁점이 되는 문제에 관하여 협상에 나올 수 있도록 하는 방법이 될 것이다."

| 권 고 |

(1) 대통령은 위에 제시된 결론을 추인하시기 바랍니다.

(2) 우리의 목표를 달성하는 데 필요한 한, 긴요하고도 지속적인 바탕 위에 작성된 이 보고서의 결론을 조정하고 보증하도록 안전보장회의에 지시하시고, 아울러 안전보장회의의 구성원인 각 성 (省, Deparments)과 국(Agencies)과 합동참모회의(JCS) 그리고 위의 각 부서의 부서장(部署長)에게 지시하여 안전보장회의의 산하 기관에 지시하여 이 문건을 수정·증보할 기구를 만들어 이 보고서의 수준을 높이도록 하시기 바랍니다.

[부록 8-1]　정책기획참모회의 문서(Policy Planning Staff File)

「안보 각서」 68호의 검토를 위해 특별위원회에 발송한
안전보장회의 사무국장 레이(James S. Lay)의 비망록

[Memorandum by the Executive Secretary of the National Security
Council (Lay) to the *Ad Hoc* Committee on NSC 68]

《극비》　　　　　　　　　　　　　　　　워싱턴, 1950년 4월 28일

제목 : 위원회에 제출된 기초적인 질문

　대통령은 1950년 4월 12일 자로 NSC의 사무국장에게 보내는 편지에서
1950년 4월 7일자로 작성된 국무성과 국방성의 보고서를 언급하면서,
NSC에서의 논의와 NSC가 그 보고서에 기록한 결론[1]의 의미에 관하여 좀
더 자세한 정보를 요청하였다.

　대통령은 본 보고서에 담긴 계획을 수정하는 데 필요하다고 예상되는
예산의 추정을 포함하여 이 계획을 좀더 명료하게 설명해 줄 것을 요청
했다. 대통령은 이어서 이 연구 보고서를 다급하게 완성하지 말되, 현재
의 계획에 담긴 활동을 미루거나 지체하지 말도록 지시했다. 더 나아가
서 대통령은 자신의 허락 없이는 이 보고서나 그 안에 담긴 내용이 대중
에게 공표되지 않기를 바랐다.

---

* 이 문서는 *FRUS : 1950*, Vol. 1 : Natioal Security Affairs : Foreign Economic Policy
(Washington, D, C. : USGPO, 1977), pp. 293~297에 실려 있다.(옮긴이 주)
1) 4월 7일자 NSC 보고서와 4월 12일 자 대통령의 서한에 관해서는 pp. 332~333에
실린 「안보 각서 68호」의 서문을 참조할 것.

1950년 4월 20일에 소집된 NSC 회의에서 결정한 바에 따르면, 즉시 특별위원회를 조직하여 4월 12일 자 대통령의 서한에 담긴 훈령에 대한 답변서[2]를 준비하게 되어 있다. NSC는 NSC의 참모진을 새로 구성하고「안보 각서 68호」에서 제기된 문제에 대한 답변을 준비하도록 후속 회의를 열도록 결정할 것이다. 특별위원회에서 즉시 주의를 기울이도록 요구한 중요 문제는 다음과 같은 세 가지 질문이었다.

(1) 계획의 수행 시기(timing)는 언제이며,
(2)「안보 각서 68호」의 결론에 담긴 내용의 함의가 무엇인가에 대한 보충 설명,
(3)「안보 각서 68호」에서 제시된 계획의 요약

1. 계획의 수행 시기(timing)

"시기"를 포함한 근본 문제는「안보 각서 68호」에 담긴 이 계획들이 1951 회계 연도에 맞춰 의회에 제출할 것인가의 여부이다. 이 질문에 비춰볼 때 첫눈에 보아도 먼저 논의할 문제는 다음의 세 가지이다.

(1) 1950년 4월 26일자로 국방장관이 권고한 군사비를 증원하는 문제
(2) 상호방위원조계획(MDAP : Mutual Defense Assistance Program)의 예산 증액을 1951 회계 연도에 포함할 것인가의 문제
(3) 정보 수집을 위한 예산을 증액하는 문제
(4) 예컨대 베를린, 유고슬라비아, 동남아시아 등의 곳에서 중대 사태가 벌어질 경우에 대비하여 대통령이 사용할 수 있는 비상 기금의 문제

계획을 집행할 시기에 관한 문제는 다음과 같은 두 가지 선택 사항으로 나타난다.

---

2) 다음에 이어지는 부록 2를 참조할 것.

(1) 이번 의회 회기에 증액된 예산이 통과하도록 하여 1950년 6월 15일 이전에 우리의 계획이 시행되도록 한다.

(2) 1951년 1월의 2차연도에 의회에서 추가 증액을 받도록 노력한다.

2. 「안보 각서 68」의 결론에 담긴 내용의 함의가 무엇인가?

각 성과 국의 계획을 가능하면 신속하게 수행하기 위해 「안보 각서 68호」의 결론에 담긴 함의와 관련하여 그 첫 단계로 특별위원회는 국무성과 국방성의 범위를 넘어 다른 부처의 회원들로부터 의견을 듣는 것이 바람직하다.

「안보 각서 68호」에 담긴 광범한 함의를 유념하는 회의에서 부적절하게 지체함이 없이 결론에 이를 수 있다면, 이 위원회는 여러 부처에서 이 계획의 요약을 만들어야 할 책임을 지고 있는 사람들에게 지침을 주기에 유리한 위치를 차지하게 될 것이다.

3. 「안보 각서 68」에서 제시된 계획의 요약

셋째로, 이 특별위원회는 요약된 계획안의 일반적인 본질과 넓은 범위를 어찌할 것인가, 그리고 몇 개의 부처가 이 계획의 초안을 작성하도록 책임을 할당하는 일이 매우 바람직한 것으로 보인다. 「안보 각서 68호」에 나타나고 있는 바와 같이 제안된 잠정적 안과 가능한 책임 할당은 다음과 같다.

(1) 미국의 중요 군비 구축 문제는 합참을 포함하여 국방성이 맡는다.

(2) 미국의 동맹국에 대한 군사 원조의 증액 문제는 국무성, 합참을 포함한 국방성, 해외군사원조조정위원회(FMACC : Foreign Military Assistance Coordinating Committee)의 논의를 거쳐 경제협조처(ECA : Economic Coordination Administration)가 맡는다.

(3) 경제 원조 계획의 증액은 경제협조처와 국무성과 국가안보자원국

(NSRB : National Security Resources Board)에서 맡는다. 관계 인사들의 수용 능력에 따라서 이 계획을 조정하는 데 각별한 주의가 필요하다. 여기에는 1952년도 이후의 경제 원조를 계속하여 요구하는 문제, 뒤에서 거론하는 4절을 수행하는 문제, 유고슬라비아와 근동과 중동과 동남아시아를 지원하는 것과 같은 특별 국가와 지역의 문제를 다루어야 한다.

(4) 미국의 수지 균형 문제는 대통령이 재가한 바에 따라 그레이 사무국장의 참모들이 처리한다.[3] 관세, 선적, 석유, 해외 투자, 농업 지원 계획과 같이 특수한 문제는 국무성·농무성·상무성·재무성·경제협조처, 그리고 그 밖의 다른 부처의 인사들이 담당한다.

(5) 심리전과 우리의 국력과 의지에 대한 외국인의 신뢰를 증진하는 문제에 관한 계획은 안보 각서 59/1에 따라서 설립된 각 성의 참모들로 구성된 부처 간 회의를 거쳐 국무성이 결정한다.[4]

(6) (⋯)*

(7) 국내 치안 문제는 국내 치안에 관한 부처 간 위원회(ICIS : Inter-departmental Committee on Internal Security)가 맡는다.

(8) 민병대를 포함한 동원 계획은 국가안보자원국에서 맡는다.

(9) 정보 활동의 개선과 강화는 국무성과 국방성의 자문을 받아 중앙정보국이 맡는다.

위와 같은 특수 계획에서 더 나아가, 본 특별위원회는 다른 유관 부처에게 다음과 같은 문제들의 심의를 요청할 수 있다.

---

3) 1950년 3월에 대통령은 육군장관에서 물러나는 그레이(Gordon Gray)에게 미국의 해외 원조 정책을 검토하는 한 위원회의 책임자가 되어 달라고 부탁했다. 그 위원회의 업무와 그에 관련된 사항은 이 책(*FRUS : 1950*, Vol. 1)의 pp. 831 ff를 참조할 것.

4) "해외 정보와 심리전에 관한 계획을 담고 있는 안보 각서 59/1호는 안전보장회의가 1950년 3월 9일에 작성한 보고서이다.

* 해제된 문서에서 이렇게 원문을 삭제하는 일은 지극히 예외적인 일이다. 이는 그 내용이 미국의 국익에 치명적인 영향을 미칠 경우 영구히 삭제한다는 뜻을 담고 있다.(옮긴이 주)

(1) "미국의 장기 목표의 달성을 위해 적절하다고 여겨지는 정치적·경제적 틀(framework)"의 개발을 위한 장기 계획의 요약 : 이 점에 관한 연구는 국방성·재무성·경제협조처, 그리고 그 밖의 관계 기관의 자문을 받아 꾸준히 진행되어야 한다. 여기에서 다룰 문제는 무엇보다도 (가) UN 체제, (나) 유럽 기구의 틀, (다) 일본과의 평화 조약을 포함한 극동 문제, (라) 근동, (마) 소련과의 협상이다.

(2) 「안보 각서 68호」에 대한 의회의 초당적 지원 : 의회 지도자들과의 협의는 백악관과 유관 부처가 맡는다.

(3) 「안보 각서 68호」에 대한 국민적 지지 : 국민에게 이를 발표하는 문제는 아마도 백악관의 막료들이 가장 훌륭하게 감당할 것이다.

(4) 증세 문제 : 백악관과 재무성과 예산처와 경제자문회의(CEA : Council of Economic Advisers)가 이 문제를 숙의하는 것이 좋을 것이다.

(5) 필요하다면 어떤 바람직한 계획을 유예하면서라도 국방과 해외 원조보다는 다른 목적의 연방 예산을 감축하는 문제 : 이는 백악관·예산처·경제자문회의·국가안보자원국이 숙의하는 것이 좋을 것으로 본다.

이 보고서와 관련하여 이미 중요한 조처를 취했다는 사실을 여기에 기록하는 문제가 남아 있다. 국무장관은 원자력의 국제적 통제를 위한 오늘날의 UN의 평가와 관련하여 원자력위원회에 다음과 같은 문제들을 결정하라고 요구했다.

미국이나 해외에서 원자력을 둘러싼 기술의 변화가 일어났거나 장차 일어남으로써,

(1) 이 계획의 저변에 깔린 기술적인 가설이 변화할 것인가?

(2) 또는 이와 같은 원자력 통제 형태를 무효화시키거나 아니면 변화를 필요로 하게 될 것인가?[5]

---

5) 이 주제와 관련하여 국무성과 원자력위원회 사이에 오고 간 문건에 관해서는 이 책(*FRUS : 1950*, Vol. 1)의 pp. 1 ff를 참조할 것.

더 나아가서 백악관은 정부 밖에 있는 유능한 전문가들에게 이 보고서의 제8절에 담긴 핵무장에 관하여 의견을 물어보고, 특히 원자력의 국제적 통제에 관하여 물어보되, 원자력의 국제적 통제라는 주제의 기초가 되고 있는 앞의 7개 절의 문제를 어떻게 평가하는가를 살펴보는 문제를 포함하라고 국무성의 제안에 부언하여 지시했다. 백악관은 또한 전국의 관계 기관들이 국무성에 대표를 파견하여 핵 무장에 대한 그들의 의견을 피력하도록 하는 제안에 관심을 보이고 있다.

작성자 레이(James S. Lay, Jr.)

* 편집자의 부기(附記)

1950년 5월 1일에 국무장관 애치슨은 상원 외교위원회 집행부 회의에 출석하여 세계 정세를 논의했다. 이에 관한 증언은 *Reviews of the World Situation, 1949~1950 : Hearing Held in Executive Session Before the Committee on Foreign Relations, United States Senate*(81st Cong., 1st and 2nd Session), pp. 285~312 참조.

국가안보회의 사무국장 레이가 작성한 대담 비망록

[Memorandum of Conversation, by the Executive Secretary of the National Security Council (Lay)]

《극비》   Washington, May 2, 1950

참조[1]   닛츠 씨(Mr. Paul Nitz, 정책기획참모회의 의장)

번스 장군(James H. Burns, 해외군사문제 담당 국방장관 보좌관)

브래들리 장군(General Bradley, 합참 의장)

랜피어 씨(Mr. Lanphier, 국가안보자원국 의장의 특별보좌관)

하스 씨(Mr. George C. Hass, 재무성 기술 참모 의장)

비셀 씨(Mr. Richard M. Bissell, 경제협조처 계획 담당 차장)

쇼브 씨(Mr. William F. Shaub, 예산처 평가국 차장)

디어본 씨(Mr. Hamilton Q. Dearborn, 경제자문회의 대표)

머피 씨(Mr. Charles S. Murphy, 대통령 특별 고문)

몬타규 씨(Mr. Ludwell L. Montague, 중앙정보국 대표)

부어히스 씨(Tracy S. Voorhees, 전쟁성 차관)

---

1) 아래 명단은 또한 참석자이기도 하다.

제목 : 안보 각서 68에 관한 특별위원회 1차 회의록

안전보장회의 사무국장은 회의를 열고, 1950년 4월 28일자 특별위원회에 보내는 그의 비망록에 따라 논의할 것임을 암시했다. 이에 대부분이 동의하자 우리의 계획을 수행하는 시기의 문제와 지금 회기 중인 의회에 나아가 우리의 계획에 필요한 추가 예산 문제를 모색하는 일을 어느 부처에서 맡을 것인가의 문제를 **첫 번째 주제**로 삼았다.

이번 회의에서부터 적어도 국무성이 추가 예산 문제를 모색할 것 같다는 논의가 등장했다. 그러나 「안보 각서 68호」를 추진하는 전체의 긴 기간에 걸쳐 예산 배정이 늦어져서는 안 된다는 점을 요청할 필요성을 느꼈다.

우리의 목표, 특히 군비 확충을 위한 계획이 우리가 목표로 설정하고 있는 8월 1일까지 이루어질 수 있을까에 대한 의문을 제기하는 사람이 있었다. 그러나 군비 확충 계획이 늦어지면 그 밖의 계획을 작성하는 일마저도 신속하고 실질적으로 이루어지는 데 어려움이 있거나 불가능할 수도 있다는 느낌이 지배적이었다.

대통령의 지시를 수행하는 이 위원회의 책임에 비춰볼 때 적어도 1950년 8월 1일까지는 개괄적 계획과 예상치를 작성하는 데 온갖 노력을 기울여야 한다는 데 의견의 일치를 보았다.

우리의 논의는 **두 번째 주제**, 곧 4월 28일자 사무국장 비망록에서 지적한 바와 같이, 「안보 각서 68호」의 결론에 담긴 함의가 무엇인가를 좀더 명료하게 요약하는 일이었다. 「안보 각서 68호」에 담긴 재정적 · 경제적 · 국내적 · 정치적 · 안보적 함의 사이에 균형을 잡는 문제는 매우 중요하다는 점이 강조되었다. 더구나 대통령은 「안보 각서 68호」에 담긴 정책에 대한 자신의 의견을 늦어도 6월 초순까지는 국민에게 발표하고 싶어 한다는 점이 지적되었다.

세 번째로는 다음과 같은 점들이 지적되었다.

(1) 각 부처는 이 계획을 개괄적인 5개년 계획의 기반으로 삼는 작업을 열정적으로 착수해야 한다.

　　(2) 그러는 과정에서 본 특별위원회는 좀더 충실하게 「안보 각서 68호」의 함의와 필요성을 탐구한다.

회의는 오후 4 : 15에 폐회했다.

작성자 레이(James S. Lay, Jr.)

예산처 평가국 차장(쇼브)이
국가안보회의 사무국장(레이)에게 보낸 비망록

[Memorandum by the Deputy Chief of Estimates, Bureau of Budget (Shaub) to the Executive Secretary of the National Security Council (Lay)]

《극비》 Washington, May 8, 1950

제목 : 「안보 각서 68호」에 대한 예산처의 평가

1. 이 문서는 특별히 무슨 의미를 갖는가?

1) 군사적 의미

(1) 우리는 소련이 1954년에 우리를 공격하리라고 예상하고 있는가? 우리는 그때까지 동원을 준비해야 하는가? 만약 그렇다면 우리는 국가적으로 대비하고, 그와 같은 사태에 대비하여 우리의 모든 자원을 조직해야 하는가? 그러려면 우리는 미국의 전시 통제가 필요하며, 우리도 그에 상응하여 가까운 장래에 전쟁할 의지가 있다는 사실을 러시아에 알릴 필요가 있다.

그렇게 하면 러시아는 위성 국가나 그들의 영향권 안에 있는 국가로부터 철수하거나 아니면 그들이 러시아의 편에 서서 직접 참전하도록 강제할까? 이렇게 하는 것이 우리가 세계에 보여주고 싶은 국가 정책의 일종인가? 우리는 우리의 동맹국과 그 밖의 국가들의 능력 가운데 상대적으로 무엇을 강조하고 있는가?

(2) 러시아는 1954년에 미국을 성공적으로 공격할 만큼 "충분한" 군사력을 보유하고 있는가? 그래서 우리는 동원령을 내려 러시아의 침공을 막고, 성공적으로 격퇴하고, 저지하며, 유럽과 아프리카와 근동과 그 밖의 전략적 지점에 진격 지점을 확보해야 할 정도로 완전한 대비를 해야 할 필요성이 있는가?

만약 그렇다면, 우리 나라는 제한적인 통제와 증세를 받아들일 필요가 있는가? 우리가 러시아와의 관계에서 영향을 미칠 수 있는 것은 무엇인가? 우리의 동맹국들은 어떤가? 그 밖의 다른 나라들은? 우리는 어느 정도로 우리의 동맹국들이나 자유 세계의 힘에 의지할 수 있는가?

(3) 러시아의 군사력은 우리의 안보를 위협할 정도로 증강하고 있으며, 우리는 러시아의 증강하는 군사력에 대항하여 평화를 유지하고자 우리 자신과 동맹국들의 방어 능력과 공격 능력을 증진해야 하는가? 그것은 우리가 국내적 상황을 통제하지 않으면서도 군사 체계를 공고히 할 수 있어야 하며, 지금보다 더 많은 경제적 예산 문제를 제기하지 않아야 함을 뜻할 수도 있다.

(4) 우리는 국가 안보 계획을 회생하면서까지 우리의 경제적 경향을 바꾸려 하며, 우리의 국제 문제에 접근하고자 좀더 집약적인 계획을 수반함으로써 든든하고 강력한 군사 태세를 보여주고 싶어 하는가?

2) 일반적인 문제들

(1) 이 책의 369~371페이지*에 기록된 바와 같이, "우리의 실질적인 군사력과 우리의 군사적 약속 사이에는 날카로운 불일치가 존재한다."라고 지적한 것은 무슨 뜻인가? 그리고 우리가 맺은 약속이란 무엇인가?

(2) 미국은 이른바 "전쟁 계획"이나 "동원 계획"이라는 것을 가지고 있는가? 만약 없다면, 우리는 지금 무엇을 개발하고 있는가? 그러한 계획은 우리의 동맹국들을 위해 계획된 잠재적 군사력과 관계가 있는가? 그러한

---

* 이하에서 나오는 책의 쪽수는 이 번역본의 쪽수이다.(옮긴이 주)

계획은 지금 우리가 겪고 있는 평시 병력이나 장비, 현재의 구매력, 훈련 계획, 그리고 전시 비축 물자와 어떤 관계가 있는가? 산업 생산 시설은 우리가 계획하고 있는 필요 물자와 관련이 있는가?

(3) 어느 정도의 상황이 되어야 339페이지에서 말한 이른바 "기본적 가치"를 위해 우리는 군사력을 행사할 의지가 있는가? 선전 포고가 없는 상황에서 우리는 무슨 권한으로 무력을 사용할 수 있는가? 우리 나라의 자원은 동맹국이나 "주변 국가"에 대한 원조를 대비하여 제일 먼저 자원을 도와줄 만큼 넉넉한가? 우리 동맹국의 자생 능력을 고려하지도 않고 지속적으로 기한도 없이 군대 창설을 돕는 데 앞장서야 하나?

(4) 만약 소련이 미국 사회의 약점인 부분, 이를테면, 눌려 사는 대부분의 사람이나 저학력자에게 어떤 영향을 끼치는 방식으로 우리에게 위험을 초래한다면, 우리가 그 민중들에게 접근하여 소련의 영향력을 차단할 방법은 무엇인가? 우리는 그들의 자유와 발전을 위해 무엇을 약속할 수 있는가?

이제까지 우리의 정책은 적국의 무장을 도와주었다. 앞으로는 어떻게 하면 그와 다른 방향으로 정책을 전환할 수 있을까?

2. 정치적·심리적 문제

1) 「안보 각서 68호」는 "현재의 양극 체제"를 강조하고 있는데, 미국과 소련이라고 하는 양극 체제가 서로 강한 권력을 보유하다 보면, 끝내는 양극 체제가 굳어져 체제 안에서 서로 매력을 느끼고 동맹 관계를 지속할 위험이 있다는 것을 과소평가하고 있다.

미국의 민방위와 군방위는 온갖 여론과 지원을 수반하는 문제인데, 그렇게 여론에 휘말리다 보면, 우리의 계획이 우리 자신의 목표와 동맹국들과의 관계를 손상하지 않을까? 이 점이 「안보 각서 68호」가 안고 있는 가장 중요한 허점으로 보인다.

(2) 「안보 각서 68호」를 통하여 흐르고 있는 주조(主調)는, "자유의 이념이 역사에서 가장 전파력이 높으며, 권위에 대한 굴종보다 더 전파력

이 높다."는 점이다. "크레믈린이 가장 취약한 점은 크레믈린과 소련 국민과의 관계가 가지는 근본적인 성격에 있다." "크레믈린과 위성 국가들, 그리고 그 국민과의 관계도 그와 마찬가지로 취약점이 되고 있다."

이러한 기록은 「안보 각서 68호」가 다루고 있는 문제의 핵심으로서, 이념 전쟁과 심리전(war for men's mind)이 어떻게 실전의 종속 변수가 되는가에 대한 좋은 참고가 되고 있다. 실제로 세부적으로 전쟁을 다루고 있는 계획들은 실전(material war)만을 다루고 있다.

「안보 각서 68호」는 "자유 세계"와 "노예 세계"에 연관된 문제들을 다루고 있다. 소련을 가리켜 노예 세계라고 부르는 것은 적절한 표현일 수 있지만, 미국과 그 우방들이 자유 세계를 구성하고 있는 것은 아니라는 점도 사실이다. 인도차이나에 있는 국가들은 자유로운가? 부패한 퀴리노(Elpidio Quirino)의 지배를 받고 있는 필리핀 국민은 자유 국민이라고 말할 수 있는가? 더욱이 미국과 소련의 영향을 받고 있지 않은 여러 나라의 수많은 국민은 어떠하며, 우리는 누구를 위하여 싸우고 있는가?

대체로 우리의 기준으로 볼 때 그들은 자유롭지 않다. 이와 같이 자유 세계와 노예 세계의 대결로 국제 사회를 보는 것은 우리가 당면하고 있는 가장 어려운 문제의 하나의 초점을 흐리게 하고 있다. 그것은 다름이 아니라, 많은 국민은 그 나라의 정부가 독재이고 부패한 탓에 공산주의에 매력을 느끼고 있다는 사실이다.

그리고 그들은 강대국가의 우방이 되려고 하지 않는데, 그 이유는 오직 그 강대국가의 무력이 두렵기 때문이다. 오히려 강대국의 호의는 그들의 삶을 개선해 줄 지원을 희생하고 있으며, 그에 실패할 때는 그들의 현 정부를 교체한다.

끝으로 「안보 각서 68호」가 다루면서도, 소련 문제에 집착하다 보니 간과한 점이 있다는 사실이다. 그것은 다름이 아니라, 만약 소련이 최근에 성공하지 않았고, 특히 앞으로도 국제공산주의 소련이 더 성공할 것 같지 않았다면 우리는 소련 제국주의를 두려워할 이유가 거의 없었을 것이라는 점이다. 예컨대, 미국은 제2차 세계 대전 직전에 견주어 군사적으로나 경제적으로 소련보다 더 강대해졌다.

그 무렵 우리는 소련을 세계 제2의 국가로조차도 생각하지 않았었다. 그런데 오늘날에는 어떻게 달라졌는가? 가장 달라진 점은, 오늘날 많은 국가가 경제적으로나 정치적으로 좀더 좋은 삶을 살려고 적극적으로 노력하고 있고, 그러는 과정에서 공산주의 운동의 지도력을 받아들이고 있거나 받아들일 위험에 빠져 있다고 하는 사실이다. 이런 상황에서 미국은 어떤 유형의 정치적 · 심리적 조치를 취했던가?

3) 「안보 각서 (68호」는 소련과 위성 국가들의 군사력이 미국에 견주어 날로 증가하고 있다는 가설에 기초하고 있다. 병력을 제외하고서는 미국이 모든 점에서 우세하다는 점에서 보면, 그러한 가설은 「안보 각서 (68호」에서 좀더 문헌 증거가 필요하다. 더욱이 소련의 군사력에 투입한 최근의 발전이 늦춰질 수도 있다는 문제에 대해서는 주의를 기울이지 않은 것으로 보인다.

국내 통제의 강화와 특히 위성 국가에서의 그러한 추세는 병력과 장비의 증강을 묶어두었을 수도 있다. 중국에 수없이 많은 군사 기술자들을 제공해야 하는 문제는 공급이 비교적 제한된 소련에게 중대한 유실(流失)이 될 수도 있다. 달리 보자면 다음과 같은 점에서 소련이 미국에 견주어 지속적으로 우위를 차지하려고 한다는 결론을 받아들이기 어렵다.

(1) 미국의 공군이 질적으로 훨씬 우세하며, 폭격기가 숫적으로 월등히 많으며, 공격전에 필요한 훈련병과 그 밖의 장비가 우월하다.
(2) 소련에 견주어 미국의 열폭탄과 수소폭탄의 능력이 우수하다.
(3) 미국의 해군력이 소련에 견주어 훨씬 우세하기 때문에 (2)항에 이어 같은 호흡으로 설명해서는 안 된다.
(4) 우리의 동맹국들은 우리의 원조를 받아 경제가 건전해지고, 군사력도 증강하고 있다.
(5) 미국은 소련에 국경을 대고 있는 나라들과 동맹 조약을 맺고 무기를 제공하고 있는 것과는 달리 소련은 미국으로부터 몇천 마일 안에 동맹국들이 없다.

3. 「안보 각서 68호」에 대한 추가 예산의 문제

이 절의 지적은 주로 「안보 각서 68호」의 비군사적 측면을 다루고자 한다. 이 보고서는 목표의 정의와 수단에 대한 정의가 적실하지 못했고, 제안된 행동 노선을 평가하는데, 아니면 그 평가를 가능하게 하는 데 실패했다. 여기에서 말하는 목표가 너무 일반적인 이야기여서 매우 중요한 몇 가지 용어를 제외하고서는 의미 있는 내용을 제시하지 못하고 있기 때문에 이 목표들을 채택하여 그 이행을 자세히 설명하기에는 만족스럽지 않다.

1) "저변에 깔린 갈등"에 관한 논의

이 주제를 다룬 쪽수는 전반적으로 문서로서는 적절하지 않은 자료를 바탕으로 쓴 것이다. 세상을 "자유"로 보는가 아니면 "노예"로 보는가 하는 선명한 이분법은 오늘날의 상황에서 현실주의적 서술이 아니며, 넓은 세계를 대상으로 그들을 표현할 때는 하나의 선택 사항일 뿐이다.

자유와 노예에는 다양한 유형과 정도가 있어서 미국이 행사하는 패권의 범위나 국적 독립성의 범위는 여러 나라의 국민이 사용하는 중요 잣대로 고려해야 할 사항이 아닐까 여겨진다.

"자유"라는 것을 분류하면서 러시아에 반대하는 나라의 국민이나 또는 우리가 보기에 러시아에 반대하는 국민을 뜻하는 것으로 풀이한다면, 그것은 세상을 향하여 러시아를 조롱하려는 짓이다. 자유란 고도로 발전된 개념이어서 후진국이거나 조직화되지 않은 나라를 다루면서 그 의미나 용도를 줄여야 한다.

동유럽 밖에서 러시아가 사용하는 가장 강력한 잠재적 무기는 사회적 · 경제적 · 정치적 불평등에 대한 투쟁을 조장하는 것이었고, 지금도 그렇다. 자유라는 개념을 일차적으로 정치 용어로만 사용하는 것 자체가 전반적으로 부적절하다.

이 보고서가 경우마다 광범한 자료를 제시했음에도 불구하고, 오늘날 자유의 가장 중요한 의미는 그 나라가 스스로 존립할 능력이 있는가 하는 문제를 따지는 것이라면, 그것은 대단히 위험한 일이다. 순수한 민족주의만을 외친다는 것은 시간이 흐름에 따라 러시아의 군사적 위협을 감소시키거나 제거할 수 있지만, 정치적으로 불안한 작은 독재자들을 지원하거나 내부적으로 분열시킴으로써 우리의 체제를 교묘하게 뒤엎으려는 경향이 있거나 끝내 냉전의 패배를 가져올 수 있다.

「안보 각서 68호」는 [공산권 국가에서] "저변에 깔린" 요소를 경제적·사회적 변화의 역할로 삼으려고 광범하게 물밑 작업을 하고 있다는 점이 가장 큰 실수이다. 독재는 새롭거나 이상한 일이 아니며, 러시아 정도의 규모와 방법을 쓰는 독재는 흔히 있는 일이다. 또한 독재자가 사회적·경제적 압박이라고 하는 높은 고지에 올라서 있다는 것은 희귀한 일이 아니며, 지금도 러시아인들은 세계 각지에서 그런 일을 성공적으로 수행하고 있다.

안정된 문명이 살아남는 방법은 군사적 측면에서 자신을 지키는 것일 뿐만 아니라 그 원인을 완화하거나 제거함으로써 강대국의 압력에 대처하는 것인데, 이런 작업을 조정한다는 것이 매우 어렵다. 왜냐하면, 그러한 작업은 현 정권을 제거하거나 아니면 이미 누리고 있는 이해 관계에 상처를 주는 일이기 때문이다.

이제까지 우리가 냉전에 대처하는 방법이 적절하지 않았고, 심지어는 우리의 바람직하고도 효율적인 경제 체제의 개념에 손상을 주었음에도 불구하고, 오늘날 냉전을 무너트린 성공의 정도는 경제적 평등이라고 하는 20세기의 사조에 우리의 사회적·경제적 구조를 조정하는 성공한 정도와 비례한다고 일반화하여 말하는 사람이 있을 수도 있다.

우리가 생각하고 있는 냉전 체제의 조정이 지금 세계 각지에서 이루어지지 않고 있다. 지금 우리는 미국인의 유산과 이념과 전혀 다른 집단과 어울려야 하는 압력을 날로 심하게 겪고 있다. 여기에는 달리 선택의 여지가 없다고 설득력 있게 주장할 수 있다.

만약 그렇다면, 우리는 시간이 흐름에 따라 약해지기는커녕 점점 더 커지는 그와 같은 거대한 약점을 못 본 체할 수 없다. 누구보다도 정부 전복에 탁월한 능력을 갖추고 있는 러시아인들은 이 기회를 득점의 기회로 여길 것이다. 이 점은 미국의 외교 정책이 안고 있는 가장 큰 난제이며, 무기를 만들기보다 더 다루기가 어렵다.

이를테면, 여러 나라에서 문제를 단순히 시험하고 있다. 소련식의 공산 혁명을 거치지 않고서는 완전한 토지 개혁을 이룰 수 없는가? 우리는 자신이 우방의 선택으로 말미암아 실제로 장애를 겪고 있거나 아니면, 우리의 정책을 수행하는 데 한계를 느끼는 것이나 아닌지 의심스럽다.

그것이 어느 정도이든지 간에 우리의 정책이「안보 각서 68호」에서처럼, 그런 문제들이 지하로 잠복한다면, 우리는 기회를 잡지 못하게 될 것이다. 실제로 우리는 서독의 경우에서처럼 어떤 지역에서는 잘못된 방향으로 문제를 세차게 몰아가고 있는 것처럼 보인다.

위와 같은 논평은 현재의 군사 상황의 심각성을 훼손하는 것도 아니고, 우리의 군사력을 증진하거나 재훈련을 필연적으로 약화하거나 다른 나라들이 자신을 방어하는 데 도움을 주는 일을 방해하는 것도 아니다. 그러나 만약 우리가 광범위하게 군사적 점령을 수행할 준비가 되어 있지 않다면, 아무리 대규모의 달러를 대규모로 투자한다 해도 군사력의 우위만으로 냉전에서 승리할 수 없다.

아주 미묘한 용어를 써서 민주주의의 개념을 설교하여 저들을 이해시키려 하거나 그곳 주민들의 생각에서 너무 멀리 떨어진 특수한 문제들을 원격 조정하는 것으로는 충분하지 않다. 지금 떠오르고 있는 사회적 압력을 부각하는 방법을 개발하는 길만이 매우 위험한 놀이에서 소련을 때려눕힐 수 있으며 민족주의의 새로운 사조를 이용하여 안전하게 이득을 얻을 수 있을 것이다.

「안보 각서 68호」를 들어내 놓고 논평하자면, 이 보고서는 문제의 위험성을 논의하면서 우리가 중국에서 겪은 경험을 근본적으로 밝히지도 못했고, 이용하지도 못했으며, 앞으로 그러한 경험이 되풀이될 때 우리가 효과적으로 대처할 수 있는 방향은 무엇인가를 짚어내지 못했다.

이 보고서는 앞으로 우리를 어렵게 만들 무질서와 취약점을 근본적으로 막아줄 큰 역류와 "공산주의자들의 사악한 가면"과 방법을 적절하게 다룰 수 있는 방법에 관하여 사회적·경제적 체제의 후속 조치를 제시하지 못했다. 그러나 냉소적이게도, 국민 불만의 진정한 요소를 이용하여 이득을 얻는 공산주의 혁명 운동은 군사력의 협박만으로는 멈출 수 없다.

2) 경제적 요인에 대한 논의

계상(計上)된 안보 비용에 관한 수치가 없기 때문에 향후 나타나리라고 이 문서에서 말하고 있는 경제적 충격과 위기의 규모가 어떻다고 말할 수 없다. 안보 목적을 위해 많은 수량의 자원이 투입되리라는 것은 의심할 나위가 없지만, 그러한 상황에서 비용이 들지 않을 수 없으며, 전용할 수 있는 폭이 넓다는 것이 그 결과를 분석하는 데 치명적인 어려움이 있다.

지금의 상황을 제1차 세계 대전 당시의 정점과 비교하는 것은 사태를 오도하고 있다. 전시와 평시를 견주어 GNP를 산출하기가 어렵다는 문제를 떠나서 보더라도, 1944년에 기울인 노력은 전시라는 조건과 광범한 통제가 이뤄지던 시절에, 여러 가지 형태로 나타난 자본 축적의 어려움, 그리고 단기간의 제재에 따른 통화 팽창의 압력이라는 점에서 그때와 지금은 상황이 다르다.

미국이 일정한 시간 안에 내부 균열을 막으면서 전면전을 전개하던 상황은 제2차 세계 대전 때보다 나빴었지만, 다시 전쟁이 나면 장기간의 통제를 지속해야 하고 질질 끄는 긴 기간의 냉전과 비교하는 것은 적실하지 않다.

전쟁의 위험이 대규모 동원을 요구할 정도로 대대적으로 전개되지 않는 한, 우리가 전쟁의 규모를 어느 정도로 결정할 것인가의 문제는 무한정 전쟁을 이어갈 수 있는 지탱력과, 전쟁의 위험과 미국 사회의 위험의 균형과, 경제 성장의 전망에 크게 영향을 받을 것이다.

전쟁 비용의 증가는 특히 상당 기간 전쟁을 지탱할 수 있다 하더라도, 물가에 영향을 미치고, 우리 사회의 심리와 가치 지향이라는 점에도 댓가를 지불해야 할 것이다. 이것은 언제나 분명한 사실이다. 그리고, 해고와 같이 일시적인 문제가 본질을 흐려서는 안 된다.

당장 350만 명이 해고되었고 어떤 기업은 생산 능력 이하로 가동한다. 그러나 현재의 활동 상황에 비춰볼 때, 물가 압력의 조짐이 보이며, 중공업과 건설업에서는 더욱 그럴 것이다. 물가 상승이나 증세나 직접 통제를 하지 않으면서 내구재(耐久財) 기업에 군수 물자의 생산을 떠넘길 수 있다고 단호하게 말하기는 어렵다.

어떤 방법을 쓰느냐에 따라 전체적인 생산고는 거의 없거나 증가가 전혀 발생하지 않는 결과가 초래될 수도 있다. 그러므로 안보 비용의 증가가 경제의 어느 특정 부분에는 물론 총계에 어떤 영향을 끼칠지를 따져볼 필요가 있다.

더욱 중요한 것은 얼마 동안 고용율을 높이는 데 군사비를 사용한다는 것은 필요하지도 않고 바람직하지도 않다는 사실이다. 거대하게 증가하는 군사비는 자본을 투입할 민간 목적으로부터 자원을 전용할 뿐만 아니라 우리의 경제 체제에 더 미묘한 효과만을 초래한다. 필요할 경우, 높은 세금은 비용에서 생산성을 상쇄시키지 않으면서도, 투자 유인(誘因)과 경제의 동력을 위축시킬 뿐이다. 특별한 조치나 통제를 하지 않으면 개인 투자가 감소할 수도 있다. 개발을 위한 공공 비용을 계속하여 줄이는 경향이 있는데, 우리의 경제를 지속적으로 강화하려면 이는 매우 바람직한 일이다.

「안보 각서 68호」는 현재 미국보다 소련이 더 많이 투자하고 있다는 숫자를 보여주고 있다. 미국의 통계에 견주어 러시아의 추정치를 계상하는 것이 가능하냐의 여부를 떠나, 미국의 현재 투자 비율은 우리의 경제 체제에 비추어 비정상적으로 높이 계상되었다.

그 통계의 대부분은 사치품이거나 아니면 안보적 가치가 낮은 품목임이 사실이다. 만약 이와 같은 상황을 완전히 바꾸려는 의견이 있다면, 투자의 흐름을 다시 바꾸려는 시도가 있음을 솔직히 표시해야 한다. 만약 어떤 지역에서 실업을 발생시키지 않는 방법으로 통화 팽창 압력을 제지할 수 없다면 어떤 점에서는 지속적으로 직접 통제를 할 필요가 있다.

군사비가 더 높다는 문제는 주로 정도의 문제라는 데 대해서는 더 말할 나위도 없다. 어떤 점에서는 군사비가 "너무 높다"고 말할 수는 없다. 그들은 국가의 안보를 위해 필요한 최소한의 요구를 감당할 정도이다. 그러나 국가 안보란 군사력은 물론 경제력에 달려 있으며, 군사력을 증대하는 경향은 경제성장율을 낮추는 경향이 있을 뿐만 아니라 우리의 경제 기능을 심각하게 손상하는 단계로 올라갈 수 있다는 사실을 당연히 고려해야 한다.

지금의 상황에서 전망해 보면, 부분적으로나 전면적으로 경제협조처(ECA)의 향후 예산을 삭감함으로써 심각한 경제적 결과를 초래하지 않으면서 안보 비용을 온건하게 상승시키는 것이 좋을 것 같다. 이 보고서가 지적하고 있는 바와 같이, 잠재적 경제 성장은 민간 부문에서의 성장도 허용하면서 함께 성장할 수 있다. 그러나 이러한 방법은 가능한 조세 감면이나 생산 증대를 방해하는 비용을 쓰지 않고서는 어렵다.

그러나 이 문서는 국내 경제 계획을 삭감 문제와 증세를 통하여 군사비를 높여야 한다는 제안 사이에 불일치가 나타나고 있다는 점에서 비판을 받고 있다. 이런 점에서 이 보고서는 경제 성장을 북돋우려는 계획이라고 보기는 어렵다. 세금 기준을 심각하게 높이거나 아니면 투자와 개발 계획을 담고 있는 국내 경제 계획을 감축하는 문제는 경제의 측면에서 심각하게 발생하는 문제점이라는 점을 우리는 일반적 지침으로 제의한다.

위험이 없는 행동 노선은 없지만, 사람들은 제안된 노선에 담겨 있는 위험성을 적실하게 고려하지 않는다. 399~402페이지에서 암시된 바와 같은 유형의 군사 계획은 대부분 심각한 문제점을 확실하게 일으킨다. 대체로 이런 문서들은 다른 방향에서 일반적인 서술을 하고 있음에도 불구하고 기본적으로 군사력에 의존할 수밖에 없다는 점을 지적하고 있는데, 이러한 글은 시간이 갈수록 요구는 늘어나고, 우리는 냉전에서 잃을 것이 거의 없다.

작성자 쇼브(William F. Shaub)

경제자문회의 대표 디어본(Dearborn)이 국가안보회의 사무국장(Lay)에게 보낸 비망록

[Memorandum by Mr. Hamilton Q. Dearborn of Economic Advisers to the Executive Secretary of the National Security Council(Lay)]

《극비》   Washington, May 8, 1950

제목 : 「안보 각서 68호」에 대한 평가

이 비망록은 1950년 5월 2일에 개최된 경제자문위원회에 제출된 것으로서, 안보 각서는 5월 9일에 개최되는 회의에서 더 검토하고, 그 원칙에 따라 문서로 된 질의서와 논평을 담게 되어 있다.

「안보 각서 68호」가 제기한 기본적인 의문은 다음의 세 가지이다.

  (1) 정보 자료의 정확성과, 미국과 소련의 상대적 국력을 보여주는 현재 상황과 향후 추세에 대한 분석.
  (2) 분석의 결과로 나타난 미국의 약점을 보완하는 데 적용된 정책적 결론은 어느 정도까지 최선이라고 볼 수 있는가?
  (3) 여기에 나타난 정책 결론과 대안으로 제시된 정책 결론을 수행하기 위한 최선의 계획은 무엇이며, 비용은 어느 정도이며, 경제적으로 어떤 의미가 있는가?

1) 기본적인 정보 자료와 분석

「안보 각서 68호」가 제시한 중요 결론은 다음과 같다.

* 직접적인 군사력에 관한 의견

(1) 서유럽 국가들이 지금의 계획에 따라 군사력을 증대하거나 속도를 높이지 않는다면 1960년까지는 이 국가들이 어느 수준까지 소련의 침략에 항거하지 못할 것이다. 소련의 군사력을 고려할 때 서유럽의 장기적인 군사 동맹은 그 지역의 군사력 증강을 상정해야 하며, 그렇게 해야 소련이 일으키는 대전을 저지할 수 있을 것이며, 어떤 경우에는 서유럽으로 쳐들어오는 병력을 물자로 지연시키고, 가능하다면 소련의 공격에 대항할 수 있도록 대륙에 교두보를 마련할 수 있을 것이다.(348~349쪽)

(2) 소련이 중요한 원폭의 자료를 보유하게 되는 날[1954년 중순],[1] 만약 그것을 기습적으로 투하할 경우, 그리고 거기에서 더 나아가서 미국과 그 동맹국들이 효과적으로 방어할 수 없는 정도에 이를 경우, 영국의 섬들이 폐허가 되고 그에 따라 서방 국가들은 그 섬들[영국][2]을 기지로 사용할 수 없게 될 것이며, 중요 도시와 통신 시설이 파괴될 것이고, 그렇게 되면 서방 열강은 효과적인 방어 능력을 잃게 될 것이며, 미국과 캐나다의 요충지를 황폐하게 만드는 공격이 있을 것이다.(349~350쪽)

* 경제력과 군사력에 관한 부분

(3) 경제력에 관한 한, 소련의 생산력에 관해 아무리 낙관적으로 쓴 보고서를 인정하더라도 소련의 경제력과 미국의 경제력은 거의 1 : 4이다. 이와 같은 사실은 1949년의 국민총생산고가 미국이 2,500억 달러인데 견주어 소련이 650억 달러인 데에서도 잘 나타날 뿐만 아니라, 1949년의 생활필수품 생산량에서도 잘 나타나고 있다. (…) 현재의 정책을 지속한다고 가정할 때, 미국의 엄청난 우위가 지속될 것이며, 소련은 미국에 견주어 더 많은 자본 투자를 지속적으로 투자해야 하므로, 소련과 미국의 전

---

1) 이 연도는 본문에 없음.
2) 본문에는 없으나 원자료를 참고함.

반적인 경제력의 차이는 꾸준히 감소할 것이다.(346~348쪽)

(4) 소비에트 세계의 전시 경제와는 달리, 우리의 경제와 자유 세계 전반에 걸친 세계는 지금 삶의 기준을 높이는 준비를 하는 데로 향하고 있다. 소련의 군사비 예산이 국민총생산고의 13.8%인 데 견주어, 미국의 군사비 예산은 6~7%를 나타내고 있다. 1949년의 상황에서 NATO의 우리 동맹국들의 군사비 예산은 국민총생산고의 4.8%이다.(353~355쪽)

(5) 그러나 미국의 전면적인 노력은 지금과 같은 추세를 역전시킬 것이다. 오늘날의 소련의 생산 기반은 최대치에 이르렀다. 그러므로 소련이 아무리 노력한다 해도 전반적인 생산량에서는 거의 미미한 변화를 보일 것이다. 그와는 달리 미국은 매우 급속히 성장을 이룰 수 있었다. 심지어 서유럽에서는 대중의 여론과 의지가 허용한다는 것을 기초로 하여, 달러 부족을 감당하는 데 필요하다면, 자원의 상당 부분을 국방에 할당할 수 있다.(348, 353쪽)

물론 「안보 각서 68호」를 만든 요원들이 분석한 군사력의 문제를 평가하는 것은 우리 경제자문위원회의 권한을 넘어서는 것이다. 우리가 관심을 갖는 부분은 어떻게 하면 특별위원회의 업무를 잘 분석하는가 하는 문제일 뿐이다.

그런 점에서 본다면, 「안보 각서 68호」가 군사비와 경제력을 나타내고자 사용했던 군사비와 투자의 비율(%)에 관한 자료는 절대치의 자료로 보여주는 것이 바람직하게 보인다. 수량적 목표를 결정하는 데에는 비율로 보여주는 것보다는 절대치로 보여주는 것이 도움이 되기 때문에 그렇다. 이를테면 유럽에서 쓰는 NATO 국가의 국방비를 소련이 국부에서 지출되는 비용으로 산출하려면 방위비 예산의 거의 3배 인상이 필요하다.

미국의 "모든" 분야에서 생산품과 3차 산업이 매우 급속하게 절대 성장하리라는 주장에 관해서는 전적으로 동의한다. 그러한 성장은 오히려 방위비의 증가를 많이 도와줄 것이다. 국민이 전력으로 노력할 때 이루어질 수 있는 총생산의 규모나 구성이나 성장률은 「안보 각서 68호」의 체제를 달성하는 정책 계획에서 가장 중요하게 여겨야 할 고려 사항 가운데 하나이다.

우리가 새롭게 추진하는 주요 계획은 국방비나 해외 원조나 증세의 문제보다는 소비 감소, 일반적이거나 선택적인 가격의 부과, 할당의 강제, 계획한 경비의 감축 등을 어느 정도의 수준에까지 정부 계획에 의존할 것인가가 중요하다.

그렇기 때문에 경제자문위원회는 미국 경제의 성장 잠재력을 주의 깊게 분석하는 것이 「안보 각서 68호」에서 권장하고 있는 계획을 지원하는 분석의 틀의 핵심이 되어야 한다. 「안보 각서 68호」가 권고한 계획이 지나치냐 온건하냐의 문제를 떠나서, 일반적인 경제 정책의 관점에서 볼 때 그러한 분석이 매우 중요하다.

* 「안보 각서 68호」의 결론에 관하여

「안보 각서 68호」가 결론으로 제시한 기본 정책은 다음과 같다.

현재와 미래에 갖추게 될 소련의 핵 능력에 비춰보면 지금 미국이 우위를 누리고 있는 정치적·경제적·군사적 목표를 달성하고자 급속하게 일을 진척시키는 것은 시기적으로 보나 그 범위로 볼 때 위험스러울 만큼 부적절하다. 지금의 추세를 지속한다면 소련과 그 위성국에 견주어 자유 세계의 군사력이 심각하게 추락할 것이다. 미국과 자유 세계의 여러 나라는 신속하고도 협조적으로 실질적인 국력을 배양하는 일이 절박하다.(411쪽)

이 보고서는 또한, "포괄적이고 결정적인 이 계획"은 다음과 같은 점을 담아야 한다고 서술하고 있다.

(1) 장기 목표를 달성하는 데 적절한 정치적·경제적 틀의 개발.
(2) (…) 군사비의 실질적인 증액.
(3) (…) 군사 원조 계획의 비용을 실질적으로 증액함.

(4) 이러한 계획을 완수할 때까지 이 계획을 지속적으로 도와야 하는 경제 원조 계획을 다소 증액하고 의회가 이를 승인함.

(5) (…) 미국의 국제 수지 문제에 협조적으로 공략함.

(6) 우리의 국력과 결의에 대하여 다른 국가들이 지속적으로 확신하고, 소비에트에 충성하는 무리가 대량으로 이탈하도록 고무하는 심리전을 공공연히 전개하며 그 밖의 방법으로 크레믈린의 구상을 좌절시키도록 구상된 계획을 개발함.

(7) 전략적으로 선택된 (…) 수단과 작전에 집중함.

(8) 내부 치안과 민병 제도를 강화함

(9) 정보 활동을 개발하고 강화함.

(10) 만약 어떤 다른 목적으로 징병 유예가 필요하다면, 방위비나 해외 원조보다는 연방 예산을 감축함.

(11) 세금을 늘림.(440쪽)

다시 지적하건대, 우리 경제자문위원회는 미국의 외교 정책이나 기본적인 군사 안보에 관한 정책 결론에 대하여 평가할 입장에 있지 않다. 우리 위원회의 관심은 미국의 기본적인 경제력에 반영되거나 기여할 수 있는 결론과 권고이다.

그런 관점에서 볼 때 "우리의 장기 목표의 달성을 위해 적절한 정치적·경제적 틀을 개발하는 것"은 「안보 각서 68호」에 담긴 특별한 활동 영역 모두를 담아내는 통치적 개념으로 보인다. 그러한 통치 개념에는 경제적·군사적 역량에 관한 중요 요소뿐만 아니라 정치적 신념이나 행동과 같이 평가의 대상이 아닌 부분까지도 포함하고 있다. 따라서 우리의 통치 개념에는 외교 정책뿐만 아니라 우리의 국내 정책의 수행도 포함되어 있다.

특별위원회의 업무는 지속적인 연구를 위한 보조적 기획보다는 광범한 정책의 틀을 개발하는 것이 훨씬 더 중요해 보인다. 그러한 틀은 오랜 시간에 걸쳐 어떻게 하면 경제의 생산성에 최대한의 노력을 기울이고 경제적·사회적 역량을 쏟아부으면서 문제점에 이르는 적절한 지침을 제공하고, 우리의 잠재력을 최대한 성취할 수 있도록 경제력을 잘 이용하는데 세제(稅制)와 유인(誘因)의 길을 제공하는 것이다.

이런 점에 비춰볼 때, 「안보 각서 68호」에서 제시된 특수 활동의 영역을 확대할 필요가 있는 것으로 보인다. 정책적 권고가 필요한 지역을 추가로 우리의 영향권에 끌어들이는 문제는 위원회의 심의를 거쳐 세울 수 있는 새로운 계획에 따라 결정하는 것이 바람직할 것이며, 거기에는 다음과 같은 문제들이 잠정적 주제로 다루도록 제안한다.

(1) 경제적으로 전략적인 지역에서 역량을 증대하는 수단으로서는 세제(稅制)에 따른 수단, 신용 문제, 가격 지원 계획 또는 농업의 경우에는 시장 통제가 포함될 수 있다. 어떤 경우에는 필요한 목표와 그 이유를 선명하게 제시하면 필요한 수준만큼 자발적 노력을 끌어올릴 수 있다.

(2) 자원을 충분하고도 동등하게 배분하도록 부추기는 방법은 새로운 계획의 규모에 달려 있다. 필요하다면 그런 방법은 어떤 특정 분야에서 자발적인 할당의 합의로부터 배당 유형의 일반적인 유형에 이르기까지 범위가 다양할 수도 있다.

(3) 구매력을 안정적이고 공평하게 나누어 주도록 부추기는 방법이 있는데, 이도 또한 권고된 새로운 계획의 규모에 달려 있다. 이러한 방법은 필요하다면 어떤 선정된 지역에서 순수하게 자발적인 계획을 시행하는 것으로부터 물가-임금 정책이나 조세 정책 등과 같이 좀더 일반적인 유형에 이르기까지 범위가 다양할 수도 있다.

(4) 권장된 계획과 미국의 성장 잠재력을 극대화하고자 구상된 일반적인 계획이 균형이 맞는다는 점에서 바람직하게 보이는 수준에 이르도록 하는 방법이 있다. 경제자문위원회가 정확히 본 바에 따르면, 광범위한 정책 목표를 성사하려면 경제 불안이나 안정된 경제 성장의 목표에 결정적인 위험을 초래할 수 있다는 점을 강조하고 있다.

앞으로의 문제점들을 살펴보면 「안보 각서 68호」가 일반 경제의 목표로 삼는 연구 목표는 우리 경제자문위원회가 이제까지 추구해온 것과 매우 높은 적실성을 안고 있다. 우리의 연구는 「안보 각서 68호」가 제기한 문제점과 함께 진척될 수 있고, 증폭될 수 있고, 더욱 밀접하게 드러날 필요가 있다.

위에서 제기된 문제들은 어떤 특정한 활동 지역보다는 정책 목표라는 점에서 좀더 조밀하게 틀을 짜야 하고, 「안보 각서 68호」가 제시한 두 가지의 마지막 요점, 곧 "국방과 해외 원조를 줄이기보다는 연방 지출을 삭감하고, 세금을 늘린다는 문제"를 좀더 살펴보게 될 것이다. 이러한 접근 방법은 선입견을 비켜가는 데 바람직한 것으로 보인다.

우리의 경제적·군사적 잠재력을 높이는 데 먼저 필요한 계획은 직접적인 방위 분야나 해외 원조 이외의 영역에서 선택적으로 비용을 늘릴 필요가 있을 것이다. 그러한 보편적인 계획을 추진하려면 조세 인상에 못지않게 세금 감면의 문제도 중요한 문제라는 것이 드러날 것이다. 1948년 말부터 나타나기 시작한 고용과 국고 지출의 허점을 다잡는다면 국방비의 모든 증액은 다른 부처와 마찰을 일으키지 않는다는 것이 나타날 것이다.

＊ 계획과 비용 :「안보 각서 68」에 담긴 광범한 함의

이미 여러 사람이 인정했듯이, 「안보 각서 68호」의 목표를 치하하고, 그를 달성할 수 있도록 준비하는 것이 특별위원회의 임무이다. 비록 초기 단계라 하더라도 「안보 각서 68호」의 규모와 기간이 알려지기까지는 그 함의를 평가하기 어렵다. 그러나 좀 광범한 논평은 가능할 것 같다.

경제자문위원회의 입장에서 보면, 미국 경제의 성장 능력은 시민의 생활 수준을 심각하게 위협하거나 자유 경제 체제를 흔드는 정도의 모험을 하지 않으면서 중요하고도 새로운 계획을 수행할 수 있다. 그러나 그와 같은 계획을 채택하려면 경제·사회 정책의 중요한 문제점을 야기할 수 있다. 주의 깊게 상상력을 동원하여 준비하지 않는다면, 의회와 시민의 관심을 불러일으켜 안전보장회의의 성공을 끝내 위협할 수도 있다.

이를 둘러싼 문제점과 관심은 우리의 성장률을 부적절하게 평가했다는 점이 큰 줄기를 이루고 있다. 방위비의 증강은 그만큼 시민의 생활 수준을 낮출 수 있고 세금을 늘리며 규제를 확산시킬 것이라는 확신에 근거를 두고 있다.

어떤 점에서는 교육과 설득을 통하여 그와 같은 걱정을 감소시킬 수 있다. 어떤 면으로 보면, 자유 세계의 이익을 위해 자신을 희생하려는 시민들의 자발적 의지에 호소함으로써 상쇄될 수도 있다. 그러나 상당 부분의 경우에는 사실주의적으로 추진될 수 있는 새 계획의 성격과 규모에 대한 문제점들이 남아 영향을 끼칠 것이다.

이는 「안보 각서 68호」가 우리의 물리적인 능력 면에서도 홀로 틀을 잡을 수 없으며, 우월한 입장에 설 수 없음을 의미한다. 이는 비용 증가라는 점에서 경제적 한계가 있고, 비군사적 경비를 삭감하라든가 우리의 조세 제도를 개정해야 한다는 식의 압력으로 다가올 수 있음을 뜻한다.

우리는 이와 같은 한계와 압력을 고려하지 않을 수 없다. 경제자문위원회의 입장에서 보면, 우리의 내부에서 경제적·군사적 역량에 대한 기여를 극대화할 수 있도록 정책을 개발하여 권고하는 것이 가장 기본적인 문제일 것이다.

디어본(Hamilton Q. Dearborn)

경제자문위원회 의장

키설링(Leon H Keyserling) 결재

* 편집자 부기(附記)

미국 국무장관, 영국 외상, 프랑스 외무장관이 1950년 5월 11일부터 13일까지 런던에서 만났다. 이들에 앞서 5월 1일에 관계 인사 예비 모임이 있었다. 3자 회담에 더하여 미국 관리가 영국 및 프랑스 대표와 만났다. 런던 모임에서는 소련의 위협과 미국의 안보에 관한 현안들을 광범하게 다루었다. 런던 회담과 관계 발언은 *FRUS : 1945*, Vol. III, pp. 828 ff에 실려 있다.

국가안보회의 사무국장 레이가 작성한 대담 비망록

[Memorandum of Conversation, by the Executive Secretary of the
National Security Council (Lay)]

《극비》   Washington, May 12, 1950

참조   닛츠 씨(Mr. Paul Nitz, 정책기획참모회의 의장)
         번스 장군(James H. Burns, 해외군사문제 담당 국방장관 보좌관)
         브래들리 장군(General Bradley, 합참 의장)
         랜피어 씨(Mr. Lanphier, 국가안보자원국 의장 특별보좌관)
         하스 씨(Mr. George C. Hass, 재무성 기술 참모 의장)
         비셀 씨(Mr. Richard M. Bissell, 경제협조처 계획담당차장)
         쇼브 씨(Mr. William F. Shaub, 예산처 평가국 차장)
         디어본 씨(Mr. Hamilton Q. Dearborn, 경제자문회의 대표)
         머피 씨(Mr. Charles S. Murphy, 대통령 특별 고문)
         몬타규 씨(Mr. Ludwell L. Montague, 중앙정보국 대표)
         부어히스 씨(Tracy S. Voorhees, 전쟁성 차관)

제목 : 「안보 각서 68」에 관한 특별위원회 4차 회의록(1950. 5. 12.)

「안보 각서 68호」에 관한 국가안보자원국의 토의문[1]이 배포된 뒤, 안

---

1) 국무성의 문서철에는 이 문서가 확인되지 않으나, 이 책(*FRUS : 1945*, Vol. III), p.
   316에 실린 국가안전자원국의 비망록을 참고할 것.
     * 이 번역판에서는 《부록 8-6》으로 456~466쪽에 실려 있음.(옮긴이 주)

전보장회의 사무국장이 제시한 바에 따르면, 이번의 특별 회의는 「안보 각서 68호」에서 제기된 사실과 함의에 관하여 몇몇 기관이 제기한 의문점에 답변하기 위한 자리이다.

첫 번째 논의는 「안보 각서 68호」가 제기한 바, 곧 미국의 안보에 대한 현재와 미래의 본질과 정도가 어떠한가의 문제였다. 몇 가지를 논의한 뒤, 설령 미국이 현재의 상태대로 소련을 봉쇄한다고 하더라도, 「안보 각서 68호」에 따르면 소련의 위협은 증가한다는 점에 대체로 동의했다.

토론은 소련의 정치적·심리적·경제적 위협에 어떻게 저항하며 군비를 증강하는가의 관계로 이어졌다. 「안보 각서 68호」는 군비 증강과 냉전의 무기를 떼어서 생각할 수 없으며, 한쪽이 성공하지 못하면 다른 한쪽도 미국의 목표를 달성할 수 없다는 데 의견의 합의를 보았다. 그리고 적절한 군사적 방패가 없으면 좀더 침략적인 정치적·경제적·심리적 수단을 진행하는 동안에 심각한 전쟁의 위험에 빠지게 되리라는 점에도 대체로 동의했다.

토의는 이어져, 무엇을 해야 "적절한" 군비를 갖추는 것이며, 현재의 미국의 군비는 우리의 약속을 지키고, 우리의 목표를 달성하기에 충분한가를 다루었다. 여기에서 합참의 의견을 인용했는데, 안보 각서가 지금과 같은 계획과 절차로써는 미국의 약속을 지킬 수도 없거니와 미국의 목표를 달성할 희망이 없다는 것으로 위원회가 대체로 이해했다.

그다음으로 명확히 제기된 문제는 「안보 각서 68호」가 1954년까지 전쟁을 위한 총동원을 준비하고 있는가 아니면 그보다는 아래 수준인가의 문제였다. 토론을 거친 끝에 「안보 각서 68호」는 완전한 전쟁 준비를 요구하지 않았지만, 미국이 소련의 공격을 충분히 억지하고 전쟁을 치르지 않고서도 미국의 궁극적인 목표를 충분히 달성할 수 있는 방어 태세를 일차적으로 갖추어야 한다는 데 대체로 동의했다. 더 나아가서 「안보 각서 68호」의 결론에 담긴 전반적인 함의는 좀더 시간을 두고 계획과 추정치를 정리할 필요가 있다는 데 동의했다.

예산처의 논의는 주로 현재로서 미국과 소련의 군사력의 상대성과 미국의 자원에 관한 경제적인 고려와 국가 안보의 상대적인 요구로 집중되었다. 만약 예산의 균형을 잡아야 한다면, 좀더 효과적이고 현실적인 계획을 갖추는 것이 중요하다고 강조했다.

우리는 「안보 각서 68호」에 대한 대통령의 서한에 어떻게 답변할 것인가의 문제를 논의하면서, 이 보고서에 기록된 계획의 개요와 비용을 추산해서 보내는 것으로 충분하다고 지적했다. 미국의 안보를 보장하고 우리의 목표를 달성하는 데 필요한 계획과 자금에 대해서도 분명하게 설명해야 적절한 답변이 될 것이다.

대통령에게 보내는 답변에 관해서 더 논의가 있었는데, 「안보 각서 68호」에 담긴 사실 확인에 대하여 남은 의문점은 관계 기관과 대통령 사이의 직접적인 토론을 거쳐 풀어야 한다고 합의했다. 1950년 5월 15일 이전에 각 부처의 대표들은 그 명단을 안전보장회의의 사무국장에게 제출한다.

작성 : 레이(James S. Lay, Jr.)

[부록 8-6]   정책기획참모회의 문서(Policy Planning Staff File)

국가안보자원국의 비망록

[Memorandum by the National Security Resources Board]

《극비》   Washington, May 29, 1950

제목 : 「안보 각서 68호」에 담긴 계획에 대한 평가

아래의 문서는 「안보 각서 68호」를 수행하는 데 필요한 재정 문제를 추정한 잠정적 일람이며, 그에 대한 논평도 함께 실었다. 국가안보자원국(NSRB)의 자료는 「안보 각서 68호」에 관하여 소위원회의 검토를 위해 제출된 것이다. 각 성(省)과 유관 부처로부터 아직 계획서와 통계가 도착하지 않았기 때문에 이 자료들은 완전하지 않다. 국가안전자원국이 일차적으로 책임져야 할 전반적인 계획에 대한 논평은 특별위원회에 보낸 분과위원회의 보고서에 담겨 있다.

회계 연도($)

		1950	1951	1952	1953	1954	1955	1956	1957
국무성 산하	정보국	5천만	1억9천	1억8천	2억4천	2억	2억1천		
	ECA/MDAP	57억6천만	54억	69억	71억	55억	47억		
국방성 산하	총액	137억							
	민방위	0	4억 7천만	17억 9,900만	26억 6,300만	36억 800만	29억 800만	10억 7,600만	21억 3천만
	전략 비축	6억	10억	15억	15억	5억			
	(의무량)	(7억)	(25억)	(20억)	(0)	(0)			

ECA : Economic Cooperation Administration
MDAP : Mutual Defense Assistance Program

1) 「안보 각서 68호」에 담긴 계획에 대한 전반적인 논의

현재 특별위원회와 분과위원회에서 토의된 것과 본문의 내용과 결론을 검토한 결과 「안보 각서 68호」에 제시된 계획은 다음과 같은 사항 가운데 하나라고 믿고 있다.

첫째, 본 보고서는 어떤 결정적인 시기, 적어도 1954년 중엽에 소련이 치명적인 원자탄으로 미국을 공격할 수도 있을 것이라는 전제를 받아들이고 있다.

둘째, 본 보고서는 적어도 어느 치명적인 날을 전후하여 소련은 미국에 원자탄으로 공격할 가능성이 있다고 추정하고 있다.

셋째, 본 보고서는 국내적으로나 국제적으로 경제적·심리적 위험이 다가오는 어느 치명적인 날에 공개적으로 시민을 동원할 수 있다는 사실을 조심스럽게 계산하고 있다. 그런 다음 이러한 계산에 딱 들어맞는 계획을 다음과 같이 수립한다. 곧,

넷째, 미국의 자원을 총동원하여 예상된 그 치명적인 날과 그 뒤 적어도 3년 동안 지속될 전쟁에서 생존을 보장할 수 있는 단계에까지 이르게 한다. 그리고 범정부 차원에서 조직된 계획에 따라 이른바 "냉전"을 우리의 목표에 접합시켜 공격적으로 이용하여, 그 결정적인 날까지 개전을 미루든가, 미룰 수 없다면, 적어도 미국의 안보에 끼치는 영향을 최소화한다.

특별위원회를 운영하면서 관계 기관들은 범정부의 기구를 만들어 미국에 대한 소련의 공격을 막기에 충분한 군사력을 양성하는 방향으로 "냉전"의 요소를 이용하는 것에 대해서는 대체로 동의하면서도, 과연 1954년이나 그를 전후한 어느 날에 소련이 미국을 침공할까에 대해서는 의견이 일치되지 않았다.

소련이 과연 언제인가는 미국을 공격할 능력이 있을까, 공격할 의지가 있을까에 대하여 의견이 일치되지 않은 것은 다음과 같은 요인 때문이었다.

(1) 미국은 냉전의 계획에 맞도록 지금으로부터 미래의 어떤 치명적인 날 사이에 그 날짜를 미룰 수 있을 만큼 충분한 방공, 대잠수함 및 반파괴(anti-sabotage) 활동의 체계를 갖출 수 있을지에 대한 의견의 일치가 이뤄지지 않았다.

(2) 소련이 1954년 또는 그보다 빠른 시일 안에 원자탄의 투하 능력을 완성할지, 아니면 완성할 수 있을지에 관한 유용한 정보들을 해석하는 데에서 오는 의견의 차이가 있었다.

(3) 소련이 과연 원폭 능력을 가졌다고 해서 꼭 그것을 사용할 것인지에 대한 의견이 일치하지 않았다.

국가안전자원국은 우리가 얻을 수 있는 최선의 사실 확인을 거쳐 다음과 같은 결론에 이르렀다.

(1) 소련은 1954년 또는 그에 앞서 미국을 공격하는 데 원자탄을 사용할 것이며, 지금도 그런 의도를 가질 가능성이 명백하다.

(2) 미국은 앞으로 2년 동안 공습이나 해전이나 내부 파괴를 통한 공격을 겨우 막아낼 수 있다.

(3) 자금이나 물품이나 건설 인력에 관계 없이 1954까지, 아니면 그 뒤에도 공습이나 해전이나 내부 파괴를 통한 공격을 50% 이상 막아낼 수 없다.

(4) 최대한의 병력과 민방위로 소련의 원폭을 막을 수는 없겠지만, 소련이 치명적인 공격을 한다면 미국도 치명적인 공격을 할 것이기 때문에, 소련에게 충분한 인상을 줄 수 있는 최대한의 보복 폭격을 행사할 수 있다.

이와 같은 결론에 기초하여 본 경제자문위원회는 정부의 각 부처가 취하고 있는 입장, 곧 소련은 1954년 또는 그 이전에 미국을 침공할 수 없다는 "추정된 위기론"에 찬성하지 않는다. 만약 이런저런 방법으로 위험이 감지된다면, 우리 위원회는 몇백만 명이 목숨을 잃기보다는 앞으로 몇 년 안에 소련이 미국을 침략할 수도 없고 침략할 의지도 없도록 지금과 1954년 사이에 미국을 방위할 수 있는 조직적 개혁과 전환된 방향으로 우리의 모험을 선택하겠다.

그러므로 우리 국가안보자원위원회는 「안보 각서 68호」를 앞에 놓고 우리가 기본적으로 결정해야 할 사실은 이 계획과 비용이 어떤 조직에서 다음과 같이 보완되고 해석되어야 한다고 믿는다.

우리는 지금 우리 나라에 대한 소련의 공격에 직면해 있는가, 아닌가? 만약 직면해 있다면, 그 공격은 어떤 형태로 우리에게 다가올 것이며, 우리가 치명적인 공격을 받게 될 날짜는 빠르면 언제인가?

2) 민방위 문제

민방위 문제는 오직 특별회의에서만 그 계획 목적을 심의하도록 되어 있다. 동원 계획은 국방부가 다룰 사안이 아니며, 이와 같은 잠정적인 동원 계획은 결국 국가안보자원위원회가 국방부로부터 받은 비공식적 표준 가설에 주로 근거하여 심의한다. 비공식적 가설은 다음과 같다.

(1) 적어도 1954년 중반까지 소련은 미국을 공격할 수 있는 원자 폭탄의 능력을 갖추게 될 것이다.

(2) 소련이 미국을 공격할 가능성은 매우 높다.

(3) 그러한 원자폭탄의 공격은 ○○○에 기습적으로 감행될 것이며, 1954년에 먼저 ○○○에 원폭으로 공격할 것이고 그 사람 다음에는 ○○○[1]에 수소 폭탄으로 공격하는 순서가 될 것이다.

(4) 처음 공격의 3분의 1은 미국의 전략 폭격기 가운데 보복용 폭격기를 먼저 공격할 것이고 나머지 3분의 2는 미국 안의 치명적이고도 심리적인 장소를 겨눌 것이다.

(5) 공격은 공중 폭격과 해상 공격의 두 가지로 전개될 것이며 그에 앞

---

1) ○○○은 원문에 그렇게 되어 있음.(편집자 주) 아마도 사후에도 발설할 수 없는 극비 사항일 것으로 보인다.(옮긴이 주)

서 국내의 파괴 공작이 전개될 것이다.

(6) 민병대의 병력은 18~43세 사이의 남녀 1,600만 명이 필요할 것이다.

(7) 영구직이든 지원 능력이든 남녀는 물론 어린아이까지 방위 계획에 동원될 것이다.

이러한 가정에 기초하여 1954년에 시작된 전쟁이 3년 동안 지속되면 방위비가 허락하는 범위 안에서 시간과 자금과 공공교육으로 민방위 계획은 진행될 것이다.

3) 전략 비축 물자

국가안보자원물자국의 전략 물자 비축은 다음과 같은 가설 위에 진행될 것이다.

(1) 적어도 1954년 중반까지 소련은 미국에 치명적인 원폭 능력을 갖게 될 것이다.

(2) 소련이 미국을 공격할 가능성은 매우 높다.

(3) 1954년 중반까지 최소한의 전시 비축 물자가 실제로 손에 잡힐 듯이 가깝게 확보되어야 한다.

(4) 국가안보자원국의 요청에 따라 전시 비축 물자는 1949년 이래 군수국(Munition Board)의 감독 대상이었다. 이제까지의 비축 완성도에 비춰 볼 때 보완할 비축 물자는 60억 달러에 이를 것이며, 이에 대한 모든 검토는 완료되었다.

(5) 이 60억 달러에는 구리와 아연의 대량 비축이 포함되어 있는데, 이는 중간에 구매하기로 되어 있던 비축량보다 훨씬 많다.

(6) 최소한의 비축 물자에는 외국에서 손실될 것으로 보이는 원자재가 포함되어 있으며, 향후 5년 동안에 필요한 중요 전략 물자의 약 3분의 1을 보급하게 될 것이다. 나머지 3분의 1은 구매가 가능한 외국에서 수입할 것이며, 나머지 3분의 1은 전쟁을 하면서 국내에서 전달할 것으로 기대하고 있다.

(7) 고도로 가동될 국민 경제의 지속적인 기능은 전쟁이 일어나기에 앞서 중요한 전략 물자 생산의 수요를 유발할 것이며, 그 가운데 중요 부분은 그리 중요하지 않은 허접한 용도로 사용될 것이다.

현재 국가안보자원국과 예산처는 1950년 1월에 대통령이 시달한 전국 비축 물자의 검토를 준비하고 있다. 이번의 이 검토는 수요와 공급의 추정, 전략적 가정, 수요의 측면에서 본 각 물자의 현재 상황, 구매와 창고의 문제를 다룬다.

이 검토가 끝나면, 군수 물자 비축 문제의 계획에 관한 지식과 비축 물자의 필요에 관한 군대와 민병대의 상관 관계, 그리고 전략적 계획에 관한 지식을 충분히 제공할 것이다. 그러한 검토는 또한 앞으로 필요하다고 추정되는 예산 적정한 기초 자료를 제공할 것이며, 이번 논의에서 언급된 60억 달러는 수정될 것이다.

1949년 12월 31일 현재의 비축 계획 ($)

물자	예산
구매가 가능한 비축 물자	12억
1950 회계 연도에 배정된 물자	4억
1950 회계 연도 이후에 배정된 물자	5억
1951 회계연도의 요구 예산	5억
1951 회계연도 이후의 비(非)재정성 예산	12억
전략 비축 물자의 **총액**	38억

* 비축 물자의 목표

현재 비축 물자의 목표는 대략 38억 달러이다. 비축 목표는 본디 1944년에 확정되었는데, 그때의 상황은 지금과 많이 달라 현재 처음으로 수정 작업을 하고 있다.

비축 목표는 지금 거의 완벽하게 검토하고 있는데, 그 가운데 가장 중요한 두 가지 품목은 알미늄과 구리로서 그 연구의 타당성 결과가 나올 때까지는 그 목표치를 발표할 수가 없다. 본디 1949년에 전략국(OSS : Offices of Strategic Services)에서 요구한 알미늄과 구리의 목표치는 너무 높아 우리 경제자문위원회는 이것이 불가능하다고 판단하고, 요청액을 전략적으로 조심스럽게 살펴보고 있다.

이미 수립된 전략 목표는 국가 안보의 입장에서 볼 때 최소치이며, 이 목표치는 전쟁이 5년 동안 계속될 경우에 원거리 해외에서 조달해야 할 전략적 중요 물자의 손실을 메꾸려는 것이다. 미국은 전쟁이 일어날 경우에 최소한의 물품을 조달할 수 있다 하지만, 아직도 중요한 전략 물자의 3분의 1은 해외에 의존하고 있다. 이런 물품의 수입은 매우 중요한 선적, 인력, 군사 계획 등을 필요로 한다.

더 나아가서 전시에 미국은 나머지 3분의 1을 국내 보급에 의존하고 있는데, 적정한 노역, 장비, 보급이 없으면 예상치의 상당 물자를 국내 생산으로 충당할 수 없을 것이다. 최근 비축 물자의 목표치를 살펴보면, 수정될 경우에 60만 달러에 이를 것으로 보이는데, 이는 뒤에 있는 도표 《60억 달러 비축 물자의 목표》를 통해서 알 수 있다.

* 수정된 총액의 60억 달러 가운데 21억 달러를 보유하거나 송금한다는 점을 고려할 때 기금의 사용 39억 달러가 필요하지만, 총액 가운데 45억을 의무 지불금으로 권고한다. 나머지 6억 달러는 예상치 못한 물가 상승과 계약 불이행으로 말미암은 불가피한 결제 기금으로 본다.

4) 행동의 권고

1954년 중반까지 최소한의 군비 획득은 다음과 같은 새로운 의무 충당금, 이를테면 새로운 구매와 계약금을 필요로 하며, 여기에 더하여, 이미 배정된 지불금이 있다.

1951 회계 연도 : 25만 달러

　　(이 가운데 5억 달러는 1951년도 회계에 대통령이 요구한 것임)

1952 회계 연도 : 20억 달러

이 기금은 다음과 같은 일정에 따라 의무적으로 증액된 것이다.

연도별 증액($)

회계 연도	1951	1952	1953	1954
의무 부담금	25억	20억		
비용	10억	15억	15억	5억

　더 나아가서 소비재 산업체와 자발적 비축 계약을 맺을 당국이나 또는 자발적 합의를 이룰 수 없을 때 소비 통제를 주도할 기구를 두지 않는다면, 지금 대량으로 소비되고 있는 몇 가지 물품을 충분히 공급할 수가 없다.

《60억 달러 비축 물자의 목표》(1950. 5. 29)*

품목/목표량	비축 목표($)	비축 목표(체적)	비축량(1950. 3. 31.)
알미늄	10만 (추정)	300만 ST (추정)	4만 ST
보크사이트(met.gr.)	1억	325만 LT	211만6천 LT
카보나이트(met. gr.)	1억	320만 LT	139만9천 LT
코발트	1억	3만7천 ST	6천 ST
구리	12억(추정)	300만 ST (추정)	35만7천 ST
다이어몬드	2억	6,100만 캐럿	1,175만6,500캐럿
납	1억	40만 ST	29만5천 ST
망간	2억	500만 LT	170만3천 LT
닉켈	2억	30만 ST	3만7천 ST
천연고무	7억	104만 LT	44만9천 LT
주석	5억	28만5천 LT	8만7천 LT
텅스텐	2억	5만7천 ST	1만8천 ST

품목/목표량	비축 목표($)	비축 목표(체적)	비축량(1950. 3. 31.)
아연	4억	150만 ST	47만3천 ST
기타 55개 품목	10억(추정)	-	
총계		-	

* 알미늄과 구리를 제외한 모든 물품의 비축 목표는 성간(省間)비축물자위원회(Inter-Departmental Stockpile Committee)에서 합의된 것임.

** ST(short ton) = 미국의 ton(907kg) ; LT(long ton) = 영국의 ton(1,016.1kg)

편집자 부기(附記)

1910년 6월 1일, 트루먼(Harry S. Truman) 대통령은 의회에 군사 원조에 관한 교서를 보냈다. 대통령은 1951 회계 연도에 군사 원조 계획을 확대하도록 자금을 주라고 권고했다. 그는 북대서양국가에 10억 달러, 그리스와 터키에 1억2천 만 달러, 이란·한국·필리핀에 2,750만 달러, "중국의 일반 지역"*에 7,500만 달러를 배정해 줄 것을 요청했다.

대통령은 또한, 지원해야 할 만한 긴급 사태가 발생하면 자신이 이 지역에서 저 지역으로 소액의 군사비를 이채할 수 있는 권한을 갖도록 상호방위원조법(Mutual Defense Assistance Act)를 수정해 달라고 요청했다.

트루먼 대통령은 또한 어느 나라가 원조를 받고, 액면과 시기와 환불 보장에 대한 제약을 완화해 줄 것을 요청했다. 더 나아가서 그는 생산 기구보다 생산 장비의 수출을 금지하는 기존의 조항을 제거해 달라고 요청했다. 이 교서는 『역대 대통령 문서철 : H. S. 트루먼』(*Public Papers of the Presidents of the United States : Harry S. Truman, 1950*), pp. 445~448에 실려 있다.

1950년 6월 2일, 5일, 6일, 15일에 상원 해외관계위원회와 무기원조위원회는 상호방위원조계획(MDAP)을 심의하고자 합동위원회를 열었다. 국무장관 애치슨(Dean Acheson)이 6월 6일에 증인으로 출석했다. 합동위원회는 또한 6일과 8일에 집행위원회를 열어 브래들리(Omar N. Bradley) 장군, 렘니처(Lyman L. Lemnitzer) 장군, 국무차관 러스크(Dean Rusk), 국무

* "중국의 일반 지역"이라 함은 공산화되지 않은 지역을 의미한다.(옮긴이 주)

차관 맥기(George C. McGhee), 상호원조국장 올리(John Ohly), 해외군사
원조조정위원회(FMACC)에 파견된 경제협조처(ECA) 대표 딕킨슨(Edward
Dickinson)을 증인으로 불렀다.

6월 19일에 합동위원회는 『보고서 S. 3809』를 만장일치로 통과시켜 상
원으로 보냈다. 이 보고서에는 12억2,500만 달러를 1951년도의 군사비로
책정할 권한을 부여했는데, NATO에 10억 달러, 그리스와 이란과 터키에
1억3,150만 달러, "중국의 일반 지역"에 7,500만 달러, 한국과 필리핀에
1,600만 달러가 여기에 들어 있다.

『보고서 S. 3809』의 다른 조항에는 1950년 회계 연도의 증액되지 않은
2억1,400만 달러의 사용을 허가하고, 잉여 전쟁 물자 2억5천만 달러의 전
용을 허가하고, 무기 1억 달러를 신용 판매할 것을 허락했다. 대통령의
6월 1일자 교서에 대한 답변으로 『보고서 S. 3809』에 명기된 무기의 행선
지 제한과 제공할 원조 유형의 제한을 완화하고, 상호방위원조계획의 운
영에 관한 몇 가지 다른 측면을 완화했다.

이 법안은 또한 대통령이 자금의 명목을 바꾸는 권한을 강화했다. 상
원은 6월 30일에 『보고서 S. 3809』를 66 : 6으로 통과시켰다. 이에 관한
참고 문헌은 다음과 같다.

 * *The Mutual Assistance Program : Hearing before the Committee on
Foreign Relations and the Committee on the Armed Services, United States
Senate* (81st Cong. 2nd Sess.)

 * *Mutual Defense Assistance Program : Report of the Committee on Foreign
Relations and the Committee on Armed Services, United States Senate, on S.
3890 To Amend the Mutual Defense Assistance Act of 1949* (81st Cong. 2nd
Sess.)

하원외교문제위원회는 또한 6월 5일부터 군사 원조에 관한 청문회를
열었다. 애치슨 국무장관이 청문회에 출석했는데 그에 관한 참고 문헌은
다음과 같다.

* *To Amend the Mutual Defense Assistance Act of 1949 : Hearings before the Committee on Foreign Relations and the Committee on Armed Services, United States Senate, on S. 3890 To Amend the Mutual Defense Assistance Act of 1949* (81st Cong. 2nd Sess.)

6월 19일에 의회는 362 : 1로 상원의 입법을 승인했다. 6월 26일에 대통령이 서명한 이 법안은 「미공법 82-621」(PL 82-621), 수정방위조약 : 1949(An Act to Amend Mutual Defense Assistance Act of 1949, 64 Stat. 373)로 공포되었다. 지출금은 1951 회계 연도의 전체 예산 일부에서 충당되었다. 대통령은 9월 6일에 「미공법 81-759(PL 81-759 ; 64 Stat. 595)」에 서명했다.

[부록 8-7]   711.59/6-650

국무성 총무국장(맥윌리엄스)이 작성한 관계 부처 대담 비망록

[Memorandum of Conversation, by the Director of the Executive
Secretariat of the Department of State, W. J. McWilliams]

《극비》   Washington, June 6, 1950

제목 : 자문위원회 회의록(6월 6일)1)

참석자 : 웹 씨(James E. Webb, 남아프리카 차관보)
         휘셔 씨(Adrian S. Fisher, 국무성 법률 고문)
         제섭 씨(Philip C. Jessup, 무임소 대사)
         닛츠 씨(Paul Nitze, 정책기획참모국 의장)
         바렛트 씨(Edward W. Barrett, 국무성 홍보차관보)
         맥윌리엄스 씨(W. J. McWilliams, 국무성 총무국장)

닛츠 씨 : 「안보 각서 68호」와 관련하여 국가안보자원국과 국무성2) 사
이에 존재하는 이견을 요약하여 설명하다. 국가안보자원국은 일단 전쟁
이 시작된 뒤 민간인을 구호하고자 계획된 최대한의 민방위 계획을 안건
으로 내놓았다. 국무성은 그러한 계획을 믿지 못하면서, 가까운 장래에

---

1) 이 자문위원회는 국무성에서 지리담당차관보를 제외한 부서장들이 모인 차관보
   자문위원회(Under Secretary's Advisory Committee)로서 5월 9일에 첫 모임을 열었
   다. 이 회의의 관심사는 주요한 해외 원조에 관한 고위 정책 지침을 마련하게
   되어 있었다. 「안보 각서 68호」도 이 회의의 검토를 거치도록 합의했다. (611.
   00/5-1050)
2) 국무성 문서라 함은 문서 번호 AC D-1, June 5, "Differences in Planning Assumptions
   in NSC 68"을 의미함.

전쟁이 일어난다는 가정을 전제로 일을 추진하기보다는 당초부터 전쟁이 일어날 소지를 없애는 것이 더 좋은 방법이라고 말하고 「안보 각서 68호」라는 이름으로 전개되는 어떤 것도 이룰 수 없다고 믿었다.

휘셔 씨 : 이 주제를 정식 안건으로 채택하기를 요구한다는 점을 지적했다. 왜냐하면 이러한 주제는 앞으로 수없이 제기될 일인데 이번에 처음으로 제기되었으니 어차피 짚고 넘어가야 할 주제이기 때문이다. 일단 전쟁이 임박하면 전쟁을 막을 길이 없다고 여기도록 우리가 자동적으로 마음의 준비를 함으로써 군비를 확충할 필요가 있음을 지적했다.

웹 씨 : 그 말이 맞는다. 대통령과 예산처는 예산을 확충해 달라는 온갖 요구를 받을 것임을 지적했다. 힘 있는 시민은 예산의 확충을 바라며 더 많은 자금을 요구할 것이다. 마찬가지로 국도(國道)에 종사하는 사람들은 국도 건설에 더 많은 돈이 필요하다고 말할 것이고, 다른 부처 사람들도 자기들의 계획에 더 많은 돈이 필요하다고 말할 것이다.

그러므로 이런 일이 없도록 사전에 방지해야 하며, 그러려면 중요도가 높은 사업의 우선 순위를 정하고, 전쟁의 방지를 위한 우선적인 목표에 도움이 되지 않는 위와 같은 사업을 거절할 수 있는 강력한 지도력이 필요하다는 데 동의했다.

회의의 합의 사항 : 본 회의는 국가안보자원국의 입장과 이 문제와 관련하여 장차 일어날 문제에 관한 입장은 원폭의 투하와 전쟁의 발발을 막을 수 있는 정치적·심리적·군사적 방어 기제를 마련하는 것이다. 미국은 무소불위한 나라가 아니라는 가정 위에 일을 진행해야 하며, 위에서 제시된 여러 가지 방안에 힘을 집중해야 한다.

우리는 당장 내일이라도 전쟁을 할 수 있다는 생각을 버려야 한다. 왜냐하면 「안보 각서 68호」의 가설에 따라서 일을 하다 보면 그 가설이 현실로 나타날 수 있기 때문이다.

맥윌리엄스(W. J. McWilliams)

국가안보위원회 자문회의 비망록

(1950년 6월 29일 목요일 오전 11 : 30)

[Memorandum of National Security Council Consultant's Meeting,
Thursday, June 29, 1950, 11 : 30 a.m.

《극비》   Washington, June 29, 1950

제목 : 한국전쟁 발발에 따른 현재의 상황1)

참석자 : 제섭 씨(Philip C. Jessup, 무임소 대사)

스탈헤임 씨(Nels Stalheim)

케난 씨(George Kennan, 대통령 외교 담당 고문)

챠일즈 씨(Prescott Childs)

매튜스 씨(H. Freeman Mathews, 국무성 정치담당차관보)

존슨 대령(Louis A. Johnson, 공화당 군사 보좌관)

번스 장군(James H. Burns, 해외군사문제 담당 국방장관 보좌관)

프라이스 대위(Roland F. Pryce)

스폴딩 장군(Sydney P. Spalding)*

훌처 대령(R. P. Fulcher)

---

1) 1950년 6월 25일에 북한군이 남한을 침공했다. 이에 관한 자세한 자료는 *FRUS :
1950*, Vol. Ⅶ 참조.
* 스폴딩(Sydney P. Spalding : 1889~1988)은 특이한 경력의 소유자였다. 그는 제2차
세계 대전 당시에 미국의 군수 산업의 기반을 닦은 명장이었다. 그는 1949년에 육
군 소장으로 퇴역했다가 그 해 다시 복직하여 한국전쟁 당시 군수 산업을 다루다
가 다시 1951년에 은퇴하여 농부가 되었다. 이 당시 그의 보직은 밝혀지지 않는
다.(옮긴이 주)

랜피어 씨(Thoma G. Lanphier)

레이 씨(James S. Lay, 국가안보회의 사무국장)

힐렌쾨터 제독(Roscoe H. Hillenkotter, 중앙정보국장)

글리어슨 씨(S. Everett Gleason, 국가안보회의사무국차장)

비숍 씨(Max W. Bishop, Jessup 대사 특별보좌관)

활리 씨(Hugh D. Farley)

셸 대령(G. R. E. Shell)

복스 씨(Marion W. Boggs)

글리어슨 씨 : 대통령은 소련을 둘러싸고 있는 경계선에 관한 미국의 정책을 검토하라고 지시한 사실이 있음을 지적했다. 이는 미국의 정책을 국가별로 보려는 것이 아니라 총체적으로 보려는 것이라고 나는 믿는다. 오늘의 모임은 관계 부처에게 보고서를 준비할 책임을 할당하고 전반적인 지침을 마련하는 것이다.

케난 씨 : 대통령은 한국전쟁의 결과로 빚어진 상황을 단순하고도 비공식적으로 살펴보려는 것으로서, 소련이나 그 위성국들이 그 밖의 어떤 나라를 침공할 것이며, 그러한 침공에 대하여 미국은 어떻게 대응해야 하는가를 알고자 하는 것이다. 지난 3일 동안에 미국은 어떤 정신으로 대응했는지를 대통령은 알고 싶어 하는 것이라고 믿었다. 다음으로 위험한 곳은 유고슬라비아와 이란과 동독이라고 믿는다.

힐렌쾨터 제독 : 케난의 전반적인 평가에 동의하면서, 소련이 동독에서 책동하리라고 덧붙여 말했다.

레이 씨 : (늦게 회의에 참석함) 소련이 또 다른 침략을 하기에 앞서 우리는 지금 무엇을 해야 하는가를 생각해 보아야 한다. 이를테면, 지중해 함대의 강화와 이동 병력 상한제를 거론했다.

케난 씨 : 그런 문제는 다른 주제이니 별도로 다루어야 한다.

제섭 씨 : 우리가 별도로 나누어 다루어야 할 주제는 다음과 같은 세 가지이다.

(1) 소련과 그 위성 국가들이 군사 행동을 취할 위험이 있는 또 다른 지역은 어디일까에 대한 추정

(2) 소련이 앞으로 또 다른 곳에서도 군사 활동을 전개하면 미국은 어떻게 대처해야 하나?

(3) 앞의 (2)항에 따라 미국은 그럴 경우에 어떤 대처를 해야 할 입장에 있는가?

케난 씨 : 제섭 씨가 이미 그럴 경우의 우선 순위에 관한 문서를 작성해 두었다.

매튜 씨 : 더 이상의 공격을 기다리지 않고 바로 지금 어떤 조치를 취하는 것이 중요하다고 믿는다.

케난 씨 : 만약 유고슬라비아가 침략을 받을 경우에 미국이 취할 수 있는 입장은 두 가지이다.

(1) 그에 대한 침략은 미국의 국익에 치명적이므로 미국의 지원을 요구한다.

(2) 공산주의 국가인 유고슬라비아에 대한 침공은 우리에게 제한된 도움의 이상을 제공해야 할 정도라고 생각되지는 않는다.

만약 소련이 이란과 독일을 침공한다면 그것은 소련이 제3차 세계 대전을 준비하고 있는 것으로 보고 우리도 그에 상응하는 조치를 취해야 한다. 한국의 상황으로 볼 때 소련은 이 전쟁에 공개적으로 참여하고 싶지는 않으며, 전면전을 시도하고 있다고 생각하지는 않는다. 그러나 두 가지 상황이 소련의 판단에 영향을 끼칠 수 있는데, 하나는 한국의 사태에 어떤 행동을 취하느냐이고, 다른 하나는 지금 우리의 입장이 전 세계로부터 지지를 받고 있는가의 문제이다.

힐렌쾨터 제독 : 불가리아가 유고슬라비아를 침공할 가능성이 가장 높다. 왜냐하면 그럴 경우에 소련이 공개적인 참전을 회피할 수 있기 때문이다.

케난 씨 : 유고슬라비아는 위성 국가들만으로 구성된 병력의 침략을 받거나 거기에 소련이 합세할 수 있다.

레이 씨 : 진주만 사건을 돌아보면, 소련이 직접 미국을 공격할 가능성이 있지 않을까 하는 의문이 일어난다.

케난 씨 : 소련이 공격할 위험 지역이 어디일까 하는 고려에서 더 나아가서 우리가 가정해야 할 것이 두 가지가 더 있다.

(1) 소련은 이미 전쟁이 바람직하다고 결론을 내렸다. 그렇다면 소련은 어디에서 어떻게 전쟁을 시작할 것인가?

(2) 소련은 지금 전쟁을 도발할 의사가 없다. 그렇다면 소련은 지금 무엇을 하고 싶은가를 우리는 물어야 한다. 이를테면, 소련은 지금 한창 기세가 오르는 유고슬라비아에 대하여 전면전을 일으키고 싶지야 않겠지만, 유고를 없앨 방법을 찾고 있을 것이다.

제섭 씨 : 우리는 이란이나 유고슬라비아 문제를 영국이나 그 밖의 나라들과 함께 작전하는 문제를 고려해야 한다. 오스트리아의 문제도 있다.

힐렌쾨터 씨 : 그 말에 동의하지만, 지금 소련은 오스트리아 외곽에서 병력을 움직이고 있다.

케난 씨 : 한국 문제는 중공을 즐겁지 않게 만들 수도 있다. 중공이 반대하는 움직임을 조심스럽게 관찰해야 한다.

힐렌쾨터 씨 : 중공군 제4군이 한국 쪽으로 이동하려는 움직임이 있다는 보고를 받았다.

24시간 안에 한국전쟁에 관한 보고서를 만들려면 오늘 오후 2시에 레이 씨의 사무실에서 다시 이 모임을 갖기로 합의했다. 오후 모임에는 케난 씨, 볼렌(Charles Bohlen) 씨, 스폴딩 장군, 랜피어 씨, 힐렌쾨터 씨나 또는 히치코크(Hitchcock) 씨가 참석한다. 연합군총사령관이자 7월 8일자로 주한미군총사령관으로 임명된 맥아더 장군(D. MacArthur)에게 보낼 명령서에 관해 어제 열렸던 회의록은 지금 합참에서 검토 중이므로 개별적으로 전달할 것이다.

케난 씨 : 한국의 38°선에 관해서 국무성은 새로운 생각을 가지고 있다. 남한에서 공산군을 퇴각시키려면, 우리의 지상군이 점령하고 있지는 않지만, 38°선 이북에서 공군 작전을 수행해야 할지도 모른다.

국가안보위원회 자문회의 비망록
(1950년 6월 29일 목요일 오후 2시 : 속개)

[Memorandum of National Security Council Consultant's Meeting,
Thursday, June 29, 1950, 2 p.m.]

《극비》   Washington, June 29, 1950

제목 : 한국전쟁 발발에 따른 현재의 상황

참석자 : 케난 씨(George Kennan, 대통령 외교 담당 고문)

스탈헤임 씨(Nels Stalheim)

비숍 씨(Max W. Bishop, Jessup 대사 특별보좌관)

힐렌쾨터 제독(Roscoe H. Hillenkotter, 중앙정보국장)

스폴딩 장군(Sydney P. Spalding)

레이 씨(James S. Lay, 국가안보회의 사무국장)

린제이 장군(Richard C. Lindsay, 합참 전략 기획 부국장)

글리어슨 씨(S. Everett Gleason, 국가안보회의 사무국차장)

셸 대령(G. R. E. Shell)

복스 씨(Marion W. Boggs)

랜피어 씨(Thoma G. Lanphier)

케난 씨 : 한국에 관하여 우리가 소련에 문의한 바에 대한 답신을 받았다.[1] 우리가 받은 문서는 다음과 같이 공언했다.

(1) 침략자는 북한이 아니라 남한이다.

(2) 소련의 외교 원칙은 일종의 해외 문제 불간섭주의이기 때문에 우리는 북한이 자위(自衛) 행위를 중지할 수 없다.

(3) 중공이 참석하지 않는 한 안전보장이사회는 타당성이 없으므로 소련이 참석할 것이다.

이 편지는 소련이 이번의 전쟁에 직접 참전하지 않았음을 다짐하는 뜻을 담고 있지만, 이는 미국이 소련의 위성국들과의 전쟁에 휘말리도록 하려는 소련의 의지를 보여주는 것이 아니라고 단언할 수 없다. 미국의 조치에 대한 중공의 반사 작용은 늘 적대적이고도 도발적이었는데, 이는 그들이 대만(臺灣)을 침공할 가능성이 있음을 의미한다. 우리는 중공의 동태를 매우 주의 깊게 주목할 필요가 있다.

소련은 중공의 해군을 점차로 증강하고자 물자를 제공할 가능성이 있다. 이는 대만 주변의 섬들이 얼마나 중요한가를 보여 주고 있다. 우리는 대만의 장개석(蔣介石) 총통과 긴밀하게 소통해야 한다. 장개석을 지원한다거나 또는 그가 주변의 섬들을 포기하는 것은 우리의 극동해군사령관과 조율해야 할 문제이다.

우리는 장개석이 그 섬들을 지킬 수 없다는 말에 책임질 일도 없고, 그가 섬을 지켜야 한다고 말할 책임도 없다. 장개석은 어느 때나 무너질 수 있는 사람이며, 따라서 미국의 군부는 중국의 차세대 지휘관들과 직접 연락해야 한다는 문제가 발생했다.

레이 씨 : 중공은 먼저 대만을 공격하고, 그 다음에 인근 도서를 공격하고 나면, 북한에 병력을 보낼 것인가? 만약 중공군이 그들의 군복을 입고 북한에 진군한다면 우리는 38°선의 북쪽에서 군사 작전을 전개하기가 더 수월해질 것이다.

---

1) June 27, *FRUS : 1950*, Vol. VII, p. 202 참조. 소련의 답신은, Telegram 1767 from Moscow, June 29, *FRUS : 1950*, Vol. VII, p. 229 참조.

케난 씨 : 그렇다. 만약 남한에서 중공군의 포로를 생포한다면 우리는 심지어 38°선을 넘어 만주를 폭격할 수 있다. 우리는 중공이 선전 포고를 한 데 대하여 승인할 입장에 있지 않지만, 만약 그들이 남한에서의 미국 작전에 개입한다면 우리는 필요한 조치를 취할 수 있다. 달리 말하면, 우리는 그들의 말을 무시할 수 있지만, 그들은 우리의 행동을 무시할 수 없다.

레이 씨 : 우리는 이런 사실을 중공에게 말해야 하나?

케난 씨 : 이 문제는 뒤에 좀더 고려해 보자.

린제이 장군 : 만약 우리가 먼저 재래식 무기를 사용한다면 막상 원자탄의 사용이 필요할 때 이를 사용할 수 없음을 경계해야 한다. 그러나 북한의 통신망과 기지를 폭격하는 것이 바람직하다면, 지금 합참이 추구하고 있는 노선,[2] 곧 우리의 작전은 원칙적으로 남한에 제한되어야 한다는 노선과 맥아더 장군은 이 과업을 성공하는 데 필요하다고 생각되면, 자유롭게 북한을 폭격할 터인데, 이 갈등을 어찌 하려는가?

레이 씨 : 오늘 아침 회의에서 합의된 바에 따르면, 가장 위험한 지역은 유고슬라비아이다.

케난 씨 : 소련이 신경과민에 걸리지 않은 한 유고슬라비아를 침공하리라고는 믿지 않는다. 오히려 소련은 지금 냉정하며, 우리가 한국에서 취한 행동에 다소 놀랄 것이다. 러시아가 세계 3차 대전을 획책하면서 티토를 먼저 제거하려고 하지 않는 한 러시아가 유고를 침공할 논리적 근거가 없다고 나는 생각한다.

힐렌쾨터 제독 : 만약 러시아가 제3차 세계 대전을 생각했다면 먼저 서독을 침공한 다음 티토를 제풀에 주저앉게 할 것이다.

레이 씨 : 만약 소련이 전쟁을 계획하고 있다면 어디를 먼저 공격할까?

케난 씨: 만약 러시아가 전쟁을 계획하고 있다면 위성국을 시켜 유고의 국경을 공격하여 조용하게 만들 것이다.

글리어슨 씨 : 러시아가 유고를 침략한 뒤의 시대에 러시아는 세상이 조용하기를 기다릴까?

---

2) 합참이 맥아더 장군에게 내린 지침은, June 29, *FRUS : 1950*, Vol. VII, p. 240 참조.

케난 씨 : 유고슬라비아에 대하여 우리가 먼저 살펴 보아야 할 것은, 러시아와 그 위성 국가들이 과연 유고슬라비아를 침공할 것인가? 그럴 경우에 우리는 티토를 제한적으로 돕는 것 말고는 발을 빼야 하나?

* 이 질문은 안전보장회의의 일관된 입장이라는 데 회의는 동의했다.

케난 씨 : 만약 소련이 유고슬라비아를 공격하면, 우리는 그러한 침공으로 우리의 위신이 실추되지 않았음을 언론에 발표할 필요가 있다.

힐렌쾨터 씨 : 나는 소련이 북한을 지원할 준비가 되어 있다는 사실에 대하여 아무런 증거도 가지고 있지 않다.

* 극동에서 소련은 어느 곳에서도 군사 활동을 전개하지 않고 있다는 데 회의는 동의했다.

케난 씨 : 공산주의자들이 인도차이나와 버마에서 어떤 움직임을 당장 보인다고 나는 믿지 않는다.

힐렌쾨터 씨 : 소련이 카스피해(Caspian Sea)에서 작전을 수행하고 있는 것 말고는 이란 근처에서 군사력을 증대하고 있다고 볼 만한 증거는 없다.

케난 씨 : 소련은 제3차 대전을 준비하고 있지 않은 한 이란에서 군사 행동을 하지 않은 것으로 나는 믿는다. 그러니 소련이 제3차 대전을 준비하고 있다면, 이란에서 개전하지는 않을 것이다.

랜피어 씨 : 소련이 제3차 대전을 시작한다면 바로 미국을 공격하는 것으로 시작할 것이다.

린제이 장군 : 소련은 서유럽과 미국을 동시에 공격하고 가능하다면 이란을 공격할 것이다.

케난 씨 : 소련은 제3차 대전을 일으킬 수 있지 않은 한, 핀란드를 제외한 북만주나 아프가니스탄의 병력을 움직일 수 없을 것이다. 그들은 제3차 대전을 준비하지 않은 한 병력을 이동하지 않을 것이라고 나는 생각한다. 소련은 미국을 직접 공격하기보다는 주변국에서 군사 작전을 전개할 것이다. 소련이 만약 전쟁 준비가 되어 있다면, 그들은 선전술의 입장에서 공작하는 것이 좋다고 믿고 있다.

린제이 씨 : 소련은 미국이 선제 공격을 하도록 도발하게 하려고 우리의 주변에서 군사 작전을 펼 것이다.

케난 씨 : 나는 그러한 견해에 동의하지만, 그렇게 되면 소련은 기습 공격의 요소를 잃게 되어 전쟁을 포기할 것이다. 소련의 압력을 받아 이란 정부가 무너질 가능성은 없다. 소련의 전술을 넓게 보자. 동독이 서유럽국가에 맞설 만한 위성 국가로 성장할 때까지 소련은 러시아의 위성 국가들이 미국에 도전하도록 할 것이라고 나는 믿는다.

[여러 가지 질문이 제기되었다.]

핀란드는 이미 러시아의 궤도에 들어갔다. 러시아가 핀란드를 침공하면 우리는 개입하길 바라서는 안 되면 핀란드와 스웨덴에서 러시아가 작전하더라도 어떤 도발을 해서는 안 된다. 미국은 제2차 세계 대전이 종결된 결과에 따라 그어진 국경선의 안쪽에서 러시아에 도전해서는 안 된다. 그러나 그 경계선의 우리 쪽에서 벌어지는 일에 대해서는 개입해야 한다. 핀란드는 그때 그어진 경계선의 저쪽에 있다.

레이 씨 : 앞으로 예상되는 러시아의 움직임에 대하여 우리는 어떤 조치를 미리 준비해야 하나?

케난 씨 : 우리는 서유럽에 대한 군사 원조를 상향 조정해야 한다.

라피너 씨 : 소련이 미국을 공격할 가능성이 높다.

레이 씨 : 미국과 소련이 처음 만나는 문제와 관련하여 그들이 보낸 답서에 언급한 것이 매우 평화적인 논조인데, 그것이 오히려 우리에 대한 공격을 위장한 것이 아닐까 걱정스럽다.

케난 씨 : 나는 소련이 미국을 공격할 가능성을 과소평가하고 싶지는 않지만, 소련은 미국에 대한 반발로 아세아의 위성 국가들을 시켜 자유세계를 공격할 가능성이 더 높다고 본다. 왜냐하면, 그런 전쟁에는 소련이 직접 개입해야 하는 위험성이 없기 때문이다.

레이 씨 : 만약 한국의 상황이 러시아에게 잘못된 방향으로 흘러간다면, 그들은 미국에 대한 직접 공격을 하지 않고서는 그들의 계획을 달성할 수 없다는 것을 인식할 것이다.

케난 씨 : 그들이 제3차 대전을 준비한다면 소련은 어떤 조치를 가장 먼저 취할 것 같은가?

린제이 씨 : 소련은 그들의 능력이 허락하는 한, 미국의 가장 치명적인 산업 시설을 먼저 공격할 가능성이 가장 크다. 아울러 그들은 서유럽을 공격할 것이며, 특히 영국을 공격할 것이다.

케난 씨 : 소련은 북미주의 중요 산업 시절을 궤멸할 능력이 있다고 느끼지 않는 한 제3차 세계 대전을 일으키지는 않을 것이라는 데 동의한다. 이것은 지금으로서는 세계 대전의 가능성이 거의 없음을 의미한다. 왜냐하면 소련은 북미주를 성공적으로 공격할 능력을 갖추고 있지 않기 때문이다. 만약 소련이 지금 세계 대전을 일으킨다면 그들은 붕괴할 것이며, 멀리 볼 때 이는 우리에게 가장 바람직한 상황이 될 수도 있다.

우리는 다음과 같은 점에 합의했다.

(1) 소련과 그 위성 국가들이 군사 활동을 전개할 위험 지역이 어디인지에 관하여 힐렌쾨터 제독이 초안을 작성한다.

(2) 만약 소련이 더 이상 군사 활동을 전개할 경우에 미국은 어떤 조치를 취하는 것이 바람직한지에 대하여 케난 씨가 초안을 작성한다.

(3) 1950년 6월 30일 금요일 11시에 국가안보회의 사무국장 사무실에서 회의를 갖는다.[3]

---

[3] 소련이 취할 수 있는 가능한 군사 활동에 관한 힐렌쾨터의 초안과 소련의 군사 행동에 대한 미국의 대응에 관한 케난의 초안과 6월 30일자 회의록은 국무성 문서철에 보이지 않는다. 그러나 6월 30일에 케난은 "한국의 상황에 비춰 볼 때 앞으로 소련으로부터 공격의 위험성이 있는 지역"이라는 초안이 제섭 대사와 매튜스 차관보에게 전달되었는데 그 비망록의 내용은 다음과 같다.

"지난번 국가안보회의에서 거론된 위험 지역에 관한 초안을 제섭 대사, 매튜 차관보, 전략기획참모부, 그리고 힐렌쾨터 제독에게 발송했습니다. 이를 명료하게 다룰 시간이 없어 유감이지만, 볼렌과 전략기획참모부에도 보냈습니다. 그 내용은 이렇습니다."

'우리는 내일 오전 10 : 30에 국가안전보장 회의실에서 만나 이를 다시 논의할 것이다. 현재의 계획은 내일 오후까지 대통령과 모든 참석자에게 배포될 것을 요구한다. 그러한 절차를 밟기에 앞서 국무성이나 국무장관의 최종 언급은 없을 것이다. 그것은 국가안보회의 특별위원회의 보고서가 될 것이다.'

케난의 초안은 인쇄되지 않았으며, 다음의 「안보 각서 73호」에서 인용될 것이다.

국가안보위원회 사무국장(Lay)의 보고서

[Report to the NSC by the Executive Secretary(Lay)]

《극비》 Washington, July 1, 1950

제목 : 안보 각서 73호 :

한국의 상황에 비춰볼 때 향후 소련이 미국에 대하여 취할 조치와 입장에 관하여 국가안보회의 사무국장이 본회의에 올린 보고서

참조 : NSC Action No. 308-b[1]

국가안보회의 활동의 하나로, 국가안보회의 고문 회의와 참모진이 국무성과 국방성의 대표, 국가안보자원국, 중앙정보부의 도움을 받아 국가안보회의와 재무성의 이해를 돕고자 이 문서를 이첩한다.

소련의 향후 침공 가능성과 그에 대한 미국의 가능한 대응책을 포함하여, 미국이 그러한 대응을 할 능력이 있는지에 대한 최종 보고서는 아직 준비하고 있으며, 빠른 시일 안에 국가안보회의에 회부될 것이다. 따라서 이 문서는 아직 국가안보회의의 구성원과 합참의 검토를 거치지 않았으므로, 이 주제에 관한 그들의 견해는 여기에 포함되지 않았다.

레이(James S. Lay, Jr.)

---

1) NSC Action No. 308-b : 6월 28일자 제58차 국가안보회의의 문건 제목은 다음과 같다. "대통령의 지시에 따라 국가안보회의가 소련의 전 국경선에 미칠 모든 정책을 검토한 보고서"(S/S-NSC Files : Lot 66D95 : NSC Actions)

첨부 : 안보 각서 73호의 초안

《극비》   Washington, July 1, 1950

제목 : 한국의 상황에 비춰볼 때 향후 소련이 미국에 대하여 취할 조치와 입장

서론 : 미국의 기본적인 목표

[1] 이 보고서를 쓰면서, 우리는 미국이 세계 평화를 유지한다는 기본적인 목표를 항상 유념해야 한다. 우리는 전면전이 불가피한 것이 아니며, 지역 전쟁은 침략주의자들이 정책을 추구하면서 늘 나타나는 것이니 우리는 「안보 각서 68호」에 따라 이에 대응하면서 우리의 기본 목표를 유념하여 각개의 위기에 접근하여 해결해야 한다.

[2] 이런 맥락에서 볼 때 한국전쟁은 미국이 즉각적으로 무장 병력으로 즉각적인 방어 대응 작전을 수행해야 할 전구(戰區)라는 점에서 독특한 지역이다. 여기에서 논의한 모든 다른 지역에서는 미국이 더 이상의 위기에 효과적으로 대응할 수도 없고, 그럴 만한 합당한 위치에 있지도 않다.

[3] 이 연구에서 도출된 결론은 이 글의 제2부의 결론이 나올 때 완성될 수 있다. 제2부는 이 초안에서 다룬 조건에 따라서 미국이 얼마만큼 필요한 경우에 과연 그 전쟁에 개입하고 있는가를 결정하게 될 것이다.

제1부

한국의 상황에 비춰볼 때 소련은 어느 정도로 더 군사 활동을 전개할 것이며, 그것이 미국에 어떤 영향을 미칠 것인가에 대한 평가

1. 소련의 의중

[4] 소련의 의도가 가장 흔히 나타나는 유형을 살펴보면 앞으로 공산주의자들이 어떤 위험을 저지를지 알 수 있다. 「안보 각서 68호」의 결론에 따르면, 소련이 지금 세계 대전을 일으킬 의도는 없다. 지난 며칠 동안의 사태를 보면 그 결론이 틀리다고 여겨지지는 않지만, 다음과 같은 점을 강력하게 시사하고 있다.

[5] 남한을 침공한 이유를 설명하면서 소련은 이번 전쟁을 전면전으로 이끌 의도를 보이지도 않았고, 우리와 마주치고 싶은 의도도 없었다. 그들의 의도는 차라리 남한에 대한 전략적 우위를 차지하려는 것이며, 아울러 다음과 같은 문제들을 우리와 마주하면서 미국의 태도를 떠보려는 것이다.

(1) 남한이 공산화되었을 때 미국은 엄청난 국위의 상처를 입고 세계 각지에서 대중적 신인도를 잃게 한다.

(2) 미국은 아세아에 있는 소련의 위성국과 실익도 없고 불명예만 안겨 줄 전쟁에 끌어들여 우리의 국력을 낭비하게 하고 모든 아세아 국민이 우리에게 등을 돌리게 한다.

위의 두 가지를 계산하면서 크레믈린은 궁극적으로 미국이 아세아의 무대에서 퇴장하기를 바라고 있다.

[6] 크레믈린은 이번 전쟁에 자기들이 병력을 동원하여 책임을 지는 일도 없으며, 군사적 약속도 없었다고 계산했다.

[7] 크레믈린은 미국의 초기 대응이 단호하고 비공산권 국가들로부터 압도적인 지지를 받고 있는 데 대하여 놀라고 불안했겠지만, 이러한 미국의 처사가 소련의 기본 개념을 없었던 일로 하거나 수정할 것으로 보이지는 않는다.

[8] 중공의 지도자들이 이번 침공 작전을 둘러싸고 소련의 압력에 눌려 협조한 이유는 아직 명확하지 않으며, 그들이 저지르고 있는 어리석은

실수(blunder)는 장차 미국의 국익에 도움이 될 수도 있을 것이다. 그러나 그들은 그들 자신의 언어나 논리로 그들의 약속을 굳게 하리라는 것을 우리는 인식해야 한다.

2. 이와 같이 의도된 유형에 비추어 본 향후의 움직임의 가능성

[9] 그들의 의도에 대한 우리의 분석이 정확하다면, 크레믈린의 향후 움직임은 다음과 같이 전개될 것이다.

(1) 한국의 사태가 지금과 같이 장차 지속될 경우에 소련은 세계 대전으로 확산할 수도 있는 무장 활동을 하지는 않을 것이다.
(2) 지금의 시점에서 우리, 특히 아시아 지역에서 미국을 괴롭히도록 국제 공산주의 운동이 모든 가능한 모든 행동을 취하도록 고무할 것이다.
(3) 소련은 무엇보다도 우리와 군사적으로 갈등을 일으키고 있는 독일과 오스트리아와 같은 민감한 지역에서 미국이 얼마나 자신의 목적에 강고한 입장을 보이고 있나를 확인하기에 모든 노력을 기울일 것이다.

[10] 이런 문제들을 분석하면 다음과 같다.
1) 만약 소련이 세계 대전을 일으키고 싶지 않다면, 전면전이 일어날 것이 분명한 지역에서 소련은 다른 나라를 침공하지 않을 것이다. 이 점에 대하여 소련이 어떻게 판단하고 있는지를 우리로서는 확인할 수 없지만, 지금의 시점에서 소련이 그리스나 터기에 대해 침략을 하지 않으리라고 우리는 믿는다. 만약 미국이나 영국이 병력을 동원할 정도로 강력하게 저항하리라는 전망이 분명하지 않지 않는 한, 이란의 경우도 터키나 그리스와 경우가 같을 것이다.
그러므로 소련이 그러한 나라들이나 흑해에서 보여주는 무력 시위는 일차적으로 겁을 주고 정치적으로 부드럽게 길들이려는 것이며, 만약 우리가 보기에 소련의 의중이 세계 어느 곳에서나 공정에 가깝다고 여긴다면, 가까운 시일 안에 이들 지역을 침략할 의사가 있다는 점을 보여주려는 것은 아니다.

유고슬라비아의 경우는 조금 다르다. 만약 소련이나 그 위성국들이 유고슬라비아를 침략하려 한다면 우리는 전쟁을 개시할 것이라고 소련은 결론을 내린 것이 아닌가 여겨진다. 그게 아니면, 소련의 입장에서 볼 때 그러한 침략은 소련에게 심각한 불이익을 초래한다고 판단한 것이다.

소련이 유고슬라비아를 침략하면 소련과 그 국경 주변의 국가들과 유대를 강화할 수는 있겠지만, NATO 회원국은 손도 대지 않고 소련 국경선에서 군사력을 계속 증강할 것이고, 결과적으로 소련과 위성 국가들은 잘 훈련된 적국에 대항하여 병력을 증강하게 될 것이다. 그렇게 되면 서유럽에 유익했던 소련의 자원을 낭비하게 되어 한국의 상황에서 얻은 이익과는 반대 현상이 나타날 것이다.

그러므로 결론적으로 말하여, 위에서 소련의 의중을 지적한 우리의 분석이 정확하다면, 유고슬라비아가 실제로 침략을 받게 될 가능성은 낮다. 다시 말하거니와, 소련이 국경 지대에서 군사 활동을 전개하는 것은, 가까운 장래에 우리의 태만으로 전쟁이 일어날 경우에 유고를 중립국으로 묶어두려는 방법이거나 아니면 겁주기나 기만 전술일 것으로 보인다.

우리의 예상과는 달리 만약 소련이 자신의 군대만으로 또는 위성 국가를 시켜, 아니면 위성 국가와 함께 유고슬라비아를 침공한다면, 미국은 이번 사태에 대하여 기존의 정책을 따를 수밖에 없었다.

이를테면, 기존 정책이라 함은 우리가 유고슬라비아에게 무기를 제공하거나 간접적인 방법으로 지원함은 물론 적절한 UN 활동을 통하여 참전하는 것이다. 그러나 이번에는 소련의 의도에 대한 우리의 판단을 전면으로 바꾸어 그러한 침공에 새로운 길을 모색해야 한다.

독일과 오스트리아에 관해서 말하자면, 만약 크레믈린이 전쟁을 바라지 않는다면, 크레믈린은 자신의 개전이 세계 대전으로 확전된다고 생각하는 이 시점에 병력을 움직이지는 않을 것이다. 그러나 자신의 개전이 세계 대전을 일으키지 않는다고 생각할 때만 크레믈린이 그러리라는 것은 더 말할 나위도 없다.

2) 소련의 의지와 관련된 두 번째 문제점, 곧 공산당과 들러리 집단의

작전을 통하여 세계 곳곳에서 미국을 괴롭히려 노력하는 책동은 현재의 군사 상황을 크게 바꾸지는 않을 것이다. 왜냐하면, 이미 활용되고 있기 때문이다. 그러나 공산주의자들의 전복과 혁명 활동은 더욱 강화되어 동남아시아와 심지어는 홍콩의 지역의 군사 자원에까지도 개입할 수 있다.

이러한 공격의 밑바닥에 깔린 가장 중요한 가능성은 유일한 소비에트식의 위성 국가인 중공군의 이용에 달려 있다. 거기에 미국에 대항하도록 가장 성공적으로 개발된 위치에 있는 북한이 지금 적절한 위치에 자리 잡고 있다. 한국의 상황이 진전되어 가는 모습에 비춰볼 때 가장 큰 변수는 다음과 같은 것들이다.

(1) 중공이 한국전쟁에 참전하는 경우 : 이는 군사 작전의 문제일 뿐만 아니라, 중공이 한국전쟁을 빌미로 미국에게 적대 행위를 하거나 한국 전구에 파병한다면 우리는 지체없이 중공에 대적하는 길을 고려해야 한다. 만약 중국이 참전한다면, 미국은 한국에서의 적대 행위와 직접적으로 관련된 중공의 어느 지점을 공군과 해군으로 공격할 수 있는 적절한 육상 기지를 확보해야 한다.

우리가 그러한 행동을 취할지의 여부는 시기적인 분위기를 보아 고려해야 할 문제이다. 중공이 한국전쟁에 참전한다는 것은 군사적 의미로서의 전선이 확대된다는 것을 의미하는 동시에 한국에서의 미국의 군사적 임무에 관하여 깊이 생각하고 수정이 가능한지, 그리고 그곳에 미국이 개입하는 것이 미국의 전체적인 군사 문제에 어떤 문제가 있는지를 고려해야 함을 뜻하는 것이다.

(2) 중공 작전의 그 다음 가능성은 같은 의미에서 그들이 국부군이 지배하고 있는 도서들에게 어떤 작전을 전개하는가에 달려 있다. 중공은 팽호열도(澎湖列島)를 포함하여 대만을 장악하고 싶어 안달이며, 미국의 의도와 관계없이 그럴 의도를 공언해 왔지만, 이번 한국전쟁에 그들의 모든 것을 걸리라고 여겨지지는 않는다.

중공은 아마도 광동성(廣東省) 앞바다의 린틴(Lintin, 伶仃島)과 레마열도(Lema, 擔桿列島), 아모이(廈門) 앞바다의 금문도(金門島), 복주(福州)

앞바다의 마조도(馬祖島), 절강성(浙江省) 앞바다의 대진도(大陣島)를 침공할 것이다.

지금 국부군의 지배를 받고 있는 대만과 팽호열도와 그 밖의 섬들이 중공의 침략을 받을 경우, 우리가 그들을 지켜야 할 책임은 없지만, 그 인근에서 미군이 작전을 수행하는 데 방해되는 행동이 아닌 한, 국부군이 스스로를 방어하는 것을 막아서도 안 되며, 대만을 지원하는 것을 방해해서도 안 된다. (앞에서 지적한 사항들은 현재 진행 중인 추가 군사적 고려가 끝날 때까지 잠정적 결정이다.)

(3) 가까운 장래에 중국공산당이 취할 수 있는 가장 높은 세 번째의 작전은 홍콩과 마카오와 관련되어 있다. 중공이 마카오를 지배하는 일은 그리 중대한 사건이 아니다. 그곳이 포르투갈의 땅이기는 하지만 NATO 조약이 여기까지 적용되지는 않는다. 우리가 UN에서 어떤 태도를 취해야 할지의 문제는 국무성에서 더 연구해야 할 것이다.

그러나 지금 중공이 홍콩을 침략하는 문제는 성격이 다르다. 우리의 예상과는 달리 중공이 홍콩을 침략하면 우리는 UN의 승인을 받아 영국을 도울 것이다. 만약 영국이 요구한다면 우리는 식량·물품 공급과 난민 탈주를 위한 선박, 그리고 그 당시로서 우리의 군사력이 허락하는 한 군사적 지원은 물론 우리 자신이 한 군사적 약속을 지키고자 UN의 이름으로 지원할 것이다.

중공은 내부 전복, 태업 그리고 무질서를 초래하여 영국인들이 홍콩에서 살 수 없도록 할 것이며 그렇게 되면 우리로서는 어찌 도울 길이 없게 될 가능성이 높다. 만약 그런 상황이 심각한 정도에 이르게 되면 영국이 그런 현실을 받아들이고 그에 대한 우선적인 책임을 진다는 것이 우리의 원론적인 정치적 관심이다.

(4) 매우 가까운 시일 안에 중공이 티베트를 침공하리라고 예상된다. 여기에서도 또한 우리의 원론적인 정치적 관심은 미국의 위신이 손상을 입어서는 안 된다는 점을 분명히 하되 즉각적인 군사적 개입은 없다.

(5) 요즘의 정보에 따르면 중공이 가까운 장래에 인도차이나나 버마를 침공하리라는 자료는 충분치 않지만, 논리적으로 보나 가능성으로 보나 그럴 수 있다.

이상의 일들이 벌어진다면, 미국은 직접 참전하는 일 말고는 기존의 정책 결정에 따라서 모든 도움을 제공할 것이다. 더 나아가서 미군 병력을 동원할 것인가의 문제는 그때의 상황에 따라서 결정할 것이다.

더 나아가서 우리는 이란에서 소련이 직접 저지르지는 않겠지만 공산주의자들이 지배하는 지역이 발생하리라는 점을 인식하고 있어야 한다. 지금으로서 가장 큰 변수는 투데당(Tudeh Party)*이 집권하거나, 이란 정권이 "중립"을 향하여 표류하거나, 친소 정권이 들어서는 것이다. 사태가 그렇게 진전될 때 우리가 할 수 있는 일이란 거의 없지만, 우리는 터키와 이락과 그 이웃 나라를 고무하는 데 최선을 다해야 한다.

3) 공산 국가들은 우리가 얼마나 굳은 의지를 가지고 있는지를 시험하고자 온갖 방법을 다 쓸 것이다. 현재 서베르린에 전기를 차단하고 있는 것이 그러한 압력 가운데 하나일 수 있다. 베를린 장벽을 쌓는다든가 아니면, 오스트리아의 장벽을 쌓는 방법 등으로 우리에게 도발하거나 괴로움을 줄 수 있다.

만약 우리가 어느 지역에서 나약함이나 멈칫거림을 보인다면 유럽이나 다른 곳에서 우리의 의지를 뒤집고, 우리에 대한 호감을 되돌리고자 공산주의자들은 그들이 개발한 모든 방법을 동원할 것이다.

그러므로 유럽에 있는 미국의 외교관들은 아무리 사소하고 중요하지 않은 일일지라도 소련의 공세에 당면해서는 최강의 주의력과 신념을 보여주도록 훈령을 내려야 한다.

우리는 우리와 점령 조약을 체결한 국가들과 함께 유럽에서 강고한 전선을 구축하고, 이 지역에서 권리를 침해하거나 안보를 위협하는 데 대

---

* 투데당(Tudeh Party) : 이란어로는 "대중의 당"이란 뜻으로 이란공산당을 의미한다. 에스칸다리(Soleiman M. Eskandari)를 수장으로 하여 1941년에 결성된 이 단체는 초기에 상당한 영향력을 행사했으며 모하마드 모사데그(Mohammad Mosaddegh)가 앵글로-페르시아 석유 회사를 국유화하려는 캠페인과 총리 임기 동안 중요한 역할을 했다. 1953년 모사데그에 대한 쿠데타 이후의 탄압으로 당은 파괴되었지만, 잔당이 지속되고 있다.(옮긴이 주)

하여 진지하게 문제를 제기해야 한다. 이는 특히 독일과 오스트리아에 적용되는 문제이다. 이러한 문제는 특히 이란이나 터키처럼 다른 국가에서 겁을 주려는 시도를 마주치게 될 것이다.

[11] 그러므로 요컨대, 소비에트의 의도로 보이는 것들에 대한 지금의 분석에 비춰볼 때 명백히 병력에 의한 국제 침략 형태로서의 실질적인 공산주의 활동은 중공의 어느 지역에서 나타나리라고 예상되며, 다른 곳에서는 소련이 다양한 노력으로 우리와 우리 우방을 놀라게 하고, 우리의 주의력을 무너트리고, 우리의 자원을 낭비하도록 하고, 우리의 의지를 시험하리라고 예상해야 한다.

3. 크레믈린이 전쟁을 결심할 가능성

[12] 그러므로 앞에서 서술한 바와 같이, 우리의 연구에 따르면,「안보각서 68호」에서 서술한 이유로 가까운 장래에 전면전을 전개하리라고 추정할 수는 없다. 그 추정이 틀릴 수도 있다. 이는 단순히 우리가 얻을 수 있는 방대한 자료의 도움에 크게 의존하여 얻은 추정일 뿐이다. 만약 우리의 추정이 틀렸고, 소련이 가까운 장래에 전쟁을 바라든 아니면 화해 정책을 추구하든, 다음과 같은 현상이 나타날 것이다.

(1) 미국이 병력을 대거 전용(轉用)하고, 현재처럼 복잡한 상황에 놓여 있으면서 소련의 병력이 주둔하고 있지 않은 극동의 우리 자원을 다른 방향으로 돌리지 않는 한, 소련이 전면전을 일으켜야 할 이유는 거의 없다. 달리 말하면, 한국에서 우리에게 적대적인 움직임이 일어나거나 미국이 한국에 엄청난 재원을 쏟아부을 수밖에 없는 상황이 일어날 때까지는 소련이 미국에게 전면적인 적대 행위를 해야 할 이유가 거의 보이지 않는다.

그들은 우리의 군사력이 쇠퇴할 때까지 꾸준히 그들의 힘을 기를 것이다. 그리하여 미국이 최악의 약체에 이르렀거나, 또는 시간이 흐름에 따라 미국이 상대적으로 물질적 힘과 군사력이 소련의 우세를 감당할 수 없다고 크레믈린이 판단할 때까지 이에 대한 변화는 없을 것이다.

(2) 설령 소련이 세계 대전을 일으키고 싶은 욕망이 폭발한다 해도, 소련이 자기들만의 병력으로 그리스와 터키 또는 유고슬라비아를 침공하리라고 여겨지지는 않는다. 소련의 그와 같은 침략은 제한된 지역에서 초전의 성과를 얻기야 하겠지만, 세계적인 전구에서 볼 때 많은 것을 잃을 것이다. 더 나아가서 이와 같은 제한된 지역에서 소련이 기습 작전을 수행한다고 해도 그들이 초전에 얻을 것이 없다. 이런 지역은 설령 기습 공격을 할 요소가 없다 해도, 그들의 국경 지대에서 미국이 그러한 침공에 반대하고 싶어 하지 않으리라고 그들은 생각할 수도 있다.

(3) 우리가 믿건대, 만약 소련이 세계 대전을 일으키고 싶어 한다면, 기습 공격의 잇점을 최대한 살리고자 독일·오스트리아·근동·중동·극동·영국·북미주 대륙을 동시에 침공할 것이다.

4. 미국이 의식하지 못한 유형으로 침공할 가능성

[13] 만약 소련이 전면전을 도발하고 싶지 않다면, 작은 섬들을 공격하지 않을 것이다. 왜냐하면 그런 섬을 공격하는 것은 마치 전면전을 도발하고 싶어 하는 것처럼 보일 수도 있기 때문이다. 그와는 달리 만약 그들이 전면전을 바라고 있다면 기습 공격의 잇점을 상실하게 되는 방식의 공격을 하지는 않을 것이다.

[14] 그러므로 만약 소련이 이란·터키·그리스·유고슬라비아를 공개적으로 공격한다면, 우리는 앞에서 말한 분석과는 다른 크레믈린의 공격 유형을 상정해야 할 것이다. 그러나 그런 상황에서도 우리 방법대로 행동해야 한다. 유고슬라비아의 경우에서처럼, 그런 식의 행동이 본질적으로 무엇을 의미하는지는 잘 드러났다.

그리스나 터키 또는 유고슬라비아의 경우에 소련이 공격한다면 우리는 그것을 우리에 대한 피할 수 없는 전면전으로 받아들여야 한다. 문제가 곧 UN으로 비화하리라는 것은 의심할 나위도 없으며, 그와 동시에 우리는 이를 전면전으로 받아들여야 할 것인가, 그렇다면 그것은 어느 시점인가를 결정해야 하는 문제에 봉착하게 될 것이다.

지금과 같은 긴장 상태에서 세계의 여론은 우리 자신과 소련 사이에 존재하는 전쟁 상태의 선언을 미적거리도록 허락하지 않을 것이다. 그것은 지금 한국에서 당면한 상황과 같아서 우리는 세계가 우리에게 걸고 있는 신뢰에 치명적이고도 가장 비극적인 타격을 입을 것이며, 이 세계 곳곳에서 우리의 목표에 배치되는 현상에 직면하게 될 것이다. 그런 사태에 대비하여 우리는 전쟁의 상태를 인지하는 즉시 기존의 전쟁 계획에 따라 움직일 것이다.

[15] 지금 우리가 소련의 의도를 분석해 보면, 그들이 독일이나 오스트리아나 일본에 주둔한 우리의 병력을 공격할 것 같지는 않다. 그럼에도 불구하고, 만약 그런 일이 발생한다면, 그것은 곧 두 나라 사이에 자동적으로 적대 관계가 일어나는 것이 분명하다. 왜냐하면 우리의 병력이 불가피하게 공격을 받을 경우, 우리는 자위권을 발동하게 되기 때문이다.

제2부

소련의 군사 활동에 대한 미국의 가능한 대응과 그렇게 대응을 할 수 있는 미국의 능력

(이 부분의 보고서는 아직 완성되지 않았음)

국가안보자원국장(Symington)이
국가안보회의 의장에게 보낸 진술1)

[Statement by the Chairman of the National Resources
Board(Symington) to the National Security Council]

《극비》   Washington, July 6, 1950

제목 : 한국의 상황에 비추어 대통령의 고려를 위해 국가안보회의가 건의한 조치

남한에 대한 침공은 미국과 세계 여러 나라 국민뿐만 아니라 지금 이 탁상에 앉은 우리에게 충격적인 기습 공격으로서, 우리의 임무는 이 상황을 대통령에게 정확히 자문하는 것을 우리의 직무로 여기고 있다. 우리가 알고 있는 바와 같이, 우리는 이번의 충격을 깊이 고려하여 그 결과를 대통령에게 보고하는 것을 우리의 의무로 삼는다.

[1] 이제 소련은 그들의 병력이 얼마나 강력하며 어떻게 군사력을 조합했는가를 보여주며, 그 위성 국가들과 중공과 북한의 의지와 야망도 보여주고 있다. 침략 병력이 막강하여 미국으로서는 이 작은 국가의 전쟁을 몇 달 안에 종식하기는 불가능하다. 만약 공산주의 위성국가가 우리

---

1) 이 문건은 국가안보자원국 사이밍턴 국장의 요청에 따라 1950년 7월 10일 국가안보회의 제60차 회의에 회부되어 성원에게 배포되었다. 이 주제에 관한 숙의와 자문은 위의 「안보 각서 73호」에 수록되어 있다.

에게 추가적인 "전쟁"을 벌인다면, 우리는 그 파생된 전쟁을 몇 년 안에 진압할 수 없을 것이다.

[2] 이 심각한 사태를 맞아 미군은 한국전쟁을 종식하기에는 병력이 적절하지 않다. 잘 훈련된 몇백만 명의 중공과 소련의 병력이 아니더라도 미국은 이미 극동을 방위하기에는 병력이 취약하다.

(예컨대, 만약 러시아가 베를린을 봉쇄하면 우리는 또 다른 베를린 사태와 같은 한국전쟁을 동시에 감당하기에 충분한 병력과 미군의 방위를 위해 필요한 최소한의 공수 지원도 가지고 있지 않다. 우리 공군 병력을 모두 동원한다면 그것은 우리의 민주적 경제 체제를 심각하게 훼손할 뿐이다.)

[3] 2개월도 되지 않은 얼마 전에 군수국이 발표한 바에 따르면, 미국은 장기적인 방위 전략이 없다. 그런 계획이 없이는 군수국이나 국가안보자원국이나 국무성 어디도 효과적인 작전을 수행할 수 없다. 바꿔 말해서 아무리 고도화된 기반 위에서도, [이번의 전쟁에 대하여] 무엇을, 어떻게, 언제, 왜 해야 하는지를 알지 못한다.

그러므로 내일 당장 전쟁이 일어난다면, 모든 사람은 세상이 어제 같았기를 바랄 것이다. 그리고 민군 합동 계획을 찾다가 벌어진 이번의 끔찍한 장면을 보면서, 이제부터는 이런 방위 계획이 태업이나 참혹한 원폭 공격을 포함할 수도 있다는 것을 깨달아야 하겠구나, 하는 생각에 머리가 더욱 혼란스러울 것이다.

우리는 지난날 군대와 민간인 동원을 비교적 재미 삼아 다루어야 할 필요가 있었던 시절을 좋아하던 시절이 길었는데, 지금의 상황은 그때와 매우 다르다. 옛날에는 진정으로 민간인을 동원할 필요도 없었다.

*****

지금의 현실은 이렇다. 우리가 지금 보고 있는 바와 같이, 지금으로서 가장 중요한 것은 현실을 인정하고, 그런 다음에 지금의 이 끔찍한 위기를 가능한 한 빨리 최소한도로 줄이는 데 필요하다고 우리가 믿고 있는 바를 대통령에게 알리는 것이다. 어쩌다가 사태가 이 지경에 이르렀는지는 이차적인 문제이다. 가장 중요한 것은 지금 우리가 놓여 있는 현실이다. 지금으로서 가장 중요한 것은 대통령이 어떻게 이 난국을 타개할 수 있는가에 대하여 가장 숙고한 조언을 제공하는 것이다.

이와 같은 사실을 유념하면서, 국가안보자원국은 국가안보회의가 다음과 같은 두 가지 전제 위에 대통령에게 조언할 것을 권고한다.

첫째로 소련은 언제 미국을 공격할 계획을 준비하리라고 국가안보회의는 믿고 있는가? 왜냐하면 소련은 세계를 지배하리라는 의도를 자주 되풀이하여 말하고 있기 때문이다.

둘째로 그러한 준비를 하는 동안에 소련은 북한이나 중공이나 또는 그 밖의 위성 국가를 통하여 미국을 괴롭히리라고 예상하는가?

이러한 사실에 비추어 미국은 이제 국가 안보를 위해 얼마나 돈을 덜 쓸 것인가 하는 문제보다 돈을 더 쓰는 작업을 시작해야 한다. 우리의 조언에 따라 대통령이 이제까지 국민과 세계 앞에서 취했던 조처를 지원하는 데 필요한 것이 무엇인가를 밝히는 일에 우리는 조속히 착수해야 한다. 우리가 안보 계획에서 변화된 제안을 적절히 지원하려면, 정부의 각 부서가 동일하게 장기적인 전략적 안보 계획을 수행할 필요가 있다.

우리에게는 지금 그런 계획이 없다. 그러한 계획은 민-군 계획과 국무성이 해외 문제를 처리하는 데 필요한 정보 수집의 기초로서 매우 긴요하다. 1945년에 대통령은 그러한 계획을 수립하라고 지시했다. 그러나 그때로부터 5년이 흐른 지금까지 대통령은 그러한 계획을 받지 못했다. 이러한 계획이 필요한 것은 이론의 문제가 아니다. 대통령의 5년 묵은 지시를 지금 수행하는 것에 우리의 존망이 걸려 있다.

*****

요컨대, 보도에 따르면, 북한군과 러시아의 전차가 남한을 침공하고 있으며, 그 가운데 11만6천 명이 전선에서 우리 군사와 싸우고 있다. 그뿐 아니라 한국의 국경에는 적어도 10만 명의 중공 정규군과 러시아 정규군 6만 명이 집결하고 있어 모두 합치면 27만6천 명이 남한으로 쳐들어오고 있거나 내려올 준비를 하고 있다고 한다.[2] 그뿐만 아니라 우리가 알기로, 전 세계적으로 공산 국가들의 병력은 꾸준히 강화되고 있다.

이와 같은 숫자와 규모의 공산군에 견주어 지금 미군이 맞서 싸우고 있는 병력은 전투병 5만2천 명에 비전투요원이 7만3천 명이다. 이들 가운데 미군 병사 약 1만 명과 남한 병사 2만5천 명이 적군과 싸우고 있다. 양쪽에 아직 공군은 참전하지 않았다. 영국은 폴란드가 침략을 겪기 이전에는 나치와 맞서기를 거부했으며, 어떤 사람들은 노르웨이가 침공을 받으면 그제서야 위기를 느낄지도 모른다.

대통령은 UN의 협조를 받아 대한민국을 지원함으로써 미국과 전 세계를 깜짝 놀라게 하는 실수를 조심스럽게 피했다. 대통령의 입지를 강화하고자 우리는 어느 곳에서인가 "너무 작은 것" 대신에 "너무 큰 것"에 실수하는 일을 권고하지 말아야 하는가?

우리에게는 지금 국가의 존망이 모든 어떤 고민보다 앞서야 한다. 우리는 우리가 무엇보다 염원하고 있는 자유를 유지할 수 있는 기회를 맞고 있다면, 대통령의 정책을 이행하는 데 필요한 조치를 취하는 데 지체하는 것이 우리의 존망에 너무 늦은 결과를 초래하지 않을까?

---

2) 한국전쟁에서 소련군의 역할에 관한 여러 가지 추정은 *FRUS : 1950*, Vol. VII을 참조할 것.

정책기획국장(Nitze)이 국무장관에게 보낸 비망록

[Memorandum by the Director of the Policy Planning Staff (Nitze)
to the Secretary of State]

《극비》   Washington, July 12, 1950

제목 : 방위국(Defense Establishment)에 관한 문제1)

제섭 씨가 1950년 7월 11일자로 위와 같은 제목으로 귀하에게 올린 비

---

1) 이 비망록은 1950년 7월 12일에 국무장관 애치슨(Dean Acheson), 국방장관 존슨
(Louis A. Johnson), 대통령 특별보좌관 해리만(W. A. Harriman)이 만나 국무성-국
방성 연락관 문제를 논의한 초록의 비망록이다. 닛츠(Paul A. Nitze) 정책기획국장
은 그때의 대화록 가운데 다음과 같은 기록을 남겼다.

    8. 국방장관 존슨 : "[해외군사문제 담당 국방장관 보좌관] 번스(James H. Burns)
장군은 국무성과 국방성 사이의 모든 미묘한 문제들을 처리할 수 없으며, 그의 중
요 업무 가운데 하나는 국무성과 국방성의 측면 접촉을 지원하는 것이라는 점에
동의했다. 나는 국무성과 국방성 사이의 적절한 접촉이나, 그런 접촉이 일단 이뤄
지면 특별한 출입 제한이 없이 번스 장군과 대화가 지속되는 방안을 승인하고 싶
다. 더욱 중요한 것은 번스 장군에게 특별한 출입 제한을 강제하기보다는 필요한
연락처를 만드는 것이다."

    (…)

    10. 국방장관 존슨 : "국무장관과 해리만과 내가 하루에 한 차례씩 저녁 식사를
함께 하자는 해리만 특보의 제안에 동의했다."(PPS File)

    * 제임스 H. 번스(James H. Burns : 1885~1972) 소장은 1904년 미 육군사관학교
를 졸업하고, 제1차 세계 대전 이후 산업 동원에 대한 아이디어로 인정받았으며,
육군산업대학(1924)의 설립에 기여했다. 제2차 세계 대전 때는 병기 생산 계획을
이끌면서 군수위원회 의장의 집행관으로서 병기 정책 수립에 참여했다. 루즈벨트
(FDR) 대통령은 1942년에 그를 병기사령관으로 지명했지만, 군수위원회 의장의
만류로 취임하지 않았다. 그는 1944년에 퇴역하였으나 한국전쟁 무렵에는 국방장
관 보좌관으로 활동했다.(옮긴이 주)

망록(부본 첨부)[2]을 보완하고자 나는 다음과 같은 점을 지적하고자 한다.

(1) 때때로 합참과 관계 성(省)과 국방장관실과 관련된 문제를 신속하고 명료하게 처리하는 것이 사실상 불가능하다. 이번에 거론된 「안보 각서 68호」와 「안보 각서 73호」와 관련하여 상황이 더욱 날카로워졌다.

(2) 고위층에서 억지로 합의된 경우에만 결정이 쉽게 이뤄졌다. 그러나 이런 현상은 바람직하지 않다. 왜냐하면 이런 결정은 서둘러 강행되기 때문에 적절한 예비 숙려(熟慮)나 연구의 여유가 없고, 어떤 경우에는 중요 문제를 해결하지 못한 채 넘어가기 때문이다.

(3) 안보 각서를 준비하는 경우에 그 초안 작성의 단계에서 관계 부처나 합참의 견해나 의견을 들어보지도 않고 결정되었다. 따라서 상충하는 견해가 지속적으로 국가안보회의에 올라왔다. 결과적으로 시간에 쫓기거나 토론에 시간만 허비하다가 문제의 본질을 훼손한 채 국가안보회의의 전면적인 검토를 받아야 했다.

(4) 국가안보회의 사무국조차도 초안을 작성하는 과정에서 안보 회의 안에서 벌어진 견해 차이를 효과적으로 정리하지 못했다.

위에서 제기된 문제점들을 해소하고자 하는 노력을 늦출 수 없다. 그러려면 다음과 같은 조치가 필요하다.

(1) 어떤 긴급한 문제에만 한정하여 번즈 장군을 통하여 방위국과 소통하는 현재의 대화 통로를 유지한다.[3]

(2) 국무성과 군부는 측면 지원 관계를 수립하여 초안의 단계에서 각자의 견해를 취합한다. 국가안보회의는 어떤 주제에 대한 자신의 단독 보고서를 작성하는 실무진을 구성한다. 실무 집단의 구성원이 되는 국무성 대

---

2) 여기에는 기록되지 않음. 문서 번호 496-77-23
3) 기존의 국무성-국방성 대화 통로에 관해서는 다음의 국방장관 존슨의 비망록을 참고할 것. "Organization for the Handling of Politico-Military Matters in the National Military Establishment," August 3, 1949, *FRUS 1949*, Vol. I, p. 365.

표와 방위국 대표는 각자의 부서장을 자문할 수 있는 능력을 갖춘 인물이어야 한다. 그렇게 하면 많은 갈등이 초기 단계에서 정리되고 국가안보회의는 큰 줄기만 논의하는 회의가 될 수 있다.

(3) 국가안보회의의 사무국을 최고 두뇌의 인사로 구성하여 사무국이 앞서 말한 실무진과 함께 문서를 작성하는 데 효율적으로 협력한다. 국가안보회의 사무국장은 행정 능력을 갖추어야 하며, 필요할 경우에는 의장의 직무를 대행해야 한다.[4]

이상의 논의에 대한 보완으로, 국무성과 합참과 합동전략조사위원회(Joint Strategic Survey Committee)가 밀접하고도 상설적인 관계를 유지하는 것이 바람직하다. 적법한 군 당국이 뽑은 고위 관리가 정책계획참모국(PPS)과 함께 앉아 일하고, 국무장관은 합참과 합동전략조사위원회의 회의에 참석할 수 있는 상당한 위치의 고위 관리를 임명해야 한다.

---

4) 국가안보회의의 의장은 대통령이다.

ㅇ

ㅊ

신복룡 申福龍, 1942년생

건국대학교 정치외교학과·동 대학원 수료(정치학박사, 1977)
건국대학교 교수/석좌교수(1979~2012)
Georgetown University 방문 교수(1985~86)
한국정치외교사학회 회장(1999~2000)
건국대학교 중앙도서관장(1988~91)·대학원장 역임(2000~01)
한국정치학회 학술상 수상(2001)
한국·동양정치사상사학회 회장(2007)
한국정치학회 인재(仁齋)저술상 수상(2011)
국가보훈처 독립유공자심사위원(장)(2009~22)

⟨저서⟩

『한국분단사연구 : 1943~1953』(한울, 2001)
『大同團實記』(선인, 2003)
『동학사상과 갑오농민혁명』(선인, 2006)
『서재 채워드릴까요?』(철학과 현실사, 2006)
The Politics of Separation of the Korean Peninsula(Edison, NJ : Jimoondang
　　　International & Seoul : Jimmoondang, 2008)
『한국정치사상사』(지식산업사, 2011)
『해방정국의 풍경』(지식산업사, 2017)
『전봉준 평전』(들녘, 2019)
『한국사에서의 전쟁과 평화』(선인, 2021)
『잘못 배운 한국사』(집문당, 2022)
『이방인이 본 조선의 풍경』(집문당, 2022)

⟨번역서⟩

『외교론』(*Diplomacy*, 평민사, 1998)
『군주론』(*The Prince*, 을유문화사, 2006)
『칼 마르크스』(*Karl Marx*, 평민사, 1982)
『현대정치사상』(*Political Ideologies*, 평민사, 1984 : 공역)
『모택동 자전』(*Red Star over China*, 평민사, 2001 : 부분)
『묵시록의 4기사』(*Four Horsemen*, 평민사, 1988)
『林董秘密回顧錄』(건국대학교출판부, 2007 : 공역)
『정치권력론』(*Political Power*, 선인, 2006)
『入唐求法巡禮行記』(선인, 2007)
『갑신정변 회고록』(건대출판부, 2006, 공역)
『한말 외국인 기록』(집문당, 2021, 11책/23권, 일부 공역)
『삼국지』(집문당, 2021, 전5권)
『플루타르코스 영웅전』(을유문화사, 2021, 전5권)